# Criptografía sin secretos con Python

# Criptografía sin secretos con Python

*David Arboledas Brihuega*

Ra-Ma®

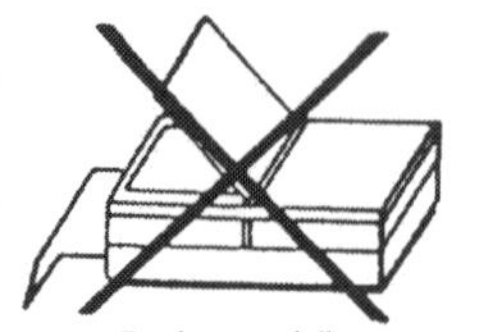





Editado por:
RA-MA Editorial
Madrid, España

Colección American Book Group - Informática y Computación - Volumen 17.

ISBN No. 978-168-165-717-2

Biblioteca del Congreso de los Estados Unidos de América: Número de control 2019935049
www.americanbookgroup.com/publishing.php

Maquetación: Antonio García Tomé
Diseño de portada: Antonio García Tomé
Arte: Rawpixel.com / Freepik
Código para acceder al contenido en línea: 9788499646985

*Para vosotras,*
*por todo, por tanto.*

# ÍNDICE

# PRÓLOGO

Desde el principio de la historia las personas hemos intercambiado mensajes cifrados con el objetivo de ocultar su verdadera información a terceros. Para los ejércitos, la diplomacia y el espionaje, han constituido la mejor manera de transmitir información útil en un continuo juego del ratón y el gato.

En la era de la información, como conocemos a la época en la que vivimos, la protección de aquella es uno de los retos más importantes para la informática, las matemáticas y la telemática en general. La información, representada por archivos confidenciales o mensajes que se intercambian dos o más interlocutores, es el bien más preciado en estos días. Basta con pensar en la cantidad de correos electrónicos que se envían y reciben a diario para darse cuenta de las amenazas que se derivan de la pérdida de confidencialidad e integridad de la información. Amenazas a la seguridad que en muchas situaciones se ven incluso potenciadas por la actitud de las propias compañías que nos prestan servicios en la Red.

Ante tales amenazas, la única solución factible y sencilla consiste en proteger nuestros datos mediante el uso de técnicas criptográficas. Esto nos permitirá asegurar, al menos, el secreto de la información y la integridad de los mensajes.

Este libro, estructurado en 19 capítulos, recoge los hitos criptológicos más destacables desde el Antiguo Egipto hasta la Segunda Guerra Mundial. Las cifras y los métodos para romperlas, las luchas intelectuales y titánicas de la mente de criptógrafos y criptólogos, el éxito de unos y el fracaso de otros.

Todos los métodos clásicos que veremos en la obra han sido rotos en algún momento; sin embargo, constituyen la base de todo el conocimiento y de los modernos sistemas asimétricos de cifrado. No obstante, este hecho no debe llevar al desánimo. Lo importante no es si una cifra puede o no romperse, sino cuánto tiempo garantiza la integridad y confidencialidad de la información. Por otro lado, siempre será mejor emplear un método de cifrado relativamente seguro que ninguno.

El libro es para completos principiantes en criptografía. Todas las cifras tienen más de un siglo de antigüedad y son fácilmente resueltas por cualquier ordenador. Este es el motivo por el que ya nadie las usa. Tú tampoco deberías utilizarlas para cifrar la información sensible que poseas, pero sí son interesantes como estudio inicial. Tampoco tendrías que confiar en los algoritmos que tú mismo diseñes. Cualquiera puede crear un algoritmo que uno mismo no pueda romper. Lo difícil es que resista años de criptoanálisis sin poder burlarse. Este es el motivo por el que al final del libro tendrás un algoritmo de cifrado diseñado específicamente para los lectores de la obra. Romperlo tendrá su premio: 1 año de subcripción gratuita a toda la colección digital de Ra-Ma.

Este libro, no obstante, no es solo de criptografía, sino también de programación. Con él aprenderás los conceptos básicos de programación en Python. Python es uno de los pocos lenguajes que son realmente asequibles al novel para empezar a programar: es simple, muy bien estructurado y realmente potente. Desde el principio verás su enorme funcionalidad para generar programas que permitan simular cada cifra y su posible solución. Puedes descargarlo completamente gratis desde su sitio oficial para Linux, Windows, OS X y Raspberry Pi: *https://www.python.org/downloads/*.

Aunque se ha puesto todo el esmero posible en asegurar la perfecta ejecución del contenido de la obra, los errores son propios de las personas, por lo que las erratas existirán. No obstante, el lector tendrá disponible todo el código fuente, algún material adicional y las soluciones a los ejercicios propuestos, como material descargable. En cualquier caso, si se encuentra algún error en el texto o en el código, no hay que dudar en ponerlo en conocimiento de la editorial a través del correo *info@grupoeditorialrama.com*. De este modo, se ahorrará a futuros lectores importantes quebraderos de cabeza y permitirá corregirlos en siguientes ediciones.

Para finalizar, agradecer a la editorial RA-MA su confianza y buen hacer para llevar a término este libro, así como a los profesores Francisco Espigares y Miguel Mayoral por su asesoramiento lingüístico e histórico, respectivamente.

# 1

# UNA PEQUEÑA INTRODUCCIÓN

El término **criptografía** proviene de dos vocablos griegos: *criptos*, que significa oculto o escondido, y *grafos*, que significa escritura. Según esta definición, por tanto, la criptografía es la especialidad que estudia la escritura oculta. Específicamente, la criptografía es el arte de escribir un mensaje con un significado pleno mediante el uso de claves o cifras que ocultan el verdadero sentido de la información. La operación inversa, es decir, la obtención del mensaje original a partir de su clave conocida, se conoce como **descifrar**. Ahora bien, la criptografía se corresponde solo con una parte de la comunicación secreta. Si se requiere secreto para la comunicación es porque existe desconfianza o peligro de que el mensaje transmitido sea interceptado por alguien hostil. Este enemigo, si existe, utilizará todos los medios a su alcance para descifrar esos mensajes secretos mediante un conjunto de técnicas y métodos que constituyen una ciencia conocida como **criptoanálisis**. Por tanto, mientras que la criptografía enseña a cifrar mensajes y diseñar códigos secretos, el **criptoanálisis** tiene por objeto desvelar el contenido de los mensajes sin conocer previamente la clave con la que fueron cifrados. Al conjunto de ambas ciencias, criptografía y criptoanálisis, se le denomina **criptología**.

Como cualquier actividad humana, la criptología usa su propio vocabulario y, aunque sencillo, es conveniente familiarizarse con él lo antes posible.

El texto que forma el mensaje original y que se cifra con un algoritmo dado se denomina **texto plano** o **texto claro**, mientras que el mensaje ya cifrado recibe el nombre genérico de **texto cifrado** o **criptograma** (Figura 1.1).

```
QNDRD NGDVV VPAXE FOHJH WVUBS FFQBC IFAQD MWKOD GGIHA

CQWHI EMSNN KMVRP GZHWX OBHWE AQDSV RADXA XLNVG TDDVY

RENEM YGAHK
```

**Figura 1.1.** Mensaje cifrado mediante una máquina Enigma

Este libro emplea las convenciones tipográficas habituales en criptología. El texto plano se escribe en minúsculas, bien en letra redonda en esquemas y diagramas, bien en cursiva dentro del texto corrido. La clave siempre se escribe en MAYÚSCULAS, mientras que cualquier texto cifrado se imprime en VERSALITAS.

## 1.1 ESTEGANOGRAFÍA Y CRIPTOGAFÍA

Hay dos métodos o técnicas básicas para ocultar la verdadera información de un mensaje: **esteganográficos** y **criptográficos**. La **esteganografía**, del griego *steganos*, encubierto, y *grafos*, escritura, trata del estudio y aplicación de las técnicas que permiten ocultar mensajes dentro de otro objeto, llamado **portador**, de modo que no se perciba su existencia. Es decir, la esteganografía procura ocultar mensajes dentro de otros objetos y de esta forma establecer un canal encubierto para que el propio acto de la comunicación pase inadvertido frente a terceros.

En el siglo V a. C. el historiador griego Heródoto describió la manera que tenían los griegos para mandarse mensajes entre sí. El procedimiento básicamente consistía en escribir el mensaje sobre una tablilla de madera para posteriormente ocultarlo mediante un recubrimiento de cera.

También, en la antigua civilización china, se escribían mensajes sobre seda fina que luego era aplastada hasta formar una pelotita que a su vez era recubierta de cera y tragada por el portador. En el siglo XV, el científico italiano Giovanni Porta describe con todo lujo de detalles la manera de esconder un mensaje dentro de un huevo cocido. El proceso consistía en hacer una tinta con una mezcla de alumbre y vinagre para escribir con ella el mensaje sobre la cáscara del huevo. El mensaje solo se podía leer si se pelaba el huevo después. La esteganografía incluye también la práctica de escribir con tinta invisible, procedimiento ampliamente estudiado por casi todas las culturas, y los arreglos de letras, en los que tomando una unidad de texto de cada palabra en un mensaje inocuo siguiendo un algoritmo dado, se obtiene la verdadera información que en aquel se ocultó. Por ejemplo, en el libro *Hypnerotomachia Poliphili*, de Francesco Colonna, que data de 1499, se puede leer tomando la primera letra de sus 38 capítulos: "Poliam frater Franciscus Columna peramavit" (El hermano Francesco Colonna amó apasionadamente a Polia).

Pero, por muy bien que se oculten los mensajes, se corre el riesgo de que alguien sea capaz de descubrirlos, lo que compromete inmediatamente la seguridad. Por esta razón la ocultación física de los mensajes dejó paso o se combinó con los métodos **criptográficos**. La criptografía, por otro lado, no se preocupa de que el hecho mismo de la existencia del mensaje pase inadvertido, sino de que la información que se transmite sea ininteligible para un tercero, incluso aunque conozca su existencia.

> **NOTA**
> El objetivo básico de la criptografía no es ocultar la existencia de un mensaje, sino ocultar su significado mediante un proceso de codificación o cifrado.

La criptografía y la esteganografía pueden complementarse dando un nivel de seguridad extra a la información, es decir, es muy común que la información sensible sea primero cifrada por un método criptográfico y después se oculte en un portador con algún método esteganográfico. De este modo, a un eventual intruso no solo le costará advertir la presencia del mensaje oculto, sino que, si lo llegara a descubrir, lo encontraría cifrado.

La criptografía fue siempre considerada un arte hasta que Claude Shannon publicó en 1949 el artículo "Communication Theory of Secrecy Systems" y el libro *The Mathematical Theory of Communication*, este último junto a Warren Weaver. Entonces, la criptografía empezó a ser considerada una ciencia aplicada, debido a su relación con otras ciencias como la estadística, la teoría de números, la teoría de la información y la teoría de la complejidad computacional.

## 1.2 MÉTODOS CRIPTOGRÁFICOS

Paralelamente al desarrollo de la esteganografía se produjo la evolución de los métodos criptográficos. Para que el mensaje sea ininteligible para cualquiera que no conozca el algoritmo de codificación, este se codifica mediante un protocolo compartido por el emisor y el receptor del mensaje. De este modo, el receptor siempre podrá revertir el proceso y hacer que el mensaje sea comprensible.

Los métodos criptográficos pueden clasificarse en dos grandes técnicas de transformación del texto plano: los métodos de **transposición** y los de **sustitución**.

En una **transposición** las letras del texto plano se mezclan o desordenan siguiendo un determinado algoritmo para obtener un **anagrama**. Por ejemplo, el criptograma OTERCES es una de las 7! = 5040 transposiciones o anagramas posibles del texto plano *secreto*. En este caso el algoritmo utilizado consiste en escribir el texto al revés, de atrás hacia delante.

Lógicamente, para mensajes cortos, es un método muy inseguro, pues hay un número reducido de anagramas, concretamente *enigma*, donde *n* es el número de letras. No obstante, a medida que la longitud del mensaje crece, el número de transposiciones se dispara, lo que hace prácticamente imposible volver al texto plano si no se conoce el proceso de codificación

En una **sustitución**, por el contrario, las unidades de texto plano mantienen su orden en el mensaje, pero se sustituyen con texto cifrado siguiendo un algoritmo específico. Así, por ejemplo, el criptograma **alarma** es una sustitución del texto plano *alarma*, en el que cada unidad de texto se ha sustituido por su correspondiente carácter en el alfabeto masónico.

> **NOTA**
> Los métodos criptográficos se clasifican en dos grandes técnicas de transformación del texto plano: los métodos de transposición y los de sustitución.

Los métodos de sustitución son mucho más numerosos e importantes que los de transposición y todos ellos parten del concepto de **alfabeto de sustitución**. Este alfabeto no es otra cosa que la correspondencia usada para transformar el texto claro en su criptograma correspondiente. Por ejemplo, un alfabeto de sustitución podría ser el siguiente:

- *Alfabeto plano*: `a b c d e f g h i j k l m n o p q r s t u v w x y z`
- *y de sustitución:* `Z X C V B N M A S D F G H J K L P O I U Y Q W E R T`

Esto indica que cada letra del texto plano se reemplaza con la letra del alfabeto de sustitución que se encuentra emparejada con aquella y viceversa. Así pues, la palabra *aliado* se convertiría en ZGSZVK. Sin embargo, el problema fundamental es que a cada letra del texto plano siempre le corresponde la misma cifra en el criptograma resultante. Un simple análisis estadístico del criptograma revelaría entonces el texto plano, por lo que solo son seguros para mensajes muy cortos.

Para sortear el análisis de frecuencias, una solución consiste en sustituir cada letra del texto plano por otro símbolo o letra elegidos aleatoriamente entre varias posibilidades. En su versión más sofisticada se elegirá un número de símbolos proporcional a la frecuencia de aparición de la letra; se habla entonces de **inversión** de las **frecuencias**. Este tipo de sustitución en el que cada una de las letras del mensaje del texto plano se corresponde con un posible grupo de caracteres distintos se llama sustitución **homófona**. A veces, incluso, el alfabeto de sustitución incluye símbolos que no significan nada y que tan solo se emplean para confundir al criptoanalista. Estos caracteres se llaman **nulos** (Figura 1.2).

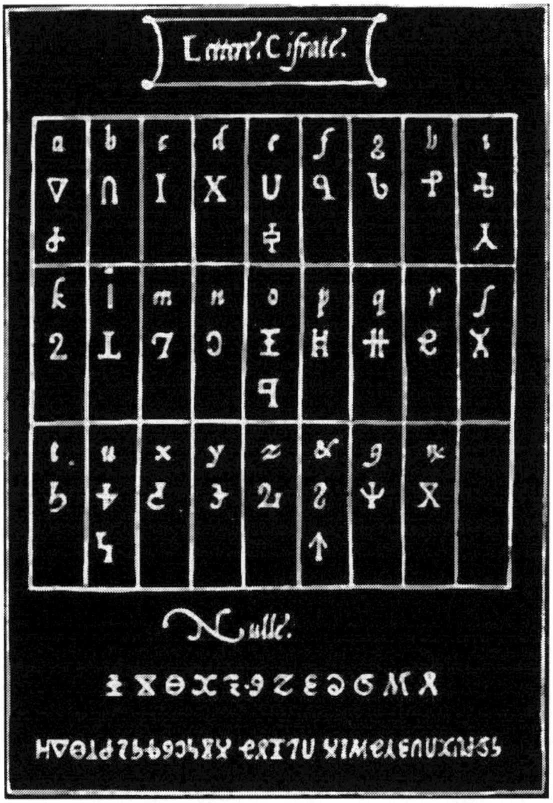

**Figura 1.2.** Alfabeto de homófonos de Giovanni Battista Palatino (hacia 1540)

Los métodos de sustitución en los que solo se emplea un alfabeto de sustitución se llaman **monoalfabéticos**. Por el contrario, cuando se utilizan dos o más alfabetos para cifrar el texto plano se denominan métodos de sustitución **polialfabéticos**.

En esta última línea hay que destacar a **Leon Battista Alberti**, **que** empleaba un segundo alfabeto de sustitución bajo el primero para usarlos consecutivamente (Ortega Triguero, 2005): el primero, para la primera letra del texto plano; el segundo alfabeto, para la segunda letra; de nuevo el primero para la tercera letra y el segundo para la cuarta, y así sucesivamente. Un ejemplo podría ser el siguiente:

- *Alfabeto plano:* `a b c d e f g h i j k l m n o p q r s t u v w x y z`
- *Alfabeto I:* `Z X C V B N M A S D F G H J K L P O I U Y Q W E R T`
- *Alfabeto I:* `S A D F G H J K L Q W E R T Y U I P O M N B V C X Z`

Esto indica que cada letra del texto plano se reemplaza por dos letras de los alfabetos de sustitución según la posición que ocupe aquella en el texto. Así, la palabra *dictador* se convertiría en VLCMZFKP.

Una ventaja evidente de este procedimiento es que una misma letra puede cifrarse de dos formas distintas, de acuerdo a la paridad del mensaje. Sin embargo, tiene la desventaja de que es necesario conocer la disposición de los dos alfabetos cifrados.

Con la idea de reforzar los métodos de sustitución se introdujeron los **códigos**. La idea de un código es sustituir una sílaba, una palabra o varias por un determinado conjunto de elementos arbitrarios.

Por ejemplo:

| Texto plano | Código | Texto plano | Código |
|---|---|---|---|
| Matar | 37 | Cercar | 13 |
| Embajador | YE | Ciudad | ø |
| Rey | & | Río | XAS |

De este modo, el texto *matad al embajador y cercad la ciudad* se convertiría en: 37 YED 13 ø.

Técnicamente, un **código** se define como una sustitución de palabras o frases, mientras que una **cifra** trabaja con una sustitución de letras. Por eso, el término **cifrar** significa ocultar un mensaje utilizando una cifra, mientras que **codificar** significa ocultar un mensaje utilizando un código. De manera similar, el término **descifrar** se aplica a la resolución de un mensaje cifrado, esto es, en cifra, y el término **descodificar** a la resolución de un mensaje codificado.

Puede parecer que los códigos son más seguros que las cifras, sin embargo, para codificar mediante códigos es imprescindible redactar un **libro de códigos**, que seguramente tendría cientos de páginas. Además, dicho libro debería ser distribuido a todos los implicados. Naturalmente, si el libro cae en manos de terceras personas el desastre sería total. Por ese motivo los criptógrafos comprendieron la dificultad del cifrado mediante códigos y confiaron sus mensajes a sistemas híbridos de cifras y códigos a los que se dio el nombre de **nomencladores**.

Durante 400 años estos sistemas formados por un alfabeto de sustitución de homófonos y códigos con nombres, palabras y sílabas dominaron la criptografía.

> **NOTA**
> Un **nomenclador** es un sistema de codificación que se basa en un alfabeto de sustitución, que se utiliza para cifrar la mayor parte del mensaje, y en una lista limitada de palabras codificadas.

A pesar del añadido de palabras codificadas, un nomenclador no es mucho más seguro que una cifra corriente, pues la mayor parte del mensaje puede ser descifrado utilizando el análisis de frecuencias y las palabras codificadas restantes pueden ser desveladas por su contexto (Figura 1.3).

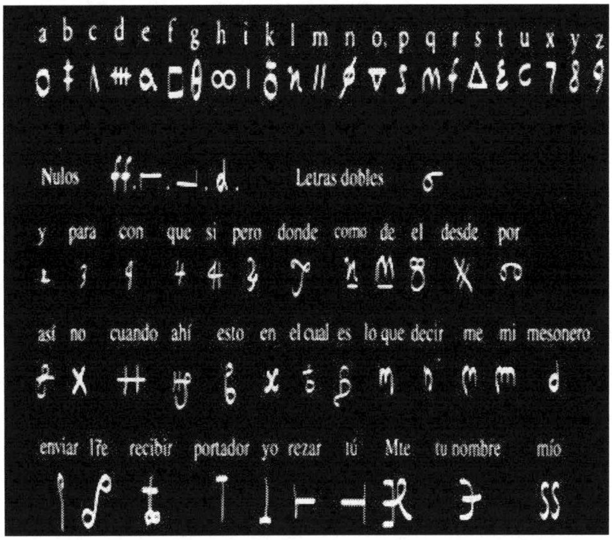


**Figura 1.3.** Nomenclador usado por María Estuardo y Anthony Babington (1586)

La mayoría de las cifras que estudiaremos a lo largo del libro emplean una **clave** o **contraseña** que especifica la disposición de las letras en el alfabeto de sustitución, o el patrón de mezcla de las unidades de texto en una transposición. Además, según la relación existente entre la clave de cifrado y descifrado, los sistemas criptográficos se pueden clasificar en dos grandes grupos: de **cifrado simétrico** o de **clave secreta**, en el caso de que ambas coincidan, y de **cifrado asimétrico** o de **clave pública**, cuando ambas claves son diferentes.

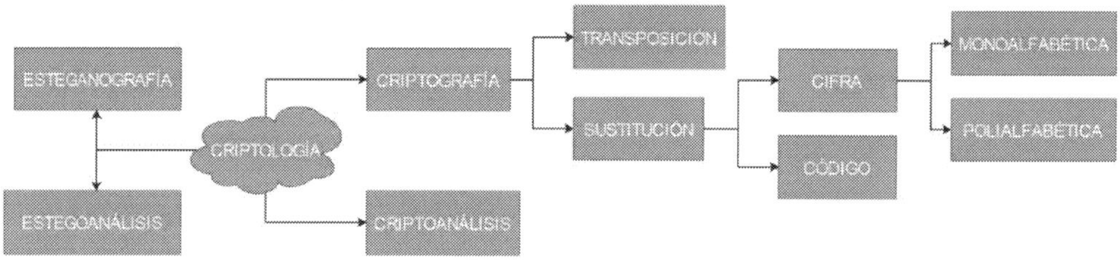


**Figura 1.4.** La ciencia del estudio de la escritura secreta y sus distintos campos

En esta obra estudiaremos los sistemas **criptográficos clásicos** de mayor relevancia histórica, es decir, aquellos que emplean operaciones de sustitución y de transposición de caracteres junto con la utilización de una clave secreta. La criptografía clásica se extiende, entonces, desde los albores de la historia hasta 1976, año en que Whitfield Diffie y Martin Hellman publicaran el artículo "New Directions in Cryptography", en el que propusieron una nueva filosofía de cifra. Con ellos nacieron los criptosistemas asimétricos de clave pública.

En el caso de los sistemas modernos estos hacen uso, además de la utilización de sustituciones y transposiciones a nivel de bit, de algunas propiedades matemáticas como, por ejemplo, la dificultad del cálculo del logaritmo discreto o el problema de la factorización de grandes números.

Muchos sistemas modernos que en la actualidad se emplean ampliamente, como los algoritmos de clave secreta IDEA y AES, se basan en conceptos que podríamos denominar clásicos, como son los de transposición y sustitución con una clave secreta, si bien en estos sistemas las operaciones se realizan sobre una cadena de bits y no sobre caracteres alfabéticos.

## 1.3 RESUMEN

En esta introducción hemos abordado el vocabulario y disciplinas básicos de la criptología, con los que el lector debe habituarse lo antes posible.

La **criptología** es la ciencia que se dedica al estudio de las distintas formas de escritura secreta, así como al estudio de las formas de obtención del texto claro, conocida o no la clave con la que este se ocultó.

Esta rama del conocimiento se divide en cuatro campos:

- **Criptografía**. Estudia cómo proteger la información frente a terceras personas no autorizadas.
- **Criptoanálisis**. Se ocupa de recuperar el texto plano sin poseer la clave con la que se obtuvo el criptograma.
- **Esteganografía**. Estudia cómo ocultar mensajes en un portador para que pasen desapercibidos por un canal inseguro.
- **Estegoanálisis**. Investiga cómo detectar la presencia de mensajes ocultos mediante técnicas esteganográficas.

Los métodos criptográficos, actores principales de esta obra, se clasifican en dos grandes grupos: métodos de transposición y de sustitución.

Mientras que las técnicas de **transposición** mezclan el texto claro mediante un algoritmo dado hasta obtener un anagrama ininteligible, los métodos de **sustitución** mantienen el orden de los caracteres, pero se sustituyen con unidades de texto cifrado.

Los métodos de sustitución son los más empleados y abarcan tanto códigos como cifras. Los **códigos** son sustituciones de sílabas, palabras o frases; mientras que las **cifras** consisten en sustituciones de las letras. Las cifras de sustitución, por otro lado, pueden ser **monoalfabéticas**, cuando se usa siempre el mismo alfabeto de sustitución en todo el mensaje, y **polialfabéticas**, cuando se emplean distintas sustituciones en el mismo mensaje. Un tipo especial de cifrado polialfabético lo constituyen los **homófonos**, en los que una unidad del texto plano se sustituye por una de entre varias posibilidades.

## 1.4 EVALUACIÓN

1. Describe los conceptos siguientes:
   - ¿Qué es la criptografía?
   - ¿Qué es un criptograma?
   - ¿Qué es la esteganografía?

- ¿Qué es un anagrama?
- ¿Qué es una cifra de sustitución monoalfabética?
- ¿Qué es un código?
- ¿Qué son los homófonos?
- ¿Qué es un nomenclador?
- ¿Qué es un cifrado simétrico? ¿Y asimétrico?
- ¿A qué llamamos sistemas criptográficos clásicos?

## 1.5 EJERCICIOS PROPUESTOS

1. Cifra la palabra *mensaje* con un alfabeto de sustitución desplazando 13 caracteres a la izquierda.
2. Cifra el mensaje *Solo el estudio te traerá el conocimiento* con el siguiente alfabeto de sustitución:

   Q P W O E I R U T Y A S D L K J H G F Z X C V B N M

3. Escribe ordenadas todas las transposiciones posibles de la palabra *galo*. ¿Cuántas de esas palabras tienen sentido en nuestro idioma?
4. Halla una palabra con sentido relacionada con el contenido del capítulo de la que se haya obtenido el anagrama RPORMAAGTIC. ¿Cuántas transposiciones de la palabra podrían escribirse? ¿Sabrías decir si existe otro anagrama de la palabra con pleno significado en castellano?
5. Tomando como referencia el alfabeto de homófonos de Giovanni Battista Palatino mostrado en la Figura 1.2, descifra el mensaje siguiente:

# 2

# UN PASEO POR LA HISTORIA

La criptografía es tan antigua como la propia escritura. Desde que el hombre comenzó a poner sus ideas por escrito, ha necesitado que ciertos mensajes solo alcanzaran a unos pocos de sus congéneres. Si bien al principio sus únicos usuarios eran militares y diplomáticos, desde no hace mucho, con la revolución informática y de las telecomunicaciones experimentada en nuestra sociedad, las técnicas criptográficas comenzaron a usarse ampliamente en todos los campos que requerían privacidad: transacciones bancarias o comerciales, correo electrónico, protección de archivos y datos almacenados en soportes informáticos, etc.

En este nuevo capítulo aprenderemos cómo fueron evolucionando las diferentes técnicas criptográficas desde tiempos inmemoriales hasta fechas actuales, así como los pasos seguidos por los criptoanalistas para romper los distintos métodos.

## 2.1 LA CRIPTOGRAFÍA EN SUS PRIMEROS 3000 AÑOS

Un día, hace unos 4000 años, en una ciudad llamada Menet-Khufu, en la ribera del Nilo, un maestro escriba plasmaba en piedra los jeroglíficos que contarían al mundo la historia de la vida de su señor Khnumhotep II. Así, casi sin ser consciente de ello, el escriba abría los registros históricos de la criptografía (Kahn, 1996).

El escriba no empleó ningún sistema de escritura secreta tal y como hoy lo conocemos o imaginamos, pues no utilizó un código totalmente desarrollado de símbolos jeroglíficos. Sus inscripciones, talladas en piedra alrededor del año 1900 a. C. en la cámara principal de la tumba del noble Khnumhotep II, simplemente empleaban algunos símbolos jeroglíficos inusuales para ensalzar los monumentos que Khnumhotep había erigido para el faraón Amenemhet II.

La intención del maestro, probablemente, no era dificultar su lectura, sino la de conferirle dignidad y autoridad. No se trata, entonces, de una forma secreta de escribir, pero sí incorporaba uno de los elementos básicos de la criptografía: una transformación deliberada de la escritura. Es, hasta ahora, el texto más antiguo en el que esto ocurre (Kahn, 1996).

En sus primeros 3000 años la criptografía creció de forma independiente en varios lugares, aunque no a un ritmo constante y, en la mayoría de los casos, murió junto con sus civilizaciones.

La civilización China, tan adelantada a otras en tantas cosas, no desarrolló, sin embargo, una auténtica escritura secreta. Probablemente, como comenta el profesor Owen Lattimore de la Universidad de Leeds, puede deberse a que la escritura estuvo restringida a una pequeña minoría ilustrada y el mero acto de plasmar algo de forma ideográfica era, hasta cierto punto, equivalente a ponerlo en código.

El gran vecino occidental de China, la India, sí empleó ciertas formas secretas de comunicación. En la obra *Arthasastra*, escrita en el siglo IV a. C. por Kautilya, ministro del rey Chandragupta, se recoge la necesidad de desplegar por el país todo un ejército de espías y cómo estos deberían recibir todas las comunicaciones de forma cifrada (Galende, 1995).

Más curioso e interesante es cómo en el *Kamasutra*, un texto escrito en el siglo IV por el erudito brahmín Vatsyayana, se recomienda que las mujeres debían estudiar 64 artes, como cocinar, saber vestirse, dar masajes y preparar perfumes, entre otras. En el número 45 de la lista aparece *mlecchita-vikalpa*, el arte de la escritura secreta, para ayudar a las mujeres a ocultar los detalles de sus relaciones amorosas. Una de las técnicas recomendadas es emparejar al azar las letras del alfabeto y luego sustituir cada letra del mensaje original por su pareja.

La cuarta gran civilización de la antigüedad, la mesopotámica, llegó a alcanzar un nivel bastante alto. El primer registro del uso de la criptografía en esta región data del año 1500 a. C. Se encuentra en una fórmula para hacer esmaltes para cerámica en una tablilla de dimensiones 8 cm x 5 cm hallada en las márgenes del río Tigris (Singh, 2000).

Ni siquiera la Biblia escapó de un pequeño toque de criptografía, más usado para añadir misterio que para ocultar un significado. Así, en Jeremías 25,26; 51,41 aparece el criptograma SHESHACH sustituyendo al texto plano *Babel*, nombre hebreo bíblico con el que se conoce a la ciudad mesopotámica de Babilonia.

Esta sustitución resulta de utilizar la cifra tradicional hebrea **atbash**, en la que la última letra del alfabeto hebreo reemplaza a la primera, la penúltima a la segunda, y así sucesivamente. Esto sería el equivalente castellano *a* = Z, *b* = Y, *c* = X ..., *y* = B, *z* = A. El término mismo, atbash, sugiere la sustitución que describe, porque consta de la primera letra del alfabeto hebreo, *aleph*, seguida de la última letra, *tau*, y luego la segunda letra, *bet*, seguida de la segunda empezando por el final, *shin*.

Probablemente, como comentamos, la intención al utilizar atbash y otras cifras bíblicas similares era añadir misterio, más que ocultar el significado, pero su presencia fue suficiente para despertar el interés criptográfico de los monjes europeos medievales.

La civilización griega tampoco fue ajena al uso de las técnicas de ocultación de la escritura, aunque usó más la esteganografía que la criptografía (López Guerrero, 2006).

Heródoto, el padre de la historiografía, describe en su obra *Historias* los diferentes conflictos entre Grecia y Persia en el siglo V a. C. Según el autor, fue el arte de la escritura secreta lo que salvó a Grecia de ser ocupada por Jerjes, el rey de los persas.

Demarato, un griego que había sido expulsado de su patria y que vivía en la ciudad persa de Susa, decidió enviar un mensaje para advertir a los espartanos del plan de invasión de Jerjes tras ser espectador del gran aumento de la presencia militar persa. El desafío consistía en cómo enviar el mensaje sin que fuera interceptado por los guardas persas. Solo había una manera en que se podía pasar el mensaje: escribir en una tablilla de madera lo que Jerjes planeaba hacer y luego volver a cubrir el mensaje con cera. De esta forma, las tablillas, al estar aparentemente en blanco, no ocasionarían problemas con los guardas del camino. Cuando el mensaje llegó a su destino con esta advertencia, los hasta entonces indefensos griegos comenzaron a armarse. Jerjes había perdido el vital elemento de la sorpresa y el 23 de septiembre del año 480 a. C., cuando la flota persa se aproximó a la bahía de Salamina cerca de Atenas, los griegos estaban preparados. En menos de un día las formidables fuerzas de Persia fueron humilladas (Singh, 2000).

Precisamente fueron los espartanos, los griegos más belicosos, los que establecieron el primer sistema criptográfico militar de la historia, la **escítala** espartana, que se remonta al siglo V a. C. El sistema de transposición, como se recoge en la obra de Plutarco *Vida de Lisandro*, consistía en dos varas del mismo grosor que se entregaban a los participantes de la comunicación. Para enviar un mensaje se enrollaba una cinta en forma espiral a uno de los bastones y se escribía el mensaje longitudinalmente, de forma que en cada vuelta de cinta apareciese una letra cada vez. Una vez escrito el mensaje, se desenrollaba la cinta y se enviaba al receptor, que solo tenía que enrollarla a la vara gemela para leer el mensaje original (Figura 2.1).

Figura 2.1. Escítala espartana

Hacia el año 150 a. C., Polibio, otro escritor griego, concibió un método de señalización con antorchas que fue posteriormente muy utilizado como sistema criptográfico. Su método, conocido como **cuadrado de Polibio**, consiste en una matriz 5×5 numerada en la que se recogen las distintas letras del alfabeto del siguiente modo:

| | **1** | **2** | **3** | **4** | **5** |
|---|---|---|---|---|---|
| **1** | a | b | c | d | e |
| **2** | f | g | h | ij | k |
| **3** | l | m | n | o | p |
| **4** | q | r | s | t | u |
| **5** | v | w | x | y | z |

A cada letra le corresponde una pareja de números según la fila y columna en la que se encuentra, es decir, la *e* = 15, la *h* = 23, etc.

El primer uso documentado de una cifra de sustitución con propósitos militares aparece en *La guerra de las Galias* de Julio César. César describe cómo envió un mensaje a Cicerón, que se encontraba sitiado y a punto de rendirse. La sustitución reemplazó las letras latinas por letras griegas, haciendo que el mensaje resultara ininteligible para el enemigo.

César utilizó la escritura secreta muy frecuentemente. Gracias a la obra de Suetonio *Vidas de los Césares LVI*, escrita en el siglo segundo de nuestra era, conocemos uno de los tipos de cifra de sustitución más utilizado por el emperador:

César, sencillamente, sustituía cada letra del mensaje con la letra que ocupa tres puestos más adelante en el listado del alfabeto.

- *Plano:* a b c d e f g h i k l m n o p q r s t v x y z
- *Cifrado:* D E F G H I K L M N O P Q R S T V X Y Z A B C

De este modo, el mensaje *Gallia est omnis divisa in partes tres* (Toda la Galia está dividida en tres partes) se convierte en KDOOMD HXY RPQMX GMZMXD MQ SDVYHX YVHX. Hoy día cualquier alfabeto de sustitución obtenido por un simple desplazamiento, aunque empiece por una letra distinta a la D, se denomina **alfabeto César**.

Aunque Suetonio solo menciona un cambio de tres lugares, es evidente que al utilizar cualquier desplazamiento de entre 1 y 25 lugares es posible generar 25 cifras distintas. La ventaja de este tipo de cifra radica, por tanto, en que es muy fácil de poner en práctica. Desde el punto de vista de un enemigo potencial, sin embargo, si este intercepta el mensaje solo tiene que revisar las 25 posibilidades diferentes, lo que implica una codificación muy débil. Por el contrario, si el emisor utilizase un alfabeto de sustitución aleatorio, entonces sería necesario probar más de $4 \cdot 10^{26}$ (¡26!) alfabetos diferentes, lo que sería imposible.

Como memorizar una secuencia aleatoria de 26 letras es complicado, es posible generar una clave más simple si el emisor y el receptor están dispuestos a aceptar una ligera reducción del número de claves potenciales. En vez de combinar al azar el alfabeto llano para conseguir un alfabeto de cifrado, el emisor elige una palabra o una frase que actúe como clave. Por ejemplo, para utilizar MARCUS CICERO como clave hay que comenzar por quitar los espacios y las letras repetidas (MARCUSIEO), y luego usar esto como el principio del alfabeto cifrado. El resto del alfabeto de sustitución se forma con las letras que faltan en su orden correcto, comenzando con la siguiente con la que acaba la clave. De esta forma, los alfabetos quedarían así:

- *Alfabeto llano:* a b c d e f g h i j k l m n o p q r s t u v w x y z
- *Y de sustitución:* **M A R C U S I E O** P Q T V W X Y Z B D F G H J K L N

De este modo, la frase *Gallia est omnis divisa in partes tres* quedaría cifrada como IMTTOM UDF XVWOD COHODM OW YMBFUD FBUD.

La ventaja de confeccionar un alfabeto de sustitución de esta manera radica en que es fácil memorizar la palabra o la frase que actúan como clave. Esta simplicidad y fortaleza hicieron que la cifra de sustitución dominara el arte de la escritura secreta a lo largo del primer milenio de nuestra era. La responsabilidad había recaído sobre los descifradores de códigos que trataban de descifrar la cifra de sustitución. Durante mucho tiempo se consideró erróneamente que era indescifrable, lo que conllevó al estancamiento de la criptografía en el mundo occidental y, durante catorce siglos, esto pareció ser verdad. Sin embargo, los criptoanalistas encontraron finalmente un atajo en la supuestamente imposible tarea de examinar todas las claves posibles.

### 2.1.1 El criptoanálisis en la Edad Media

A lo largo de toda la Edad Media la criptografía permaneció como un arte, el arte de ocultar el verdadero significado de lo que se escribía. Durante los diez siglos de esta etapa histórica, sin embargo, no existió nada parecido a lo que conocemos hoy como criptología. No era talento, ni una ciencia, sino simplemente algo mágico más cercano a la adivinación. Obtener de un criptograma un mensaje con sentido sin la clave era como interpretar el futuro merced a la cartomancia, la astrología o por medio de las hojas de té.

Este oscurantismo sumió a la criptología en el terreno del esoterismo. Existía la criptografía, sí, pero no el criptoanálisis. La criptología como ciencia surgió entre los árabes, como la medicina o la astronomía. En el año 750, con el inicio del califato abasí, comenzó la época dorada de la civilización islámica. Creció el comercio, florecieron las ciudades y se hicieron extraordinarias aportaciones en arquitectura y las artes en general. La gran actividad intelectual de la época proporcionó enormes contribuciones a la historia, literatura, medicina y matemáticas. Todo ello, además, se apoyaba en un eficaz sistema de gobierno. Los funcionarios utilizaban de forma rutinaria la criptografía. Muchos manuales administrativos, como el *Adab al-Kuttab* (El manual de los secretarios), del siglo X, incluyen secciones enteras dedicadas a la criptografía, con métodos que gobernantes y funcionarios usaban en sus comunicaciones.

En el año 815, el califa al-Mamun, quien diera inicio al período conocido como la **Edad de Oro del islam**, estableció en Bagdad la *Bayt al-Hikmah*, o Casa de la Sabiduría, que funcionaba como biblioteca y centro de traducción. La biblioteca estaba compuesta de volúmenes que tocaban todas las disciplinas conocidas por entonces, incluyendo la literatura, las ciencias naturales y la lógica. La biblioteca era el lugar donde se traducían constantemente al árabe todas las obras científicas y filosóficas importantes del mundo antiguo, especialmente provenientes de la antigua Grecia y de Egipto. Fue en esta época de esplendor científico en la que los maestros árabes trajeron el álgebra y sus números arábigos a la Europa Occidental.

En su momento central se publicaban cada año decenas de miles de libros. Junto a clásicos como *Las mil y una noches* se vendían libros de texto de todos los temas imaginables que contribuían a desarrollar la sociedad más alfabetizada y culta del mundo conocido.

Los árabes no solo usaron métodos criptográficos, también fueron capaces de romperlos. El invento del criptoanálisis se basó no solo en el vasto conocimiento de las ciencias, sino también en el crecimiento de la erudición religiosa. Se establecieron importantes escuelas teológicas en las que se examinaban minuciosamente las revelaciones de Mahoma tal y como aparecían en el Corán. Los teólogos tenían interés en establecer la cronología de sus revelaciones, lo que hacían contando las frecuencias de las palabras contenidas en cada revelación. La teoría era que ciertas palabras habían evolucionado relativamente hacía poco, y por eso, si una revelación contenía un alto número de estas palabras más nuevas indicaría que cronológicamente aparecieron después. Los teólogos trataron de demostrar que cada aseveración era efectivamente atribuible a Mahoma, y lo hacían estudiando la etimología de las palabras y la estructura de las frases y comprobando si eran coherentes con los patrones lingüísticos del profeta. También analizaron las letras individuales y descubrieron que algunas letras son más corrientes que otras. Las letras *a* y *l* son las más frecuentes en árabe, en parte a causa del artículo definido *al-*, mientras que letras como la *j* aparecen con una frecuencia muy baja. Esta observación aparentemente inocua proporcionaría la semilla de la que germinaría el criptoanálisis.

La descripción más antigua que se conoce sobre la hipótesis de que la variación en la frecuencia de las letras podía explotarse para descifrar cifras procede del erudito del siglo IX Abu Yusuf al-Kindi. Su tratado más importante, que no fue redescubierto hasta 1987 en el Archivo Sulaimaniyyah Ottoman de Estambul, se titula *Sobre el desciframiento de mensajes criptográficos* (Figura 2.2).

**Figura 2.2.** Al-Kindi junto con la primera página de su manuscrito

Aunque contiene detallados debates sobre estadística, fonética y sintaxis árabes, el revolucionario sistema de criptoanálisis por **análisis de frecuencias** de al-Kindi se recoge en dos breves párrafos de su obra:

> "Una manera de resolver un mensaje cifrado, si sabemos en qué lengua está escrito, es encontrar un texto llano diferente escrito en la misma lengua y que sea lo suficientemente largo para llenar alrededor de una hoja y luego contar cuántas veces aparece cada letra. A la letra que aparece con más frecuencia la llamamos «primera», a la siguiente en frecuencia la llamamos «segunda», a la siguiente «tercera», y así sucesivamente, hasta que hayamos cubierto todas las letras que aparecen en la muestra de texto llano.
>
> Luego observamos el texto cifrado que queremos resolver y clasificamos sus símbolos de la misma manera. Encontramos el símbolo que aparece con más frecuencia y lo sustituimos con la forma de la letra «primera» de la muestra de texto llano, el siguiente símbolo más corriente lo sustituimos por la forma de la letra «segunda», y el siguiente en frecuencia lo cambiamos por la forma de la letra «tercera», y así sucesivamente, hasta que hayamos cubierto todos los símbolos del criptograma que queremos resolver."

En el manuscrito se recogen distintos métodos del criptoanálisis, así como un análisis estadístico de las letras y de combinaciones de letras en árabe y la clasificación de las distintas claves. Al-Kindi, además, tuvo conocimiento de las cifras polialfabéticas seis siglos antes de que Leon Battista Alberti trabajara en ellas.

Las palabras de al-Kindi son más fáciles de explicar desde el punto de vista de nuestro alfabeto latino de 26 letras. En primer lugar, es necesario examinar un texto lo más extenso posible, o mejor aún varios, para así establecer la frecuencia de cada letra del alfabeto. En castellano la letra más frecuente es la *e*, seguida de la *a* y luego de la *o*, como aparece en la Tabla 2.1. Luego hay que examinar el texto cifrado y determinar la frecuencia de cada letra. Si la más frecuente es, por ejemplo, la C, entonces es probable que esta sustituyera en el criptograma a la *e*. Si la segunda letra más frecuente en el criptograma es la H, probablemente sustituya a la *a*, y así sucesivamente. En vez de revisar, por tanto, los billones de claves posibles, es factible revelar el contenido del mensaje cifrado analizando las frecuencias de los caracteres en el texto cifrado.

No obstante, la receta propuesta por al-Kindi no puede aplicarse de forma incondicional a todos los criptogramas, pues la lista de frecuencias de la Tabla 2.1 es solo un promedio, por lo que puede haber importantes variaciones, previsiblemente tanto mayores cuanto más pequeño sea el texto. De hecho, si el mensaje cifrado posee menos de cien letras, el criptoanálisis por análisis de frecuencias puede resultar extremadamente difícil. Para textos largos, entre 500 y 1000 caracteres, es más probable que se sigan las frecuencias indicadas en la Tabla 2.1.

**NOTA**

El análisis de frecuencias, al ser un método estadístico, funciona tanto mejor cuanto mayor es la longitud del criptograma pues, en este caso, las letras se distribuirán según sus frecuencias relativas esperables.

No obstante, podemos encontrarnos con curiosas sorpresas. En 1969 el autor francés Georges Perec escribió la novela *La disparition* (*El secuestro*) sin utilizar ni una sola letra *e* –la más frecuente en francés– a lo largo de sus más de 200 páginas. De modo que, si se cifrara su contenido con una cifra de sustitución, un análisis de frecuencias posterior nos llevaría a asignar erróneamente las letras en el texto claro.

| ***Don Quijote de la Mancha*** **Miguel de Cervantes** | | | ***La sombra del viento*** **Carlos Ruiz Zafón** | | | **Análisis de frecuencias** | | |
|---|---|---|---|---|---|---|---|---|
| **Letra** | **Veces** | **Frecuencia** | **Letra** | **Veces** | **Frecuencia** | **Letra** | **Veces** | **Frecuencia** |
| e | 33 757 | 13,89% | e | 96 317 | 13,58% | e | 130 074 | 13,66% |
| a | 30 581 | 12,58% | a | 95 718 | 13,50% | a | 126 299 | 13,27% |
| o | 24 276 | 9,99% | o | 62 727 | 8,85% | o | 87 003 | 9,14% |
| s | 18 352 | 7,55% | s | 47 231 | 6,66% | s | 65 583 | 6,89% |
| n | 15 899 | 6,54% | n | 46 960 | 6,62% | n | 62 859 | 6,60% |
| r | 14 860 | 6,12% | r | 46 559 | 6,57% | r | 61 419 | 6,45% |
| l | 13 662 | 5,62% | i | 45 715 | 6,45% | i | 58 442 | 6,14% |
| d | 12 797 | 5,27% | l | 41 142 | 5,80% | l | 54 804 | 5,76% |
| i | 12 727 | 5,24% | d | 35 625 | 5,02% | d | 48 422 | 5,09% |
| u | 11 966 | 4,92% | u | 32 417 | 4,57% | u | 44 383 | 4,66% |
| t | 9149 | 3,77% | c | 27 280 | 3,85% | t | 36 317 | 3,81% |
| c | 8829 | 3,63% | t | 27 168 | 3,83% | c | 36 109 | 3,79% |
| m | 6652 | 2,74% | m | 21 937 | 3,09% | m | 28 589 | 3,00% |
| p | 5171 | 2,13% | p | 17 342 | 2,45% | p | 22 513 | 2,36% |
| q | 4840 | 1,99% | b | 13 302 | 1,88% | b | 17 231 | 1,81% |
| b | 3929 | 1,62% | q | 9205 | 1,30% | q | 14 045 | 1,48% |
| y | 3572 | 1,47% | v | 7767 | 1,10% | y | 10 648 | 1,12% |
| h | 2993 | 1,23% | h | 7338 | 1,03% | v | 10 417 | 1,09% |
| v | 2650 | 1,09% | g | 7144 | 1,01% | h | 10 331 | 1,09% |
| g | 2522 | 1,04% | y | 7076 | 1,00% | g | 9666 | 1,02% |
| j | 1593 | 0,66% | f | 4790 | 0,68% | j | 6233 | 0,65% |
| f | 1162 | 0,48% | j | 4640 | 0,65% | f | 5952 | 0,63% |
| z | 1001 | 0,41% | z | 2701 | 0,38% | z | 3702 | 0,39% |
| x | 57 | 0,02% | x | 918 | 0,13% | x | 975 | 0,10% |
| k | 1 | 0,00% | k | 48 | 0,01% | k | 49 | 0,01% |
| w | 0 | 0,00% | w | 16 | 0,00% | w | 16 | 0,00% |

**Tabla 2.1.** Tabla de frecuencias relativas en la lengua castellana. Se basa en las novelas indicadas en su encabezado con una muestra de 952.081 caracteres (elaboración propia)

Todo el conocimiento que poseían los árabes relativo a la criptología quedó plasmado en la sección de códigos y sus desciframientos en la enciclopedia *Subh al-a'sha*, una ingente obra de 14 volúmenes terminada en 1412 por el egipcio Ahmad al-Qalqashandi (1355-1418) que recoge todas las ramas del conocimiento de la época. En la sección titulada "Sobre la ocultación de los mensajes secretos" el autor recoge dos partes: una sobre acciones y referencias simbólicas, y otra sobre tintas invisibles y criptología. Al-Qalqashandi atribuye la información a los trabajos de Ali ibn ad-Duraihim, que vivió entre 1312 y 1361, pero cuyas obras sobre criptología lamentablemente se perdieron. La lista de cifras recogidas en la enciclopedia incluye tanto métodos de sustitución como de transposición y, por primera vez, una cifra polialfabética, así como el uso de tablas de frecuencias y conjuntos de letras.

La técnica criptoanalítica del **análisis de frecuencias** se sustenta, entonces, en dos puntos. El primero es la diferente distribución con la que aparece cada una de las letras en una lengua natural. El segundo, que la proporción en que ocurre cada carácter es más o menos constante.

En otras palabras, supongamos que recibimos un criptograma obtenido por una cifra monoalfabética del que conocemos que su texto plano está escrito en castellano. El primer paso sería contar la frecuencia de aparición de cada una de las letras del criptograma. Si, por ejemplo, encontramos que la letra G es la más frecuente, asumiremos que la letra del texto plano de la que se ha obtenido sería la *e*, pues es la más frecuente en castellano, aunque su diferencia con la *a* es tan parecida que podrían ser ambas.

El proceso de identificación seguiría con las siguientes letras. El tercer símbolo más frecuente es la *o*, por lo que cabría esperar que el tercer carácter en frecuencia en el criptograma fuera dicha vocal. Sin embargo, necesitamos añadir más patrones lingüísticos si queremos tener éxito. Este es el motivo por el que se emplean análisis estadísticos más complejos, como la frecuencia de aparición de distintas letras consecutivas en una lengua: **digramas** –dos letras–, **trigramas** –tres letras– y **N-gramas** –cuatro o más letras– (Tabla 2.2).

**NOTA**

Se denomina N-grama a una subsecuencia de *N* letras consecutivas en una secuencia dada.

De estos estudios podemos sacar para el castellano escrito, por término medio, las siguientes conclusiones (Tablas 2.1 y 2.2):

- Las vocales ocuparán alrededor del 47% del texto.
- Solo la *e* y la *a* se identifican con relativa fiabilidad porque destacan mucho sobre las demás. De hecho, entre las dos vocales ocupan el 26% del mensaje.
- Las consonantes más frecuentes son *s*, *n*, *r*, *l* y *d* y abarcan alrededor del 31%.
- Las seis letras menos frecuentes son las consonantes *j*, *f*, *z*. *x*, *k* y *w*, con una frecuencia algo superior al 1,5%.
- Las palabras más frecuentes son *de*, *en*, *la*, *es*, *el*, *que* y *con*, con una frecuencia de algo más del 20%.

| Bigramas | Veces | Trigramas | Veces | 4-gramas | Veces | 5-gramas | Veces |
|---|---|---|---|---|---|---|---|
| de | 29 204 | que | 16 104 | abia | 3066 | habia | 2730 |
| en | 28 778 | ent | 7572 | habi | 3018 | aquel | 1342 |
| la | 23 459 | con | 6566 | ando | 2976 | mente | 1136 |
| er | 22 691 | aba | 5816 | ente | 2688 | iendo | 900 |
| ue | 22 238 | nte | 5308 | esta | 2506 | acion | 874 |
| es | 21 678 | ado | 4914 | para | 1856 | parec | 826 |
| ra | 18 894 | est | 4618 | quel | 1812 | staba | 780 |
| el | 18 676 | ndo | 4518 | cion | 1804 | estab | 748 |

**Tabla 2.2.** Frecuencias absolutas de *N*-gramas en la lengua castellana en la novela La sombra del viento (elaboración propia)

De modo que el criptoanalista explotará todas las identificaciones posibles para averiguar otras descifrando todo lo que pueda del mensaje. Por último, deberá terminar intuyendo a qué podrían hacer referencia las letras que falten. Por ejemplo, si en este punto se encuentra con el texto plano parcial *lan?amien?o*, podrá asumir que las letras que faltan son la *z* y la *t*, pues en castellano no existe otra palabra de 11 letras que contenga las cadenas anteriores en ese orden.

Las cifras monoalfabéticas son demasiado triviales para emplearlas hoy en las comunicaciones sensibles, pero la técnica para romper su código subyace en la mayoría de las cifras de sustitución. La solución de estas últimas siempre acaba con la solución de varias sustituciones monoalfabéticas, por lo que saber resolverlas resulta de gran utilidad.

## 2.2 EL RENACIMIENTO DE OCCIDENTE

Mientras los eruditos árabes vivían un período dorado en las artes y en las ciencias, Europa seguía sumida en la Edad de las Tinieblas. Mientras al-Kindi describía los procesos del criptoanálisis en Bagdad, los europeos aún se hallaban trasteando con los rudimentos de la criptografía.

Las únicas instituciones que fomentaban el uso de la escritura secreta eran los monasterios (Galende, 1995). Los monjes medievales sentían gran curiosidad por el hecho de que el Antiguo Testamento contuviera ejemplos obvios de criptografía, como aquellas partes de texto codificado con la cifra tradicional de sustitución hebrea atbash.

Como comentamos, probablemente la intención para utilizar atbash en la Biblia fuese añadir más misterio, pero su presencia fue suficiente para despertar el interés por la criptografía.

Los monjes europeos comenzaron a redescubrir viejas cifras de sustitución, inventaron otras y ayudaron a reintroducir la criptografía en la civilización occidental.

El primer libro europeo que conocemos que describe el uso de la criptografía, y que recoge siete técnicas para mantener secretos los mensajes, es *La epístola sobre las obras de arte secretas y la nulidad de la magia*, que data del siglo XIII y fue escrito por el monje franciscano Roger Bacon, a quien muchos atribuyen también la autoría del aún sin descifrar **Manuscrito Voynich** (Figura 2.3).

A lo largo de los siglos XIV y XV, como consecuencia del amplio uso que los alquimistas y científicos europeos empezaron a hacer de la criptografía para mantener en secreto sus descubrimientos y de las rivalidades políticas en Italia, se produjo un avance importantísimo en el uso y conocimiento de las cifras. Cabe destacar en esta época a **Gabriel di Lavinde** de Parma, autor de una de las obras más antiguas que se conocen en esta materia, el *Liber Zifrorum*, publicada en Roma en torno a 1380 y conservada en el Archivo Vaticano.

**Figura 2.3.** Roger Bacon junto a una página del Manuscrito Voynich

Ya en el siglo XV la criptografía europea era una industria floreciente. Las artes, las ciencias y sobre todo las intrigas políticas ofrecieron suficientes motivaciones para emplear la criptografía. La diplomacia floreció y cada estado soberano enviaba embajadores a las cortes de los demás. Obviamente, las comunicaciones entre el gobierno y sus embajadores viajaban en ambos sentidos cifradas.

Al mismo tiempo que la criptografía se empleaba cada vez de forma más rutinaria, el criptoanálisis empezaba a surgir en Occidente. El hecho de que las comunicaciones viajaran cifradas era un incentivo importante para estudiar cómo desvelar su contenido. Era el comienzo del criptoanálisis. El primer gran criptoanalista europeo fue **Giovanni Soro**, secretario de cifras en el Consejo de los Diez de Venecia desde 1506, destinatario de casi todos los criptogramas que tanto Venecia como los estados amigos necesitaban resolver.

En el resto de Europa las demás cortes comenzaron a emplear a hábiles criptoanalistas tan pronto como el secreto de las cifras monoalfabéticas empezó a verse comprometido mediante el análisis de frecuencias.

Mientras tanto, surgía la necesidad de desarrollar un sistema que protegiera mejor los mensajes de este método de criptoanálisis. La primera medida eficaz fue la introducción de **nulos**, como ya vimos en el capítulo anterior. Estos no eran más que letras o caracteres que no sustituían a ninguna letra particular en el texto plano, sino meros huecos para confundir a un criptoanalista. Otra tentativa posterior para reforzar la cifra de sustitución monoalfabética, como vimos, fue la introducción de **códigos** que, aparentemente, ofrecían muchísima más seguridad que cualquier cifra de sustitución.

En este siglo XV es importante mencionar la labor del genovés **Leon Battista Alberti**, secretario personal de tres papas y una de las figuras principales del Renacimiento como pintor, compositor, arquitecto, poeta y filósofo. En algún momento de la década de 1460, Alberti paseaba por los jardines del Vaticano cuando se encontró con su amigo Leonardo Dato, el secretario pontificio, que comenzó a hablarle de los aspectos más admirables de la criptografía. Esta conversación fortuita fructificó en 1466 con la escritura de un breve ensayo de 25 páginas titulado *Modus scribendi in ziferas*. En él Alberti esbozó lo que consideraba una nueva forma de cifra "digna de reyes" (Ortega Triguero, 2005). Creó la primera máquina para cifrar: dos discos concéntricos que giran independientes, consiguiendo en cada giro un alfabeto de sustitución distinto. Cada disco estaba dividido en 24 sectores. En los del disco mayor aparece el alfabeto llano formado por 20 letras mayúsculas del alfabeto latino y los dígitos 1, 2, 3 y 4. En el disco inferior se recoge el alfabeto de sustitución, con 23 letras minúsculas en orden aleatorio y la palabra *et* (&) (Figura 2.4).

**Figura 2.4.** Leon Battista Alberti y sus discos de cifrado

Tanto el emisor como el receptor deben tener discos idénticos y convenir una letra del disco móvil, la *e*, por ejemplo. Para cifrar el emisor elige una letra en el disco exterior, la escribe en mayúsculas al comienzo del texto cifrado para informar al receptor de esta elección y gira el disco pequeño hasta situar la *e* bajo la letra escogida. Después cifra tres o cuatro palabras del texto según las correspondencias de letras determinadas por la posición de los discos y traslada al criptograma las letras minúsculas obtenidas. A continuación, repite de nuevo esta operación, elige otra letra en el disco grande hasta hacer casar la *e* con esa letra y cifra otras tres o cuatro palabras con la nueva correspondencia, y así sucesivamente. El cifrado es claramente polialfabético, pues los giros del disco menor traen sucesivas sustituciones diferentes.

Si bien en el año 1470 Leon Battista Alberti publicó su *Tratado de cifras*, donde describe el sistema con el que había dado con el avance más significativo en criptografía en más de mil años, no logró desarrollar su concepto y convertirlo en un sistema plenamente utilizado. Esa tarea recayó sobre un diverso grupo de eruditos, que comienza con **Johannes Trithemius**, un docto abad alemán nacido en 1462. En su obra *Poligrafía*, escrita en seis tomos en 1508 y que constituye el primer libro impreso sobre criptografía, publicado en 1518 por Johannes Haselberg, introdujo el concepto de **tabla ajustada** (tabula recta). En esta tabla, erróneamente atribuida a Vigenère, el alfabeto se desplaza un carácter a la izquierda en cada fila (Tabla 2.3).

| | | | | | | | | | | | | | | | | | | | | | | | | | |
|---|---|---|---|---|---|---|---|---|---|---|---|---|---|---|---|---|---|---|---|---|---|---|---|---|---|
| A | B | C | D | E | F | G | H | I | J | K | L | M | N | O | P | Q | R | S | T | U | V | W | X | Y | Z |
| B | C | D | E | F | G | H | I | J | K | L | M | N | O | P | Q | R | S | T | U | V | W | X | Y | Z | A |
| C | D | E | F | G | H | I | J | K | L | M | N | O | P | Q | R | S | T | U | V | W | X | Y | Z | A | B |
| D | E | F | G | H | I | J | K | L | M | N | O | P | Q | R | S | T | U | V | W | X | Y | Z | A | B | C |
| E | F | G | H | I | J | K | L | M | N | O | P | Q | R | S | T | U | V | W | X | Y | Z | A | B | C | D |
| F | G | H | I | J | K | L | M | N | O | P | Q | R | S | T | U | V | W | X | Y | Z | A | B | C | D | E |
| G | H | I | J | K | L | M | N | O | P | Q | R | S | T | U | V | W | X | Y | Z | A | B | C | D | E | F |
| H | I | J | K | L | M | N | O | P | Q | R | S | T | U | V | W | X | Y | Z | A | B | C | D | E | F | G |
| I | J | K | L | M | N | O | P | Q | R | S | T | U | V | W | X | Y | Z | A | B | C | D | E | F | G | H |
| J | K | L | M | N | O | P | Q | R | S | T | U | V | W | X | Y | Z | A | B | C | D | E | F | G | H | I |
| K | L | M | N | O | P | Q | R | S | T | U | V | W | X | Y | Z | A | B | C | D | E | F | G | H | I | J |
| L | M | N | O | P | Q | R | S | T | U | V | W | X | Y | Z | A | B | C | D | E | F | G | H | I | J | K |
| M | N | O | P | Q | R | S | T | U | V | W | X | Y | Z | A | B | C | D | E | F | G | H | I | J | K | L |
| N | O | P | Q | R | S | T | U | V | W | X | Y | Z | A | B | C | D | E | F | G | H | I | J | K | L | M |
| O | P | Q | R | S | T | U | V | W | X | Y | Z | A | B | C | D | E | F | G | H | I | J | K | L | M | N |
| P | Q | R | S | T | U | V | W | X | Y | Z | A | B | C | D | E | F | G | H | I | J | K | L | M | N | O |
| Q | R | S | T | U | V | W | X | Y | Z | A | B | C | D | E | F | G | H | I | J | K | L | M | N | O | P |
| R | S | T | U | V | W | X | Y | Z | A | B | C | D | E | F | G | H | I | J | K | L | M | N | O | P | Q |
| S | T | U | V | W | X | Y | Z | A | B | C | D | E | F | G | H | I | J | K | L | M | N | O | P | Q | R |
| T | U | V | W | X | Y | Z | A | B | C | D | E | F | G | H | I | J | K | L | M | N | O | P | Q | R | S |
| U | V | W | X | Y | Z | A | B | C | D | E | F | G | H | I | J | K | L | M | N | O | P | Q | R | S | T |
| V | W | X | Y | Z | A | B | C | D | E | F | G | H | I | J | K | L | M | N | O | P | Q | R | S | T | U |
| W | X | Y | Z | A | B | C | D | E | F | G | H | I | J | K | L | M | N | O | P | Q | R | S | T | U | V |
| X | Y | Z | A | B | C | D | E | F | G | H | I | J | K | L | M | N | O | P | Q | R | S | T | U | V | W |
| Y | Z | A | B | C | D | E | F | G | H | I | J | K | L | M | N | O | P | Q | R | S | T | U | V | W | X |
| Z | A | B | C | D | E | F | G | H | I | J | K | L | M | N | O | P | Q | R | S | T | U | V | W | X | Y |

**Tabla 2.3.** Tabla ajustada de Trithemius

Trithemius usó la tabla ajustada para definir un cifrado polialfabético que equivalía al disco de Alberti. Para cifrar un mensaje la primera letra no cambiaba. Después se localizaba el alfabeto César que comienza con la segunda letra y se reemplazaba con la segunda letra de ese alfabeto; a continuación, se buscaba el alfabeto que se iniciaba con la tercera letra y se reemplazaba con la tercera letra de ese alfabeto César, y así sucesivamente. Al llegar al final de la tabla se empezaría de nuevo por el alfabeto de la primera fila.

Veamos un ejemplo de cómo se cifrarían las palabras *tabula recta*:

| | | | | | | | | | | | |
|---|---|---|---|---|---|---|---|---|---|---|---|
| **Texto llano** | t | a | b | u | l | a | r | e | c | t | a |
| **Posición** | 1 | 2 | 3 | 4 | 5 | 6 | 7 | 8 | 9 | 10 | 11 |
| **Texto cifrado** | t | b | d | x | p | f | x | l | k | c | k |

El método, aunque supone una mejoría con respecto a cualquier sustitución monoalfabética, no utilizaba ninguna clave, por lo que su seguridad es mínima. Conocido el método, la obtención del texto llano resulta evidente.

## 2.2.1 La cifra Bellaso

El tercer gran paso hacia la instauración de las cifras de sustitución polialfabéticas llegó de la mano de un desconocido **Giovan Battista Bellaso**. De él tan solo sabemos que nació en Brescia en 1505 en la cuna de una noble familia. En 1550 Bellaso está en Camerino al servicio del cardenal Duranti donde comienza su contacto con el mundo de la criptografía. Más tarde entra en Roma al servicio del Cardenal Rodolfo Pio, con el que compartiría su pasión por la experimentación científica y por la criptografía; en esa misma ciudad conoció a Blaise de Vigenère. En 1552 conoce al afamado escritor Girolamo Ruscelli, quien le urge a publicar sus conocimientos. Finalmente, en 1553, publicó en Venecia un pequeño manuscrito de título *La cifra del Sig. Giovan Basttista Bellaso*, en el que proponía el uso de una tabla recíproca de once alfabetos de sustitución gestionados por una contraseña (Figura 2.5).

La tabla recíproca se forma desplazando un número aleatorio de lugares la mitad inferior de un alfabeto ordinario con respecto a su mitad superior (Buonafalce, 2006). El sistema de Bellaso permite una gran flexibilidad, pues es posible generar varias decenas de millones de alfabetos. Supo así combinar lo mejor de sus dos predecesores –la transposición de alfabetos de Alberti y el cifrado letra a letra de Trithemius– con su genial idea del uso de una contraseña y, de este modo, creó una poderosísima cifra de sustitución polialfabética.

| | | | | | | | | | | | |
|---|---|---|---|---|---|---|---|---|---|---|---|
| AB | a | b | c | d | e | f | g | h | i | l | m |
| | n | o | p | q | r | ſ | t | u | x | y | z |
| CD | a | b | c | d | e | f | g | h | i | l | m |
| | t | u | x | y | z | n | o | p | q | r | ſ |
| EF | a | b | c | d | e | f | g | h | i | l | m |
| | z | n | o | p | q | r | ſ | t | u | x | y |
| GH | a | b | c | d | e | f | g | h | i | l | m |
| | ſ | t | u | x | y | z | n | o | p | q | r |
| IL | a | b | c | d | e | f | g | h | i | l | m |
| | y | z | n | o | p | q | r | ſ | t | u | x |
| MN | a | b | c | d | e | f | g | h | i | l | m |
| | r | ſ | t | u | x | y | z | n | o | p | q |
| OP | a | b | c | d | e | f | g | h | i | l | m |
| | x | y | z | n | o | p | q | r | ſ | t | u |
| QR | a | b | c | d | e | f | g | h | i | l | m |
| | q | r | ſ | t | u | x | y | z | n | o | p |
| ST | a | b | c | d | e | f | g | h | i | l | m |
| | p | q | r | ſ | t | u | x | y | z | n | o |
| VX | a | b | c | d | e | f | g | h | i | l | m |
| | u | x | y | z | n | o | p | q | r | ſ | t |
| YZ | a | b | c | d | e | f | g | h | i | l | m |
| | o | p | q | r | ſ | t | u | x | y | z | n |

**Figura 2.5.** Tabla recíproca de La cifra del Sig. Giovan Battista Bellaso. Venecia, 1553

Una vez escrito el texto plano, sobre él se situaba la contraseña elegida, repitiendo la secuencia hasta finalizar la longitud del texto. Imaginemos la frase *El Papa abandona Roma hoy*. Si se cifra con la contraseña VIRTVTI, procederíamos así:

- *Clave:* `V I  R T V T  I V I R T V T I  V I R T  V T I`
- *Texto llano:* `e l  p a p a  a b a n d o n a  r o m a  h o y`

Ahora se busca la letra de la clave en el alfabeto en mayúsculas de la primera columna y se localiza el carácter del texto claro en alguna de las dos mitades del alfabeto de sustitución. La letra cifrada se corresponde con aquella que está justo encima o debajo de la letra del texto claro. De este modo, la letra *e* en el ejemplo se debe cifrar con el alfabeto que comienza con la V (VX). Se localiza la *e*, que se encuentra en la mitad superior, y se empareja con la letra que le corresponde en la mitad inferior del alfabeto, que resulta ser N. Para cifrar la segunda letra, *l*, se busca esta en el alfabeto que comienza con la I (IL) y se empareja con la letra que allí figura, que resulta ser U, y así sucesivamente. La frase cifrada quedaría NU MPGP YXYISFLY IDPP QMA.

El sistema polialfabético propuesto por Bellaso, aunque periódico, es suficientemente seguro si se emplea una contraseña lo bastante larga, lo que está en perfecta sintonía con el **principio de Kerckhoffs**.

> **NOTA**
> Según el principio de Kerckhoffs la seguridad de un sistema criptográfico no depende de que su diseño permanezca en secreto, sino tan solo de la seguridad de la clave.

Parece claro, entonces, que una clave que cambiara con cada mensaje proporcionaría mayor seguridad que si se empleara la misma una y otra vez. Lo ideal, por tanto, sería emplear una contraseña tan larga como el texto plano y que cambiase con cada mensaje.

Bellaso, precisamente, fue el primero en proponer el uso de claves que variaran frecuentemente, lo que le convierte en el primer autor que diseñó un criptosistema en el que las claves cambiaran periódicamente. Sus cifras marcaron una nueva época y fueron consideradas inviolables durante cuatro siglos.

Al mismo tiempo que Bellaso, el médico y físico milanés **Girolamo Cardano** sugiere emplear la tabla de Trithemius utilizando como clave el propio texto plano, cifrando cada una de las palabras con el principio del mismo. Este método en el que se emplea como clave el propio texto plano se denomina **autoclave** y resultó ser una idea realmente interesante que incluso se sigue utilizando hoy día en los criptosistemas implementados por ordenador. No obstante, el método de autoclave de Cardano era muy simple, pues no existía ninguna contraseña, por lo que adolecía del mismo problema que el método de Trithemius: conocido su uso, resultaba trivial descifrarlo. A pesar de ello, es el primer cifrado de autoclave que recoge la historia de la criptografía.

### 2.2.2 La cifra Vigenère

Fue finalmente Blaise de Vigenère, un diplomático francés nacido en 1523, quien desarrolló la teoría de la criptología polialfabética. Sin lugar a dudas, su cifra se ha convertido en el arquetipo de cifrado por sustitución polialfabética y es, probablemente, el algoritmo más famoso, reformulado y estudiado de todos los tiempos.

Blaise de Vigenère nació en el pueblo francés de Saint-Pourçain-sur-Sioule en 1523. A los 24 años de edad entró como secretario personal al servicio del duque de Nevers, a quien estuvo ligado toda su vida. En 1549 visitó Roma en el curso de una misión diplomática de dos años, y regresó de nuevo en 1566. Durante estas dos estancias entró en contacto con libros sobre criptografía y con criptógrafos de la talla de Bellaso. Blaise de Vigenère recuerda a Bellaso como parte del séquito del cardenal Rodolfo Pio de Capri en el año 1549, y le atribuye la invención de la cifra polialfabética, e incluso de la tabla recíproca hoy mal conocida como "Tabla Della Porta". Con 47 años Vigenère se retiró de la corte y de la carrera diplomática para entregarse a su pasión por la escritura, de la que nació una veintena de libros entre los que destaca su *Traicté des Chiffres*, publicado en 1586 y en el que describe la cifra de autoclave de su invención, cuya ruptura ya no resulta trivial.

Su sistema de autoclave, como se recoge en la Tabla 2.1, se basa en diez alfabetos de sustitución y usa el texto plano o el criptograma como claves, empleando como iniciador del proceso una única letra acordada previamente por emisor y receptor. Cuando el receptor recibe el mensaje puede obtener con la primera letra del criptograma la primera del texto claro y, con esta y la segunda letra del criptograma, la siguiente letra del texto claro, y así sucesivamente.

Por ejemplo, supongamos que se desea transmitir el mensaje *París bien vale una misa* y que emisor y receptor han acordado comenzar el proceso con la letra X:

- *Clave:* `X P A R I  S B I E  N V A L  E U N  A M I S`
- *Texto llano:* `p a r i s  b i e n  v a l e  u n a  m i s a`

Ahora, como hacía Bellaso, se busca la letra de la clave en el alfabeto en mayúsculas de la primera columna de la tabla de Vigenère y se localiza el carácter del texto plano en alguna de las dos mitades del alfabeto de sustitución. La letra cifrada se corresponde con aquella que está justo encima o debajo de la letra del texto claro. De este modo, la letra *p* en el ejemplo se debe cifrar con el alfabeto VX. Después, se localiza la *p*, que se encuentra en la mitad inferior, y se empareja con la letra que le corresponde en la mitad superior del alfabeto, que resulta ser C, y así sucesivamente. De este modo, el criptograma resultaría CQFNAPUMDDNXMAARAPAO.

| | | | | | | | | | | |
|---|---|---|---|---|---|---|---|---|---|---|
| **A** | a | b | c | d | e | f | g | h | i | l |
| **B** | m | n | o | p | q | r | s | t | u | x |
| **C** | a | b | c | d | e | f | g | h | i | l |
| **D** | x | m | n | o | p | q | r | s | t | u |
| **E** | a | b | c | d | e | f | g | h | i | l |
| **F** | u | x | m | n | o | p | q | r | s | t |
| **G** | a | b | c | d | e | f | g | h | i | l |
| **H** | t | u | x | m | n | o | p | q | r | s |
| **I** | a | b | c | d | e | f | g | h | i | l |
| **L** | s | t | u | x | m | n | o | p | q | r |
| **M** | a | b | c | d | e | f | g | h | i | l |
| **N** | r | s | t | u | x | m | n | o | p | q |
| **O** | a | b | c | d | e | f | g | h | i | l |
| **P** | q | r | s | t | u | x | m | n | o | p |
| **Q** | a | b | c | d | e | f | g | h | i | l |
| **R** | p | q | r | s | t | u | x | m | n | o |
| **S** | a | b | c | d | e | f | g | h | i | l |
| **T** | o | p | q | r | s | t | u | x | m | n |
| **V** | a | b | c | d | e | f | g | h | i | l |
| **X** | n | o | p | q | r | s | t | u | x | m |

**Tabla 2.4.** Alfabetos de sustitución de Vigenère. Traicté des Chiffres (1586)

Para revertir el proceso, el receptor coloca el criptograma y sobre él la clave acordada:

- *Clave:* X
- *Criptograma:* C Q F N A P U M D D N X M A A R A P A O

Ahora busca en el alfabeto VX la letra C y se sustituye por aquella con la que está emparejada, la *p*. Esta es entonces la primera letra del mensaje y la segunda de la clave:

- *Clave:* X P
- *Criptograma:* C Q F N A P U M D D N X M A A R A P A O

El proceso continúa con el alfabeto OP. En él se busca la letra Q del criptograma y se sustituye por aquella con la que está emparejada, la *a*. Esta es la segunda letra del texto plano y la tercera de la clave. Así se seguiría hasta completar el proceso.

La gran ventaja de la cifra de autoclave de Vigenère para un receptor no autorizado es que resulta inexpugnable por análisis de frecuencias. El hecho de que una letra que aparece varias veces en el texto cifrado pueda representar en cada ocasión una letra diferente del texto llano genera una dificultad insalvable para el criptoanalista. Igualmente, confuso es el hecho de que una letra que aparece varias veces en el texto llano pueda estar representada por diferentes letras en el criptograma.

Además de ser invulnerable al análisis de frecuencias, la cifra Vigenère podría tener un número enorme de claves. El emisor y el receptor podrían acordar usar no solo una letra como iniciador del proceso, sino cualquier palabra del diccionario, cualquier combinación de palabras, o incluso crear palabras sin sentido. Un criptoanalista sería incapaz de descifrar el mensaje buscando todas las claves posibles porque el número de opciones es, simplemente, impracticable.

A causa de su solidez y su garantía de seguridad parecería natural que la cifra de Vigenère hubiera sido adoptada rápidamente por los secretarios de cifras de toda Europa, pero no fue así y quedó en el olvido durante los dos siglos siguientes (Kahn, 1996). No fue hasta el siglo XIX cuando el método resurge de su olvido y lo hace reinventado, ironías de la historia, en una cifra mucho más elemental y con la que Vigenère nada tuvo que ver. Pero eso no impidió que desde este siglo se le comenzara a conocer erróneamente por su nombre y aún lo sigue siendo hoy por tradición.

La cifra que universalmente se conoce hoy como de Vigenère emplea una matriz formada por 26 alfabetos César de codificación, cada uno de los cuales está desplazado con respecto del anterior una letra hacia la izquierda. La línea superior del cuadro, en minúsculas, representa las letras del texto plano, mientras que la columna de la izquierda, en mayúsculas, representa las letras de la clave (Tabla 2.5).

| ENTRADA CLAVE | ENTRADA TEXTO PLANO | | | | | | | | | | | | | | | | | | | | | | | | | |
|---|---|---|---|---|---|---|---|---|---|---|---|---|---|---|---|---|---|---|---|---|---|---|---|---|---|---|
| | a | b | c | d | e | f | g | h | i | j | k | l | m | n | o | p | q | r | s | t | u | v | w | x | y | z |
| A | A | B | C | D | E | F | G | H | I | J | K | L | M | N | O | P | Q | R | S | T | U | V | W | X | Y | Z |
| B | B | C | D | E | F | G | H | I | J | K | L | M | N | O | P | Q | R | S | T | U | V | W | X | Y | Z | A |
| C | C | D | E | F | G | H | I | J | K | L | M | N | O | P | Q | R | S | T | U | V | W | X | Y | Z | A | B |
| D | D | E | F | G | H | I | J | K | L | M | N | O | P | Q | R | S | T | U | V | W | X | Y | Z | A | B | C |
| E | E | F | G | H | I | J | K | L | M | N | O | P | Q | R | S | T | U | V | W | X | Y | Z | A | B | C | D |
| F | F | G | H | I | J | K | L | M | N | O | P | Q | R | S | T | U | V | W | X | Y | Z | A | B | C | D | E |
| G | G | H | I | J | K | L | M | N | O | P | Q | R | S | T | U | V | W | X | Y | Z | A | B | C | D | E | F |
| H | H | I | J | K | L | M | N | O | P | Q | R | S | T | U | V | W | X | Y | Z | A | B | C | D | E | F | G |
| I | I | J | K | L | M | N | O | P | Q | R | S | T | U | V | W | X | Y | Z | A | B | C | D | E | F | G | H |
| J | J | K | L | M | N | O | P | Q | R | S | T | U | V | W | X | Y | Z | A | B | C | D | E | F | G | H | I |
| K | K | L | M | N | O | P | Q | R | S | T | U | V | W | X | Y | Z | A | B | C | D | E | F | G | H | I | J |
| L | L | M | N | O | P | Q | R | S | T | U | V | W | X | Y | Z | A | B | C | D | E | F | G | H | I | J | K |
| M | M | N | O | P | Q | R | S | T | U | V | W | X | Y | Z | A | B | C | D | E | F | G | H | I | J | K | L |
| N | N | O | P | Q | R | S | T | U | V | W | X | Y | Z | A | B | C | D | E | F | G | H | I | J | K | L | M |
| O | O | P | Q | R | S | T | U | V | W | X | Y | Z | A | B | C | D | E | F | G | H | I | J | K | L | M | N |
| P | P | Q | R | S | T | U | V | W | X | Y | Z | A | B | C | D | E | F | G | H | I | J | K | L | M | N | O |
| Q | Q | R | S | T | U | V | W | X | Y | Z | A | B | C | D | E | F | G | H | I | J | K | L | M | N | O | P |
| R | R | S | T | U | V | W | X | Y | Z | A | B | C | D | E | F | G | H | I | J | K | L | M | N | O | P | Q |
| S | S | T | U | V | W | X | Y | Z | A | B | C | D | E | F | G | H | I | J | K | L | M | N | O | P | Q | R |
| T | T | U | V | W | X | Y | Z | A | B | C | D | E | F | G | H | I | J | K | L | M | N | O | P | Q | R | S |
| U | U | V | W | X | Y | Z | A | B | C | D | E | F | G | H | I | J | K | L | M | N | O | P | Q | R | S | T |
| V | V | W | X | Y | Z | A | B | C | D | E | F | G | H | I | J | K | L | M | N | O | P | Q | R | S | T | U |
| W | W | X | Y | Z | A | B | C | D | E | F | G | H | I | J | K | L | M | N | O | P | Q | R | S | T | U | V |
| X | X | Y | Z | A | B | C | D | E | F | G | H | I | J | K | L | M | N | O | P | Q | R | S | T | U | V | W |
| Y | Y | Z | A | B | C | D | E | F | G | H | I | J | K | L | M | N | O | P | Q | R | S | T | U | V | W | X |
| Z | Z | A | B | C | D | E | F | G | H | I | J | K | L | M | N | O | P | Q | R | S | T | U | V | W | X | Y |

**Tabla 2.5.** Tabla de Vigenère

Veamos cómo funciona de forma práctica esta interesante cifra de sustitución polialfabética. Tomemos el texto llano *impedir firma tratado* y la clave LEON. El primer paso es repetir la contraseña a lo largo de todo el texto llano hasta completarlo, de este modo:

- *Texto plano:* `i m p e d i r  f i r m a  t r a t a d o`
- *Clave:* `L E O N L E O  N L E O N  L E O N L E O`

Ahora cada letra del texto llano se transforma según el alfabeto César que comienza por la letra de la clave. Así, la *i* del texto plano se convierte en una T al enfrentarla al alfabeto César que comienza por la L de la clave, como se resalta en la tabla anterior; la letra *m* se transforma en una Q en el alfabeto que empieza por la letra E, y así sucesivamente.

De modo que el texto cifrado queda del siguiente modo: TQDROMF STVAN EVOGLHC

Para revertir el proceso, el receptor coloca el criptograma y bajo él la clave acordada, repitiéndola a lo largo de todo el texto cifrado:

- *Texto cifrado:* `T Q D R O M F S T V A N E V O G L H C`
- *Clave:* `L E O N L E O N L E O N L E O N L E O`

Ahora cada letra del criptograma se transforma según el alfabeto César que comienza por la letra de la clave. Así, la T del texto cifrado se convierte en una *i* en el texto plano al enfrentarla al alfabeto César que comienza por la letra L de la clave; la letra Q se convierte en una *m* en el texto plano al enfrentarla al alfabeto César que empieza por la letra E de la clave, y así sucesivamente.

De modo que el texto plano recuperado queda del modo siguiente: *impedir firma tratado*.

Seguramente el uso tan extendido de las cifras monoalfabéticas con homófonos y la gran cantidad de tiempo requerido para las operaciones de cifrado y descifrado que era necesario con las cifras polialfabéticas fueron las razones que relegaron al olvido a la cifra Vigenère.

## 2.3 DE LAS CÁMARAS NEGRAS AL TELÉGRAFO

Con Vigenère concluyó la lista de autores renacentistas que vieron en los cifrados polialfabéticos la alternativa a las cifras monoalfabéticas y nomencladores. Estas cifras con homófonos y nulos, aplicándolas a letras individuales o sílabas pudieron ser suficientes durante los dos siglos posteriores. Sin embargo, para el siglo

XVIII, el criptoanálisis había alcanzado un desarrollo que ponía en jaque a las cifras monoalfabéticas más complejas (Zurdo, 2009). Cada estado europeo tenía su propia **Cámara Negra**, como se conocía a los centros empleados para descifrar mensajes, donde se trabajaba con los mejores medios y el personal más cualificado. La primera en crearse fue la *Cabinet Noir* francesa, pero la más famosa fue, sin duda, la *Geheime Kabinettskanzlei* de Viena. Como señala David Kahn (1996), todo el correo oficial de las embajadas extranjeras en Viena era retrasado deliberadamente unas horas; el tiempo necesario para que el correo pasase por la cámara negra antes de seguir su curso normal. Allí se abría la correspondencia, se copiaba y sellaba de nuevo para ser reenviada a sus destinatarios sin evidencia alguna de su violación. Las copias eran sometidas posteriormente a un riguroso criptoanálisis.

Las formas de cifra monoalfabética dejaron, por fin, de ser seguras. Enfrentados a un ejército cada vez mayor de criptoanalistas profesionales, los criptógrafos se vieron forzados a adoptar de una vez la cifra Vigenère, más compleja de implementar, pero más segura (Bauer, 2000). Además, hubo otra presión añadida que favorecía el paso hacia formas más seguras de cifrado: el desarrollo del telégrafo y la necesidad de proteger los telegramas de poder ser interceptados y descifrados.

En 1844 Morse vio acabada la primera línea de telégrafo entre Baltimore y Washington. Según pasaban los años, el código Morse y el telégrafo tenían cada vez más influencia en el mundo. Sin embargo, proteger estas comunicaciones, a menudo tan delicadas, era una gran preocupación. El código Morse mismo no es una forma de criptografía porque no hay una ocultación del mensaje. Los puntos y las rayas son simplemente un alfabeto alternativo para el medio telegráfico. El problema de la seguridad surgió primordialmente porque cualquiera que quisiera enviar un mensaje había de entregarlo a un operador del código Morse, un telegrafista, que tenía que leerlo para transmitirlo. Los telegrafistas tenían acceso a todos los mensajes y, por tanto, existía el riesgo de que una empresa sobornase a un telegrafista para tener acceso a las comunicaciones de su rival.

La solución consistía en codificar el mensaje antes de entregárselo al telegrafista. Entonces, éste traduciría el texto cifrado al código Morse antes de transmitirlo. Además de evitar que los telegrafistas viesen material delicado, la codificación también entorpecía los esfuerzos de cualquier espía que tratara de intervenir el cable telegráfico. Obviamente, la polialfabética cifra de Vigenère era la mejor forma de asegurar el secreto de las comunicaciones.

El desarrollo del telégrafo terminó dando el golpe de gracia a las cámaras negras (Singh, 2000). La *Deciphering Branch* británica cerró en 1844 y la austriaca en 1848, año en el que también se clausuró la *Cabinet Noir* francesa. No tenía ya ningún sentido tener departamentos secretos para violar el correo si el contenido de los mensajes viajaba libremente por los hilos del telégrafo.

El impacto del telégrafo en la criptografía militar fue espectacular. La guerra ya no se dirigía *in situ* como hasta entonces había ocurrido. De los lentos ejércitos de siglos anteriores se pasó a enormes contingentes que podían moverse rápidamente largas distancias, por lo que era necesario un centro de comunicaciones en la retaguardia (Paar, 2010). El telégrafo permitía seguir al instante el desarrollo de las contiendas y cursar órdenes de modo inmediato. Lógicamente, esas órdenes debían ir cifradas y los cifrados polialfabéticos, como el de Vigenère y sus variantes, resultaban ideales. Con el telégrafo los viejos cifrados polialfabéticos alcanzaron por fin la gloria deseada y, durante los primeros años de su vida, fueron enormemente empleados. Pero su reinado duró poco tiempo, pues no se tardó demasiado en demostrarse que no eran tan indescifrables como se suponía.

En 1863 el veterano oficial de infantería prusiano **Friedrich Wilhelm Kasiski** dio el primer paso hacia el criptoanálisis de los cifradores polialfabéticos periódicos en un libro de 95 páginas titulado *Die Geheimschriften und die Dechiffrirkunst* (la escritura secreta y el arte del desciframiento). Desde ese momento la cifra de Vigenère dejó de ser segura y se hizo necesario idear nuevos métodos de cifrado que lograran restablecer la comunicación secreta, permitiendo de esta forma a los hombres de negocios y a los militares sacar provecho a la inmediación del telégrafo sin que sus comunicaciones fueran interceptadas y descifradas.

## 2.4 UN ENEMIGO AÚN MÁS PODEROSO: LA RADIO

Por si el telégrafo no hubiera sido una revolución en el campo de la criptología, no tardó en llegar otro artilugio aún más poderoso que el telégrafo: la **radio**.

En 1894 Guglielmo **Marconi** comenzó a experimentar con las ondas electromagnéticas para la comunicación telegráfica y no tardó en transmitir y recibir información en distancias de hasta 2,5 km. En 1896 los resultados de estos experimentos se aplicaron en Gran Bretaña, entre Penarth y Weston, y en 1898 en el arsenal naval italiano de La Spezia. En 1899, y a petición del gobierno de Francia, hizo una demostración práctica de sus descubrimientos y estableció comunicaciones inalámbricas a través de los 53 km del canal de la Mancha. Para diciembre de 1901 había conseguido transmitir la letra S en código Morse a través de los 3500 km de océano Atlántico que separaban Poldhu, en Cornualles, de Saint John's, en Terranova. Había nacido la radio.

El invento de Marconi sedujo a los militares. Las ventajas tácticas de la radio eran obvias: permitía realizar comunicaciones entre dos puntos sin necesidad de un cable entre ambos emplazamientos.

No obstante, la gran ventaja de este nuevo medio de comunicación conllevaba una enorme debilidad: por la naturaleza de las ondas de radio, que se expanden en todas las direcciones, llegarán inevitablemente tanto al enemigo como al receptor a quien van dirigidos. Por tanto, la codificación fiable se convirtió en algo esencial. Si el enemigo iba a poder interceptar todo mensaje de radio, los criptógrafos tendrían que encontrar una manera de impedir que descifraran estos mensajes. La debilidad ya patente de los métodos de sustitución polialfabéticos periódicos trajo consigo nuevos métodos de cifrado: poligráficos y por transposición (Ortega Triguero, 2005).

Esta necesidad se hizo aún más acuciante durante la Gran Guerra que asoló Europa entre 1914 y 1918. Sin embargo, estos años de desolación no trajeron ningún gran descubrimiento, solamente un catálogo de fracasos criptográficos. Los creadores de códigos produjeron varias cifras nuevas, pero una a una fueron descifradas (Winkel, 2005).

**NOTA**

En un cifrado **poligráfico** o **poligrámico** los textos en claro se dividen en bloques de igual número de letras y, a continuación, cada uno de esos bloques se reemplaza por los signos del alfabeto de sustitución que le corresponda según el algoritmo y la clave empleados.

## 2.4.1 Cifrado Playfair

El cifrado Playfair es una técnica manual de cifrado simétrica que fue la primera cifra de sustitución digrámica empleada en el campo de batalla.

Este método fue inventado en 1854 por **Charles Wheatstone**, uno de los pioneros del telégrafo eléctrico, pero lleva el nombre del Lord Playfair porque fue este último, amigo de Wheatstone, quien más promovió su uso (Figura 2.6).

**Figura 2.6.** Lyon Playfair (izquierda) y Charles Wheatstone (derecha)

En este sistema se cifran simultáneamente pares de letras (digramas), en lugar de utilizar las letras independientes como ocurre en una sencilla cifra de sustitución. El cifrado Playfair es significativamente más difícil de romper ya que el análisis de frecuencias no funciona en este caso. Es cierto que todavía se puede hacer el análisis de frecuencias, pero hay que hacerlo sobre los 600 ($25 \cdot 24 = 600$) posibles digramas de un alfabeto.

Para codificar y transmitir un mensaje, el emisor y el receptor deben acordar primero una palabra clave. Por ejemplo, podemos utilizar la palabra SECRETO, como clave. A continuación, antes de codificar, las letras del alfabeto se escriben en un cuadrado de $5 \times 5$, comenzando con la palabra clave eliminando caracteres duplicados, combinando las letras I y J en un solo elemento y rellenando la matriz con las letras del alfabeto que falten en su orden normal:

| | | | | |
|---|---|---|---|---|
| S | E | C | R | T |
| O | A | B | D | F |
| G | H | I/J | K | L |
| M | N | P | Q | U |
| V | W | X | Y | Z |

A continuación, se divide el mensaje en pares de letras, o dígrafos. Las dos letras de todos los dígrafos deben ser diferentes. Si no ocurre eso, se inserta una *x* adicional entre las dos letras idénticas y se añade una *x* adicional al final para convertir en un dígrafo una letra final que quede sola. De modo que si se quiere enviar el mensaje *Es imposible hacerlo esta noche*, la separación en dígrafos quedaría así:

es im po si bl eh ac er lo es ta no ch ex

Ahora puede comenzar la codificación. Todos los dígrafos caen en una de estas tres categorías: ambas letras están en la misma línea, o en la misma columna, o en ninguna de las dos.

- Si ambas letras están en la **misma línea**, se reemplazan por la letra que queda a la derecha de cada una de ellas; de modo que *es* se convierte en CE. Si una de las letras está al final de la línea, es reemplazada por la letra que haya al principio.

- Si ambas letras están en la **misma columna**, son reemplazadas por la letra que hay debajo de cada una de ellas; así pues, *eh* se convierte en AN. Si una de las letras está en la parte inferior de la columna, es reemplazada por la letra de la parte superior de la columna.

- Si las letras del dígrafo **no están alineadas**, la codificación se rige por una regla diferente. Para codificar la primera letra, se mira en su línea hasta llegar a la columna que contiene la segunda letra; la letra que hay en esa intersección reemplaza a la primera letra. Para codificar la segunda letra, se mira en su línea hasta llegar la columna que contiene la primera letra; la letra que hay en esa intersección reemplaza a la segunda letra. Por tanto, *im* se convierte en GP y *po* se convierte en MB. La codificación completa es, entonces:

```
CE GP MB CG FI AN BE CT GF CE EF MA EI CW
```

El receptor, que también conoce la palabra clave, puede descifrar fácilmente el texto cifrado simplemente invirtiendo el proceso: por ejemplo, las letras cifradas que estén en la misma línea se descifran reemplazándolas por la letra que haya a la izquierda de cada una de ellas y las letras cifradas que se encuentran en la misma columna se reemplazan por las letras que se encuentran encima de ellas.

La cifra Playfair fue utilizada con propósitos bélicos por las fuerzas británicas involucradas en la Primera Guerra Mundial para cifrar información importante pero no crítica, y también por los australianos durante la Segunda Guerra Mundial (Ortega Triguero, 2005). La razón de este extendido uso de Playfair es que se trata de una cifra razonablemente rápida y su uso no requiere equipos especiales.

Aunque resultó eficaz durante un tiempo, la cifra Playfair estaba muy lejos de ser inexpugnable. Su solución no tardó en llegar. Apareció en 1914 publicada en el artículo "An Advanced Problem in Cryptography and Its Solution", escrito por el teniente Joseph Mauborgne.

## 2.4.2 La cifra ADFGVX

Una de las cifras más famosas de finales de la Gran Guerra fue la llamada cifra ADFGVX, evolución natural de la cifra ADFGX inventada por el coronel alemán Fritz Nebel y puesta en práctica entre marzo y junio de 1918. La cifra es una mezcla de métodos de sustitución y de trasposición que la hacía indescifrable, en opinión del alto mando alemán.

La codificación comienza rellenando una matriz 6 x 6 con una disposición aleatoria de las 26 letras del alfabeto y los 10 dígitos. Cada línea y columna se identifica con cada una de las seis letras: A, D, F, G, V y X (Figura 2.7).

| | A | D | F | G | V | X |
|---|---|---|---|---|---|---|
| **A** | 2 | Z | G | E | 8 | 6 |
| **D** | O | P | H | 0 | C | Y |
| **F** | U | D | J | A | 1 | L |
| **G** | B | R | K | 7 | Q | T |
| **V** | I | M | 4 | X | 9 | W |
| **X** | F | N | 3 | S | V | 5 |

**Figura 2.7.** Matriz ADFGVX aleatoria

**NOTA**
La elección de las letras A, D, F, G, V y X fue deliberada, pues son las que más diferente suenan en una transmisión de radio mediante código Morse. De este modo se reducía la posibilidad de un error fortuito.

La disposición de los elementos en la cuadrícula funciona como parte de la clave, de modo que el receptor necesita conocer los detalles de la cuadrícula para poder descifrar los mensajes.

La primera fase de la codificación consistía en tomar cada letra del mensaje, localizar su posición en la cuadrícula y sustituirla con las letras que dan nombre a su línea y su columna. Por ejemplo, la letra *a* en el texto plano se sustituye por FG y *q* por GV.

Veamos un mensaje corto cifrado según este sistema: *Ataque colina a las 10.*

- *Texto llano:* `a t a q u e c o l i n a a l a s 1 0`
- Cifrado: `FG GX FG GV FA AG DV DA FX VA XD FG FG FX FG XG FV DG`

Hasta ahora, es una simple cifra de sustitución y bastaría un análisis de frecuencia para descifrarla. Sin embargo, la segunda fase de ADFGVX es una trasposición, lo que dificulta muchísimo más el criptoanálisis. La trasposición depende de una clave, que en este caso será la palabra CODIGO, y que debe compartirse con el receptor.

La transposición se lleva a cabo de la siguiente manera:

- En primer lugar, las letras de la palabra clave se escriben en la línea superior de una nueva matriz. Luego, el texto cifrado en la fase anterior se escribe debajo fila a fila para formar la nueva matriz, tal y como se muestra a continuación:

| C | O | D | I | G | O |
|---|---|---|---|---|---|
| F | G | G | X | F | G |
| G | V | F | A | A | G |
| D | V | D | A | F | X |
| V | A | X | D | F | G |
| F | G | F | X | F | G |
| X | G | F | V | D | G |

- Ahora, las columnas de la matriz se cambian de posición de modo que las letras de la palabra clave queden en orden alfabético (CDGIOO):

| C | D | G | I | O | O |
|---|---|---|---|---|---|
| F | G | F | X | G | G |
| G | F | A | A | V | G |
| D | D | F | A | V | X |
| V | X | F | D | A | G |
| F | F | F | X | G | G |
| X | F | D | V | G | G |

El texto cifrado final se logra descendiendo por cada columna y escribiendo las letras en el orden obtenido:

FGDVFX GFDXFF FAFFFD XAADXV GVVAGG GGXGGG

Tanto la matriz que rige la sustitución inicial como la clave empleada en la trasposición se cambiaban diariamente. No obstante, su vigencia fue efímera. La noche del 2 de junio de 1918 el criptoanalista del ejército francés teniente Georges Painvin fue capaz de romper un mensaje mediante la cifra ADFGVX (Kahn, 1996). El desciframiento de esta ejemplificó la criptografía durante la primera guerra mundial (Childs, 2000). Aunque había toda una batería de nuevas cifras, todas ellas eran variaciones o combinaciones de cifras decimonónicas que ya habían sido descifradas.

## 2.5 LA LIBRETA DE UN SOLO USO

La primera guerra mundial fue una clara victoria para los criptoanalistas. Desde que se resolviera la cifra Vigenère en el siglo XIX, los criptoanalistas siempre habían mantenido su ventaja sobre los criptógrafos. Sin embargo, no se tardó en realizar un avance notable en el campo de la criptografía. La cifra de Vigenère podía también emplearse como base para una nueva y extraordinaria forma de cifrar mensajes, tan extraordinaria que podía ofrecer una seguridad matemática perfecta. Como la debilidad fundamental de la cifra Vigenère es su naturaleza periódica, bastaría con romper esa periodicidad para obtener un criptosistema perfecto. Tan solo era necesario emplear una clave tan larga como el propio texto llano y entonces el método de Kasiski ya no funcionaría. Claro que emplear una clave al menos tan larga como el texto plano ya se había probado antes, incluso el mismo Vigenère con su método de autoclave y tampoco funcionó. La tentación de emplear una clave con cierto sentido para poder recordarla mejor es, precisamente, el peor de los escenarios. Matemáticamente puede demostrarse que la clave, aunque sea tan larga como el texto llano, no ofrece seguridad perfecta si aquella está formada por palabras con sentido o posee patrones predecibles.

En 1917 **Gilbert Vernam** implementó un cifrado de flujo en el que el texto en claro se combinaba, mediante la operación lógica XOR, con un flujo de datos del mismo tamaño para generar un texto cifrado. Poco después de la Primera Guerra Mundial, **Joseph Mauborgne**, quien ya publicara en 1914 la primera solución conocida a la cifra Playfair, se dio cuenta de que, si el flujo de datos que componía la clave era completamente aleatorio, el resultado sería una cifra con la que fallaría cualquier forma de criptoanálisis (Menezes, 1996).

Mauborgne abogó por el uso de estas **claves aleatorias** como parte de la cifra Vigenère para proporcionar un nivel de seguridad suplementario. En principio, la idea era sencilla. El primer paso era compilar una gran libreta en la que en cada página se recogiera una clave única formada por líneas de letras escritas de forma aleatoria (Figura 2.8).

**Figura 2.8.** Fragmento de una libreta de un solo uso

Habría dos cuadernos, uno para el emisor y otro para el receptor. El emisor aplicaría la cifra Vigenère empleando la primera hoja de papel de la libreta como clave. El receptor descifraría fácilmente el mensaje usando la misma clave. Una vez hecho, emisor y receptor destruirían la hoja para evitar que fuera empleada de nuevo. El proceso continuaría con los siguientes mensajes hasta finalizar la libreta. Como cada clave se emplea una única vez, el proceso se conoce como la cifra de libreta de un solo uso, o *One-time pad*, (Menezes, 1996).

La seguridad de esta cifra se debe enteramente a que la secuencia de las letras de la clave es totalmente aleatoria. Esta aleatoriedad es la que hace que el texto cifrado sea también aleatorio, sin patrones ni estructura a los que pueda agarrarse un criptoanalista. Parecía que por fin se había encontrado un método absolutamente seguro y, efectivamente, hubo de esperarse a 1949 para que el matemático e ingeniero Claude Shannon demostrara que la libreta de Vernam-Mauborgne poseía tal propiedad: el **secreto perfecto**.

En su trabajo, Shannon demostraba que dado un determinado texto cifrado, la probabilidad *a priori* de un mensaje en claro *M* es igual a la probabilidad *a posteriori* de un texto en claro *M*. De hecho, todos los textos en claro son igualmente probables, lo que induce una dificultad criptoanalítica insalvable (Shannon, 1949).

Las libretas de un solo uso, utilizadas adecuadamente, son seguras en este sentido incluso frente a un poder computacional infinito. Imaginemos que un adversario intercepta el mensaje cifrado OSTN. Si este enemigo dispusiera de una potencia computacional infinita, hallaría rápidamente que la clave HEIN produciría el texto llano *hola*, pero también encontraría que la clave OUPW generaría el texto plano *ayer*, un mensaje igualmente posible. De hecho, es posible descifrar cualquier mensaje con el mismo número de caracteres a partir del texto cifrado simplemente usando una clave diferente, y no existe ninguna información en el texto cifrado que le permita a un tercero escoger entre las posibles lecturas del texto cifrado.

> **NOTA**
> Si la clave tiene la misma longitud que el texto llano, es verdaderamente aleatoria, nunca se reutiliza y, por supuesto, se mantiene en secreto, la cifra de la libreta de un solo uso es indescifrable.

Aunque teóricamente perfecta, la cifra posee tres grandes dificultades. En primer lugar, existe el problema práctico de generar enormes cantidades de claves perfectamente aleatorias. Por otro lado, y supuestamente vencido este problema, nos encontramos con la dificultad de distribuirlas de forma verdaderamente segura entre los participantes en las distintas comunicaciones, lo que se complica a medida que aumenta su número. Por último, y no menos importante, es el problema de su custodia. Si el enemigo captura un único juego de claves todo el sistema se vería comprometido.

Estos defectos fueron suficientes para que la cifra de la libreta de un solo uso no se empleara en el campo de batalla, pero sí fue ampliamente utilizada por espías y embajadores durante las décadas siguientes.

En el periodo comprendido entre las dos guerras mundiales, sin embargo, los criptógrafos realizaron un avance fundamental para el restablecimiento de las comunicaciones secretas en el que seguridad y simplicidad de uso inclinaron la balanza a su favor (Kozaczuk, 2004).

## 2.6 LA MÁQUINA ENIGMA

En 1918 el ingeniero berlinés **Arthur Scherbius** y su amigo **Richard Ritter** fundaron la compañía Scherbius & Ritter. El 23 de febrero de ese mismo año solicitaron la patente para una máquina electromecánica de cifrado por rotores bajo el nombre de **Enigma** (Winkel, 2005). Con ella, Scherbius conseguiría enterrar las cifras de lápiz y papel empleadas hasta entonces por una forma de cifrado que sacara partido a la nueva tecnología existente y que se convertiría, con la Segunda Guerra Mundial, en el más poderoso sistema de cifrado hasta entonces conocido.

Las partes esenciales del invento de Scherbius eran tres elementos básicos conectados eléctricamente (Figura 2.9):

- El **teclado**, como el de una máquina de escribir, para escribir cada una de las letras del texto llano. Con cada pulsación del operador se enviaba una señal eléctrica a la unidad modificadora.
- La **unidad modificadora**, que cifraba cada letra del texto plano pulsado por el operador, enviando una señal eléctrica a una de las lámparas del tablero expositor.
- El **tablero expositor**, formado por bombillas, donde se ilumina aquella correspondiente a la letra cifrada generada por la unidad modificadora.

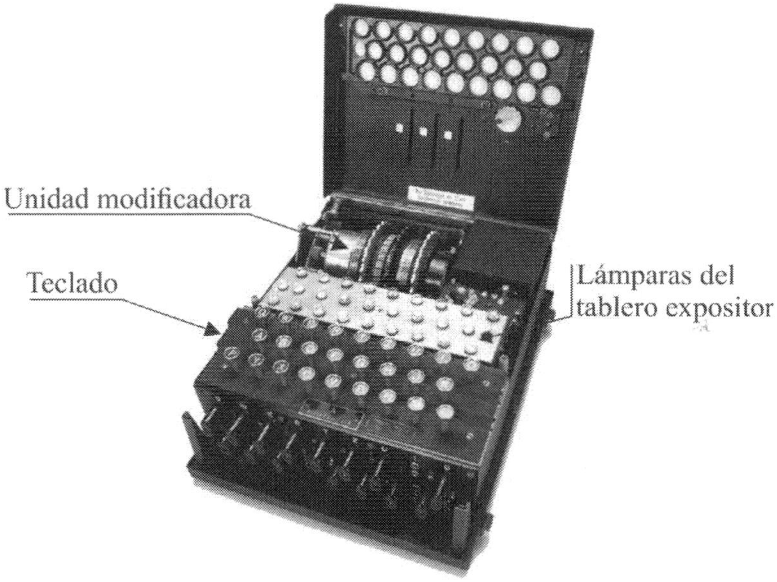


**Figura 2.9.** Máquina Enigma M3, abierta, con sus tres partes básicas

El modificador es la parte más importante de la máquina y estaba formado por varios rotores interconectados (Winkel, 2005). Un **rotor** era un disco circular plano con 26 contactos eléctricos en cada cara, uno por cada letra del alfabeto (Figura 2.10).

**Figura 2.10**. Detalle de los rotores de la unidad modificadora

Cada contacto de una cara del rotor estaba conectado por un cable a un contacto diferente de la cara opuesta. El cableado interno del modificador determinaba cómo se cifraban las letras del texto plano (Figura 2.11).

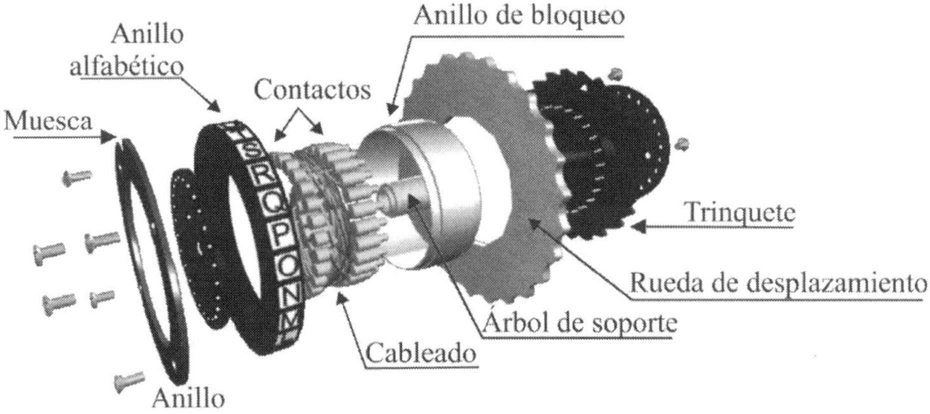


**Figura 2.11**. Despiece de un rotor de la máquina Enigma

El cableado de los cinco rotores originales de la máquina Enigma empleados por la Wehrmacht, la Luftwaffe y la Kriegsmarine seguía la correspondencia siguiente (Kozaczuk, 2004):

```
Entrada = ABCDEFGHIJKLMNOPQRSTUVWXYZ  (Rotor dcha)
          ||||||||||||||||||||||||||
I       = EKMFLGDQVZNTOWYHXUSPAIBRCJ
II      = AJDKSIRUXBLHWTMCQGZNPYFVOE
III     = BDFHJLCPRTXVZNYEIWGAKMUSQO
IV      = ESOVPZJAYQUIRHXLNFTGKDCMWB
V       = VZBRGITYUPSDNHLXAWMJQOFECK
```

La idea de Scherbius era que el rotor girara automáticamente 1/26 de revolución cada vez que se cifrara una letra, por lo que teclear dos veces el mismo carácter haría que se iluminasen dos letras distintas en el tablero expositor. Cada rotor, por tanto, define 26 alfabetos de codificación. Si solo se tuviera un rotor eso significaría que teclear 26 veces la misma tecla haría que el modificador volviese a su posición original y se volviera a repetir el patrón de cifrado. Este problema se solventaba añadiendo un segundo rotor. Este disco modificador permanecería inmóvil hasta que el primer rotor hubiese dado una vuelta completa. Ahora, el patrón de codificación ya no se repetiría hasta que se hubiesen codificado 26 × 26 = 676 letras y ambos rotores hubieran vuelto a sus posiciones originales. La máquina de Scherbius estándar, como la mostrada en la Figura 2.9, usaba tres rotores, lo que inducía aún mayor complejidad, pues para un alfabeto completo de 26 letras los tres modificadores producirían $26^3$ = 17 576 alfabetos diferentes.

La versión básica de Enigma estaba equipada con cinco modificadores, de los que usaba tres a la vez, pero, además, la máquina disponía de dos elementos adicionales: el **reflector** y el **clavijero**, los cuales añadieron una mayor complejidad y versatilidad a la máquina.

> **NOTA**
> Los rotores de la máquina Enigma eran intercambiables y se identificaban con números romanos, desde el I hasta el VIII.

El **reflector**, situado frente a los modificadores, es similar en diseño a estos, pero con una diferencia básica: es fijo, dispone de trece cables internos para emparejar siempre del mismo modo las 26 letras. El reflector más usado era el tipo B y su cableado seguía la correspondencia siguiente (Kozaczuk, 2004):

```
Contactos = ABCDEFGHIJKLMNOPQRSTUVWXYZ
            ||||||||||||||||||||||||||
            YRUHQSLDPXNGOKMIEBFZCWVJAT
```

Su función, como su nombre indica, es hacer “rebotar” cada impulso eléctrico proveniente del contacto de salida del último rotor con otro contacto del mismo modificador para realizar el camino de vuelta por una ruta diferente. La función del reflector parece no ser relevante, pues por el hecho de ser fijo no contribuye a aumentar el número de alfabetos cifrados, sin embargo, es una pieza fundamental, ya que gracias a él la máquina podía no solamente cifrar sino también descifrar los mensajes.

Después de pasar por segunda vez a través de los modificadores, como se observa en la Figura 2.12 de la página siguiente, la señal llegaba a la correspondiente bombilla en el tablero expositor.

El último elemento introducido en 1930 en la primera versión de Enigma para la Wehrmacht fue el **clavijero** (Kahn, 1996), consistente en un panel frontal con dos agujeros para cada letra del alfabeto (Figura 2.13).

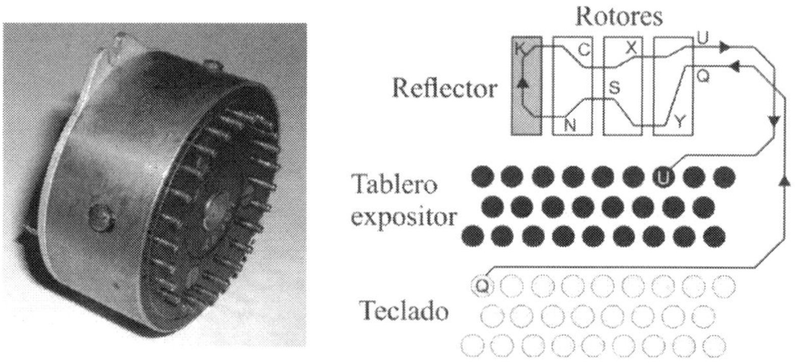


**Figura 2.12.** Reflector tipo B y su función en Enigma

El propósito del clavijero era hacer un intercambio de letras por medio de cables antes de que la señal entrara a los modificadores, es decir, si se pulsaba una B en el teclado mientras esta se encontraba conectada con la R en el clavijero, entraría al primer rotor la señal de la R, en vez de la B.

**Figura 2.13.** Clavijero, en la parte frontal, intercambiando cinco pares de letras

La versión inicial de Enigma incluía seis cables que permitían intercambiar hasta seis pares de letras, dejando las 14 letras restantes sin conexión; posteriormente se utilizaron hasta 13 cables, aunque lo habitual, como aparecía en los libros de códigos, era intercambiar 10 pares de letras (Sebag-Montefiore, 2000).

Combinando los modificadores con el clavijero, se consiguió proteger a la máquina contra el análisis de frecuencias y al mismo tiempo dotarla de un enorme número de claves posibles.

Ahora que ya conocemos las partes esenciales de la máquina, estamos en disposición de calcular el número de configuraciones posibles:

- **Orientaciones de los rotores**. Cada uno de los tres rotores con los que contaba la máquina original podía situarse manualmente por el operador en 26 posiciones diferentes. El resultado es $26^3$ = 17 576 disposiciones distintas.
- **Orden de los rotores**. Como ya comentamos, la máquina disponía inicialmente de 5 rotores intercambiables (I - V), de los que se usaban tres cada vez. Así pues, existían $5 \cdot 4 \cdot 3 = 60$ posibles combinaciones diferentes de rotores.
- **Rotación de los rotores**. Con cada pulsación del teclado el rotor de la derecha giraba automáticamente una posición. Cuando llegaba a una muesca presente en su anillo, lo que ocurría cada 26 pulsaciones, forzaba el giro del disco intermedio. Este rotor, también con una sola muesca, provocaba a su vez una rotación del rotor de la izquierda cada $26^2 = 676$ pulsaciones, que es el número de configuraciones.

- **Clavijero**. El número más usual de cables utilizados para intercambiar las letras era 10, esto significa que el número de posiciones del clavijero podía ascender a

$$\frac{1}{10!}\prod_{n=0}^{9}\binom{26-2n}{2} = 150\ 738\ 274\ 937\ 250$$

De modo que el espacio de claves de Enigma con el que tenían que enfrentarse diariamente los aliados durante la Segunda Guerra Mundial era el producto de estos cuatro valores:

$$17\ 576\ \times 60\ \times 676\ \times 150\ 738\ 274\ 937\ 250 = 107\ 458\ 687\ 327\ 250\ 619\ 360\ 000$$

Con tal número de configuraciones, que equivaldría hoy a una clave de 77 bits, el invento de Scherbius proporcionó al ejército alemán el sistema criptográfico más seguro del mundo y al estallar la segunda guerra mundial sus comunicaciones estaban protegidas por un nivel de codificación sin precedentes en la historia.

## 2.6.1 Cifrado y descifrado de mensajes con Enigma

Mientras el emisor y el receptor estén de acuerdo sobre la posición de los cables del clavijero (*Steckerverbindungen*), el orden de los modificadores (*Walzenlage*) y sus respectivas orientaciones iniciales (*Ringstellung*), todo lo cual lo especifica la clave, podrán cifrar y descifrar mensajes muy fácilmente (Figura 2.14).

GEHEIM! Maschinenschlüssel A Nr. 39 MAG 1939

| Tag | Walzenlage | Ringstellung | Steckerverbindungen | Kenngruppen |
|---|---|---|---|---|
| 31 | V II IV | 18 13 24 | AU CH DK ER FY GJ IP MV NW XZ | VKF QNK DKZ WPS |
| 30 | II V I | 20 05 07 | AX BJ DU EH FY KO LW MP QS RV | NGD BKE YZQ RHY |
| 29 | II IV V | 09 10 22 | AW BG DH ES JL KO MT NR QX UY | CNM HIY AMP VRX |
| 28 | III IV I | 11 06 20 | AJ BK DX EQ FH LP MR NU TZ VW | SFH DOY RMF BET |
| 27 | IV V III | 21 17 08 | AO DL EP FS GH IK MW QR TV UZ | LZN VNJ YXK JDZ |
| 26 | III II V | 17 19 19 | AR BS CK ET FJ GX LU MN QY VZ | GVA GWA RTA MSO |
| 25 | I III V | 11 07 26 | AB CN DP FJ HY IO KM LT RW SU | SUZ JUL RTR ZRB |
| 24 | IV V I | 06 11 24 | AK BU CX EM GW HN JQ OV PT RS | SJS MBD DKA IPE |
| 23 | III I IV | 15 24 24 | AX BL DK FH GI JQ OP TZ UW VY | IIR PBG SAI KVI |
| 22 | IV V I | 20 11 13 | AO BJ CY DG EV HN KU MZ PT SX | PAG TLT FMU UGB |
| 21 | I II IV | 08 17 15 | AO BS CT DR EF GL MP NW QV UY | CRE IIU WHR GCC |
| 20 | V II III | 17 07 01 | AO BW CE DQ FR GV HJ KL PY ST | FMN PSO XTT HGE |
| 19 | I III IV | 25 23 03 | BY CO DQ EF GT HX IS JU KN LZ | KZY QSE HHE ERK |
| 18 | II I IV | 24 10 11 | AF BU CI EW GX KN LT MS OR PZ | LQN XKT MKA XGL |

**Figura 2.14**. Fragmento de la hoja de códigos de la Wehrmacht para mayo de 1939

Todos los meses los oficiales de comunicaciones responsables de Enigma recibían un libro de códigos con las configuraciones iniciales diarias de la máquina. Cada día, a las 00:00 horas, los operadores colocaban los rotores en el orden establecido, con las posiciones iniciales de cada rotor y las conexiones del clavijero según constaba en el libro de claves (Debrosse, 2004).

Para evitar transmitir todos los mensajes del día con la misma clave, los operadores establecían una **clave de sesión** aleatoria, distinta para cada mensaje transmitido. Antes de 1940 la clave de sesión consistía en un trigrama que se cifraba dos veces, para evitar errores (Winkel, 2005). Por ejemplo, la clave SGX elegida por un operador podría cifrarse un determinado día como BOC RVA. A continuación, el operador movía los rotores a las posiciones SGX y cifraba el resto del mensaje. Los dos trigramas se transmitían junto con el resto del mensaje. El receptor, con la máquina en la posición establecida en el libro de códigos para ese día, descifraba los trigramas BOC RVA para obtener la clave del mensaje SGX, ponía los rotores en esas posiciones y descifraba el resto del mensaje.

Sin embargo, este procedimiento suponía un agujero en la seguridad (Winkel, 2005). Cifrar dos veces la clave de sesión conllevaba una relación entre la primera y cuarta letra, la segunda y la quinta y la tercera y la sexta, pues eran las mismas. Es más, muchas claves de sesión de un mismo día y de un mismo operador eran iguales, lo que permitió a los polacos romper el cifrado de los mensajes de Enigma en los años previos a la Segunda Guerra Mundial.

Sin embargo, conscientes de este hecho, los criptólogos nazis establecieron a partir de 1940 un protocolo distinto para las claves de sesión (Winkel, 2005). Ahora, los operadores de radio de la Wehrmacht elegirían para cada mensaje unas posiciones iniciales aleatorias, por ejemplo, ISL y una clave de mensaje también al azar, por ejemplo, GDI. Ahora, movería los rotores a la posición inicial ISL y cifraría la clave de mensaje GDI. Imaginemos que el resultado fuera AWB, entonces movería los rotores a la posición GDI y cifraría el mensaje. Finalmente, el operador transmitiría la posición aleatoria inicial ISL, la clave de mensaje cifrada, AWB, y el mensaje cifrado (Figura 2.15).

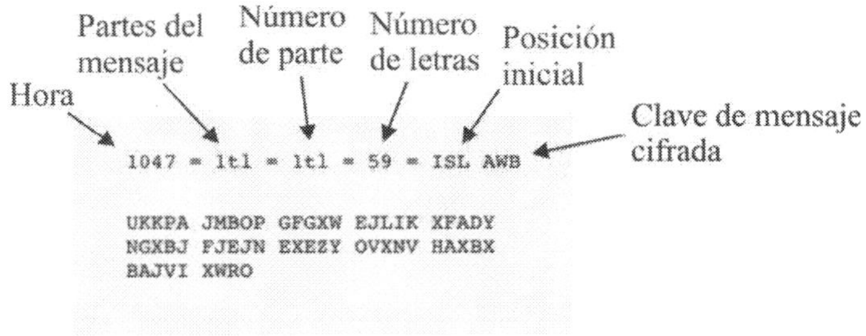


**Figura 2.15.** Mensaje cifrado de la Wehrmacht de 1940

El receptor pondría los rotores según el primer trigrama ISL y descifraría el segundo trigrama AWB para obtener la clave de sesión GDI, con la que descifraría el resto del mensaje.

Veamos un ejemplo práctico. Para el día 28 de febrero de 1941 el libro de código de la Luftwaffe recogía la siguiente configuración:

- *Walzenlage*: II – I – V
- *Ringstellung*: 25 25 11
- *Steckerverbindungen*: AX BG CM ER HP IS KU LZ NY TW

Ese día, a las 5 de la mañana, el operador debe transmitir el mensaje:

*Iniciar bombardeo cuadrante A5 a las 10 horas*

Para imitar el proceso real accederemos a un simulador de la máquina básica de Enigma que se halla en la página web *http://davidarboledas.es/enigma* y pondremos las configuraciones tal y como se recogían en el libro de códigos. A continuación, elegiremos una posición inicial de los rotores y una clave de sesión aleatorio, por ejemplo, NGD y BKE, respectivamente. Ahora ciframos la clave BKE para obtener el trigrama ZVG (Figura 2.16).

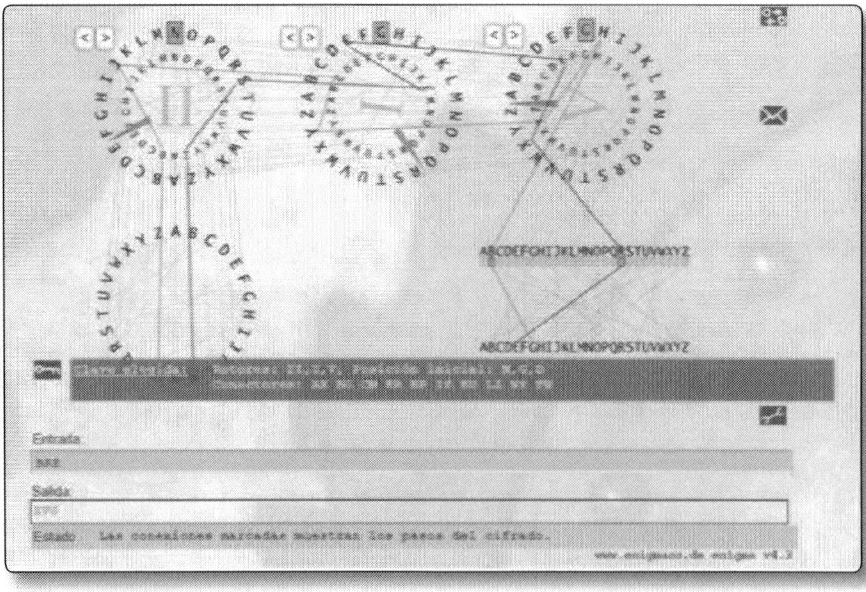


**Figura 2.16.** Cifrado de la clave de mensaje BKE con la configuración NGD

En este momento, pondremos los rotores en posición BKE, la clave del mensaje, y ciframos el resto del texto (44 caracteres), con lo que obtendremos el criptograma CWTXW KVSYD HWYCB YGIPY UDPPS MOUHJ NXGPG UQPNB RZBM.

Ahora, tan solo faltaría transmitir el mensaje completo, que quedaría así:

```
0500 = 1tl = 1tl = 44 = NGD ZVG

CWTXW KVSYD HWYCB YGIPY UDPPS

MOUHJ NXGPG UQPNB RZBM
```

## 2.7 LA ERA DE LOS ORDENADORES

Utilizar un ordenador para cifrar un mensaje es, en gran medida, muy parecido a las formas tradicionales de codificación. En realidad, solo hay tres diferencias elementales:

- La primera diferencia es que una máquina de cifra mecánica tiene la limitación de lo que se puede construir físicamente, mientras que en un ordenador puede simularse, con el programa adecuado, cualquier máquina.
- La segunda diferencia es simplemente una cuestión de velocidad. La electrónica puede funcionar muchísimo más rápidamente que los modificadores mecánicos. El proceso de cifrado y descifrado con Enigma requería dos operadores y era algo lento, mientras que en un ordenador el resultado es prácticamente inmediato, como has comprobado en el ejemplo anterior.
- La tercera diferencia, y quizá la más importante, es que un ordenador modifica números en vez de las letras del alfabeto. Los ordenadores solo operan con números binarios, así que una vez que el mensaje se ha codificado en binario, puede comenzar el proceso de cifrado. Aunque estamos tratando con ordenadores y números, el proceso se sigue realizando mediante los mismos principios milenarios de sustitución y de transposición.

La codificación por ordenador estaba restringida al principio a los que tenían ordenadores, que no eran otros que los gobiernos y los ejércitos. Sin embargo, una serie de avances científicos, técnicos y de ingeniería hicieron que los ordenadores terminaran siendo asequibles para la gran mayoría en general.

En 1953, IBM lanzó su primer ordenador, y cuatro años después introdujo Fortran, un lenguaje de programación que permitía escribir de manera más fácil programas de ordenador. Durante los años sesenta, los ordenadores se volvieron más potentes y baratos. Cada vez había más empresas que podían permitirse tener ordenadores y los podían usar para cifrar sus comunicaciones más importantes. Sin embargo, a medida que aumentaba el uso de los ordenadores y usuarios, los criptógrafos tuvieron que afrontar nuevos problemas, como la estandarización. El 15 de mayo de 1973, la Oficina Nacional de Estándares norteamericana planeó resolver el problema y solicitó formalmente propuestas para un sistema de codificación estándar que permitiera que las empresas se comunicaran secretamente entre sí (Paar, 2010). Se recibieron muy pocas propuestas y ninguna mereció la consideración adecuada. Un año después, en agosto de 1974, se efectuó un segundo concurso. En esta ocasión IBM remitió un criptosistema basado en el algoritmo **Lucifer**, ideado por Horst Feistel a principio de los años setenta (Menezes, 1996).

Desde el principio fue considerado un algoritmo muy interesante, pero antes de adoptarlo como estándar tuvo que ser sometido a consideración de la NSA, quien para marzo de 1975 dio el visto bueno siempre que la longitud de la clave se redujera de los 128 bits originales a 56 bits. De este modo el espacio de claves sería $2^{56} = 7,2 \cdot 10^{16}$, mucho más reducido que el de la propia máquina Enigma. Con esta reducción de claves la cifra Lucifer de Feistel fue adoptada oficialmente el 23 de noviembre de 1976 como estándar para el uso no clasificado de datos con el nombre DES (*Data Encryption Standard*).

**DES** es el algoritmo prototipo del **cifrado por bloques**, un algoritmo que toma un texto en claro de una longitud fija de bits y lo transforma mediante una serie de operaciones básicas en otro texto cifrado de la misma longitud (Koblitz, 1994). En el caso de DES el tamaño del bloque es de 64 bits y emplea una clave para modificar la transformación, de modo que el descifrado solo puede ser realizado por aquellos que conozcan la clave concreta utilizada en el cifrado. La clave tiene una longitud de 64 bits, aunque en realidad, solo 56 de ellos son empleados por el algoritmo. Los ocho bits restantes se utilizan únicamente para comprobar la paridad, y después son descartados (Diffie, 1977). Por tanto, la longitud de clave efectiva en DES es de 56 bits, y así es como se suele especificar.

Sin entrar en detalles específicos, veremos un ejemplo muy ilustrativo de cómo funcionan estos algoritmos de cifrado tipo Feistel. Supongamos que nuestro algoritmo trabaja con bloques de ocho caracteres y en dos rondas. En cada vuelta se realizará una sustitución y una transposición sobre la primera mitad de cada bloque. La sustitución (S) desplazará un carácter a la derecha y la permutación (P) tendrá la forma 3241. Sea entonces el mensaje *Star Wars y la nueva película*. El funcionamiento sería el siguiente:

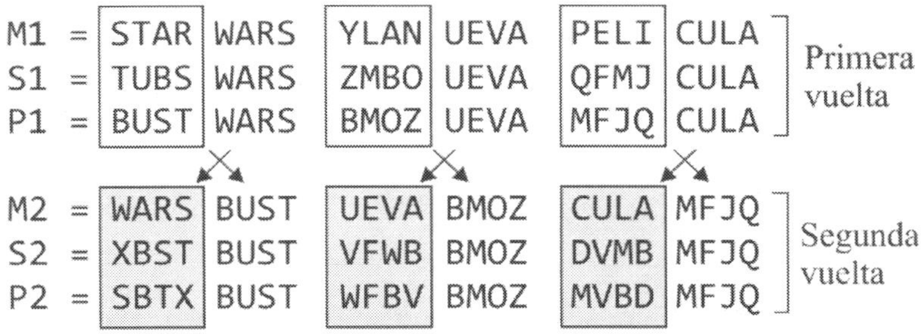


Luego el texto cifrado quedaría así:

SBTXBUST WFBVBMOZ MVBDMFJQ

Aunque parezca increíble, DES hace algo semejante, aunque trabajando con bits y con funciones más complicadas en 16 rondas.

La implantación de DES como estándar supuso a lo largo de los años 70 y 80 nuevos retos para los criptógrafos. El "reducido" número de claves favorecía un **ataque por fuerza bruta**, es decir, encontrar el texto claro mediante la comprobación una a una de todas las posibles claves. Hubo que esperar a julio de 1988 para probar que tal ataque tendría éxito. En ese año la Electronic Frontier Foundation (EFF) construyó un ordenador bautizado como *Deep Crack* por 250 000 $ que teóricamente recuperaría una clave DES en una media de 5 días. El 15 de julio de ese año *Deep Crack* descifró un mensaje cifrado con DES en solo 56 horas (Electronic Frontier Foundation, 1998). Aunque se encontraron algunos métodos que requerían menos cálculo computacional, ninguno resultó viable en la práctica. A pesar de ello, la posibilidad de romperlo mediante ataques por fuerza bruta fue suficiente para enterrar a DES. Desde el 26 de mayo de 2002 AES (*Advanced Encryption Standard*) sustituyó como estándar efectivo a DES.

> **NOTA**
> AES es un algoritmo de cifrado por bloques que opera con un tamaño de bloque fijo de 128 bits y con claves de 128, 192 o 256 bits.

A pesar de la estandarización que supuso DES, las empresas aún tenían que afrontar otro gran asunto: el problema de la **distribución de claves**. La única forma verdaderamente segura de enviar una clave es entregarla en mano a la persona con la que se va a intercambiar la información cifrada, lo que obviamente supone un enorme problema a medida que aumenta el número de participantes e incluso resulta imposible si aquellos viven en distintas partes del planeta. La distribución de claves podría parecer un asunto anodino, pero se convirtió en objetivo primordial para los criptógrafos de la posguerra. De hecho, podría decirse que la mayor revolución de la criptografía del siglo XX fue el desarrollo de técnicas para superar el problema de la distribución de claves.

Whitfield Diffie y Martin Hellman fueron finalmente quienes dieron con la solución. Parte de la motivación de Diffie provenía de su visión de un mundo futuro interconectado por una superautopista de la información. En los años sesenta, el departamento de Defensa de Estados Unidos comenzó a financiar una organización de investigación llamada ARPA (*Advanced Research Projects Agency*), y uno de los proyectos más avanzados de ARPA era encontrar una manera de conectar los ordenadores militares a través de grandes distancias. En 1969 nace ARPANet y creció continuamente hasta desembocar en 1982 en lo que hoy conocemos como Internet. Cuenta Simon Singh como anécdota en su obra *The Code Book* que en 1974 Whitfield Diffie visitó el laboratorio Thomas J. Watson de IBM, donde le habían invitado a dar una conferencia. Habló sobre varias estrategias para atacar el problema de la distribución de claves, aunque no con mucho éxito. Sin embargo, alguien le comentó que otra persona había visitado recientemente el laboratorio y había dado también una conferencia que abordaba el tema de la distribución de claves. Se trataba de Martin Hellman, un profesor de la Universidad de Stanford. Ese mismo día Diffie se puso en camino hacia allí. La alianza entre Diffie y Hellman se convertiría en una de las asociaciones más fantásticas de la criptografía. Después de dos años concentrándose en la aritmética modular y las funciones de una sola vía, el trabajo empezó a producir frutos. En la primavera de 1976 Hellman halló la estrategia para resolver el problema de la distribución segura de claves sin importar la seguridad del canal por el que viajan.

El protocolo Diffie-Hellman, demostrado públicamente en el Congreso Nacional de Informática de junio de 1976, es uno de los descubrimientos más fabulosos y menos intuitivo de la historia de la ciencia y obligó al mundo criptográfico establecido a reescribir las reglas de la codificación.

> **NOTA**
> El protocolo Diffie-Hellman es un protocolo de establecimiento de claves entre partes que no han tenido contacto previo utilizando un canal inseguro y de manera anónima.

Los descubrimientos de Diffie-Hellman acababan de permitir el invento de una nueva forma de cifrar: las **cifras asimétricas**. Hasta ahora, todas las técnicas de codificación descritas en la historia de la criptografía habían sido simétricas, lo que significa que el proceso de descifrado es simplemente el opuesto a la operación de cifrado. Tanto el emisor como el receptor tienen la misma clave para cifrar y descifrar: su relación es simétrica. Por otra parte, en un sistema de clave asimétrica, como su nombre sugiere, ambas claves son diferentes.

Las cifras asimétricas nos permiten entablar conexiones cifradas con otras personas simplemente intercambiando las llaves públicas por cualquier canal, por inseguro que sea. Una vez recibido el mensaje el destinatario podrá descifrarlo empleando su llave privada. Además, estos métodos permiten la identificación y autenticación del remitente del mensaje, que es el fundamento de la firma electrónica.

## 2.8 RESUMEN

La criptografía es tan antigua como la propia escritura. Durante sus primeros 3000 años este arte creció de forma independiente en varios lugares, aunque no a un ritmo igual de constante en todas las grandes civilizaciones antiguas.

Ni siquiera la Biblia consiguió escapar a un cierto toque místico con la tradicional cifra hebrea atbash.

La civilización griega tampoco fue ajena al uso de las técnicas de ocultación de la escritura, aunque empleó más la esteganografía que la criptografía. Precisamente fueron los espartanos los que establecieron el primer sistema criptográfico militar conocido de la historia: la **escítala**.

El primer uso documentado de una cifra de sustitución con propósitos militares lo describe Julio César en la obra *La guerra de las Galias*. Fue él, además, quien más asiduamente acudía a este método de cifrado, en el que sustituía cada letra del mensaje con aquella que se encontraba tres lugares más a la derecha en el alfabeto latino.

Desde la caída del Imperio romano y a lo largo de los diez siglos que duró la Edad Media, la criptología fue considerada como algo mágico, más cercano a la adivinación que a cualquier clase de ciencia, al menos, en el mundo occidental, lo que sumió a la criptología en las tinieblas del esoterismo.

La criptología como ciencia, sin embargo, surgió relativamente pronto en el mundo islámico con el califato abasí, a lo largo del siglo VIII. Los árabes no solo usaron los métodos criptográficos, también fueron capaces de romperlos. De hecho, fue en el siglo IX cuando el erudito Abu Yusuf al-Kindi describe con detalle cómo descifrar cifras monoalfabéticas estudiando la variación en la frecuencia de las letras. Esta técnica criptoanalítica, conocida como **análisis de frecuencias**, se sustenta en dos puntos: la diferente distribución con la que aparece cada una de las letras en una lengua natural y la constancia con la que ocurre cada carácter.

El primer libro europeo conocido que describe el uso de la criptografía fue escrito por el monje Roger Bacon en el siglo XIII. Ya en el siglo XV la criptografía europea era una industria floreciente y comenzaba la era del criptoanálisis en occidente. En este siglo destacan importantes figuras del renacimiento, como **Leon Battista Alberti**, padre de la primera máquina de cifrado polialfabético: los discos de Alberti.

Aunque Alberti había logrado el avance más significativo en criptografía durante más de mil años, no logró convertirlo en un sistema ampliamente utilizado. Esta tarea recayó en un grupo posterior de eruditos que comienza con **Trithemius** y su tabla ajustada, continúa con **Girolamo Cardano** y su cifrado de autoclave, con **Battista Bellaso** y su tabla recíproca de alfabetos gestionados por una clave y finaliza con **Blaise de Vigenère**, quien termina de desarrollar la teoría de las cifras de sustitución polialfabéticas.

A pesar de su solidez y su garantía de seguridad, la cifra de Vigenère quedó en el olvido durante los dos siglos siguientes. Para el siglo XVIII el criptoanálisis había alcanzado tal nivel de desarrollo que cualquier cifra monoalfabética sería rápidamente puesta en jaque. Enfrentados a un ejército cada vez mayor de criptoanalistas profesionales y al progresivo desarrollo del telégrafo y la necesidad de proteger los telegramas, los criptógrafos se vieron forzados a adoptar de una vez la cifra Vigenère. Los viejos cifrados polialfabéticos alcanzaron por fin la gloria deseada, pero su reinado duró poco tiempo.

En 1863 el veterano oficial prusiano de infantería Friedrich Wilhelm Kasiski dio el primer paso hacia el criptoanálisis de las cifras polialfabéticas periódicas y la cifra de Vigenère dejó de ser segura.

Por si el telégrafo no hubiera sido una revolución en el campo de la criptología, no tardó en llegar otro artilugio aún más poderoso que el telégrafo: la radio. La debilidad ya patente de los métodos de sustitución polialfabéticos periódicos trajo consigo nuevos métodos de cifrado poligráficos y por transposición, sobre todo a raíz del estallido de la Primera Guerra Mundial. Los criptógrafos produjeron varias cifras nuevas, pero una a una fueron rotas, como las cifras Playfair y ADFGVX.

Poco después de la Gran Guerra, **Joseph Mauborgne**, basándose en los trabajos de **Gilbert Vernam**, se dio cuenta de que, si la clave era completamente aleatoria, de igual longitud que el texto llano y solo se usaba una vez, el resultado sería una cifra con la que fallaría cualquier forma de criptoanálisis. De esta manera surgió la cifra de libreta de un solo uso, cuyo secreto perfecto quedó demostrado matemáticamente en 1949 por Claude Shannon.

Durante la Segunda Guerra Mundial entró en juego el más poderoso sistema de cifrado hasta entonces conocido: una máquina electromecánica de cifrado por rotores conocida como **Enigma**, de la que surgieron diferentes modelos más y más complejos a medida que avanzaba la guerra. Con este invento de Arthur Scherbius y Richard Ritter el ejército alemán puso en jaque a la totalidad de criptoanalistas aliados.

Con la llegada de los ordenadores a lo largo de los años 50 y 60 y su rápida expansión, no solo los gobiernos y grandes empresas tuvieron acceso a la posibilidad de cifrar sus informaciones. Cada vez existían más usuarios y era necesario afrontar el reto de la normalización de algún sistema de codificación. El 23 de noviembre de 1976 el criptosistema de IBM basado en el algoritmo **Lucifer** de Horst Feistel fue adoptado como estándar para el uso no clasificado de datos con el nombre **DES** (*Data Encryption Standard*). Su reinado duró oficialmente hasta el 26 de mayo de 2002, cuando **AES** (*Advanced Encryption Standard*) le desbancó como estándar de codificación.

A pesar de la estandarización que supuso DES, aún se tenía que afrontar otro gran problema: cómo distribuir de forma segura las claves del proceso. **Whitfield Diffie** y **Martin Hellman**, trabajando en la aritmética modular y las funciones de un solo sentido, dieron con la solución en 1976. Desde entonces fue posible intercambiar claves a través de cualquier canal para mantener comunicaciones seguras. Su protocolo sentó las bases de las nuevas cifras asimétricas o de clave pública, como RSA, ElGamal o la criptografía de curva elíptica.

## 2.9 EVALUACIÓN

1. Contesta a las cuestiones siguientes:
   - ¿Cuáles son los registros históricos más antiguos que poseemos sobre criptografía?
   - ¿Qué es atbash?
   - ¿Cuál fue el primer sistema criptográfico militar de la historia?
   - ¿Quién fue el primer personaje histórico en emplear una cifra de sustitución con propósitos militares?

- ¿Cuál era el desplazamiento preferido por César en su cifra de sustitución?
- ¿A quién se le atribuye el descubrimiento del análisis de frecuencias como método de criptoanálisis?
- ¿Cuáles son las cinco letras más frecuentes en castellano?
- ¿Qué establece el principio de Kerckhoffs?
- ¿Por qué es conocido históricamente Leon Battista Alberti?
- ¿Qué es un cifrado de autoclave?

2. Elige la respuesta correcta a cada una de las siguientes preguntas:

- ¿Quién fue en última instancia el responsable del cierre de las cámaras negras?
  - Los criptosistemas polialfabéticos
  - El desarrollo del telégrafo
  - La radio
  - El aumento del número de criptoanalistas profesionales
- ¿Quién es reconocido como el responsable del criptoanálisis de los cifrados polialfabéticos periódicos?
  - Charles Wheatstone
  - Lord Playfair
  - Friedrich Kasiski
  - Gilbert Vernam
- ¿Cuál es el número total de digramas que puede emplear el cifrado Playfair?
  - $25 \cdot 24 = 600$
  - $26 \cdot 25 = 650$
  - $25 \cdot 25 = 625$
  - $26 \cdot 26 = 676$
- ¿Qué métodos criptográficos usaba la cifra alemana ADFGVX?
  - Una sustitución poligráfica regida por una clave.
  - Una sustitución digrámica con una transposición aleatoria.

- Una primera sustitución según una matriz aleatoria y una transposición controlada por una clave.
- Una primera sustitución digrámica según una matriz 6x6 seguida de una transposición acorde al orden de las letras.

* ¿Qué método es el único demostrado matemáticamente que presenta la propiedad de ser el secreto perfecto?
  - La cifra ADFGVX
  - La libreta de un solo uso
  - La cifra de autoclave de Vigenère
  - La cifra de Nebel
* Una de las siguientes afirmaciones sobre Enigma no es correcta:
  - Su diseño fue patentado en 1918.
  - Sus inventores fueron Arthur Scherbius y Richard Ritter.
  - Las partes esenciales de la máquina eran el teclado, los rotores, el tablero expositor y el clavijero.
  - Su versión básica tenía tres rotores, numerados como I, II y III.
* ¿Cuántos contactos eléctricos poseía cada rotor?
  - 26 contactos en la cara móvil del rotor
  - 26 en cada cara conectados por cable a un contacto diferente de la cara opuesta
  - 26 contactos en cada cara, salvo el último rotor
  - 26 en cada cara conectados por cable a un contacto idéntico de la cara opuesta
* ¿Qué elementos mínimos sobre la configuración de Enigma se recogía en los libros de códigos de la Wehrmacht?
  - El día del mes, el orden de los rotores, sus orientaciones iniciales y las posiciones del clavijero.
  - El día del mes, el orden de los rotores, las posiciones del clavijero y las claves de sesión.
  - El orden de los rotores, sus orientaciones iniciales, las posiciones del clavijero y las claves de mensaje.
  - El día del mes, el orden de los rotores y las posiciones del clavijero.

- ¿En qué algoritmo se basaba el criptosistema DES (*Data Encryption Standard*)?
  - En el algoritmo Lucifer de IBM.
  - En el algoritmo Feistel de la NSA.
  - En una red de Feistel tipo Skipjack.
  - En ninguno de ellos, pues fue una implementación de cero.
- ¿En qué año resolvieron Whitfield Diffie y Martin Hellman el problema de la distribución segura de claves?
  - 1974
  - 1976
  - 1975
  - 1973

## 2.10 EJERCICIOS PROPUESTOS

1. El siguiente criptograma se ha obtenido por un método de sustitución monoalfabético por desplazamiento puro.

   KYZK SKTYGPK YK NG IOLXGJU IUT AT JKYVRGFGSOKTZU YKOYD

   ¿Podrías descifrarlo?

2. Para cifrar un mensaje mediante los discos de Alberti, emisor y receptor acuerdan elegir la letra *k* en el disco móvil para iniciar el proceso, de modo que un texto cifrado ha quedado de la siguiente forma:

   Dltqzrg&3rnsxomnynLkgfav&hbazVizkscyzy

   Con la plantilla que aparece en el material descargable o en la dirección *http://www.davidarboledas.es/cripto/Alberti.pdf*, puedes construir los discos originales y descifrar el criptograma anterior.

3. Completa la tabla recíproca de Bellaso con seis alfabetos de sustitución y emplea la clave UNIOVI para cifrar el mensaje *Della Porta plagió mis conocimientos*.

| | |
|---|---|
| **A G M Y** | a b c d e f g h i j k l m<br>n o p q r s t u v w x y z |
| **B N T** | a b c d e f g h i j k l m<br>p q r s t u v w x y z n o |
| **I U** | a b c d e f g h i j k l m |
| **D J P** | a b c d e f g h i j k l m |
| **E W** | a b c d e f g h i j k l m |
| **L X** | a b c d e f g h i j k l m<br>x y z n o p q r s t u v w |

4. Teniendo en cuenta la siguiente tabla de alfabetos de sustitución:

| | | | |
|---|---|---|---|
| **AB** | a b c d e f g h i j k l m<br>n o p q r s t u v w x y z | **OP** | a b c d e f g h i j k l m<br>t u v w x y z n o p q r s |
| **CD** | a b c d e f g h i j k l m<br>z n o p q r s t u v w x y | **QR** | a b c d e f g h i j k l m<br>s t u v w x y z n o p q r |
| **EF** | a b c d e f g h i j k l m<br>y z n o p q r s t u v w x | **ST** | a b c d e f g h i j k l m<br>r s t u v w x y z n o p q |
| **GH** | a b c d e f g h i j k l m<br>x y z n o p q r s t u v w | **UV** | a b c d e f g h i j k l m<br>q r s t u v w x y z n o p |
| **IJ** | a b c d e f g h i j k l m<br>w x y z n o p q r s t u v | **WX** | a b c d e f g h i j k l m<br>p q r s t u v w x y z n o |
| **KL** | a b c d e f g h i j k l m<br>v w x y z n o p q r s t u | **YZ** | a b c d e f g h i j k l m<br>o p q r s t u v w x y z n |
| **MN** | a b c d e f g h i j k l m<br>u v w x y z n o p q r s t | | |

Descifra, con la clave inicial AORG, el criptograma YRWQVYYXYZFFZVB obtenido mediante la cifra de autoclave de Vigenère.

5. Cifra mediante la cifra tradicional de Vigenère, con la contraseña AORG, el texto llano obtenido en el ejercicio anterior.

6. Descifra con la clave COLINA el siguiente criptograma obtenido por una cifra Playfair:

DIEQGVTFTDQBGECFCFDCEGFCAIBT

7. Dada la siguiente matriz ADFGVX:

| | A | D | F | G | V | X |
|---|---|---|---|---|---|---|
| **A** | L | X | Z | Y | 5 | Q |
| **D** | B | O | J | 2 | V | I |
| **F** | A | S | F | P | 3 | 8 |
| **G** | G | 4 | 1 | H | E | K |
| **V** | N | 7 | 0 | C | U | 9 |
| **X** | R | M | T | D | W | 6 |

Descifra, con la clave ENIGMA, el criptograma:

AA VD VA AA VD VV VX VX AX DG AX DV AF DD VA AA FD GX XD XG FV VX VV GD GF XA GD GG GF AG AF XV AA

8. En el cuartel de la Wehrmacht se ha recibido el siguiente mensaje cifrado:

```
0954 = 1tl = 1 tl = 58 = HIY IVZ
GOGHM HYLHT BHIHJ KZMDL WMPXL
FYQZY GAKJZ GPVKJ XQLPR SULYO
IIYWN GYA
```

Las configuraciones para ese día de la máquina Enigma son las siguientes:

*UKW* = B

*Walzenlage*: II – IV – V

*Steckerverbindungen*: AW BG DH ES JL KO MT NR QX UY

*Ringstellung*: 03 01 06

Descarga el programa ENIGMA Simulator, de Dirk Rijmenants, que puedes encontrar en la dirección *http://www.davidarboledas.es/enigma/EnigmaSim.zip*, e intenta descifrarlo.

9. Ejemplifica con una red de Feistel un método de cifrado controlado por una clave de ocho letras (CAMIONES) para el texto llano *Todos los días son muy arduos*. El algoritmo debe trabajar con bloques de ocho caracteres en dos rondas, de modo que en cada vuelta realizará una sustitución y una transposición sobre la segunda mitad de cada bloque. La sustitución desplazará a la derecha cada letra el número de posiciones indicado por el primer carácter de la clave, mientras que la permutación tendrá la forma señalada por el orden alfabético de la segunda mitad de la clave.

# 3

# LA INSTALACIÓN DE PYTHON

Llegados a este punto ya estamos en disposición de comenzar a utilizar nuestro ordenador para poner en práctica los conocimientos adquiridos en las páginas anteriores. Comenzaremos instalando todo nuestro sistema para crear un entorno de desarrollo adecuado para trabajar con el lenguaje de programación Python.

Aprenderás a descargar y ejecutar el intérprete de Python, a conocer su sencillo entorno de desarrollo interactivo (IDLE) y a instalar Spyder, un verdadero entorno profesional de desarrollo integrado (IDE) para Python. Todo ello con el fin de que el programador novel pueda emplear aquello que más facilite su labor para seguir todos los programas explicados en la obra.

## 3.1 DESCARGA E INSTALACIÓN DE PYTHON

Python, como iremos viendo a lo largo del libro, es un lenguaje de programación interpretado y multiparadigma cuya filosofía básica es el uso de una sintaxis que favorezca en todo momento la legibilidad y transparencia de su código.

El *software* es administrado por la *Python Software Foundation* mediante una licencia de código abierto denominada *Python Software Foundation License*, compatible con la Licencia pública general de GNU a partir de la versión 2.1.1.

Puesto que vamos a aprender a escribir programas en Python, el primer paso será acudir a su sitio web oficial, *https://www.python. org/downloads/* y descargar la versión del intérprete adecuado para el sistema operativo que vaya a utilizarse: Windows, Linux/UNIX o Mac OS X, entre otros.

El intérprete de Python, al que de ahora en adelante nos referiremos simplemente como Python, será el programa que entenderá las instrucciones que escribamos en este lenguaje. Sin él, nada de lo que escribamos podría mostrar resultado alguno.

> **NOTA**
> Es muy importante asegurarse de que se instala la versión 3.x de Python y no la 2.x, pues esta última ya no se actualizará más. Todos los programas del libro se han escrito con la versión 3.5.1 para Windows.

### 3.1.1 Instalación en Windows

Una vez en la página de descargas, selecciona la versión deseada con el botón correspondiente, en nuestro caso (Figura 3.1).

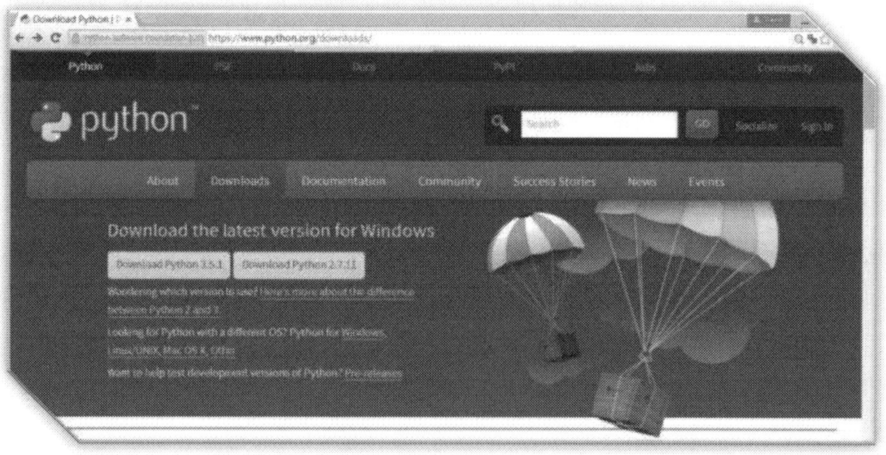


**Figura 3.1.** Zona de descargas de Python para Windows

Si aparece en la página una versión posterior a la 3.5.1, puede bajarse sin problemas. Una vez descargado el ejecutable, haz doble clic sobre el archivo `python-3.5.1.exe` para comenzar el asistente. En caso de que exista algún problema con el inicio del instalador, haz clic derecho con el ratón sobre el nombre del archivo y elige **Ejecutar como administrador**. Selecciona la opción **Instalar Ahora** (*Install Now*) y deja que el proceso finalice (Figura 3.2).

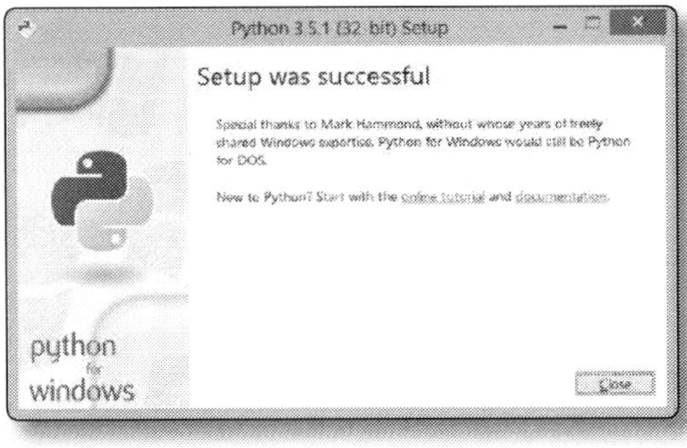


**Figura 3.2.** Instalación exitosa de Python 3 para Windows

Pulsa ahora sobre el botón **Cerrar** (*Close*) y Python habrá quedado instalado en la máquina y listo para ser usado.

## 3.1.2 Instalación en Mac OS X

El proceso de instalación de Python 3 para Mac OS X es muy similar al de Windows. En vez de descargar el ejecutable `.exe` de aquel, baja el archivo instalador `.pkg` de OS X. El enlace de la sección de descargas del proyecto al archivo será algo similar a *Mac OS X 64-bit/32-bit installer*, si es que la propia página web no detecta automáticamente tu sistema y te ofrece directamente la última versión.

Cuando finalice la descarga del archivo `python-3.5.1-macosx 10.6.pkg`, haz doble clic sobre él y el instalador de Apple se encargará del resto.

Como en el caso de Windows, puedes elegir entre realizar una instalación personalizada o emplear la configuración predeterminada. En cualquiera de los casos, la instalación no empezará hasta que se proporcionen los permisos de administrador. Una vez finalizada con éxito, seremos informados de ello (Figura 3.3).

**Figura 3.3.** Instalación satisfactoria de Python 3 en Mac OS X

### 3.1.3 Instalación en Linux

Si se usa como sistema operativo un Linux Ubuntu, puede instalarse la versión 3 de Python desde un **terminal** (Ctrl + Alt + T) con las siguientes instrucciones:

```
sudo apt-get install python3.5
```

Tras introducir la contraseña de superusuario, el *software* quedará instalado en la máquina. Tan solo se requiere a continuación la instalación del entorno de desarrollo interactivo (IDLE) del intérprete de Python. Para ello, desde el mismo terminal, teclea las órdenes:

```
sudo apt-get install idle3
```

## 3.2 DESCARGA DEL MÓDULO PYPERCLIP.PY

Muchos de los programas que verás a lo largo del libro harán uso de un módulo escrito por Al Sweigart llamado *pyperclip.py*. Este módulo permite a los programas copiar y pegar texto empleando el portapapeles del sistema operativo. Como el módulo no viene con el intérprete, es necesario descargarlo desde *http://www.davidarboledas.es/python/pyperclip.py* y guardarlo en la misma carpeta que ha creado la instalación de Python pues, en caso contrario, cuando se intente ejecutar un programa que haga uso de este módulo, nos mostrará un mensaje de error.

Algo tan trivial como copiar y pegar texto será de mucha utilidad en este libro, pues algunos ejemplos que emplearemos serán de un tamaño considerable. Así que mejor que teclearlos a mano, es acceder a las versiones electrónicas de los mismos, copiar su texto y pegarlo en el entorno de desarrollo. Esto, además de ahorrarnos tiempo, nos impedirá cometer errores.

## 3.3 LA EJECUCIÓN DEL ENTORNO INTERACTIVO

El entorno de desarrollo de Python, IDLE, es un entorno interactivo especialmente diseñado para principiantes y centros educativos. Frente a su sencillez, sin embargo, adolece de un gran número de características que hace que los usuarios, a medida que perfeccionan sus conocimientos, migren a otros entornos más completos.

**NOTA**
Python es el *software* que interpreta y ejecuta los programas escritos en dicho lenguaje. El IDLE es el entorno en el que escribimos las líneas de código del programa.

Si el sistema operativo es Windows 7 se puede encontrar el acceso al IDLE en la carpeta **Programas ► Python 3.5 ► IDLE (Python 3.5 32/64-bit)**. En Windows 8/10 puede emplearse la herramienta de búsqueda para encontrar el acceso directo a la aplicación (IDLE), que abrirá la ventana principal del entorno en la que escribiremos las líneas que compongan nuestros programas (Figura 3.4).

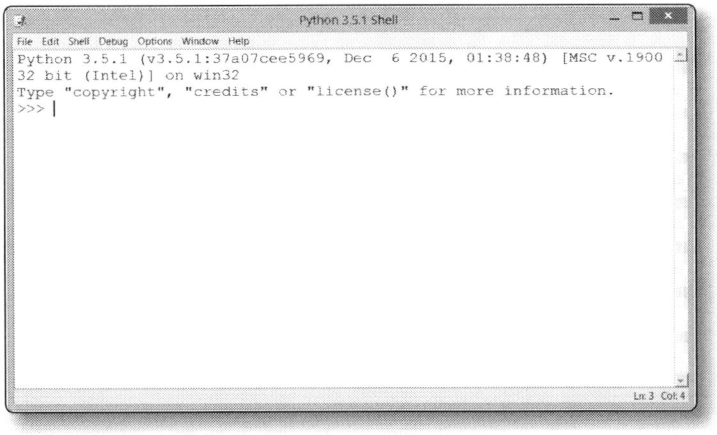


**Figura 3.4**. Ejecución del IDLE de Python en Windows 8.1

Si el sistema operativo es Ubuntu, abre un terminal con la combinación (Ctrl + Alt + T) y escribe `idle3`.

En Mac OS X el icono de IDLE se encuentra dentro de Python 3.5 en la carpeta Aplicaciones.

En cualquiera de los sistemas operativos el IDLE se abrirá como un **terminal** o **consola** similar al mostrado en la figura anterior. Casi todo el entorno de trabajo estará en blanco, salvo unas cuantas líneas iniciales con una breve información del sistema, algo así:

```
Python 3.5.1 (v3.5.1:37a07cee5969, Dec 6 2015, 01:38:48) [MSC
v.1900 32 bit (Intel)] on win32
Type "copyright", "credits" or "license()" for more informa-
tion.
>>>
```

> **NOTA**
> Un terminal o consola, *shell* en inglés, es un programa que permite escribir instrucciones a un ordenador. Como el terminal de Python es interactivo, todas las órdenes escritas en él se enviarán al intérprete para ejecutarlas inmediatamente.

### 3.3.1 Reglas de estilo

A diferencia de la mayoría de los lenguajes de programación, Python nos provee de reglas de estilo con el fin de poder escribir código fuente más legible y de manera más homogénea. Estas reglas se definen en la *Python Enhancement Proposal Nº 8* (**PEP 8**), que iremos aprendiendo poco a poco.

Asimismo, necesitamos ahora comentar algunas particularidades que empleamos para ser más claros en la explicación del código de los programas.

Cuando se escribe el código fuente de un programa, deberá hacerse sin los números que aparecen al principio de cada línea. Solo están ahí para poder referirnos en un momento dado a una u otra línea del código del programa. No forman parte del mismo. Por ejemplo, si se lee en el libro:

```
1. numero = 23
2. print(numero)
```

No se debe escribir ni el `1.` ni el `2.` del lado izquierdo de cada línea, es decir, solo las instrucciones:

```
numero = 23
print(numero)
```

Asimismo, Python diferencia entre mayúsculas y minúsculas, como otros lenguajes, por lo que se debe ser muy cuidadoso con lo que se escribe, pues `adios`, `Adios` y `ADIOS` son tres cosas diferentes para él.

Otro aspecto importante en este lenguaje es el de **sangrado**. En un lenguaje informático, el sangrado es lo que la sangría al lenguaje humano escrito formal. No todos los lenguajes de programación necesitan de un sangrado, aunque sí se estila implementarla, a fin de otorgar mayor legibilidad al código fuente. Pero en el caso de Python, el sangrado es obligatorio, ya que, de ello, dependerá su estructura.

> **NOTA**
> **PEP 8: sangrado**
> Un sangrado de cuatro espacios en blanco, indicará que las instrucciones identadas forman parte de una misma estructura de control.

De modo que no todas las líneas comienzan en la parte más izquierda de la página. Por ejemplo, en el siguiente fragmento, la segunda línea está identada cuatro espacios y la segunda ocho, otros cuatro más con respecto a la segunda:

```
while numero < 30:
    if numero == 27:
        print(' Fin')
```

En algunos programas nos encontraremos con líneas de código demasiado largas como para entrar en una sola línea. En estos casos se deberá teclear todo el código en la misma línea, hasta su fin, sin pulsar la tecla Enter. Es muy fácil saber cuándo ocurre esto, pues basta con mirar los números de línea del código. Por ejemplo:

```
1. print('Esta es una primera línea de código en un
   programa')
2. print('¡Esta es la segunda línea!')
```

Aunque en el ejemplo se lean tres líneas, tan solo hay dos, como indican sus números. Lo que ocurre es que la primera es demasiado larga como para entrar en la página. Así pues, como programadores, escribiríamos en el terminal toda la primera línea de seguido, sin pulsar Enter hasta que llegáramos al paréntesis de cierre,.

Observarás que al escribir las instrucciones en el IDLE, algunas palabras cambiarán de color. Los colores ayudan a identificar al programador los diferentes tipos de elementos del lenguaje y a localizar posibles errores:

- Las palabras reservadas en Python se muestran en color naranja.
- Las cadenas de texto lo harán en color verde.
- Los resultados de las instrucciones se verán en azul.
- Las funciones se muestran en púrpura.
- Los errores identificados aparecerán en rojo.

## 3.4 SPYDER

Como ya comentamos, aunque el IDLE de Python pueda ser suficiente durante los primeros pasos del aprendizaje, lo habitual es que al poco tiempo se quiera migrar a un verdadero entorno de desarrollo integrado con un enorme número de posibilidades, como lo es **Spyder**.

Spyder es un IDE multiplataforma y de código abierto dirigido a la implementación de programas, fundamentalmente científicos, escritos en Python. Se encuentra disponible para Windows, Linux y Mac OS X a través de la distribución de Python **Anaconda**, que puede descargarse e instalarse desde *https://www.continuum.io/downloads*. El proyecto cuenta con instaladores gráficos para todos los sistemas operativos nombrados, tanto en sus versiones de 32 como de 64 bits. Con todos ellos Anaconda incluye también los instaladores para Python 2.7 y 3.5.

Una vez realizada la instalación de Anaconda, el entorno de desarrollo se abre desde el icono de Spyder creado durante el proceso (Figura 3.5).

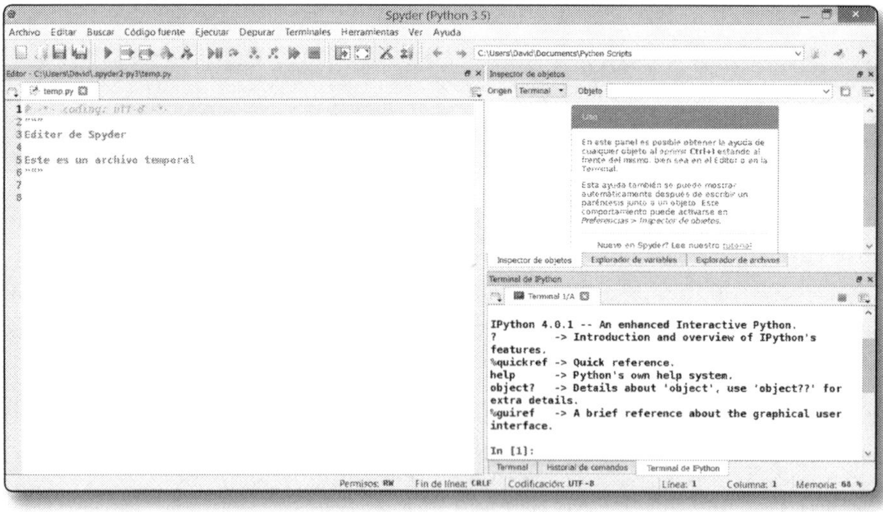


**Figura 3.5.** Spyder, un entorno de desarrollo integrado para Python

> **NOTA**
> Un método rápido de iniciar Spyder desde Windows, Mac OS X o Linux es abrir un terminal y teclear el comando `spyder`.

## 3.5 RESUMEN

En este capítulo nos hemos centrado en la preparación del entorno necesario para poder trabajar con nuestro ordenador poniendo en práctica los conocimientos criptográficos aprendidos en los capítulos precedentes.

En primer lugar, hemos aprendidos a descargar e instalar el intérprete de Python 3.x desde la zona de descargas de su web oficial en los tres sistemas operativos mayoritarios: Windows, Linux y Mac OS X.

Asimismo, se ha recomendado la descarga del módulo adicional *pyperclip.py*, que deberá almacenarse en la misma carpeta donde se haya instalado Python, para poder usar el portapapeles con grandes textos y evitar su entrada a mano.

Hemos visto, también, como ejecutar el sencillo IDLE de Python en sendos sistemas operativos y cómo comenzar a trabajar en él siguiendo las reglas de estilo marcadas por la *Python Enhancement Proposal Nº 8* (**PEP 8**) y las particularidades que emplearemos en el libro para ser más claros en la explicación del código de los programas.

Por último, se ha explicado cómo descargar y ejecutar la distribución de Python Anaconda, que, además de poseer instaladores gráficos de Python 3.x para todos los sistemas operativos, cuenta con un IDE extremadamente completo para la implementación de programas fundamentalmente científicos. Su instalación, aunque no es en absoluto obligatoria para trabajar con el libro, es muy recomendable para irse adaptando poco a poco a su entorno de trabajo.

# 4

# LOS ELEMENTOS DEL LENGUAJE

Antes de poder empezar a escribir programas, primero es necesario aprender los conceptos básicos del lenguaje, nociones que iremos ampliando a lo largo del libro. Como la mayoría de los lenguajes de programación de alto nivel, Python se compone de una serie de elementos que alimentan su estructura. Estos incluyen valores, operadores, variables y expresiones, entre otros.

Lógicamente, este es un tema no solo teórico, sino también práctico, con el que aprenderás a usar el terminal interactivo de Python. Deberás, entonces, estudiarlo con el ordenador delante e ir escribiendo línea a línea todo el código propuesto, ver sus resultados y experimentar con nuevos cambios.

Python es un poderoso lenguaje de programación y fácil de aprender. Cuenta con estructuras de datos eficientes y de alto nivel y un enfoque simple pero efectivo a la programación orientada a objetos. La elegante sintaxis de Python y su tipado dinámico, junto con su naturaleza interpretada, hacen de este un lenguaje ideal para nuestro objetivo.

Python nos permitirá escribir programas compactos y legibles, típicamente más cortos que sus homólogos en C, C++ o Java por varios motivos:

- Los tipos de datos de alto nivel permiten expresar operaciones complejas en una sola instrucción.
- La agrupación de instrucciones se hace mediante sangrías en vez de con llaves de apertura y cierre.
- No es necesario declarar variables ni argumentos.

## 4.1 PYTHON COMO CALCULADORA

Comencemos abriendo el IDLE de Python. Verás que el cursor está intermitente junto a los símbolos `>>>` que constituyen el **prompt** del intérprete. Esto significa que el entorno interactivo se encuentra esperando órdenes. Teclea `2 + 3` y pulsa Enter. Inmediatamente, el ordenador responderá con el número `5`, tal y como lo haría una calculadora (Figura 4.1).

Lógicamente `2 + 3` no es un programa, tan solo una simple instrucción formada por la suma de dos valores, pero nos muestra lo sencillo que es empezar a escribir en el entorno de desarrollo. Su funcionamiento como calculadora es muy sencillo, pues los **operadores** +, 2, * y / funcionan como en casi todos los lenguajes (Figura 4.1).

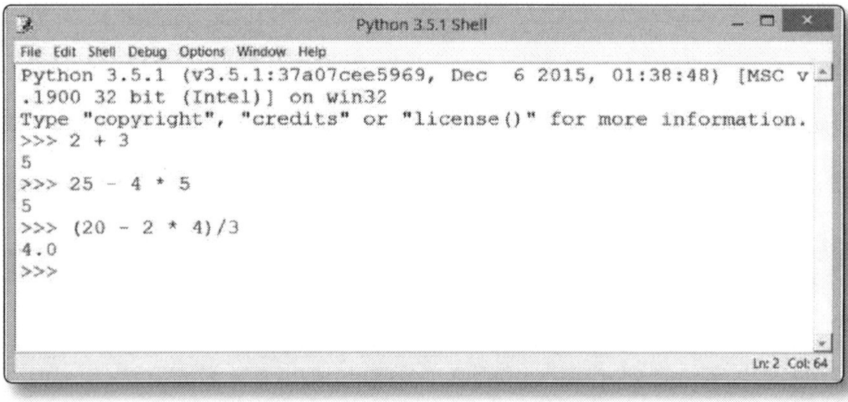


**Figura 4.1.** El IDLE como calculadora

Aunque Python trabaja con varios tipos de datos numéricos, dos serán los más habituales: los **enteros**, de tipo `int`, como 2, 3, 5, etc.; y los **reales**, de tipo `float`, como 4.0, 3.14, etc.

La **división** (`/`) siempre regresa un número real en coma flotante. Si se necesita obtener el **cociente entero** de una división emplearemos el operador cociente (`//`) y para hallar su **resto** o **módulo**, el operador `%`:

```
>>> 17 // 3  # división entera
5
>>> 17 % 3  # módulo o resto
2
>>>
```

Para hallar **potencias** es posible emplear el operador `**`:

```
>>> 2 ** 3
8
>>> 3 ** -2
0.1111111111111111
```

> **NOTA**
> **PEP 8: operadores**
> Siempre hay que escribir un espacio en blanco antes y después de un operador.

## 4.1.1 Prioridad en las operaciones

El orden de precedencia o jerarquía de los operadores aritméticos en Python es el mismo que el que empleamos en matemáticas o en la mayoría de lenguajes de programación.

Si se desea modificar la prioridad de los operadores en las expresiones se debe hacer uso de los paréntesis `()`.

La siguiente tabla muestra la jerarquía asignada a los operadores mencionados. Cuanto más arriba aparezca un operador, mayor es su precedencia. Los operadores de la misma fila tienen la misma prioridad y se evaluarán de izquierda a derecha.

| Operador | Operación |
|---|---|
| () | Agrupamiento |
| ** | Exponenciación |
| * / // % | Producto, cociente, división entera y módulo |
| +, 2 | Suma y resta |

**Tabla 4.1.** Precedencia de operadores aritméticos en Python

A continuación, te presentamos una serie de ejemplos con su explicación:

| Expresión | Reglas |
|---|---|
| 4 + 7 – 3<br>11 - 3<br>8 | Cuando se encuentran operadores de la misma jerarquía, como la suma y la resta en este ejemplo, las operaciones se realizan de izquierda a derecha. |
| 7 – 3 * 4 + 6<br>7 – 12 + 6<br>–5 + 6<br>1 | Aunque la resta está primera, el operador de mayor jerarquía es la multiplicación, que se evalúa primero. Después se realiza la resta, es decir, de nuevo se evalúan de izquierda a derecha |
| 8 / 4 + 3 * (4 – 3)<br>8 / 4 + 3 * 1<br>2.0 + 3<br>5.0 | Aquí lo primero que se evalúa es el paréntesis; a continuación, aparecen los operadores división y multiplicación, con la misma precedencia, por lo que se evalúan de izquierda a derecha para finalizar con la suma. |
| 3 + 2 * ((4 - 2) % 2)<br>3 + 2 * (2 % 2)<br>3 + 2 * 0<br>3 + 0<br>3 | Cuando en una expresión existen paréntesis anidados, se evalúan de adentro hacia afuera. Luego se evalúan los demás operadores según su orden de precedencia. |

## 4.2 VARIABLES

Para que un programa pueda ejecutarse es necesario que los datos estén almacenados en memoria junto con las instrucciones. En muchas situaciones, los datos son proporcionados por el usuario del programa mientras este se ejecuta o son consecuencia del procesamiento de otros datos. Dicho de otro modo, no será siempre el programador quien defina los datos y sus valores *a priori*. Es en esta situación es donde las variables resultan esenciales.

Una **variable** es un identificador simbólico asociado a un espacio en memoria que contiene una cierta información modificable en cualquier momento.

En Python, una variable se define con la sintaxis:

```
nombre_de_la_variable = valor
```

Cada variable tiene un nombre y un valor, el cual define, a su vez, el tipo de dato de la variable.

> **NOTA**
> **PEP 8: variables**
> Para nombrar una variable se debe utilizar un nombre descriptivo en minúsculas. Para nombres compuestos se separan las palabras por guiones bajos. Antes y después del **operador de asignación** (=), debe haber un único espacio en blanco.

Así, es completamente correcto escribir `rotor_enigma = 3`, pero para las normas de estilo propuestas en la PEP 8 no serían adecuados `RotorEnigma = 3`, `rotor_enigma=3` o `rotorenigma=3`, por ejemplo.

Piensa en una variable como en una caja en la que puede almacenarse un valor y que reside en la memoria de un ordenador. Así, cuando escribimos en el intérprete la instrucción:

```
rotor = 3
```

Hemos creado una variable de nombre `rotor` que almacena como valor el número entero `3` (Figura 4.2).

**Figura 4.2.** Una variable es como una caja que almacena un valor

Tras realizar la asignación observarás que no ocurre nada en el intérprete, salvo que hayas cometido un error. Tan solo aparecerá un nuevo símbolo del *prompt* esperando la siguiente instrucción.

Es importante que recuerdes que una variable se crea la primera vez que se almacena un valor en ella. Además, solo puede guardar un único valor, no expresiones. Por ejemplo, si hiciéramos la asignación:

```
desplazamiento = 5 + 7
```

La expresión `5 + 7` se evaluaría primero para obtener el número `12`, que sería el valor almacenado en la variable `desplazamiento`, como puedes observar en el IDLE escribiendo

```
desplazamiento
```

Si ahora tecleas en el intérprete `desplazamiento + 3`, obtendrás el entero `15`, pues como asignamos a la variable `desplazamiento` el número `12`, la expresión `desplazamiento + 3` se evalúa a `12 + 3`, que es `15`.

En cualquier momento podemos **sobrescribir** el valor que almacena una variable. Por ejemplo, si ahora se teclea en el intérprete las siguientes órdenes:

```
desplazamiento = 3
desplazamiento + 3
```

El resultado devuelto será `6`, pues hemos cambiado su valor original, `12`, por `3`.

Incluso podemos asignar un nuevo valor a una variable en función de su valor anterior del siguiente modo:

```
desplazamiento += 5
desplazamiento -= 5
desplazamiento *= 5
desplazamiento /= 3
```

Con la primera asignación la variable `desplazamiento` = `desplazamiento + 5`, es decir, `desplazamiento` = `3 + 5`. En la segunda línea `desplazamiento` = `desplazamiento - 5`, es decir, `desplazamiento` = `8 - 5`. Procediendo del mismo modo, la variable adoptará en las líneas 3 y 4 los valores `15` y `5.0`, respectivamente.

Otra de las ventajas que Python posee es la de poder asignar en una única instrucción múltiples variables:

```
a, b, c = 2, 3.14, -4
```

En una sola línea hemos declarado tres variables y asignado un valor concreto a cada una de ellas.

En Python, como en otros lenguajes de programación, existe un tipo especial de "variable" que almacena un valor que permanece fijo a lo largo de todo el programa: las **constantes**.

> **NOTA**
> **PEP 8: constantes**
> Las constantes se definen igual que las variables, pero con nombres descriptivos en mayúsculas y separados por guiones bajos en caso de tratarse de nombres compuestos.

De modo que `ALFABETO = 26` sería una definición adecuada para una constante en Python.

## 4.3 CADENAS Y LISTAS

Python es mucho más que una simple calculadora y puede manipular todo tipo de cadenas alfanuméricas de forma muy sencilla y eficiente. Todas las cifras estudiadas y los programas que haremos trabajan con cadenas, bien sea en forma de texto plano o como criptograma.

En Python una variable puede almacenar como contenido una cadena de texto tan solo incluyéndola entre comillas simples (`'`) o dobles (`"`), con idéntico resultado:

```
>>> cadena = 'Hola Mundo'
```

Las comillas no forman parte de la cadena, simplemente le indica al intérprete que el contenido entre la comilla simple de apertura y de cierre se debe tratar como una cadena.

Si ahora escribimos el nombre de la variable, debiéramos ver en el intérprete su contenido:

```
>>> cadena
'Hola Mundo'
```

La función `print()` produce una salida más elegante, al devolver tan solo el contenido de la cadena sin mostrar el entrecomillado:

```
>>> print (cadena)
Hola Mundo
```

¿Y si quisiéramos que aparecieran comillas como contenido de una cadena? Entonces, habría que utilizar el **carácter de escape** \ delante de ellas, como en el siguiente ejemplo:

```
>>> cadena = 'Me dijo, \"Hola\"'
>>> print (cadena)
Me dijo, "Hola"
```

Aunque existe un truco muy sencillo: si en la cadena debe aparecer una comilla doble, la encerramos entre comillas simples, si lo que se necesita es una comilla simple, lo hacemos entre comillas dobles:

```
>>> cadena1 = "He doesn't like it!"
>>> print(cadena1)
He doesn't like it!
>>> cadena2 = '"Sí", me dijo'
>>> print(cadena2)
"Sí", me dijo
```

Las funciones implementan siempre un código que realiza una tarea determinada, como en el caso de `print()` es imprimir valores por pantalla. Los valores que se le pasan a una función, que se escriben entre los paréntesis, se denominan **argumentos**.

### 4.3.1 Concatenación de cadenas

En cualquier momento puede unirse el contenido de una cadena al de otra mediante el operador +, como en el ejemplo:

```
>>> cadena1 = 'Hola '
>>> cadena2 = 'mundo.'
>>> print(cadena1 + cadena2)
Hola mundo.
```

El operador de concatenación unirá las dos cadenas como una nueva, independientemente de su contenido:

```
>>> cadena = 'Alumno' + '14'
>>> print(cadena)
Alumno14
```

Sin embargo, debes recordar que, si uno de los parámetros no es una cadena, el resultado será erróneo:

```
>>> cadena = 'Alumno' + 14
Traceback (most recent call last):
  File "<pyshell#5>", line 1, in <module>
    cadena = 'Alumno' + 14
TypeError: Can't convert 'int' object to str implicitly
```

Como se observa, el problema se ha dado porque hemos intentado unir una cadena con un número entero, lo que no puede hacerse directamente.

### 4.3.2 Replicación con el operador *

Python permite repetir cadenas idénticas mediante el empleo del operador `*` y un número entero, que indicará cuántas repeticiones se harán, como en el ejemplo:

```
>>> 'AbCd' * 3
'AbCdAbCdAbCd'
```

De nuevo, nos encontramos con un operador que realiza funciones diferentes en función de los operandos sobre los que actúe: el operador `+` puede sumar dos números o concatenar dos cadenas y el operador `*` puede multiplicar dos números o replicar una cadena.

### 4.3.3 Caracteres de escape

Algunas veces es necesario escribir valores por pantalla que no pueden teclearse fácilmente en una cadena. Unas veces porque el propio intérprete de comandos no lo permite, otras porque directamente no existen caracteres que realicen la función deseada. Este es el motivo por el que en la mayoría de los lenguajes de programación existen los **caracteres** o **secuencias de escape**, que son caracteres especiales que dentro de una cadena invocan una interpretación alternativa de los caracteres que aparecen tras ellos.

Ya hemos visto en páginas anteriores un primer carácter de escape: la **barra invertida**, \. Su uso nos permitía introducir las comillas dentro del literal de una cadena. Observa el ejemplo:

```
>>> print("Me dijo: "Hola"")
SyntaxError: invalid syntax
>>> print("Me dijo: \"Hola\"")
Me dijo: "Hola"
```

En el primer caso el intérprete responde con un error de sintaxis, pues Python cree que la cadena finaliza con las segundas comillas y, por tanto, todo el texto que la sigue (`Hola""`) es código incorrecto. En el segundo, con la introducción de la secuencia de escape (`\"`), informamos a Python que las comillas forman aún parte de la cadena.

Los principales caracteres de escape en Python se muestran en la tabla siguiente:

| Carácter de escape | Salida por pantalla |
|---|---|
| \\ | Barra invertida (\) |
| \' | Comilla simple ( ' ) |
| \" | Comilla doble ( " ) |
| \n | Nueva línea |
| \t | Tabulador |

**Tabla 4.2.** Principales secuencias de escape en Python

Observa cómo cualquier carácter especial es precedido por la barra invertida, incluso aunque quieras que esta aparezca por pantalla. Este es el motivo por el que el siguiente código no funciona como se espera:

```
>>> print('C:\Documentos\numancia.txt')
C:\Documentos
umancia.txt
```

¿Por qué ha ocurrido este salto de línea y no aparece la letra inicial del archivo? La respuesta es que `\n` es la secuencia de escape para nueva línea, por lo que el intérprete hace exactamente lo que le hemos pedido. La única solución es emplear cadenas literales que desestimen cualquier secuencia de escape, lo que se hace anteponiendo la letra `r` delante de la primera comilla:

```
>>> print(r'C:\Documentos\numancia.txt')
C:\Documentos\numancia.txt
```

Las cadenas de texto literales pueden contener múltiples líneas. Una forma sencilla de hacerlo es usar triples comillas (`"""`). Los finales de línea se incluirán automáticamente. Por ejemplo:

```
>>> print("""
Uso: cmd [OPTIONS]
-h Muestra ayuda del comando
-H nombrehost Nombre del host al que se conecta
""")

Uso: cmd [OPTIONS]
-h Muestra ayuda del comando
-H nombrehost Nombre del host al que se conecta
```

### 4.3.4 Indexación y fraccionamiento

Muchos de los programas que expongamos más tarde necesitarán seleccionar un carácter que se encuentre en una determinada posición dentro de una cadena. Es lo que se conoce como **indexación**. Para ello, tan solo se necesita saber cuál es la posición que ocupa el carácter en la cadena, posición que se denomina **índice**. Los índices siempre comienzan con el primer carácter en la posición 0.

Escribe el siguiente código en el intérprete y observa su resultado:

```
>>> cadena = "Hola"
>>> print(cadena[0])
H
>>> print(cadena[3])
a
```

Fíjate cómo la expresión `cadena[0]` contiene el carácter `H`, que es la primera letra de la palabra `Hola`. Considera una cadena como un conjunto de celdas en memoria en el que se almacena un carácter en cada una de ellas (Figura 4.3).

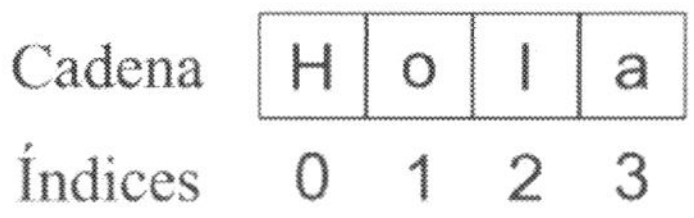


**Figura 4.3.** Una cadena con sus índices

Si se introduce un índice superior a la longitud de la cadena, Python responderá con el error "*out of range*":

```
>>> print(cadena[6])
Traceback (most recent call last):
  File "<pyshell#1>", line 1, in <module>
    print(cadena[6])
IndexError: string index out of range
```

Una de las características más importantes de este lenguaje con respecto a otros es que es capaz de trabajar con índices negativos que comienzan desde el final de la cadena hacia el principio. El índice 21 es el correspondiente al del último carácter, 22 al del penúltimo y así sucesivamente:

```
>>> print(cadena[-1])
a
>>> print(cadena[-4])
H
```

El **fraccionamiento** de una cadena nos permitirá extraer más de un carácter en una misma operación. La nomenclatura es similar a la de la indexación, pero entre los corchetes se dispondrán dos índices enteros separados por dos puntos (`:`). La subcadena que se extrae comenzará con el primer índice y finalizará, sin incluirlo, con el segundo. Prueba el siguiente ejemplo:

```
>>> cadena = 'Criptografía'
>>> print (cadena[0:6])
Cripto
>>> print(cadena[6:12])
grafía
```

Incluso podemos ir más lejos y concatenar operaciones:

```
>>> print(cadena[0:6][3])
p
```

Date cuenta de que la primera instrucción, `cadena[0:6]`, se evalúa a `Cripto`, de la que posteriormente se extrae la cuarta letra por indexación, `p`.

A diferencia de la indexación, la fragmentación no producirá ningún error si los índices son más grandes que la longitud de la cadena. Simplemente mostrará el fragmento más amplio que encaje entre sus índices:

```
>>> print(cadena[0:100])
Criptografía
>>> print(cadena[3:50])
ptografía
>>> print(cadena[12:30])

>>>
```

La expresión `cadena[12:30]`devuelve una cadena vacía porque el índice 12 es superior a la longitud de su contenido, por lo que no puede extraerse ninguna subcadena.

Python también puede trabajar con índices en blanco. Si se deja el primero en blanco, el intérprete presupone que se desea comenzar en la posición inicial de la cadena, mientras que, si es el segundo, interpreta que se hace referencia al resto del contenido, por ejemplo:

```
>>> 'Criptografía'[:6]
'Cripto'
>>> 'Criptografía'[6:]
'grafía'
```

Como el primer índice está siempre incluido y el segundo excluido, esto asegura que `s[:i] + s[i:]` siempre sea igual a `s`:

```
>>> 'Criptografía'[:6] + 'Criptografía'[6:]
'Criptografía'
```

### 4.3.5 Las listas

Las listas en Python son una estructura de datos tremendamente flexible. Permiten almacenar colecciones de datos que pueden modificarse una vez creados.

La notación para una lista es una secuencia de valores encerrados entre corchetes y separados por comas. Por ejemplo:

```
>>> claves = ['KDLN', 'AROV', 'GWCI']
```

A las listas, como a las cadenas, también se les puede aplicar la función `len()` para conocer su longitud.

```
>>> len(claves)
3
```

Para acceder a los distintos elementos de la lista se utilizará la misma notación de índices de cadenas, con valores que van desde 0 a la longitud de la lista −1.

```
>>> print(claves[1])
AROV
>>> print(claves[-1])
GWCI
```

Como dijimos antes, las listas son secuencias mutables, pues Python provee operaciones que nos permite cambiar, agregar y quitar valores a las mismas.

Para **cambiar** un componente de una lista, se selecciona aquel mediante su índice y se le asigna el nuevo valor:

```
>>> claves[0] = 'GDOP'
>>> claves
['GDOP', 'AROV', 'GWCI']
```

Para **agregar** un nuevo valor al final de la lista se utiliza la operación `append()`:

```
>>> claves.append('FYHL')
>>> claves
['GDOP', 'AROV', 'GWCI', 'FYHL']
```

Para **insertar** un nuevo valor en la posición deseada y desplazar un lugar el resto de la lista se utiliza la operación `insert()`. Si escribimos `claves.insert(1, 'HEQP')` introduciremos la clave HEQP en la segunda posición:

```
>>> claves.insert(1, 'HEQP')
>>> claves
['GDOP', 'HEQP', 'AROV', 'GWCI', 'FYHL']
```

> **NOTA**
> Las listas no controlan si se introducen elementos repetidos. Si se necesita unicidad, deberá hacerse mediante el código de nuestros programas.

Para eliminar un valor de una lista se utiliza la operación `remove()`.

```
>>> claves.remove('AROV')
>>> claves
['GDOP', 'HEQP', 'GWCI', 'FYHL']
>>> claves.remove(claves[-1])
>>> claves
['GDOP', 'HEQP', 'GWCI']
>>>
```

Ten en cuenta que, si el valor que se quiere eliminar no está en la lista, el intérprete devolverá un error:

```
>>> claves.remove('ADTH')
Traceback (most recent call last):
  File "<pyshell#15>", line 1, in <module>
    claves.remove('ADTH')
ValueError: list.remove(x): x not in list
```

## 4.4 LOS COMENTARIOS

Los programas, además de código, pueden contener ciertas notas potencialmente significativas para los programadores, pero usualmente ignoradas por los compiladores e intérpretes. Los comentarios se añaden usualmente con el propósito de hacer el código fuente más fácil de entender con vistas a su mantenimiento o reutilización.

Los comentarios en Python pueden ser de una única línea u ocupar varias de ellas y se escriben de la siguiente manera:

```
# Esto es un comentario de una sola línea
"""Y este es un comentario
de varias líneas"""
```

> **NOTA**
> Los comentarios en la misma línea del código deben separarse de este con dos espacios en blanco. Tras el símbolo # debe colocarse un único espacio en blanco.

## 4.5 EL PRIMER PROGRAMA

Hasta ahora hemos estado introduciendo una a una las instrucciones en el intérprete para ver su funcionamiento, sin embargo, cuando se escribe un programa, este constará de decenas o cientos de líneas y tendrán que ejecutarse como un todo. Veamos cómo hacerlo.

En primer lugar, desde el intérprete, haz clic en el menú **File ▸ New File**. Se abrirá el **editor**, una ventana en blanco donde escribiremos el código de nuestros programas en Python (Figura 4.4).

**Figura 4.4.** El editor de programas. El cursor está en la línea 1, columna 0

Observa que en el **intérprete** siempre aparecerá el símbolo del *prompt* >>>, mientras que el **editor** es una ventana completamente en blanco.

Una vez en el editor, copia el siguiente código fuente (recuerda quitar los números de línea):

```
# El primer programa
print('¡Hola Mundo!')
print('¿Cómo te llamas?')
nombre = input()
print('Este es el primer programa de ' + nombre)
```

Cuando hayas acabado, guarda el programa con el nombre que desees mediante el menú **File ▶ Save As**... El editor tendrá ahora el aspecto de la Figura 4.5.

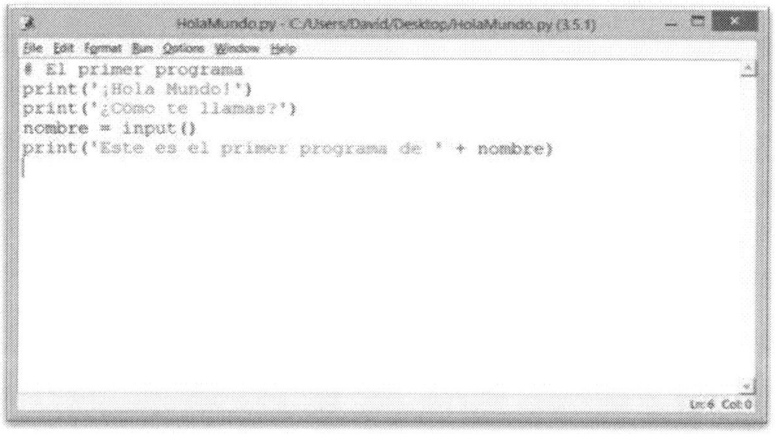


**Figura 4.5.** Aspecto del editor tras guardar el programa

Ahora es el momento de ejecutar el programa. Accede al menú **Run ▶ Run Module** o pulsa **F5** en tu teclado. Cuando el programa te pida tu nombre, tecléalo y pulsa Enter. El aspecto será el de la figura siguiente:

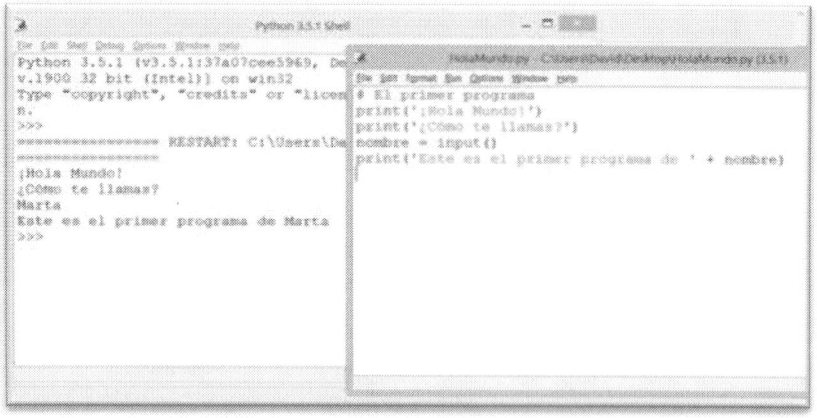


**Figura 4.6.** Aspecto del editor tras guardar el programa

¡Enhorabuena! Ya has hecho tu primer programa en Python. Desde ahora, siempre que quieras usar de nuevo el programa puedes abrirlo desde el menú **File ▶ Open** y ejecutarlo con **F5.**

Veamos cómo funciona el código. Empecemos con la primera línea. Lo primero que tenemos es un comentario y como comentario (`# El primer programa`), es únicamente de utilidad para el programador, pero el intérprete lo ignorará durante la ejecución.

En la segunda y tercera líneas el programa hace uso de la función `print()`, que como ya conocemos, imprime por pantalla la información que se le pasa por argumento.

En la cuarta línea empleamos una nueva función, `input()`. Cuando el programa invoca a esta función, espera a que el usuario introduzca algún valor por teclado. Cuando se pulse Enter, el valor introducido será asignado como cadena de texto a la variable `nombre`.

Por último, volvemos a usar la función `print()` para escribir el literal `'Este es el primer programa de '`, al que hemos concatenado el valor de la variable `nombre` asignada en la línea anterior, que en este caso era `'Marta'`.

Una vez que el programa llegue a la línea 5 finalizará su ejecución y el contenido será liberado de la memoria. Si vuelves a ejecutar el programa y das otro nuevo nombre cuando te lo solicite, el programa te responderá con esta nueva cadena. Recuerda que un ordenador no sabe hacer nada. Solo hará aquello para lo que ha sido programado. Prueba a escribir cualquier cosa sin sentido cuando te solicite tu nombre y verás cómo te responderá con esa misma respuesta, sea cual sea.

## 4.6 RESUMEN

En este capítulo hemos comenzado a utilizar el intérprete de Python en su modo interactivo, escribiendo instrucciones de una en una para ver el resultado de su evaluación de forma inmediata, primero como calculadora, para ver cómo trabajar con los principales **operadores algebraicos** y la prioridad de estos en las operaciones.

Para que todo programa funcione es necesario que los datos e instrucciones se almacenen juntos en la memoria. Es en este contexto donde las variables resultan esenciales en cualquier lenguaje de programación. Una **variable** es un identificador definido por el programador que estará asociado a un espacio en memoria y contendrá un cierto valor modificable en cualquier momento.

Otros de los elementos básicos del lenguaje son las **cadenas** y **listas**. Una cadena es una sucesión alfabética o alfanumérica de caracteres que pueden asignarse a las variables tan solo incluyéndolas entre comillas simples o dobles. Python se caracteriza por trabajar con cadenas de una forma muy sencilla y eficiente. Hemos visto cómo concatenar o replicar cadenas con los operadores + y *, respectivamente, además de estudiar las diferentes secuencias de escape. Asimismo, has comprobado la facilidad con la que es posible extraer caracteres o subcadenas mediante la indexación y el fraccionamiento.

Las listas, por su parte, constituyen otra estructura de datos extremadamente flexible, pues permiten almacenar una secuencia de valores simplemente encerrándolos entre corchetes y separándolos por comas en el proceso de asignación. Con las listas es realmente sencillo cambiar, agregar, insertar o borrar un determinado elemento con las operaciones adecuadas.

Por último, has aprendido a usar dos funciones esenciales en el desarrollo de cualquier programa en Python: `print()`, para imprimir por pantalla e `input()` para introducir cadenas desde el teclado, como has podido comprobar con la ejecución de tu primer programa escrito en el editor de Python.

## 4.7 EVALUACIÓN

1. Responde a las siguientes cuestiones:

   - ¿Cuál de las siguientes es una operación de asignación válida en Python?

     a) `5 = a` b) `a = 5` c) `a:= 5` d) `a -> 5`

   - ¿Qué operador se usa para obtener el resto de una división?

   - ¿Qué operador de los siguientes se emplea para establecer una prioridad cuando en una expresión coinciden operadores de la misma precedencia?

     a) `[]` b) `()` c) `{}` d) `::`

   - ¿Qué operador se usa para hallar la división entera de dos números?

     Si la variable `clave` almacena el valor `13`, ¿cuál será su nuevo valor tras la declaración `clave += 3`?

   - ¿Cuál es la salida de la siguiente expresión?

     ```
     >>> print("Mi favorito es "Senderos de gloria"")
     ```

- ¿Qué secuencias de escape empleamos en Python para introducir una tabulación y una nueva línea?
- ¿Qué función nos permite obtener la longitud de una cadena?
- ¿Con qué operación se agrega un elemento a una lista? ¿Y para eliminarlo?
- ¿Cuál es la tecla rápida que permite ejecutar un programa escrito en el editor IDLE de Python?

2. Dada la siguiente definición para la constante `ALFABETO`:

   >>> ALFABETO = “ABCDEFGHIJKLMNOPQRSTUVWXYZ”

   Indica la salida de cada una de estas instrucciones:

   - ALFABETO[2]
   - ALFABETO[:5]
   - ALFABETO [20:]
   - ALFABETO[-2]
   - ALFABETO[4:9][2]

## 4.8 EJERCICIOS PROPUESTOS

1. Halla con lápiz y papel el resultado de las siguientes expresiones y escribe su resultado teniendo en cuenta estos valores: `a = 4`, `b = 6`, `c = 8` y `d = 10`. A continuación, comprueba con Python sus soluciones.

   - `a + b * c / d` ______________
   - `c % b % a + d` ______________
   - `a * c // b - a` ______________
   - `c // a % 2` ______________
   - `a + 5 ** 2 / (a + b)` ______________

2. Estudia el código del siguiente programa e indica lo que crees que hará. Luego, escríbelo en el editor de Python y ejecútalo para comprobarlo:

```
print('Introduce el número de segundos: ')
segundos = int(input())
horas = segundos // 3600
minutos = segundos % 3600 // 60
segundos = segundos % 60
print(horas, 'h', minutos, 'm', segundos, 's')
```

# 5

# ATBASH Y LA CIFRA CÉSAR

Ya hemos visto en el capítulo anterior que escribir un programa en Python para un ordenador es similar a hablarle línea a línea en su propio idioma, si bien empleamos un lenguaje mucho más próximo a nuestra forma de comunicarnos que como tendríamos que hacerlo si habláramos a bajo nivel.

En esta nueva unidad comenzaremos a implementar programas más complicados para ir resolviendo las distintas cifras estudiadas a lo largo del capítulo 2. Aunque su complejidad vaya en aumento, no desesperes, irás aprendiendo poco a poco las distintas estructuras del lenguaje y todos los programas se explicarán línea a línea. Además, siempre podrás emplear el intérprete interactivo para ver qué hace cada expresión antes de construir el programa completo.

Comencemos con nuestros primeros programas criptográficos: atbash y la cifra César.

## 5.1 LA CIFRA ATBASH

Atbash, como ya estudiaste en el capítulo 2, es un método criptográfico de sustitución monoalfabética muy empleado en el alfabeto hebreo entre los años 600 y 500 a. C (Galende, 1995). También se le conoce como **código espejo**, pues el alfabeto de sustitución se obtiene cambiando la primera letra del alfabeto por la última, la segunda por la penúltima y así sucesivamente. Este método hace que los procesos de cifrado y descifrado sean completamente idénticos y que su debilidad criptográfica sea notable. Como ya comentamos, su uso más célebre se recoge en el libro de Jeremías, donde se sustituye la palabra Babel (Babilonia) por el criptograma SHESHACH.

En todo caso, hay que tener presente que este método de cifrado se ideó para un sistema de escritura donde solo hay símbolos para los fonemas consonánticos, que luego se vocalizan de manera más o menos arbitraria, de modo que cualquier palabra hebrea es pronunciable al cifrarse en atbash (López Guerrero, 2006). Lógicamente, no ocurre lo mismo en ninguno de los idiomas con alfabetos plenos, como el nuestro. La cifra atbash para el alfabeto latino sería así.

- *Alfabeto:* `a b c d e f g h i j k l m n o p q r s t u v w x y z`
- *Cifra:* `Z Y X W V U T S R Q P O N M L K J I H G F E D C B A`

Un simple criptoanálisis estadístico del criptograma es suficiente para poner de manifiesto el uso de la cifra atbash y, por tanto, para descifrar el texto (Sinkov, 2009). Como veremos algo más adelante, esta cifra puede estudiarse como un caso particular de cifrado afín, de modo que su criptoanálisis por ordenador será inmediato. No obstante, la simplicidad del programa que necesitamos escribir ahora para cifrar y descifrar textos con atbash nos es muy útil para presentarlo como nuestro primer proyecto.

### 5.1.1 El código fuente

Abre el entorno interactivo de Python y haz clic en el menú **File ▶ New File** para abrir una ventana del editor. Escribe el código fuente, guárdalo como *atbash.py* y pulsa **F5** para ejecutarlo. Ten en cuenta que primero necesitas descargar, tal y como describimos en el punto 3.2, el módulo *pyperclip.py* y guardarlo en la misma carpeta que el programa *atbash.py*.

```
# Cifra atbash

import pyperclip

# Alfabetos empleados
CLARO = 'abcdefghijklmnopqrstuvwxyz '
CIFRADO = 'ZYXWVUTSRQPONMLKJIHGFEDCBA '

# Almacena la forma cifrada/descifrada del texto
salida = ''

# Guarda el texto introducido
texto = input('Introduce un texto: ')

# Ejecuta el cifrado/descifrado letra a letra
```

```
16. for simbolo in texto.lower():
17.     if simbolo in CLARO:
18.         # Identifica la posición de cada símbolo
19.         indice = CLARO.index(simbolo)
20.         # Añade un nuevo símbolo al texto
            cifrado/descifrado
21.         salida += CIFRADO[indice]
22.
23. # Imprime en pantalla el resultado
24. print (salida)
25.
26. # Copia el mensaje al portapapeles
27. pyperclip.copy(salida)
```

Cuando ejecutes el programa, este te solicitará que introduzcas un texto, por ejemplo, prueba con el siguiente: *La mision ha sido un exito*. Cuando pulses la tecla Enter, verás la siguiente salida:

```
OZ NRHRLM SZ HRWL FM VCRGL
```

Como hemos hecho uso del módulo *pyperclip*, el criptograma ha quedado copiado automáticamente en el portapapeles. Ejecuta de nuevo el programa y pega el texto cifrado en atbash (Ctrl + V) cuando te solicite que introduzcas un texto. La salida deberá coincidir entonces con el texto original:

```
LA MISION HA SIDO UN EXITO
```

## 5.1.2 Cómo funciona el programa

```
1. # Cifra atbash
```

La primera línea es un comentario que indica qué programa vamos a escribir. Como comentario, solo tendrá importancia para quien acceda al código fuente, pues el intérprete obviará esta primera línea.

```
3. import pyperclip
```

La línea 3 es una declaración de importación. Python se carga por defecto con cientos de funciones definidas en distintos módulos. Los módulos son ficheros que contienen definiciones y sentencias de Python que pueden usarse en cualquier momento en un programa. Algunos módulos son internos al intérprete y proporcionan acceso a las operaciones que no son parte del núcleo del lenguaje pero que se han incluido por eficiencia o para proporcionar acceso a primitivas del sistema operativo, como las llamadas al sistema. Otras, sin embargo, se incluyen en módulos adicionales. En este caso, importamos un módulo externo llamado *pyperclip* para que podamos usar, entre otras, la función `pyperclip.copy()` y poder así copiar texto al portapapeles.

```
# Alfabetos empleados
CLARO = 'abcdefghijklmnopqrstuvwxyz '
CIFRADO = 'ZYXWVUTSRQPONMLKJIHGFEDCBA '
```

También necesitamos dos cadenas que contengan tanto las letras que forman parte del alfabeto llano como las que aparecerán en el criptograma. Además, las hemos escrito en el orden adecuado para que de este modo podamos emplear el programa tanto para cifrar como para descifrar.

Como estas cadenas permanecerán constantes a lo largo de toda la ejecución, se ha decidido definirlas como dos constantes: CLARO, en minúsculas, para el alfabeto llano, y CIFRADO, en mayúsculas, para el alfabeto de sustitución. Observa que hemos añadido también un espacio vacío al final de ambas cadenas para que separe las palabras. Este conjunto de caracteres, que no tendrá por qué estar formado siempre por letras, sino que podrá incluir números, signos de puntuación u otros, aprenderemos a definirlo al final del capítulo.

```
# Almacena la forma cifrada/descifrada del texto
salida = ''
```

La variable `salida` es la que utilizará nuestro programa para almacenar el texto de salida, bien sea este el criptograma o el texto plano, según si realizamos la operación de cifrado o descifrado, respectivamente. Al comienzo del programa su contenido será una cadena vacía que irá aumentando carácter a carácter hasta finalizar el texto.

```
# Guarda el texto introducido
texto = input('Introduce un texto: ')
```

Todos los programas escritos en este libro harán uso de la función `input()` para introducir y almacenar la cadena de texto que quiere cifrarse o descifrarse. Cuando se ejecuta el programa imprimirá en pantalla la cadena introducida como argumento de la función y esperará a que el usuario introduzca un mensaje y pulse Enter. Este mensaje se almacenará como una cadena en la variable `texto`:

```
Introduce un texto: la mision ha sido un exito
OZ NRHRLM SZ HRWL FM VCRGL
```

#### 5.1.2.1 EL BUCLE FOR

```
# Ejecuta el cifrado/descifrado letra a letra
for simbolo in texto.lower():
```

En programación un **bucle** es una estructura de control repetitiva. En el caso concreto de un bucle **for** este repite el bloque de instrucciones o **cuerpo** del bucle un número conocido de veces. Cada una de las repeticiones que se lleva a cabo en una estructura de control repetitiva se denomina **iteración**.

El bucle **for** en Python es una herramienta muy útil para recorrer una cadena o una lista de valores. Su sintaxis es la siguiente:

```
for variable in [cadena, lista, tupla]:
    cuerpo del bucle
```

No es necesario definir la variable de control del bucle antes del mismo, aunque puede utilizarse una ya definida en el programa.

El cuerpo del bucle es un bloque de código que se ejecutará tantas veces como elementos tenga el elemento que se recorre. Una vez finalizado, el flujo de control del programa se derivará a la primera línea fuera del bloque que forma el cuerpo del bucle.

Por ejemplo, escribe el siguiente código en el intérprete interactivo. Observa cómo después de escribir la primera línea el *prompt* `>>>` desaparece y el cursor se sangra cuatro espacios a la derecha a la espera de que el usuario escriba tras los dos puntos (`:`) el bloque de código que formará el cuerpo del bucle. El cuerpo finaliza en el intérprete cuando se introduzca una línea en blanco:

```
>>> for letra in 'DAVID':
    print('La letra es ' + letra)

La letra es D
La letra es A
La letra es V
La letra es I
La letra es D
>>>
```

En Python un **bloque** es una o más líneas de código agrupadas bajo la misma sangría, es decir, el número de espacios que se desplaza hacia la derecha el comienzo de una línea. A diferencia de otros lenguajes de programación que emplean palabras reservadas, como begin/end en Pascal, o llaves {} como en C, en Python es la sangría la que determina el comienzo y final de un bloque de código.

Un bloque comienza siempre en Python con una sangría de cuatro espacios. Cualquier línea con la misma sangría formará parte del mismo bloque. Si una línea se sangra cuatro espacios más, ocho en total, dará comienzo a un bloque nuevo dentro del primero. El bloque acabará cuando aparezca una línea de código con la misma sangría que la línea previa a la que abrió el bloque. Mira el siguiente ejemplo (los puntos son espacios):

```
1. Línea 1
2. ....Línea 2
3. ....Línea 3
4. ........Línea 4
5. ....Línea 5
6. Línea 6
```

Como puedes observar, la `Línea 1` no está sangrada, pero la `Línea 2` tiene cuatro espacios de sangría, lo que indica que da comienzo un bloque de código. La `Línea 3` posee el mismo sangrado que la anterior, así que forma parte del mismo bloque. La `Línea 4`, sin embargo, está escrita con un sangrado de ocho espacios, es decir, que da comienzo a un segundo bloque dentro del primero. La `línea 5` formaría parte del primer bloque y, por último, la `Línea 6`, que vuelve a aparecer sin sangría indicaría que el bloque de código ha finalizado.

En el ejemplo hay, por tanto, dos bloques. El primero va de la `Línea 2` a la `Línea 5` y el segundo, dentro del primero, lo forma exclusivamente la `Línea 4`.

#### 5.1.2.2 LOS MÉTODOS UPPER() Y LOWER()

```
12. # Guarda el texto introducido
13. texto = input('Introduce un texto: ')
14.
15. # Ejecuta el cifrado/descifrado letra a letra
16. for simbolo in texto.lower():
```

La línea 13 del programa almacena en la variable `texto` una cadena introducida por teclado por parte del usuario, bien sea un mensaje en texto claro o un criptograma.

En la línea 16 el bucle **for** recorrerá símbolo a símbolo el texto introducido, pero observa que la expresión que constituye la cadena tiene la forma `texto.lower()`. Esto es una llamada al método `lower()` para convertir todos los caracteres de la variable `texto` a minúsculas. También podrían convertirse a mayúsculas con el método `upper()`.

Prueba a escribir el siguiente código en el intérprete:

```
>>> 'Hola Mundo'.upper()
'HOLA MUNDO'
>>> 'Hola Mundo'.lower()
'hola mundo'
>>>
```

### 5.1.2.3 LA SENTENCIA IF

```
    if simbolo in CLARO:
        # Identifica la posición de cada símbolo
        indice = CLARO.index(simbolo)
```

Antes de que podamos seguir avanzando en la comprensión del programa, tenemos que aprender qué son las sentencias condicionales **`if`**, **`elif`** y **`else`** y cómo funciona con las cadenas el método `index()`.

La estructura de control `if` es una sentencia condicional que permite que un programa ejecute un bloque de instrucciones cuando se cumplan unas condiciones dadas.

Una sentencia **if** puede leerse como "Si la condición es cierta (`True`) ejecuta el código de su bloque".

Abre el editor y ejecuta el código siguiente:

```
1. password = input('Intoduce la contraseña: ')
2. if password == 'aHt378':
3.     print('Acceso autorizado')
4. if password != 'aHt378':
5.     print('Acceso denegado')
6. print('Fin')
```

Cuando se ejecuta la primera línea el programa espera a que el usuario introduzca una contraseña, que almacenará en la variable `password`. Si la contraseña es `aHt378`, entonces la expresión `password == 'aHt378'` se evalúa a `True` y se ejecuta el resto de código del bloque, que es la impresión de `Acceso autorizado`. Si `password == 'aHt378'` es `False`, entonces se salta el bloque y el flujo del programa se dirige a la línea 4. Aquí el intérprete se encuentra con un nuevo bloque **if**, de modo que evalúa si la expresión `password != 'aHt378'` es `True`, es decir, si la contraseña es incorrecta, pues el operador `!=` significa "distinto de", se ejecuta la instrucción de la línea 5: `Acceso denegado`.

Las sentencias condicionales trabajan necesariamente con **operadores relacionales**, pues son los que se usan para comparar dos valores. El resultado de esa comparación será un tipo booleano, es decir, que la evaluación de la expresión solo podrá tomar dos valores: `True` o `False`.

En la Tabla 5.1 se muestran los operadores relaciones usados en Python.

Abre el intérprete e introduce algunas expresiones para ver el funcionamiento de los distintos operadores relacionales:

```
>>> 10 > 4
True
>>> 20 == 20.0
True
>>> 'a' != 'A'
True
>>> 4 < 4
False
>>>
```

| Operador | Significado |
|---|---|
| <, <= | Menor, menor o igual que |
| >, >= | Mayor, mayor o igual que |
| == | Igual a |
| != | Distinto de |

**Tabla 5.1.** Operadores relacionales en Python

Volvamos con las sentencias condicionales. En muchas situaciones es necesario ejecutar un bloque de código cuando la condición sea verdadera y otro bloque si resultara falsa, como ocurría en el ejemplo de la contraseña. En estos casos no es necesario usar dos selecciones simples, basta con una única selección doble **if** – **else**, que podría leerse así: "Si la condición es verdadera ejecuta este bloque de código, en caso contrario, este otro". Mira cómo reescribimos el ejemplo anterior:

```
password = input('Introduce la contraseña: ')
if password == 'aHt378':  # Si es igual
    print('Acceso autorizado')
else:  # En caso contrario…
    print('Acceso denegado')
print('Fin')
```

El programa funciona exactamente del mismo modo que el anterior. Si se introduce correctamente la contraseña nos autorizará el acceso, en caso contrario, no.

Python, además, permite ejecutar **selecciones anidadas**, que son aquellas que dentro del alcance de una condición presenta otras. Cada condición se evalúa en el orden en el que aparece en el programa. Si la condición 1 es cierta, se ejecuta la primera instrucción y ya no se revisan más; en caso contrario, se evalúa la condición 2 y, si esta es cierta, ejecutará la instrucción que le acompaña y así sucesivamente. En caso de que todas las condiciones sean falsas se ejecutarán las instrucciones del bloque **else**.

Copia el siguiente programa en el editor y observa su funcionamiento:

```
1. dia = 3
2. if dia == 1:
3.     print('Lunes')
4. elif dia ==2:
5.     print('Martes')
6. elif dia ==3:
7.     print('Miércoles')
8. elif dia ==4:
9.     print('Jueves')
10. elif dia ==5:
11.     print('Viernes')
12. else:
13.     print('Fin de semana')
```

Cuando ejecutes el programa, la variable `dia` almacenará el número entero 3. En primer lugar, se comprueba la condición `dia == 1`, que resulta ser falsa, por lo que el flujo de programa pasa a la condición siguiente, `dia == 2`, que también se evalúa como falsa. Cuando el código llega a la línea 6, la igualdad resulta ser cierta, por lo que se ejecuta su bloque y se imprime en pantalla `Miércoles`. Si no se ha podido verificar ninguna de las condiciones anidadas, el programa continúa secuencialmente hasta el último **`else`**, con el que se imprime `Fin de semana` (sábado o domingo).

Ya estamos en condiciones de seguir avanzando en la comprensión del código fuente:

```
17.     if simbolo in CLARO:
18.         # Identifica la posición de cada símbolo
19.         indice = CLARO.index(simbolo)
```

La cadena almacenada en `simbolo` solo podrá contener un carácter alfanumérico en minúscula, según ha quedado definida en el bucle **for** de la línea

16. Si `simbolo` resulta ser un carácter de los recogidos en la constante `CLARO`, la condición `simbolo in CLARO` será `True` y se ejecutará el bloque comprendido entre las líneas 18 y 21:

```
18.         # Identifica la posición de cada símbolo
19.         indice = CLARO.index(simbolo)
20.         # Añade un nuevo símbolo al texto
            cifrado/descifrado
21.         salida += CIFRADO[indice]
```

Solo podrá ser `False` la condición si `simbolo` es un signo de puntuación, un número o un carácter no alfabético y, en tal caso, el carácter será obviado en el proceso de cifrado o descifrado al no tener un bloque **`else`**.

Una vez que se identifica la letra o el espacio de la cadena introducida por el usuario, empleamos el método `index()` para encontrar su posición en el alfabeto `CLARO`, que se almacena en la variable `indice`. Recuerda que los índices comienzan con la posición 0.

Teclea el siguiente código para ver cómo funciona el método `index()`:

```
CLARO = 'abcdefghijklmnopqrstuvwxyz '
simbolo = 'b'  # Pon aquí algún símbolo de CLARO
indice = CLARO.index(simbolo)
print(simbolo, '=', indice)
```

Cuando ejecutes el programa te devolverá por pantalla el símbolo introducido y su posición en la cadena `CLARO`:

```
b = 1
>>>
```

Así pues, cuando nuestro programa conoce la posición que ocupa el símbolo en la cadena de texto que desea cifrarse o descifrarse, tan solo necesita buscar ese mismo índice en el alfabeto de sustitución, al que hemos llamado `CIFRADO`, con la expresión `CIFRADO[indice]`.

```
21.         salida += CIFRADO[indice]
```

La línea 21 es una declaración de asignación que almacena un carácter en la variable `salida`. El valor almacenado será el contenido inicial de `salida` concatenado con el nuevo carácter `CIFRADO[indice]`, de modo que la cadena `salida` va creciendo hasta que se completa el proceso de cifrado o descifrado de todo el texto introducido por el usuario.

Si aún no lo entiendes muy bien, prueba a añadir la siguiente línea al bloque **if** del programa *atbash.py*:

```
21.         salida += CIFRADO[indice]
22.         print(CIFRADO[indice],salida)
```

Esta nueva línea de código le indica al programa que se impriman las dos expresiones `CIFRADO[indice]` y `salida` en cada iteración del bucle **for**, es decir, cada vez que el flujo de programa alcance la línea 22. La coma indica a la función `print()` que debe imprimir dos cosas separadas, por lo que añadirá un espacio entre ellas. Ahora, cuando ejecutes el programa verás cómo la cadena salida crece con cada iteración según el carácter que le corresponda:

```
Introduce un texto: ha sido un exito
S S
Z SZ
  SZ
H SZ H
R SZ HR
W SZ HRW
L SZ HRWL
  SZ HRWL
F SZ HRWL F
M SZ HRWL FM
  SZ HRWL FM
V SZ HRWL FM V
C SZ HRWL FM VC
R SZ HRWL FM VCR
G SZ HRWL FM VCRG
L SZ HRWL FM VCRGL
SZ HRWL FM VCRGL
>>>
```

El bucle **for** termina cuando la cadena ha recorrido todo el texto almacenado en la variable homónima y, en ese momento, el flujo de programa salta a la línea 24 para imprimir por pantalla la cadena con todos los caracteres cifrados o descifrados.

```
23. # Imprime en pantalla el resultado
24. print (salida)
25.
26. # Copia el mensaje al portapapeles
27. pyperclip.copy(salida)
```

La línea 27 llama a la función `copy()` definida dentro del módulo *pyperclip*, por lo que hemos de indicar al intérprete esta circunstancia escribiendo `pyperclip.`

justo delante del nombre de la función. Si escribimos `copy(salida)` en vez de `pyperclip.copy(salida)`, Python mostraría un mensaje de error.

Puedes verlo por ti mismo escribiendo en el IDLE lo siguiente:

```
>>> copy('Hola')
Traceback (most recent call last):
  File "<pyshell#1>", line 1, in <module>
    copy('Hola')
NameError: name 'copy' is not defined
>>>
```

El mismo error ocurriría también si se olvida importar el módulo con la orden `import pyperclip` antes de llamar a la función `pyperclip.copy()`. Abre un nuevo intérprete y escribe esto:

```
>>> pyperclip.copy('Hola')
Traceback (most recent call last):
  File "<pyshell#0>", line 1, in <module>
    pyperclip.copy('Hola')
NameError: name 'pyperclip' is not defined
```

Fíjate en lo sencillo que ha sido escribir un programa completo para poder trabajar con la cifra atbash. Es capaz de cifrar o descifrar un texto en un abrir y cerrar de ojos. Incluso si escribimos una cadena todo lo larga que se te ocurra tu ordenador la cifraría en menos de un segundo. Para que te hagas una idea, el ordenador que hemos utilizado para escribir este ejemplo ha tardado 0,09 s en cifrar dos páginas de texto de una novela. Compara esto con el tiempo que se necesitaría para hacer lo mismo a mano, y eso que es un algoritmo sencillo. Además, el programa copia en el portapapeles de tu sistema operativo el texto cifrado, por lo que puedes usarlo en cualquier aplicación, como en un correo electrónico, simplemente pegando su contenido.

## 5.2 LA CIFRA CÉSAR

Como ya sabemos, el cifrado César, también conocido como cifrado por desplazamiento, es una de las técnicas criptográficas de cifrado más simples y más usadas. Es un tipo de cifrado por sustitución monoalfabética en el que una letra en el texto original es reemplazada por otra letra que se encuentra un número fijo de posiciones más adelante en el alfabeto. Por ejemplo, con un desplazamiento de 3, la *a* sería sustituida por la D (situada tres lugares a la derecha de la *a*), la *b* sería reemplazada por la E, etc. Este método debe su nombre a Julio César, que lo usaba para comunicarse con sus generales.

Aunque Suetonio solo menciona que Julio César usaba un cambio de tres lugares, es evidente que al utilizar cualquier desplazamiento entre 1 y 25 lugares es posible generar 25 cifras distintas.

## 5.2.1 El código fuente

Abre el entorno interactivo de Python y haz clic en el menú **File ▶ New File** para abrir una ventana del editor. Escribe el siguiente código fuente, guárdalo como *cesar.py* y pulsa **F5** para ejecutarlo. No te olvide de tener el módulo *pyperclip.py* almacenado en la misma carpeta que el programa:

```
# Cifra César
print("""Este programa cifra o descifra un
mensaje mediante la cifra César \n""")

import pyperclip

# Símbolos que pueden cifrarse
ALFABETO = 'ABCDEFGHIJKLMNOPQRSTUVWXYZ'

# Almacena la cadena cifrada/descifrada
salida = ''

# Guarda la opción deseada
modo = input('¿Deseas cifrar o descifrar? (c/D) ')

# Se almacena el texto y la clave
texto = input('Introduce el texto: ')
clave = int(input('Y la clave (1-25): '))

# Ejecuta el proceso letra a letra
for simbolo in texto.upper():
    if simbolo in ALFABETO:
        # Identifica la posición de cada símbolo
        pos = ALFABETO.find(simbolo)
        # ejecuta la operación de cifrado/descifrado
        if modo == 'c':
            pos = (pos + clave) % 26
        elif modo == 'D':
            pos = (pos - clave) % 26

        # Añade el nuevo símbolo a la cadena
        salida += ALFABETO[pos]
```

```
33.
34.     # Añade a la cadena el símbolo sin cifrar ni
        descifrar porque no está en el ALFABETO
35.     else:
36.         salida += símbolo
37.
38. # Imprime en pantalla el resultado
39. print(salida)
40.
41. # Copia el mensaje al portapapeles
42. pyperclip.copy(salida)
```

Cuando ejecutes el programa, lo primero que te pedirá es si deseas cifrar un texto o descifrar un criptograma. Para el primer caso introduce la letra `C` y para el segundo la `D`. A continuación, te solicitará el texto o criptograma, según corresponda, y la clave elegida. Prueba a cifrar el mensaje *Gallia est omnis divisa in partes tres* con un desplazamiento o clave de 3. Obtendrás la siguiente salida:

```
JDOOLD HVW RPQLV GLYLVD LQ SDUWHV WUHV
```

Como hemos hecho uso del módulo *pyperclip*, el criptograma se ha copiado automáticamente en el portapapeles. Ejecuta de nuevo el programa y elige ahora la opción para descifrar (`D`). Pega el criptograma anterior (Ctrl + V) cuando te solicite que introduzcas un texto y selecciona la misma clave, 3. La salida deberá coincidir entonces con el texto original:

```
GALLIA EST OMNIS DIVISA IN PARTES TRES
```

## 5.2.2 Cómo funciona el programa

```
1. # Cifra César
2. print("""Este programa cifra o descifra un
3. mensaje mediante la cifra César \n""")
```

En la primera línea, como será una constante en nuestros programas, indicamos como comentario el nombre de la cifra que utilizamos en la implementación del programa.

En la segunda y tercera línea le indicamos al programa que imprima por pantalla la información de lo que hace el programa. Para ello hacemos uso de una cadena de texto literal que ocupa las dos líneas. Observa cómo hemos tenido que incluir las triples comillas (`"""`).

```
5. import pyperclip
```

```
6.
7. # Símbolos que pueden cifrarse
8. ALFABETO = 'ABCDEFGHIJKLMNOPQRSTUVWXYZ'
9.
10. # Almacena la cadena cifrada/descifrada
11. salida = ''
```

De nuevo hacemos uso de la expresión `import` en la línea 5 para importar el módulo *pyperclip* y poder usar la función `pyperclip.copy()` para copiar el mensaje de salida al portapapeles.

En la línea 8 definimos la constante `ALFABETO` con los símbolos que podrá cifrar o descifrar nuestro programa y que coinciden con los 26 caracteres del alfabeto latino. A continuación, y como hicimos en el anterior programa, definimos en la línea 11 la cadena que contendrá la salida del programa, bien como criptograma, bien como texto plano.

```
13. # Guarda la opción deseada
14. modo = input('¿Deseas cifrar o descifrar? (c/D) ')
15.
16. # Se almacena el texto y la clave
17. texto = input('Introduce el texto: ')
18. clave = int(input('Y la clave (1-25): '))
```

En este fragmento de código fuente declaramos las variables que contendrán la información inicial requerida para que el programa pueda trabajar. La línea 14 define la variable `modo`, que indica qué operación deseamos efectuar. Si el usuario pulsa la letra `c`, cifrará la cadena; si por el contrario escribe una `D`, descifrará un criptograma.

La variable `texto` definida en la línea 17 guardará el mensaje introducido por teclado, o pegado desde el portapapeles; mientras que en la siguiente línea pedimos la clave del algoritmo, es decir, el desplazamiento usado en el alfabeto de sustitución. Como `input()` devuelve siempre una cadena y la clave es un número entero entre 1 y 25, debemos hacer uso de la función de conversión `int()`. Abre el intérprete y escribe lo siguiente:

```
>>> numero = input('¿Número? ')
¿Número? 5
>>> 3 + numero
Traceback (most recent call last):
  File "<pyshell#1>", line 1, in <module>
    3 + numero
TypeError: unsupported operand type(s) for +: 'int' and 'str'
>>>
```

Observa cómo se produce un error al intentar sumar el entero 3 y la cadena devuelta por la función `input()`; sin embargo, si forzamos la conversión de la cadena `numero` a un entero con la función `int()`, el resultado será correcto:

```
>>> numero = int(input('¿Número? '))
¿Número? 5
>>> 3 + 5
8
>>>
```

#### 5.2.2.1 EL MÉTODO FIND()

```
for simbolo in texto.upper():
    if simbolo in ALFABETO:
        # Identifica la posición de cada símbolo
        pos = ALFABETO.find(simbolo)
```

El método `find()` devuelve la posición en la que aparece una cadena dentro de otra. En este aspecto se parece al método `index()` que empleamos en el programa *atbash.py*, sin embargo, tiene la ventaja de que si no encuentra la subcadena devuelve `-1` y no una excepción. Para verlo, abre el intérprete interactivo y escribe lo siguiente:

```
>>> 'Cesar'.find('s')
2
>>> 'Cesar'.index('s')
2
>>> 'Atbash'.find('e')
-1
>>> 'Atbash'.index('e')
Traceback (most recent call last):
  File "<pyshell#6>", line 1, in <module>
    'Atbash'.index('e')
ValueError: substring not found
>>>
```

Observa cómo ambos métodos devuelven idéntico resultado cuando encuentran el carácter buscado, por lo que podrías emplear cualquiera de ellos para conocer qué posición ocupa la letra en el alfabeto.

#### 5.2.2.2 ARITMÉTICA MODULAR

```
        if modo == 'C':
            pos = (pos + clave) % 26
        elif modo == 'D':
            pos = (pos - clave) % 26
```

Una vez que se ha identificado en el mensaje el símbolo ya se puede proceder a su cifrado o descifrado. La variable `modo` contiene un carácter que utilizamos para decidir qué proceso se debe llevar a cabo en función de la decisión original: `C` para cifrar y `D` para descifrar. Si el carácter es `'C'` la condición de la línea 26 será `True` y se ejecutará la línea 27. Si el carácter es `'D'` la condición de la línea 26 será `False` y el flujo del programa saltará a la línea 28, que se evaluará como `True` y se ejecutará la línea 29.

Vamos a ver ahora cómo funcionan las líneas 27 y 29. La cifra César utiliza una clave numérica para desplazar el alfabeto ese número de posiciones. Así, si se elige una clave 5 y se cifra la letra *c*, lo que hacemos es adelantar 5 posiciones esta letra en el alfabeto, con lo que se convertirá en una `H` en el criptograma. Ahora bien, si al desplazar el carácter superamos la longitud del alfabeto, debemos de nuevo comenzar por el principio. Por ejemplo, si con esa misma clave necesitamos cifrar la letra *w*, esta se convertirá en el criptograma en una `B`, pues al desplazarla alcanzaremos la `Z` en 3 posiciones, lo que obliga a reiniciar el alfabeto.

Este comportamiento por el que los números dan la vuelta tras alcanzar un cierto valor, que llamamos **módulo**, es objeto de estudio de la **aritmética modular**. A veces, y de forma bastante sugerente por ese hecho, se le denomina aritmética del reloj.

Veamos cómo funciona con un ejemplo muy sencillo. Imagina que definimos un alfabeto con las cinco vocales y que deseamos cifrar la letra *o* con la clave $k = 3$. Al desplazar 3 unidades la vocal esta se convierte en una `E`. De igual modo, para descifrar esta vocal nos moveríamos en el sentido opuesto las mismas 3 unidades, por lo que acabaríamos en la letra *o* (Figura 5.1).

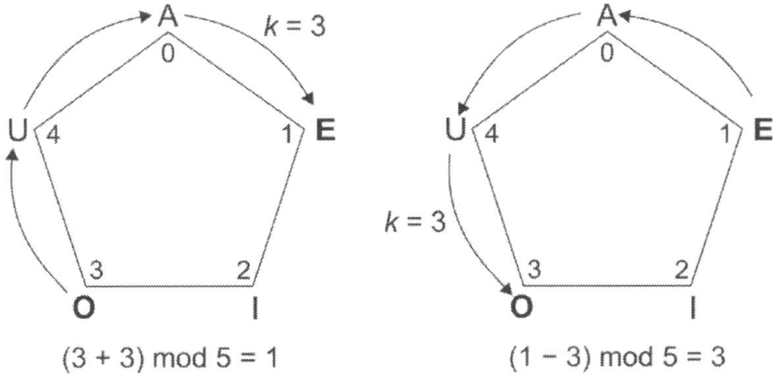


**Figura 5.1**. Al desplazarnos por las vocales usamos aritmética en módulo 5

El movimiento a lo largo de las vocales usa aritmética en módulo 5, puesto que con cada cinco saltos volvemos a encontrarnos en el mismo punto.

De modo que el proceso de cifrado de un carácter que se encuentre en una posición $p$ con un desplazamiento $k$ en un alfabeto de longitud $n$ puede describirse matemáticamente del siguiente modo:

$$E_k(p) = (p + k) \bmod n$$

El proceso inverso de descifrado se realiza de forma similar:

$$D_k(p) = (p - k) \bmod n$$

Tomemos de nuevo el ejemplo que hemos descrito al comienzo de la página. La vocal *o* tiene por índice 3, de modo que para una clave $k = 3$ se convierte en (3 + 3) mod 5 = 1 (E). De igual modo, como la e ocupa la posición 1, al revertir en proceso se transforma en (1 – 3) mod 5 = 3, que es la letra *o* (Figura 5.1).

El módulo es el resto de la división, pero ni siquiera tenemos que hacerlo a mano. Abre el intérprete interactivo de Python y comprueba los resultados:

```
>>> (3 + 3) % 5
1
>>> (1 - 3) % 5
3
>>>
```

Si ahora regresamos al código fuente, ya entenderemos perfectamente cómo funcionan las líneas 27 y 29, pues no son más que la descripción matemática de los procesos de cifrado y descifrado en aritmética módulo 26, como corresponde a la longitud del alfabeto utilizado:

```
26.         if modo == 'C':
27.             pos = (pos + clave) % 26
28.         elif modo == 'D':
29.             pos = (pos - clave) % 26
30.
31.         # Añade el nuevo símbolo a la cadena
32.         salida += ALFABETO[pos]
```

Tras cifrar o descifrar un carácter, el programa lo almacena en la variable `salida`. El valor guardado será el contenido inicial de `salida` concatenado con el nuevo carácter `ALFABETO[pos]`, de modo que la cadena `salida` va creciendo hasta que se completa el proceso de cifrado o descifrado de todo el texto introducido por el usuario.

```
35.     else:
36.         salida += simbolo
37.
38. # Imprime en pantalla el resultado
39. print(salida)
```

Por la sangría de la línea 35 sabemos que la expresión `else` se ejecuta solo si la evaluación de la condición de la línea 22 es `False`, es decir, que el carácter leído en el mensaje de entrada no forma parte del alfabeto definido en la línea 8, bien porque sea un número, bien porque sea un signo de puntuación. Es esta situación, el programa simplemente añade ese carácter sin modificar a la cadena `salida`, como puedes comprobar:

```
¿Deseas cifrar o descifrar? (c/D) c
Introduce el texto: Ataque a las 10:45.
Y la clave (1-25): 7
HAHXBL H SHZ 10:45.
>>>
```

Por último, y tal y como hicimos en el programa *atbash.py*, se imprime en pantalla la cadena cifrada o descifrada y se copia su contenido al portapapeles para poder usarlo en cualquier aplicación.

### 5.2.3 Cómo cifrar caracteres no alfabéticos

Un problema esencial tanto con la cifra atbash como con la de César que acabamos de estudiar es que solo pueden trabajar con las 26 letras del alfabeto latino. Como acabas de ver algo más arriba, si el mensaje contiene números o signos de puntuación se quedarán sin cifrar o se eliminarán del texto final. La solución, sin embargo, es sencilla. Si modificamos la constante `ALFABETO` para que contenga todos los posibles símbolos imprimibles por teclado, ya habríamos dado el primer paso. El segundo consistiría en modificar la aritmética de trabajo, pues ya no será módulo 26, sino módulo `len(ALFABETO)`. Asimismo, tampoco es necesario ya hacer referencia en la línea 21 al método `upper()` para convertir la cadena de entrada en mayúsculas:

```
7. # Símbolos que pueden cifrarse
8. ALFABETO = '!"#$%&\'()*+,-./0123456789:;<=>?@ABCD
   EFGHIJKLMNOPQRSTUVWXYZ[\\]^_`abcdefghijklmno
   pqrstuvwxyz{|}~'
```

```
# Ejecuta el proceso letra a letra
for simbolo in texto:

        if modo == 'C':
            pos = (pos + clave) % len(ALFABETO)
        elif modo == 'D':
            pos = (pos - clave) % len(ALFABETO)
```

Nota que el nuevo alfabeto hace uso de las secuencias de escape `\'` y `\\` para referirnos a la comilla simple y la barra invertida.

Si ejecutas el nuevo programa y cifras el mensaje *El ataque sera a las 10:45* con una clave 13, obtendrás la siguiente salida:

```
Ry n#n~$r "r!n n yn" >=GAB
```

Aunque el contenido del alfabeto y el orden de sus símbolos debe ser el mismo en ambos procesos, no es necesario que tenga que permanecer secreto, así como tampoco ha de serlo el propio código fuente del programa. Basta con mantener en secreto la clave para que el sistema pueda gozar de suficiente seguridad.

## 5.3 RESUMEN

Una vez aprendidos los rudimentos para manejarse con textos en el entorno IDLE de Python, ya se puede comenzar a realizar los primeros programas criptográficos para implementar las cifras **atbash** y **César**. La primera cifra, también conocida como **código espejo**, pues el alfabeto de sustitución se obtiene cambiando la primera letra del alfabeto por la última, la segunda por la penúltima y así sucesivamente, se empleó muy a menudo en el alfabeto hebreo entre los años 600 y 500 a. C. La **cifra César**, por el contrario, ha sido ampliamente utilizada en el alfabeto latino en sus múltiples variantes desde que Julio César comenzara a emplearla con un desplazamiento de tres espacios para proteger sus mensajes estratégicos de contenido militar. Incluso en 1915, el cifrado de César aún era utilizado por la armada rusa y en pleno siglo XXI todavía algunos capos mafiosos lo empleaban para comunicarse.

A lo largo del capítulo has aprendido a usar la declaración de importación **`import`** para cargar funciones definidas en otros módulos externos al núcleo del lenguaje. Para ejecutar una función importada basta con escribir `modulo.funcion()`. Asimismo, se ha introducido el concepto de **iteración** y cómo funciona la estructura de control repetitiva **`for`** en conjunción con el operador **`in`**.

Los **métodos** son funciones relacionadas con un tipo específico de dato. En el capítulo se han estudiado los métodos `upper()` y `lower()` para devolver una copia en mayúsculas o minúsculas de una cadena y los métodos `index()` y `find()` para hallar un carácter o cadena dentro de otra.

En la implementación de los dos programas también ha sido necesario explicar el funcionamiento de las sentencias condicionales **`if`**, **`elif`** y **`else`** junto con los operadores relacionales necesarios para efectuar una comparación de valores. Cualquier comparación tendrá dos únicos resultados posibles: `True` o `False`, que se conocen como valores booleanos.

Por último, hemos aprendido a manejar de forma sencilla la **aritmética modular** tan presente en el campo de la criptografía y el funcionamiento de la función `len()` para obtener la longitud de una cadena de texto.

## 5.4 EVALUACIÓN

1. Responde a las siguientes cuestiones:

   - ¿Qué función se usa en Python para hallar la longitud de una cadena de texto?
   - ¿Con qué instrucción se realiza una declaración de importación?
   - ¿Cómo se usa la función `copy()` definida en el módulo *pyperclip.py* para copiar al portapapeles el contenido de la variable `mensaje`?
   - ¿Cómo se llaman las estructuras que evalúan una expresión booleana y toman una decisión en función del resultado?
   - ¿Cuántas opciones de respuesta puede tener una expresión booleana?
   - ¿Cuál sería la salida del siguiente fragmento de código?

```
a = 0
for i in [1,2,3]:
    a += i
print(a)
```

   - ¿Cuál es el resultado de introducir en el intérprete la expresión `'Python'.upper().lower()`?
   - ¿Para qué sirven los métodos `index()` y `find()`?
   - ¿Cuál es la salida de la expresión `'ATBASH'.find('BA')`?
   - ¿Cuál será el índice que le corresponde al carácter 29 de un alfabeto alfanumérico de 36 símbolos cuando se cifra mediante una cifra César con un desplazamiento de 10 unidades?

## 5.5 EJERCICIOS PROPUESTOS

1. Completa los huecos señalados en el programa con el valor más apropiado. A continuación, codifícalo y comprueba su resultado:

```
numero = int(input('Escribe un número entero: '))
limite =       (numero ** 0.5)
primo = True
if        == 1:
    primo = True
else:
           i in range(2, limite + 1):
        if numero %        == 0:
                    = False
if primo:
    print('El número es primo')
else:
    print('No es primo')
```

# 6

# ATAQUE DE FUERZA BRUTA A LA CIFRA CÉSAR

Hemos visto en el capítulo anterior lo fácil y rápido que resulta cifrar un texto mediante un algoritmo una vez implementado el programa en un ordenador. Por largo que sea el mensaje la máquina lo cifrará en un instante y sin cometer errores. Sin embargo, igual de rápido que es el proceso de cifrado, resulta también a veces el criptoanálisis del sistema, como ocurre con la cifra César, pues el pequeño número de claves posibles hace factible que pueda romperse con enorme rapidez mediante un ataque de fuerza bruta.

En criptografía, se denomina **ataque de fuerza bruta** a la forma de encontrar una clave probando todas las combinaciones posibles de claves hasta hallar aquella que permite recuperar el texto plano. Es evidente que no se trata de una técnica muy refinada, pero desde luego sí efectiva, más aún cuando un ordenador puede probar un enorme número de claves en un tiempo muy reducido. Cuanto más pequeño sea el **espacio de claves**, es decir, el número de claves totales que pueden usarse en un criptosistema, menor será el tiempo requerido para romper el sistema.

En este capítulo veremos cómo construir un programa en Python que nos permita romper un cifrado César por el método de fuerza bruta.

## 6.1 IMPLEMENTACIÓN DEL ATAQUE

Como acabamos de explicar, un ataque de fuerza bruta consiste en probar todas y cada una de las claves posibles. La cifra César posee solo 25 claves, que se corresponden con cada uno de los posibles alfabetos de sustitución. Así pues, tan solo han de probarse, en el peor de los casos, 24 desplazamientos hallar la clave.

### 6.1.1 El código fuente

Abre el entorno interactivo de Python y haz clic en el menú **File ▸ New File** para abrir una ventana del editor. Escribe el siguiente código fuente, guárdalo como *cesarHack.py* y pulsa **F5** para ejecutarlo:

```
# Recupera la clave de una cifra César por fuerza bruta

ALFABETO = 'ABCDEFGHIJKLMNOPQRSTUVWXYZ'

# Almacena el criptograma
criptograma  = input('Criptograma: ')

# Recorre una a una todas las claves (1-25)
for clave in range(1,len(ALFABETO)):

    # Almacena la cadena descifrada
    salida = ''
    for simbolo in criptograma:
        if simbolo in ALFABETO:
            pos = ALFABETO.find(simbolo)
            # Descifra el carácter
            pos = (pos - clave) % len(ALFABETO)

            # Añade el símbolo descifrado a la cadena
            salida += ALFABETO[pos]

        # Si hay un espacio u otro carácter no
        # alfabético lo añade a la cadena sin tocar
        else:
            salida += simbolo

    # Imprime en pantalla el resultado completo
    print('Clave %d: %s' % (clave, salida))
```

Como observas, el programa presenta gran similitud con el que hicimos para cifrar o descifrar un mensaje con la cifra César, lo cual es lógico, ya que este realiza las mismas operaciones para obtener la clave.

Cuando ejecutes el programa, lo primero que te pedirá es que introduzcas un criptograma (obtenido de un mensaje en texto llano cifrado mediante la cifra César, claro está). Puedes probar con el criptograma PDEL NTQCL PD EZELWXPYEP TYDPRFCL:

```
Criptograma: PDEL NTQCL PD EZELWXPYEP TYDPRFCL
Clave  1: OCDK MSPBK OC DYDKVWOXDO SXCOQEBK
Clave  2: NBCJ LROAJ NB CXCJUVNWCN RWBNPDAJ
Clave  3: MABI KQNZI MA BWBITUMVBM QVAMOCZI
Clave  4: LZAH JPMYH LZ AVAHSTLUAL PUZLNBYH
Clave  5: KYZG IOLXG KY ZUZGRSKTZK OTYKMAXG
Clave  6: JXYF HNKWF JX YTYFQRJSYJ NSXJLZWF
Clave  7: IWXE GMJVE IW XSXEPQIRXI MRWIKYVE
Clave  8: HVWD FLIUD HV WRWDOPHQWH LQVHJXUD
Clave  9: GUVC EKHTC GU VQVCNOGPVG KPUGIWTC
Clave  10: FTUB DJGSB FT UPUBMNFOUF JOTFHVSB
Clave  11: ESTA CIFRA ES TOTALMENTE INSEGURA
Clave  12: DRSZ BHEQZ DR SNSZKLDMSD HMRDFTQZ
Clave  13: CQRY AGDPY CQ RMRYJKCLRC GLQCESPY
Clave  14: BPQX ZFCOX BP QLQXIJBKQB FKPBDROX
Clave  15: AOPW YEBNW AO PKPWHIAJPA EJOACQNW
Clave  16: ZNOV XDAMV ZN OJOVGHZIOZ DINZBPMV
Clave  17: YMNU WCZLU YM NINUFGYHNY CHMYAOLU
Clave  18: XLMT VBYKT XL MHMTEFXGMX BGLXZNKT
Clave  19: WKLS UAXJS WK LGLSDEWFLW AFKWYMJS
Clave  20: VJKR TZWIR VJ KFKRCDVEKV ZEJVXLIR
Clave  21: UIJQ SYVHQ UI JEJQBCUDJU YDIUWKHQ
Clave  22: THIP RXUGP TH IDIPABTCIT XCHTVJGP
Clave  23: SGHO QWTFO SG HCHOZASBHS WBGSUIFO
Clave  24: RFGN PVSEN RF GBGNYZRAGR VAFRTHEN
Clave  25: QEFM OURDM QE FAFMXYQZFQ UZEQSGDM
```

Basta con leer por encima las salidas generadas por el programa para darse cuenta de que solo la clave 11 produce un texto llano con sentido en castellano. De modo que el objetivo se ha cumplido: obtener la clave probando todo el espacio de claves y acceder al contenido.

### 6.1.2 Cómo funciona el programa

```
# Recupera la clave de una cifra César por fuerza
bruta

ALFABETO = 'ABCDEFGHIJKLMNOPQRSTUVWXYZ'

# Almacena el criptograma
criptograma  = input('Criptograma: ')
```

Nada más ejecutar el programa nos solicitará que se le introduzca el criptograma que se desea analizar, que se almacenará en la variable `criptograma`.

La constante `ALFABETO` contiene todos los símbolos que podrán descifrarse y, lógicamente, deberán ser los mismos que los que utilizamos para obtener el mensaje cifrado en el programa *cesar.py*.

### 6.1.2.1 EL TIPO `RANGE()`

```
8. # Recorre una a una todas las claves (1-25)
9. for clave in range(1,len(ALFABETO)):
```

La línea 9 es un bucle **`for`** que no itera directamente sobre una cadena, sino sobre el resultado devuelto por la llamada a la función integrada `range()`. Es la función que se emplea por excelencia para iterar sobre una secuencia de números, pues recibe un argumento entero y devuelve una sucesión numérica. Puede invocarse con uno, dos o tres argumentos:

```
>>> list(range(10))
[0, 1, 2, 3, 4, 5, 6, 7, 8, 9]
```

La llamada `range(n)` devuelve un tipo rango entre `0` y `n - 1` que nos permitiría realizar iteraciones en un bucle, como en el siguiente ejemplo:

```
>>> for i in range(5):
    print(i,'^2','=',i**2)
0 ^2 = 0
1 ^2 = 1
2 ^2 = 4
3 ^2 = 9
4 ^2 = 16
```

Asimismo, también es posible llamar a la función con dos argumentos enteros: el inicio y el fin de la serie numérica. Recuerda que el último número no está incluido en la serie:

```
>>> list(range(3,7))
[3, 4, 5, 6]
>>>
```

También es posible pasarle tres argumentos para indicarle el paso entre dígito y dígito. Por ejemplo, para obtener los números impares entre 7 y 25, escribiríamos:

```
>>> list(range(7,25,2))
[7, 9, 11, 13, 15, 17, 19, 21, 23]
```

La línea 9, por tanto, es un bucle que irá asignando sucesivamente a la variable `clave` los valores desde `1` hasta `len(ALFABETO) - 1`. Asumimos que el valor `0` como clave no tiene sentido, pues el texto llano coincidiría con el criptograma. Asimismo, en vez de introducir el valor `26` directamente en la función `range`, hemos preferido hacerlo mediante el valor que devuelve la función `len(ALFABETO)`. De este modo, si se modifica el número de símbolos en el alfabeto, el programa seguiría funcionando.

Cuando se ejecuta por primera vez la instrucción del bucle, `clave` adopta el valor `1` y el criptograma se descifrará con dicho valor. En la segunda iteración del bucle la clave adoptará el valor `2` y se volverá a descifrar el criptograma y así sucesivamente hasta llegar a la última clave, que es el valor `25`.

```
 8. # Recorre una a una todas las claves (1-25)
 9. for clave in range(1,len(ALFABETO)):
10.
11.     # Almacena la cadena descifrada
12.     salida = ''
```

En la línea 12 se define la variable `salida` como una cadena vacía. Durante las siguientes líneas el código del programa irá añadiendo carácter a carácter el texto descifrado con la clave correspondiente. Es muy importante que reiniciemos la cadena con cada iteración, por eso se ha situado al comienzo del cuerpo del bucle. En caso contrario se iría añadiendo el texto descifrado de una iteración con el de la siguiente

```
13.     for simbolo in criptograma:
14.         if simbolo in ALFABETO:
15.             pos = ALFABETO.find(simbolo)
16.             # Descifra el carácter
17.             pos = (pos - clave) % len(ALFABETO)
18.
19.             # Añade el símbolo descifrado a la
        cadena
20.             salida += ALFABETO[pos]
21.
22.         # Si hay un espacio u otro carácter no
23.         # alfabético lo añade a la cadena sin tocar
24.         else:
25.             salida += simbolo
```

Las líneas 13 a 25 son prácticamente idénticas a las que aparecen en el programa *cesar.py*. La razón es sencilla, pues hacen en esencia lo mismo: descifrar un criptograma obtenido mediante una cifra César.

En cada iteración se recorre cada carácter de la cadena almacenada en la variable criptograma y se comprueba en la línea 14 si ese carácter es una de las letras mayúsculas del alfabeto. Si es así localiza mediante el método `find()` en qué posición de la constante ALFABETO se encuentra y se almacena en la variable pos de la línea 15. Por último, en la línea 17, se halla la letra que le corresponde al carácter en el alfabeto llano y se añade a la cadena de salida en la línea 20.

Si el programa se encuentra con un carácter que no se halle definido en la constante ALFABETO, la condición de la línea 14 será `False` y el programa saltará directamente a la línea 24 y el símbolo se añade sin modificar.

### 6.1.2.2 FORMATO DE CADENAS

```
27.     # Imprime en pantalla el resultado completo
28.     print('Clave %d: %s' % (clave, salida))
```

Aunque la línea 28 es la única función `print()` de nuestro programa, imprimirá 25 líneas en pantalla, una por cada iteración del bucle **`for`** de la línea 13.

El argumento de `print()` es algo que no habíamos usado antes y que conocemos como **formato de cadenas**. Python 3 sigue usando un estilo de formato de cadenas parecido al del lenguaje C para crear nuevas cadenas. El operador `%` se emplea para dar formato y fijar las variables encerradas en una tupla, junto con una cadena con formato, la cual contiene el texto literal y los argumentos especificados, como los símbolos especiales `%s`, `%d` y `%f`, según se trate de cadenas, números enteros o en coma flotante, respectivamente.

Abre el entorno interactivo de Python y escribe el siguiente ejemplo:

```
>>> print('Artículo: %s, Precio unitario: %6.2f, Stock:
%d' % ('HDD', 99.87, 23))
Artículo: HDD, Precio unitario: 99.87, Stock: 23
>>>
```

A la izquierda del operador `%` se encuentra la **cadena con formato** y a la derecha, una **tupla** con el contenido, que se interpola en la cadena con formato. Los valores pueden ser literales, variables o expresiones aritméticas arbitrarias.

> **NOTA**
> Una **tupla** es una lista inmutable y se define del mismo modo que esta, salvo que el conjunto se encierra entre paréntesis en lugar de entre corchetes. Los elementos de una tupla tienen un orden definido y su primer índice es 0, como en las listas.

La cadena con formato contiene los **marcadores de posición**. Son tres en nuestro ejemplo: `%s`, `%6.2f` y `%d`. El primero es una descripción de formato para una cadena (`s` de *string*), que se sustituye en el ejemplo por `HDD`. El segundo, `%6.2f`, es una descripción de formato para un número en coma flotante (`f` de float). Tras el operador `%` se indica el número total de dígitos que contendrá la cadena incluyendo el punto decimal (6) y el número de decimales con el que se mostrará (2). El tercer marcador de posición, `%d`, se emplea para números enteros, que en nuestro ejemplo se sustituye por `23`.

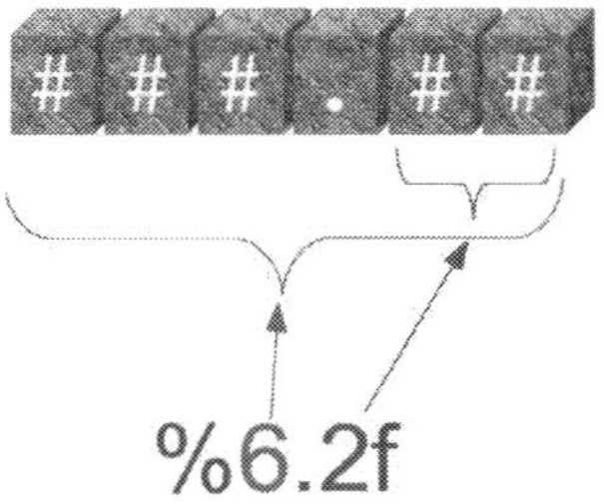


**Figura 6.1.** Significado de un marcador para un número en coma flotante

La línea 28 del programa usa la interpolación para crear una cadena que muestre la pareja de valores de las variables `clave` y `salida`. Ten presente que la clave es un número entero y la salida un texto, por eso se han empleado, respectivamente, los marcadores `%d` y `%s`.

## 6.2 RESUMEN

En este capítulo hemos estudiado una técnica no muy refinada, pero sí efectiva, para desvelar el texto plano que se esconde tras un criptograma: el **ataque de fuerza bruta**. Consiste en encontrar la clave probando todas las combinaciones posibles hasta encontrar aquella que permita recuperar el texto plano. Es una técnica muy efectiva cuando el **espacio de claves** de la cifra es computacionalmente asequible.

Para poner de manifiesto la efectividad del ataque hemos implementado un programa para hallar la clave utilizada en el cifrado de un texto mediante la cifra César. En pocos segundos el criptoanalista encontrará el único texto con sentido en el idioma en que se ha escrito. Lógicamente, cuanto mayor sea el espacio de claves, más tiempo le llevará a un ordenador ejecutar este ataque y más seguros serán nuestros mensajes.

Por último, has estudiado el tipo `range`, una función integrada en Python que se emplea a menudo para iterar sobre una secuencia de números y la **interpolación de cadenas**, con la que conseguimos presentar los datos en pantalla de una manera mucho más elegante.

## 6.3 EVALUACIÓN

1. Responde a las siguientes cuestiones:
   - ¿Qué es un ataque de fuerza bruta?
   - ¿A qué llamamos espacio de claves?
   - ¿Cuál sería el espacio de claves de un criptosistema que emplea una clave de cuatro números?
   - ¿Para qué se emplea fundamentalmente el tipo `range()`?
   - ¿Cuál es el operador que se utiliza para interpolar o formatear cadenas?

## 6.4 EJERCICIOS PROPUESTOS

1. Utiliza el programa creado en este capítulo para hallar la clave de la cifra César con la que se han obtenido los siguientes criptogramas:
   - JQ UWTLWJXT YJHSTQTLNHT XTQT STX MF UWTANXYT IJ RJINTX RFX JKNHNJSYJX UFWF NW MFHNF FYWFX
   - OH ILXYHUXIL YM WIGI OHU VCWCWFYNU JULU HOYMNLUM GYHNYM
   - RY FNOVB CHRQR FRAGNEFR RA HA UBEZVTHREB CREB FBYB RY ARPVB FR DHRQN FRAGNQB RA RY
2. Indica qué imprimen las siguientes instrucciones:
   - `print('%.3s' % 'Python')`
   - `print('%.4f' % math.pi)`
   - `print('%.2e' % 247.431)`
   - `print('%d = %X' % (245, 245))`
   - `print('%d' % -123.6)`

# 7

# CIFRADO POR TRANSPOSICIÓN

Los métodos criptográficos, como ya conocemos, se clasifican en dos grandes técnicas de transformación del texto plano: los métodos de sustitución y los de transposición (Bauer, 2000).

Acabamos de estudiar en profundidad en los dos capítulos anteriores la cifra César y cómo romperla en un instante empleando el ordenador. Su debilidad estriba en su reducido espacio de claves, lo que permite efectuar un ataque de fuerza bruta en un tiempo y con un coste muy reducido.

El cifrado por transposición es otra de las técnicas básicas de criptografía. Consiste en intercambiar la posición de las letras de un mensaje siguiendo un algoritmo conocido. En mensajes cortos, como en el caso de una única palabra, este método no es seguro porque existen pocas maneras de variar la distribución de las letras (Bard, 2009). Por ejemplo, una palabra de tres letras solo puede asumir seis formas diferentes ($3! = 6$). Obviamente, a medida que el número de letras aumenta, la cantidad de permutaciones se multiplica rápidamente y es casi imposible obtener el texto original si no se conoce el algoritmo seguido. Por ejemplo, una frase de 35 letras puede asumir 35! anagramas diferentes y eso supone un espacio de claves casi idéntico al de una llave de 128 bit. Una transposición aleatoria, por tanto, parece ofrecer un alto nivel de seguridad, pero hay un inconveniente: también es aleatoria para el destinatario, que no sabría cómo descifrar el mensaje sin conocer el algoritmo. Así pues, el espacio de claves y la seguridad disminuyen al carecer de aleatoriedad (Bard, 2009).

Los sistemas de transposición, usados aisladamente, poseen un grado de seguridad muy bajo, pero pueden ser muy útiles cuando se emplean en combinación con otras técnicas criptográficas (Biham, 2012).

En este capítulo vamos a estudiar el método más sencillo de permutación: la **transposición columnar**.

## 7.1 TRANSPOSICIÓN COLUMNAR SIMPLE

Los métodos criptográficos por transposición ya no sustituyen los símbolos de un mensaje por otros, sino que los mezclan en un orden que hace que el mensaje original ya no sea comprensible. Una técnica de permutación muy empleada antiguamente es la conocida como **transposición columnar**. Para emplearlo se debe escribir el texto de izquierda a derecha y de arriba abajo en una tabla con un número de columnas acordado previamente entre emisor y receptor. Cada letra se sitúa en una celda de la tabla hasta agotar el texto. Finalmente, el texto cifrado se obtiene escribiendo las letras por columnas, desde la primera hasta la última. Veamos un ejemplo. Cifremos con siete columnas el mensaje "*El arte de la medicina consiste en entretener al paciente mientras la naturaleza cura la enfermedad.*"

El primer paso es dibujar una tabla con siete columnas, que será el tamaño de la clave. A continuación, se comienza a escribir el mensaje, sin espacios, y fila por fila hasta acabar el texto.

| | | | | | | |
|---|---|---|---|---|---|---|
| E | L | A | R | T | E | D |
| E | L | A | M | E | D | I |
| C | I | N | A | C | O | N |
| S | I | S | T | E | E | N |
| E | N | T | R | E | T | E |
| N | E | R | A | L | P | A |
| C | I | E | N | T | E | M |
| I | E | N | T | R | A | S |
| L | A | N | A | T | U | R |
| A | L | E | Z | A | C | U |
| R | A | L | A | E | N | F |
| E | R | M | E | D | A | D |

Ahora se copian las letras por columnas, de izquierda a derecha, con lo que el criptograma quedaría así: EECSENCILARE LLIINEIEALAR AANSTRENNELM RMATRANTAZAE TECEELTRTAED EDOETPEAUCNA DINNEAMSRUFD. Lógicamente, dejarlo de esta forma daría la pista de la clave empleada, por eso se suelen agrupar los caracteres en grupos de cinco: EECSE NCILA RELLI INEIE ALARA ANSTR ENNEL MRMAT RANTA ZAETE CEELT RTAED EDOET PEAUC NADIN NEAMS RUFD.

Cifrar con lápiz y papel involucra mucho trabajo y es muy fácil cometer errores, por ello los ordenadores nos resultan esenciales a la hora de implementar tediosos métodos criptográficos. Nos ahorran tiempo y no cometen errores, salvo que el programador no haya hecho bien su trabajo.

### 7.1.1 El código fuente

Abre el entorno interactivo de Python y haz clic en el menú **File ▶ New File** para abrir una ventana del editor. Escribe el siguiente código fuente, guárdalo como *transColumCif.py* y pulsa **F5** para ejecutarlo:

```
# Cifrador transposición columnar simple

import pyperclip

def main():
  mensaje = input('Introduce el mensaje: ')
    clave = int(input('y la clave numérica: '))
    mensaje = eliminar_espacios(mensaje)

    criptograma = salida(cifrar(mensaje, clave))

    # Imprime en pantalla el criptograma
    print(criptograma.upper())
    # Y lo copia al portapepeles
    pyperclip.copy(criptograma)


# Elimina espacios en blanco en el mensaje
def eliminar_espacios(mensaje):
    mensaje_nuevo = ''
    for simbolo in mensaje:
        if simbolo != ' ':
            mensaje_nuevo += simbolo
    return mensaje_nuevo


# Agrupa las letras en grupos de 5
def salida(criptograma):
    BLOQUE = 5
    texto = ''
    for i in range(len(criptograma)):
        if (i+1) % BLOQUE != 0:
            texto += criptograma[i]
        else:
            texto += criptograma[i]+' '
    return texto


def cifrar(mensaje, clave):
```

```
    # Cada cadena del criptograma es una
    # columna de la lista
    criptograma = [''] * clave

    # Recorremos cada columna de la tabla
    for col in range(clave):
        pos = col

        # En cada columna añadimos las letras hasta
        # que pos sobrepase la longitud del mensaje
        while pos < len(mensaje):
            criptograma[col] += mensaje[pos]

            # desplazamos la posición
            pos += clave

    # Convertimos la lista en una única cadena
    return ''.join(criptograma)

# Si se ejecuta el programa (en vez de importarse)
# llama a la función main() inmediatamente
if __name__ == '__main__':
    main()
```

Cuando ejecutes el programa, este te solicitará que introduzcas el mensaje que quieres cifrar y la clave numérica, es decir, el número de columnas que utilizará el método de transposición. Cuando pulses la tecla Enter, verás el criptograma dividido en bloques de cinco letras.

## 7.1.2 Cómo funciona el programa

```
# Cifrador transposición columnar simple

import pyperclip
```

El programa, como ya hicimos en los anteriores, copiará al portapapeles el criptograma obtenido, por lo que lo primero es importar el módulo *pyperclip* para poder llamar a la función `pyperclip.copy()` definida en el mismo.

### 7.1.2.1 FUNCIONES DEFINIDAS POR EL USUARIO

```
def main():
    mensaje = input('Introduce el mensaje: ')
    clave = int(input('y la clave numérica: '))
```

En programación, una **función** es un grupo de instrucciones con un objetivo dado y que se ejecuta al ser invocada. Una función puede llamarse múltiples veces e incluso llamarse a sí misma. Cuando se invoca una función, el flujo de programa se deriva al código presente en el interior de aquella y devuelve un valor –si es que lo hace– antes de transferir de nuevo el flujo a la siguiente línea que la llamó.

En Python, la definición de funciones se realiza mediante la instrucción `def` más un nombre de función descriptivo –para el que se aplican las mismas reglas que para el nombre de las variables– seguido de los paréntesis de apertura y cierre. Como toda estructura de control la definición de la función finaliza con dos puntos (`:`) y el algoritmo que la compone, que irá sangrado con cuatro espacios.

Abre un nuevo fichero en el editor y escribe lo siguiente:

```
1. def hola():
2.     nombre = input('¿Cómo te llamas?: ')
3.     print ('Hola',nombre)
4.
5.
6. hola()
```

Guarda el programa con el nombre *hola.py* y ejecútalo con **F5**. La salida será semejante a esta:

```
¿Cómo te llamas?: David
Hola David
>>>
```

Al ejecutar el programa *hola.py* lo primero que se encuentra es con la definición de la función en la línea 1, por lo que su bloque se ignora hasta que la función sea invocada, lo que ocurre en la línea 6. En este momento, el flujo de programa se deriva a la primera línea del bloque definido en la función `hola()`, la línea 2. La función solicita entones nuestro nombre e imprime el resultado en pantalla.

Cuando el programa alcanza el final de la función (línea 3), el flujo de programa se devuelve a la línea inmediatamente posterior a la que le llamó y, como ya no hay más instrucciones, el programa finaliza.

En este ejemplo la función no devolvía ningún valor, pero también es posible definir funciones que retornen datos, incluso esta misma. Abre el programa *hola.py* y modifica el código fuente para que sea como este:

```
def hola():
    nombre = input('¿Cómo te llamas?: ')
```

```
3.      return nombre
4.
5.
6. saludo = hola()
7. print ('Hola', saludo)
```

Al ejecutar el programa observarás que su comportamiento es exactamente el mismo que el anterior, lo único que ha cambiado es que la función devuelve un valor tras su invocación. Cuando en la línea 6 se llama a la función `hola()`, el flujo se dirige hacia la primera línea del bloque definido por la función y nos solicita en la línea 2 nuestro nombre, que se almacena en la variable local homónima. En la siguiente línea se devuelve el contenido de esta variable, `David` en el ejemplo, al programa principal y se le asigna como contenido a la variable global `saludo`. Por último, se imprime el resultado por pantalla.

**NOTA**
Cuando una función devuelve un dato, este puede ser asignado a una variable.

Volvamos ahora al código fuente de nuestro programa de cifrado:

```
5. def main():
6.     mensaje = input('Introduce el mensaje: ')
7.     clave = int(input('y la clave numérica: '))
8.     mensaje = eliminar_espacios(mensaje)
```

La primera función que hemos definido en el programa, y que aparecerá de ahora en adelante en todos ellos, lleva por nombre `main()` y se invocará siempre al comienzo del código, como explicaremos algo más adelante.

Las líneas 6 y 7 almacenarán en las variables `mensaje` y `clave` el contenido del texto plano introducido por el usuario y la clave numérica –el número de columnas– seleccionadas por el emisor, respectivamente.

La línea 8 asigna a la variable `mensaje` el valor devuelto por la función `eliminar_espacios(mensaje)`. Esta función, que definimos en la línea 19, toma como argumento el texto claro introducido por el usuario y devuelve la misma cadena sin espacios entre palabras.

```
10.     criptograma = salida(cifrar(mensaje, clave))
```

En la línea 10 del programa aparecen llamadas a otras dos funciones: `cifrar(mensaje, clave)` y `salida(criptograma)`. La primera función, definida en la línea 39, recibe como parámetros la clave y el mensaje sin espacios y devuelve una cadena con el contenido del mensaje cifrado. Observa que cuando se pasan múltiples argumentos a una función, estos se separan por comas. El criptograma resultante será el argumento que toma la función `salida()`, definida en la línea 28, para devolver el resultado final como grupos de cinco caracteres, contenido que se asignará a la variable `criptograma`.

```
12.     # Imprime en pantalla el criptograma
13.     print(criptograma.upper())
14.     # Y lo copia al portapepeles
15.     pyperclip.copy(criptograma)
```

Por último, el criptograma se imprime en mayúsculas en pantalla en la línea 13 y se copia al portapapeles en la línea 15. Esta línea, además, es la última de la función `main()`. Tras su ejecución, el flujo del programa regresará al final de la línea 62, que es quien llamó a la función por primera vez y, como esta es la última línea del código fuente, el programa finalizará.

### 7.1.2.2 PARÁMETROS DE FUNCIONES

```
8.     mensaje = eliminar_espacios(mensaje)
```

Un **parámetro** es un valor que la función espera recibir cuando sea llamada, a fin de utilizarlos por esta, dentro de su algoritmo, a modo de variables de **ámbito local**. Es decir, que los parámetros serán variables a las cuales solo la función podrá acceder. Una función puede esperar uno o más parámetros, que irán separados por una coma, o ninguno.

Cuando la función `eliminar_espacios()` se invoca desde la línea 8 del programa, se le pasa un único argumento: la cadena `mensaje`, que contiene el texto claro introducido por el usuario. Este argumento se le asigna como parámetro a la misma función cuando el flujo del programa se mueve a la cabecera de la función en la línea 19.

**NOTA**

Un **parámetro** es el nombre de la variable que aparece entre los paréntesis en la definición de la función. Un **argumento**, por el contrario, es el valor que se le pasa entre paréntesis a la función cuando esta es invocada.

Si se intenta llamar a una función con un número de argumentos diferentes al de parámetros para la que ha sido definida, Python lanzará un error. Teclea las siguientes líneas en el IDLE de Python:

```
>>> len('Hola', 'Mundo')
Traceback (most recent call last):
  File "<pyshell#1>", line 1, in <module>
    len('Hola', 'Mundo')
TypeError: len() takes exactly one argument (2 given)
>>> len()
Traceback (most recent call last):
  File "<pyshell#2>", line 1, in <module>
    len()
TypeError: len() takes exactly one argument (0 given)
>>>
```

Como la función `len()` está definida para un único parámetro, en ambos casos se muestra un error: en el primero por invocarla con un exceso de argumentos, y el segundo por hacerlo con menos de los necesarios.

Otro aspecto muy importante en Python es que cualquier cambio que se produzca en un parámetro solo tendrá consecuencias dentro de la misma función.

Mira el siguiente programa, que define y después invoca a una función llamada `prueba()`:

```
1. def prueba(mensaje):
2.     mensaje += ' David'
3.     print ('En la función, mensaje es: ', mensaje)
4.     return mensaje
5.
6.
7. mensaje = 'Hola'
8. prueba(mensaje)
9. print('En el programa, mensaje es: ', mensaje)
```

Cuando ejecutes el programa, la llamada a la función `print()` en la última línea imprimirá: `'En el programa, mensaje es: Hola'`, aunque su contenido se ha modificado previamente en la llamada a la función `prueba()` en la línea 8. Cuando se invoca a esta función con el argumento `mensaje`, la variable mensaje no se envía a la función, sino una copia de la misma, que se asigna al parámetro `mensaje`. Cualquier cambio en esta variable en el interior de la función, como ocurre en la línea 2, no modificará el valor en la variable en el programa principal, como observas en la salida siguiente:

```
En la función, mensaje es: Hola David
En el programa, mensaje es: Hola
>>>
```

Los **parámetros** que una función espera, serán utilizados por ésta, dentro de su algoritmo, a modo de **variables de ámbito local**. Es decir, que los parámetros serán **variables locales**, a las cuáles solo la función podrá acceder. Si quisiéramos hacer uso de esas variables locales fuera de la función obtendríamos un error.

Observa este programa:

```
1. def cuadrado(numero):
2.     resultado = numero * numero
3.     return resultado
4.
5.
6. cuadrado(3)
7. print(resultado)
```

Cuando lo ejecutes, la llamada a la función `print()` en la línea 7 provocará un error, pues la variable `resultado` no está definida nada más que localmente para la función `cuadrado()`:

```
Traceback (most recent call last):
  File "C:/Users/David/Desktop/prueba.py", line 7, in <modle>
    print(resultado)
NameError: name 'resultado' is not defined
>>>
```

**NOTA**

Los **parámetros** y **variables** utilizados en el cuerpo de una función son de ámbito local, es decir, solo son accesibles por parte de la propia función.

Si se necesita que una variable utilizada en el interior de una función tenga un **ámbito global**, es decir, que pueda accederse a aquella en cualquier punto del programa, ha de emplearse la sentencia **`global`** antes del nombre de la variable en la primera línea del cuerpo de la función:

```
def f():
    global s
    s = "Ahora soy global"
```

```
4.
5.
6. f()
7. print (s)
```

La variable `s` en la función `f()` se declara como **`global`**, por lo que es accesible por la función `print()` en la línea 7 del programa y puede mostrar su contenido en pantalla:

```
Ahora soy global
>>>
```

Si eliminas la línea 2 y vuelves a ejecutar el programa, obtendrás de nuevo un error, ya que `s` sería inalcanzable para la función `print()`.

Regresemos de nuevo al código fuente de nuestro programa *transColumCif.py*:

```
18. # Elimina espacios en blanco en el mensaje
19. def eliminar_espacios(mensaje):
20.     mensaje_nuevo = ''
21.     for simbolo in mensaje:
22.         if simbolo != ' ':
23.             mensaje_nuevo += simbolo
24.     return mensaje_nuevo
```

Tras haber introducido por teclado el texto claro, consecuencia de la ejecución de la línea 6, el programa invoca a la función `eliminar_espacios()` para quitar todos los espacios en blanco entre las palabras del texto. En este momento el flujo del programa se dirige a la línea 19. Allí, la función recibe una copia del mensaje como parámetro y se define una variable local llamada `mensaje_nuevo` que, inicialmente, está vacía (línea 20).

En la línea 21 introducimos un bucle **`for`** para recorrer, uno a uno, todos los símbolos del mensaje. Si el símbolo no es un espacio, le añadimos a la variable local `mensaje_nuevo` (línea 23), en caso contrario, lo obviamos y saltamos al símbolo siguiente.

En la línea 24, cuando el bucle ha llegado al último carácter, se devuelve el mensaje, sin espacios, a la línea que llamó a la función y se asigna su contenido a la variable global `mensaje` (línea 8).

Para ver el funcionamiento de la función, abre desde el intérprete un nuevo fichero en el editor (Ctrl + N) y escribe lo siguiente:

```
mensaje = 'En un lugar de la Mancha...'
mensaje_nuevo = ''
for simbolo in mensaje:
    if simbolo != ' ':
        mensaje_nuevo += simbolo
print(mensaje_nuevo)
```

Guárdalo con el nombre *eliminarEspacios.py* y ejecútalo. Observa cómo el programa ha juntado todas las palabras quitando los espacios entre ellas:

```
EnunlugardelaMancha...
```

A continuación, una vez que hemos obtenido el texto sin espacios, nuestro programa realiza una doble llamada a dos funciones: `cifrar()` y `salida()`:

```
 9.
10.     criptograma = salida(cifrar(mensaje, clave))
```

Las funciones de la línea 10 se dice que están anidadas y se ejecutan siempre desde dentro hacia fuera, es decir, en primer lugar se invoca a la función `cifrar()` con dos argumentos: el texto claro sin espacios y la clave numérica que indica el número de columnas de la matriz de transposición. Esta función devolverá, como veremos en breve, el texto cifrado, que se pasará como argumento a la función `salida()`.

```
def cifrar(mensaje, clave):
    # Cada cadena del criptograma es una
    # columna de la lista
    criptograma = [''] * clave

    # Recorremos cada columna de la tabla
    for col in range(clave):
        pos = col

        # En cada columna añadimos las letras hasta
        # que pos sobrepase la longitud del mensaje
        while pos < len(mensaje):
            criptograma[col] += mensaje[pos]

            # desplazamos la posición
            pos += clave

    # Convertimos la lista en una única cadena
    return ''.join(criptograma)
```

La llamada a la función `cifrar()` deriva el flujo del programa a la línea 39, en la que se define la función principal. Es esta la que implementa el algoritmo de transposición que permite obtener el criptograma.

#### 7.1.2.3 EL ALGORITMO DE TRANSPOSICIÓN

Al principio del capítulo presentamos cómo cifrar con lápiz y papel el texto "*El arte de la medicina consiste en entretener al paciente mientras la naturaleza cura la enfermedad*" empleando una transposición columnar simple con clave 7. Ahora necesitamos trasladar los pasos que dimos a Python.

Si completamos la matriz con el texto, anotando cada una de las letras en una celda, quedaría así:

| | | | | | | |
|---|---|---|---|---|---|---|
| E | L | A | R | T | E | D |
| E | L | A | M | E | D | I |
| C | I | N | A | C | O | N |
| S | I | S | T | E | E | N |
| E | N | T | R | E | T | E |
| N | E | R | A | L | P | A |
| C | I | E | N | T | E | M |
| I | E | N | T | R | A | S |
| L | A | N | A | T | U | R |
| A | L | E | Z | A | C | U |
| R | A | L | A | E | N | F |
| E | R | M | E | D | A | D |

Añadamos ahora los índices de cada letra de la cadena a un fragmento de nuestro mensaje:

| | | | | | | |
|---|---|---|---|---|---|---|
| E<br>0 | L<br>1 | A<br>2 | R<br>3 | T<br>4 | E<br>5 | D<br>6 |
| E<br>7 | L<br>8 | A<br>9 | M<br>10 | E<br>11 | D<br>12 | I<br>13 |
| C<br>14 | I<br>15 | N<br>16 | A<br>17 | C<br>18 | O<br>19 | N<br>20 |
| S<br>21 | I<br>22 | S<br>23 | T<br>24 | E<br>25 | | |

Podrás observar cómo en la primera columna del fragmento elegido están las letras de índices `0`, `7`, `14` y `21` (que son `E`, `E`, `C` y `S`). La siguiente columna tiene los caracteres de índices `1`, `8`, `15` y `22` (que son `L`, `L`, `I` e `I`) y así, sucesivamente. Por tanto, hay un patrón: la columna `n` tendrá las letras de los índices `0 + n`, `7 + n`, `14 + n` y `21 + n`. Esto es válido, claro está, mientras no se supere la longitud total del mensaje:

| | | | | | | |
|---|---|---|---|---|---|---|
| E<br>0+0=0 | L<br>1+0=1 | A<br>2+0=2 | R<br>3+0=3 | T<br>4+0=4 | E<br>5+0=5 | D<br>6+0=6 |
| E<br>0+7=7 | L<br>1+7=8 | A<br>2+7=9 | M<br>3+7=10 | E<br>4+7=11 | D<br>5+7=12 | I<br>6+7=13 |
| C<br>0+14=14 | I<br>1+14=15 | N<br>2+14=16 | A<br>3+14=17 | C<br>4+14=18 | O<br>5+14=19 | N<br>6+14=20 |
| S<br>0+21=21 | I<br>1+21=22 | S<br>2+21=23 | T<br>3+21=24 | E<br>4+21=25 | | |

Así pues, las letras de cada columna se obtienen sumando 7, que es la longitud de la clave en el ejemplo, al índice de la letra anterior de la columna. Dicho de otro modo, si `n` es el número de columna, las letras que contendrá serán las que tengan por índices: `n`, `n + 7`, `n + 14`, `n + 21`, `n + 29`,..., mientras que el índice sea inferior a la longitud total del mensaje. En caso contrario, nos movemos a la siguiente columna.

Si nos imaginamos una lista de 7 cadenas en la que el contenido de cada una estuviera formado por los caracteres de su columna, la lista sería la siguiente para este ejemplo:

```
['eecs', 'llii', 'aans', 'rmat', 'tece', 'edo', 'din']
```

Esta es, precisamente, la forma en la que vamos a simular en Python la disposición de celdas en la matriz. En primer lugar, crearemos una lista, `criptograma`, con tantas cadenas vacías como indique el número de la clave. Cada cadena representará así una columna de la matriz:

```
42.     criptograma = [''] * clave
```

Como el número de columnas es igual a la clave, podemos usar la replicación de listas para multiplicar una lista con una única cadena vacía por el valor de la clave, como recoge la línea 42.

```
44.     # Recorremos cada columna de la tabla
45.     for col in range(clave):
46.         pos = col
```

El siguiente paso es añadir el texto a cada cadena de la variable `criptograma`. El bucle **`for`** de la línea 45 recorrerá una a una las columnas de la tabla y en todo momento la variable `col` poseerá el índice correcto de cada columna.

La variable `col` se iniciará con el índice `0` en la primera iteración del bucle, continuará con `1` en la segunda y así hasta alcanzar el valor `clave - 1`. Así pues, el contenido de `criptograma[col]` será la cadena de la columna que tiene por índice `col`.

Mientras, la variable `pos` se usará como índice del valor de la cadena en la variable `mensaje`. En cada iteración la variable `pos` tendrá el mismo valor que `col`, como se muestra en la línea 46 con la asignación `pos = col`.

### el bucle while

```
50.         while pos < len(mensaje):
```

En la línea 50 nos encontramos con una nueva instrucción de control repetitiva: el bucle **`while`**. Esta sentencia se compone de tres partes:

1. La palabra reservada **`while`**.
2. La condición que se evalúa, terminada en dos puntos (**`:`**).
3. El cuerpo del bucle.

La estructura repetitiva **`for`** tiene la ventaja de que el programador sabe de antemano cuántas veces se deberá repetir el cuerpo del bucle. En muchas situaciones, sin embargo, no es posible determinar *a priori* el número de iteraciones que deberán realizarse. Entonces es cuando es necesario emplear un bucle **`while`**.

La ejecución de una estructura **`while`** comienza con la comprobación de la condición. Si es falsa, entonces se salta el cuerpo del bucle. Si la condición es verdadera, se ejecuta el cuerpo, se vuelve a comprobar la condición al finalizar, y así sucesivamente hasta salir del bucle.

La variable o variables que aparecen en la condición se suelen llamar **variables de control**. Las variables de control deben definirse antes del bucle y modificarse en el cuerpo del mismo, ya que, en caso contrario, si la condición es siempre verdadera, el bucle no terminaría nunca y se perdería el control del programa.

Veamos cómo funciona. Abre un nuevo fichero en el editor y copia el siguiente código:

```
numero = 2
```

```
2. while numero <= 10:
3.     print(numero)
4.     numero += 2
5. print('Fin')
```

En la primera línea hemos definido la variable de control del bucle, `numero`. Al llegar a la línea 2, se comprueba la condición `numero <= 10`, que resulta ser cierta, por lo que comienza a ejecutarse el cuerpo del bucle, se imprime el número `2` y se modifica la variable de control en la línea 4, que ahora vale `4`. De nuevo se vuelve a comprobar la condición, que otra vez es cierta y así, sucesivamente, hasta que la variable `numero` valga `12`. En ese momento, la condición es falsa y el programa salta a la línea 5 y acaba.

Efectivamente, si lo ejecutas, observarás la siguiente salida:

```
2
4
6
8
10
Fin
>>>
```

Ahora que ya sabes cómo trabaja el bucle **`while`**, volvamos de nuevo al código fuente:

```
50.         while pos < len(mensaje):
51.             criptograma[col] += mensaje[pos]
53.             # desplazamos la posición
54.             pos += clave
```

En nuestro programa, el bucle **`while`** se ha anidado con el bucle **`for`** definido en la línea 45, de modo que para cada columna podamos recorrer todo el mensaje seleccionando las letras cada `clave` caracteres. En la primera iteración el valor de `pos` es `0`, como el valor de `col`. Mientras `pos` sea inferior a la longitud de la cadena que forma el mensaje, iremos añadiendo el carácter `mensaje[pos]` al final de la cadena `criptograma[0]`. Con cada carácter seleccionado, Python suma el valor de la clave a la variable de control `pos` y vuelve a evaluarse la condición. Así pues, la primera vez que entra nuestro programa con `clave = 7` en el bucle **`while`**, selecciona las letras `mensaje[0]`, `mensaje [7]`, `mensaje[14]` y `mensaje[21]`, hasta finalizar la longitud del texto plano. Todas estas letras se concatenan para formar la cadena `criptograma[0]` (Figura 7.1).

| 1ª | | | | | | | 2ª | | | | | | | 3ª | | | | | | | 4ª | | | | |
|---|---|---|---|---|---|---|---|---|---|---|---|---|---|---|---|---|---|---|---|---|---|---|---|---|---|
| ↓ | | | | | | | ↓ | | | | | | | ↓ | | | | | | | ↓ | | | | |
| e | l | a | r | t | e | d | e | l | a | m | e | d | i | c | i | n | a | c | o | n | s | i | s | t | e |
| 0 | 1 | 2 | 3 | 4 | 5 | 6 | 7 | 8 | 9 | 10 | 11 | 12 | 13 | 14 | 15 | 16 | 17 | 18 | 19 | 20 | 21 | 22 | 23 | 24 | 25 |

**Figura 7.1.** Letras a las que se refiere mensaje[pos] en la primera iteración del bucle **for**

Cuando la condición de la línea 50 sea falsa, se sale del bucle **`while`** y comienza la siguiente iteración del bucle **`for`**, con la que `col = 1` y `pos = 1`. Ahora, cuando se entre en el bucle interior, se seleccionarán las letras `mensaje[1]`, `mensaje [8]`, `mensaje[15]` y `mensaje[22]`, que se concatenan para formar la cadena `criptograma[1]` (Figura 7.2).

| | 1ª | | | | | | | 2ª | | | | | | | 3ª | | | | | | | 4ª | | | |
|---|---|---|---|---|---|---|---|---|---|---|---|---|---|---|---|---|---|---|---|---|---|---|---|---|---|
| | ↓ | | | | | | | ↓ | | | | | | | ↓ | | | | | | | ↓ | | | |
| e | l | a | r | t | e | d | e | l | a | m | e | d | i | c | i | n | a | c | o | n | s | i | s | t | e |
| 0 | 1 | 2 | 3 | 4 | 5 | 6 | 7 | 8 | 9 | 10 | 11 | 12 | 13 | 14 | 15 | 16 | 17 | 18 | 19 | 20 | 21 | 22 | 23 | 24 | 25 |

**Figura 7.2.** Letras a las que hace referencia mensaje[pos] en la segunda iteración del bucle **for**

Una vez que el bucle **`for`** ha finalizado de recorrer todas las columnas, el valor de la lista `criptograma` será `['eecs', 'llii', 'aans', 'rmat', 'tece', 'edo', 'din']`.

Por último, emplearemos el método `join()` para convertir esta lista de cadenas en una única cadena.

### 7.1.2.4 EL MÉTODO JOIN()

```
56.     # Convertimos la lista en una única cadena
57.     return ''.join(criptograma)
```

El método `join()` se emplea para unir, mediante el separador deseado, las cadenas de una secuencia de cadenas. La sintaxis de este método es: `separador.join(secuencia)`. Como separador puede emplearse cualquier cadena, aunque es muy usual, como en este caso, utilizar una cadena vacía para que no haya ningún espacio entre las cadenas de la secuencia.

Abre una consola e introduce las siguientes instrucciones para ver el modo de funcionamiento este método:

```
>>> secuencia = ('1', '2', '3')
>>> '-'.join(secuencia)
'1-2-3'
>>> secuencia = ['a', 'b', 'c']
>>> ''.join(secuencia)
'abc'
```

De modo que el uso del método `join()` en la línea 57 de nuestro programa devolverá la cadena que conforma el criptograma, en nuestro ejemplo: `'eecslliiaansrmatteceedodin'`.

Recuerda que una llamada a una función o a un método siempre devuelve un valor. Cuando creamos nuestras propias funciones con la declaración **def**, es necesario emplear la sentencia **return** para devolver el resultado de la evaluación de aquellas.

```
10.     criptograma = salida(cifrar(mensaje, clave))
```

La función `cifrar()`, que es la principal de nuestro programa, devuelve con la sentencia **return** la cadena que contiene el criptograma obtenido por transposición columnar simple. Esta cadena, a su vez, se pasará en la línea 10 como argumento de la función `cifrar()`, que formateará el criptograma en grupos de cinco letras. De este modo, evitamos dar a conocer la clave empleada y se facilita mucho la lectura y escritura del criptograma, como ya vimos en el capítulo 2.

```
27. # Agrupa las letras en grupos de 5
28. def salida(criptograma):
29.     BLOQUE = 5
30.     texto = ''
31.     for i in range(len(criptograma)):
32.         if (i+1) % BLOQUE != 0:
33.             texto += criptograma[i]
34.         else:
35.             texto += criptograma[i]+' '
36.     return texto
```

La llamada a la función `salida()` dirige el flujo de programa a la línea 28. Esta función recibe como parámetro el criptograma devuelto por la función `cifrar()` y devolverá el texto cifrado que se imprimirá en pantalla como resultado de la ejecución del programa.

El funcionamiento es muy sencillo. En primer lugar, definimos en la línea 29 la constante `BLOQUE` con el tamaño deseado. En la línea siguiente creamos la variable texto como una cadena vacía para ir metiendo en ella los caracteres de la salida del programa. Entre las líneas 31 y 36 definimos el bucle con el que vamos a recorrer toda la cadena que forma el criptograma. Iremos añadiendo letras de una en una hasta tener un grupo de cinco. Como las cadenas comienzan en Python con el índice 0, los grupos terminan de formarse con los índices `4`, `9`, `14`, ... Ese el motivo por el que hay que sumar `1` al índice `i`. Si `i + 1` es múltiplo de 5, añadimos el carácter anterior y un espacio para terminar el grupo. En caso contrario, se siguen concatenando letras hasta encontrar un nuevo múltiplo.

Una vez finalizada la función, devuelve el criptograma formateado a la línea que la llamó y asigna su contenido a la variable `criptograma`. En el ejemplo que llevamos manejando a lo largo de la última parte del capítulo, el contenido final de la variable será: `'eecsl liiaa nsrma ttece edodi n'`.

```
12.     # Imprime en pantalla el criptograma
13.     print(criptograma.upper())
14.     # Y lo copia al portapepeles
15.     pyperclip.copy(criptograma)
```

Por último, en la línea 13, el programa imprime el criptograma en mayúsculas y en la línea 15 copia su contenido al portapapeles para poder emplearlo en cualquier otra aplicación.

#### 7.1.2.5 LA VARIABLE ESPECIAL __NAME__

```
# Si se ejecuta el programa (en vez de importarse)
# llama a la función main() inmediatamente
if __name__ == '__main__':
    main()
```

Para que un programa pueda usarse en Python como un módulo o ejecutarse de forma independiente, es recomendable que todo el código se escriba formando parte de funciones y métodos y que una de esa funciones sea `main()`.Todo el código que se escriba como cuerpo de esta función no se ejecuta cuando el programa se importa como un módulo.

Cuando se ejecuta un programa en Python existe una variable especial con el nombre `__name__` (con dos guiones bajos en los extremos) a la que se asigna la cadena `'__main__'`. Si en vez de ejecutarse se importa como un módulo por otro programa, esa cadena se sustituye por el nombre del módulo, en nuestro caso 'transColumCif'. Así es como se sabe si se está ejecutando como programa o ha sido importado como módulo por otro programa.

Del mismo modo que podemos importar el módulo pyperclip para llamar a las funciones definidas en el mismo, otros programas podrían hacer uso de nuestro programa como un módulo importando *transColumCif.py* para llamar a la función cifrar(). Cuando se ejecuta una declaración de importación, Python añade automáticamente la extensión *.py* al nombre del módulo para buscar el fichero correspondiente.

Veamos su funcionamiento. Abre un nuevo fichero en el editor y copia el siguiente código:

```
1. def main():
2.     resultado = suma(3,5)
3.     print (resultado)
4.
5.
6. def suma(a,b):
7.     return a + b
8.
9.
10. if __name__ == '__main__':
11.     main()
```

Pulsa **F5** y guárdalo con el nombre *sumar.py*. Al ejecutarlo, la condición de la línea 10 resulta ser cierta y se llama a la función main(). Esta, en la línea 2, llama a la función suma(3,5), que devuelve como valor la suma de sus dos parámetros, resultado que se asigna a la variable local resultado. Por último, en la línea 3, se imprime su valor, que es 8.

La función suma() definida en este programa puede también usarse de forma independiente. Accede al entorno interactivo y escribe las siguientes órdenes:

```
>>> import sumar
>>> suma(3,-5)
-2
>>>
```

Al importar el módulo, la variable __name__ toma el valor 'sumar.py', con lo que la condición de la sentencia **if** resulta ser falsa y no se ejecuta ninguna línea.

### 7.1.3 Tamaño de clave y longitud del mensaje

Ejecuta de nuevo el programa y cifra con una clave 20 el texto llano "*El arte de la medicina consiste*".

| | | | | | | | | | | | | | | | | | | | |
|---|---|---|---|---|---|---|---|---|---|---|---|---|---|---|---|---|---|---|---|
| E | L | A | R | T | E | D | E | L | A | M | E | D | I | C | I | N | A | C | O |
| N | S | I | S | T | E | | | | | | | | | | | | | | |

El resultado será ENLSA IRSTT EEDEL AMEDI CINAC O. ¡Más de la mitad del mensaje no se cifra! Esto ocurre porque cuando la longitud de la clave es superior a la mitad del mensaje se quedan caracteres aislados en una sola columna, como sucede en el ejemplo desde la columna 7 a la 20. En consecuencia, el algoritmo de transposición columnar está limitado a una longitud de clave inferior o igual a la longitud del texto llano. A medida que aumente el tamaño del texto podrán fijarse mayor número de claves.

## 7.2 RESUMEN

En este capítulo hemos estudiado el algoritmo de transposición columnar simple, un algoritmo más seguro y complejo que el empleado en la cifra César. Ello nos ha permitido introducir y aprender nuevos conceptos de programación.

Python se carga con un gran número de funciones, pero nos permite definir y utilizar otras muchas. Organizar el código en funciones permite hacer el programa más legible y manejable. Una **función** es un conjunto de instrucciones que realiza una operación determinada y que generalmente devuelve un valor. En Python las funciones se definen con la palabra reservada `def`. La mayoría de las funciones reciben **parámetros** cuando se les invoca. Estos parámetros son siempre **variables locales**, lo que significa que únicamente serán reconocidos en el ámbito de la función. Por el contrario, serán globales aquellas variables definidas fuera de cualquier función.

También ha aparecido una nueva estructura de control iterativa: el bucle `while`. Se trata de una estructura repetitiva muy semejante al bucle `for`, pero a diferencia de este, se emplea cuando el número de iteraciones no es conocido de antemano.

En la segunda mitad del capítulo hemos seguido manipulando las **listas**, pues son una estructura de datos muy flexible en Python. Casi cualquier operación que pueda efectuarse sobre una cadena, puede usarse con las listas. El método `join()` permite unir una lista de múltiples cadenas en una única cadena.

Por último, hemos estudiado la variable especial `__name__`, que nos permite que un programa pueda usarse en Python como un módulo e importarse, o ejecutarse de forma independiente.

## 7.3 EVALUACIÓN

1. Responde a las siguientes cuestiones:
   - ¿En qué consiste el método de transposición?
   - ¿Qué es una transposición columnar?
   - ¿Cuál es la máxima longitud de clave que puede emplearse para cifrar un texto de 100 caracteres mediante una transposición columnar simple?
   - ¿Cuántos criptogramas obtenidos por permutación admite el mensaje *matad al rey*? ¿Cuántos serían posibles en una transposición columnar simple?
   - ¿Con qué palabra clave se define una función en Python?
   - ¿Sería factible que dos variables distintas tuvieran el mismo nombre en el mismo programa en Python? ¿Por qué?
   - ¿Cómo podríamos definir en el interior de una función una variable de ámbito global?
   - ¿Qué diferencia fundamental existe entre las estructuras repetitivas **`while`** y **`for`**?
   - ¿Con qué instrucción devuelve una función un valor tras ser invocada?
   - ¿Cuál es la función de la variable `__name__`?

## 7.4 EJERCICIOS PROPUESTOS

1. Cifra con lápiz y papel, mediante el algoritmo de transposición columnar simple, los siguientes mensajes. A continuación, emplea el programa *transColumCif.py* para comprobar los resultados.
   - Clave 20: *"En las amarguras desearéis la dulzura, y en la guerra, la paz"*.
   - Clave 12: *"El único medio de vencer en una guerra es evitarla"*.
   - Clave 8: *"Combatirse a sí mismo es la guerra más difícil"*.

2. Implementa en un módulo dos funciones con las siguientes características:

   - La función `matriz(filas, columnas)` mostrará en pan-talla una matriz con el número de filas y columnas que se le indiquen, de modo que en cada celda aparezca el número que resulta de sumar sus dos índices.
   - La función `clave_ordenada(clave)` recibirá una palabra y devolverá en mayúsculas una cadena con las letras de la clave ordenadas alfabéticamente y sin repeticiones.

# 8

# DESCIFRANDO LA TRANSPOSICIÓN COLUMNAR

En el capítulo anterior aprendimos a cifrar un texto mediante una transposición columnar simple. En este, crearemos un programa para descifrar este método de transposición. A diferencia de la cifra César, el proceso que hemos de seguir para obtener el texto claro de una cifra de transposición no es tan inmediato.

Aprovechando la implementación del programa, estudiaremos las funciones `math.ceil()`, `math.floor()` y `round()` para redondear números. Asimismo, veremos con detalle los operadores booleanos **`and`** y **`or`** y sus tablas de verdad.

## 8.1 EL MECANISMO DE DESCIFRADO

Supongamos que hemos enviado el criptograma TLLEU ENCXG IAOOM LNEAE NSSSD OE a un compañero y que conoce que su clave es 10. El primer paso para que sea factible descifrar su contenido es hallar las dimensiones de la matriz que se debe dibujar. Como se sabe que el número de columnas que utilizó el emisor es 10 (la clave), entonces estas deben ser las filas de la matriz de descifrado. Para hallar el número de columnas que tiene que dibujar solo tiene que dividir la longitud del criptograma, sin espacios, entre la longitud de la clave. El criptograma tiene 27 caracteres de longitud, así 27 / 10 = 2,7. Como el número de columnas ha de ser un entero y el resultado es decimal, necesitamos redondear 2,7 al número entero inmediatamente superior, es decir, 3. Así pues, la matriz necesaria para descifrar el criptograma tiene que tener 10 filas y 3 columnas.

Se parecerá a esta:

| | | |
|---|---|---|
| | | |
| | | |
| | | |
| | | |
| | | |
| | | |
| | | |
| | | |
| | | |
| | | |

El segundo paso es saber cuántas celdas sobran. Nuestra matriz tiene 30 celdas (3 · 10) y el texto ocupa 27, es decir, sobran 30 – 27 = 3 celdas. Ahora, desde la celda inferior derecha y hacia arriba, debemos eliminar 3:

| | | |
|---|---|---|
| | | |
| | | |
| | | |
| | | |
| | | |
| | | |
| | | |
| | | |
| | | |
| | | |

Ahora ya se puede empezar a rellenar las celdas con cada carácter del criptograma. Comenzamos en la celda superior izquierda hacia la derecha y de arriba a abajo hasta completar la tabla:

| | | |
|---|---|---|
| t | l | l |
| e | u | e |
| n | c | x |
| g | i | a |
| o | o | m |
| l | n | e |
| a | e | n |
| s | s | |
| s | d | |
| o | e | |

El texto plano se obtiene escribiendo las letras por columnas desde la izquierda y de arriba abajo: *tengo las soluciones del examen.*

Date cuenta de que, si se emplea una contraseña incorrecta, se dibujará una tabla con el número equivocado de filas y, en consecuencia, el texto plano obtenido será un galimatías de letras, como el obtenido durante el proceso de cifrado y, por tanto, ininteligible.

## 8.2 EL CÓDIGO FUENTE

Abre el entorno interactivo de Python y haz clic en el menú **File ▶ New File** para abrir el editor. Escribe el siguiente código fuente, guárdalo como *transColumDescif.py* y pulsa **F5** para ejecutarlo:

```
# Descifra la transposición columnar simple

import math, pyperclip

def main():
    criptograma = input('Introduce el criptograma: ')
    clave = int(input('y la clave numérica: '))
    criptograma = formatear_mensaje(criptograma)

    texto_plano = descifrar(criptograma, clave)

    # Imprime en pantalla el texto llano
    print(texto_plano.lower())
    # Y lo copia al portapepeles
    pyperclip.copy(criptograma)


# Elimina los espacios en blanco del criptograma
def formatear_mensaje(criptograma):
    mensaje_nuevo = ''
    for simbolo in criptograma:
        if simbolo != ' ':
            mensaje_nuevo += simbolo
    return mensaje_nuevo


def descifrar(criptograma, clave):
    # Número de columnas de la matriz
    num_col = math.ceil(len(criptograma)/clave)
```

```

    # Número de filas
    num_filas = clave

    # Número de celdas vacías
    celdas_vacias = (num_col * num_filas) - len(criptograma)

    # Cada cadena de texto es una columna
    texto_plano = [''] * num_col
    col = 0
    fila = 0

    for simbolo in criptograma:
        texto_plano[col] += simbolo
        col += 1 # siguiente columna

        # Si no hay más columnas o estamos en
        # una celda sobrante, regresamos a la
        # primera columna de la siguiente fila
        if (col == num_col) or (col == num_col -1 and fila >= num_filas - celdas_vacias):
            col = 0
            fila += 1
    return ''.join(texto_plano)


# Si se ejecuta el programa (en vez de importarse)
# llama a la función main()
if __name__ == '__main__':
    main()
```

Cuando ejecutes el programa, este te solicitará que introduzcas el criptograma que quieres descifrar y el número de columnas que se utilizó para cifrar el texto. Cuando pulses la tecla Enter, verás el texto plano escrito de forma continua, sin espacios entre palabras:

```
Introduce el criptograma: ELUTL ARAAE ARSST CEERC DIRET E
y la clave numérica: 8
elartedelaescriturasecreta
>>>
```

### 8.2.1 Cómo funciona el programa

```
1. # Descifra la transposición columnar simple
2.
3. import math, pyperclip
4.
5. def main():
6.     criptograma = input('Introduce el criptograma: ')
7.     clave = int(input('y la clave numérica: '))
8.     criptograma = formatear_mensaje(criptograma)
9.
10.    texto_plano = descifrar(criptograma, clave)
11.
12.    # Imprime en pantalla el texto llano
13.    print(texto_plano.lower())
14.    # Y lo copia al portapepeles
15.    pyperclip.copy(criptograma)
16.
17.
18. # Elimina los espacios en blanco del criptograma
19. def formatear_mensaje(criptograma):
20.    mensaje_nuevo = ''
21.    for simbolo in criptograma:
22.        if simbolo != ' ':
23.            mensaje_nuevo += simbolo
24.    return mensaje_nuevo
```

La primera mitad del programa es bastante similar al programa *transColumCif.py* codificado en el capítulo anterior. En este caso, junto con el habitual módulo *pyperclip*, importamos otro de nombre *math*. Dentro de la función principal `main()` se solicita el criptograma y la clave. Una vez eliminados los posibles espacios entre los grupos de caracteres se llama, en la línea 10, a la función básica de nuestro programa, `descifrar()`, que será la encargada de descifrar el y devolver el texto plano para imprimirlo en pantalla y copiarlo al portapapeles.

```
27. def descifrar(criptograma, clave):
```

Regresa a las primeras páginas de este capítulo y repasa cómo se descifra con lápiz y papel un criptograma obtenido mediante una transposición columnar simple. Por ejemplo, si queremos descifrar el criptograma TLLEU ENCXG IAOOM LNEAE NSSSD OE, que tiene 27 letras, con una clave 10, la matriz final debe quedar como sigue:

| | | |
|---|---|---|
| t | l | l |
| e | u | e |
| n | c | x |
| g | i | a |
| o | o | m |
| l | n | e |
| a | e | n |
| s | s | |
| s | d | |
| o | e | |

Nuestra función `descifrar()` debe entonces implementar en Python todos los pasos para distribuir los caracteres del criptograma como en la tabla anterior.

#### 8.2.1.1 LAS FUNCIONES MATH.CEIL(), MATH.FLOOR() Y ROUND()

Cuando se divide un número mediante el operador `/` el resultado es un número en coma flotante, es decir, con un punto decimal. Esto ocurre incluso aunque la división fuera exacta. Por ejemplo, `14 / 2` dará `7.0` y no `7`:

```
>>> 14 / 7
2.0
>>>
```

Si la división no es exacta, entonces Python mostrará el número necesario de decimales:

```
>>> 21 / 4
5.25
>>>
```

Para redondear números en coma flotante al entero más próximo puede usarse la función `round()`. Teclea las siguientes expresiones en el terminal interactivo:

```
>>> round(4.25)
4
>>> round(5.5)
6
>>> round(4.5)
4
>>> round(21 / 7)
3
>>>
```

Por el contrario, si solo necesitamos aproximar al entero superior más próximo, entonces empleamos la función `math.ceil()`. En caso de ser necesario obtener el entero inferior más cercano, usamos `math.floor()`. Estas funciones se encuentran en el módulo `math`, de ahí la necesidad de importarlo al comienzo del programa. Observa cómo se comportan:

```
>>> import math
>>> math.floor(5.6)
5
>>> math.ceil(5.2)
6
>>>
```

La función `math.ceil()` será, precisamente, la que nos permita hallar el número de columnas que debe tener nuestra matriz de transposición.

```
27. def descifrar(criptograma, clave):
28.     # Número de columnas de la matriz
29.     num_col = math.ceil(len(criptograma)/clave)
30.
31.     # Número de filas
32.     num_filas = clave
33.
34.     # Número de celdas vacías
35.     celdas_vacias = (num_col * num_filas) - len(criptograma)
```

La línea 29 calcula el número de columnas dividiendo la longitud del criptograma entre la clave. Como el valor no será generalmente un entero, debemos redondearlo al número natural superior más cercano. De este modo, nos aseguramos de que se podrán colocar todos los caracteres del criptograma, aunque sobren celdas.

La línea 32 halla el número de filas, que coincide con el número de columnas empleadas en el proceso de cifrado (`clave`).

La línea 35, por último, obtiene el número de celdas que quedarán libres tras colocar todas las letras del mensaje cifrado.

Si estamos descifrando el criptograma del ejemplo con la clave 10, `num_col` será `3`, `num_filas` quedará fijado en `10` y `celdas_vacias` en `3`.

```
37.     # Cada cadena de texto es una columna
38.     texto_plano = [''] * num_col
39.     col = 0
40.     fila = 0
```

Al igual que el programa que hicimos para cifrar un mensaje tenía una variable llamada `criptograma`, que era una lista de cadenas que representaba la matriz, la función `descifrar()` contará con una variable, `texto_plano`, que será de nuevo una lista de cadenas. Como allí, empleamos la replicación para definir el número de cadenas necesarias. Se inicia con una cadena vacía por columna, que se irá rellenando hasta haber colocado todos los caracteres del criptograma en su posición.

Recuerda que la matriz para nuestro criptograma ejemplo será como sigue:

| | | |
|---|---|---|
| t | l | l |
| e | u | e |
| n | c | x |
| g | i | a |
| o | o | m |
| l | n | e |
| a | e | n |
| s | s | |
| s | d | |
| o | e | |

La variable `texto_plano` deberá contener una lista de tres cadenas. Cada una será una columna de la matriz. En este ejemplo concreto, la variable deberá contener al final del proceso el siguiente valor:

```
texto_plano = ['TENGOLASSO', 'LUCIONESDE', 'LEXAMEN']
```

De este modo, podemos unir después todas las listas para obtener el texto descifrado.

Las variables locales `col` y `fila` determinarán en la función dónde debe colocarse cada carácter, por eso deben establecerse los valores iniciales en `0`, como se muestra en las líneas 39 y 40.

```
42.     for simbolo in criptograma:
43.         texto_plano[col] += simbolo
44.         col += 1 # siguiente columna
```

La línea `42` comienza con un bucle **`for`** para recorrer uno a uno los caracteres de la cadena `criptograma`. Dentro de esta estructura repetitiva se ajustarán los valores de las variables `col` y `fila` para que se concatene cada letra con la cadena correcta de la lista `texto_plano`.

En la primera iteración `col = 0`, de modo que añadimos el primer símbolo del criptograma a la primera cadena de la lista, `texto_plano[0]`. A continuación, añadimos `1` a `col` en la línea 44 para que en la próxima iteración del bucle se concatene la siguiente letra a la segunda cadena de la lista, y así sucesivamente. Lógicamente estos pasos solo pueden darse mientras no estemos en la última columna o en una celda vacía.

### 8.2.1.2 LOS OPERADORES BOOLEANOS

Como ya sabemos, los datos de tipo booleano o **lógico** son aquellos que pueden representar contenidos de la lógica binaria, es decir, valores que representan **verdadero** o **falso**. Para generar datos lógicos a partir de otros, suelen emplearse los operadores relacionales:

```
>>> 4 > 3
True
>>> -3 < -7
False
```

Una vez que tenemos uno o varios datos de tipo booleano, estos se pueden combinar en expresiones lógicas mediante los llamados **operadores lógicos**. En Python, trabajamos con cuatro operadores lógicos básicos: **`and`**, **`or`**, **`xor`** y **`not`**. El operador **`not`** es unario y actúa sobre un único operando booleano negando su valor, de modo que **`not True`** es **`False`** y **`not False`** es **`True`**. El resto de operadores son binarios.

```
>>> not True
False
>>> not False
True
```

Estos operadores se emplean en la lógica proposicional para admitir o rechazar proposiciones. En programación, permiten combinar operandos lógicos para obtener nuevos valores que determinen el flujo de control de un determinado algoritmo.

El comportamiento de un operador lógico se define siempre mediante su correspondiente **tabla de verdad**. Esta es una matriz en la que se muestra el resultado que produce la aplicación de un operador a uno o dos valores lógicos. Veamos las tablas de verdad de los tres operadores binarios:

| Operador | | and | or | ^ |
|---|---|---|---|---|
| Operación | | Conjunción | Disyunción | Disyunción excluyente |
| A | B | A and B | A or B | A ^ B |
| False | False | False | False | False |
| False | True | False | True | True |
| True | False | False | True | True |
| True | True | True | True | False |

**Tabla 8.1.** Tablas de verdad de las operaciones lógicas binarias

En una expresión lógica puede aparecer uno o más operadores lógicos, por lo que para poder evaluar correctamente estas expresiones es necesario seguir un criterio de prioridad de operadores. En Python el orden de prelación de los operadores lógicos estudiados queda recogido en la tabla siguiente. Cuando existan operadores con la misma prioridad se evaluarán de izquierda a derecha.

| Operador | Operación |
|---|---|
| not | Negación |
| and | Conjunción |
| or ^ | Disyunción y disyunción excluyente |

**Tabla 8.2.** Orden de prelación de los operadores lógicos en Python

Abre un terminal de Python y teclea las siguientes expresiones:

```
>>> 5 > 3 and 3 != 4
True
>>> 2 == 2 or 3 < 4
True
>>> not 10 < 5
True
>>>
```

La primera expresión se evalúa a `True` porque las dos expresiones sobre las que actúa el operador **`and`** son ciertas: `5 > 3` y `3!= 4`. Para el operador **`or`** las dos expresiones sobre las que actúa deben ser ciertas para que el resultado también lo sea. Por eso la segunda sentencia da como resultado `True`. Por último, como la proposición `10 < 5` es `False`, **`not`** `10 < 5` debe ser `True`.

Una vez conocido cómo trabajan estos operadores, ya podemos seguir avanzando en la comprensión del código fuente del programa *transColumDescif.py*:

```
        # Si no hay más columnas o estamos en
        # una celda sobrante, regresamos a la
        # primera columna de la siguiente fila
        if (col == num_col) or (col == num_col - 1 and fila >= num_filas - celdas_vacias):
            col = 0
            fila += 1
```

Existen dos casos en los que necesitamos borrar el contenido de la variable `col` y regresar a la primera cadena de la lista (`col = 0`). El primero es cuando ya hayamos añadido una letra a la última lista, es decir, cuando el índice valga `col - 1`, pues en la siguiente iteración `col` sería igual a `num_col` (`3` en el ejemplo) y estaríamos fuera de índice. El segundo caso se produce cuando estemos en una celda sobrante, lo que sucede cuando la variable `col` está en el último índice y la variable `fila` apunta a una celda que no se llenará con ningún carácter del criptograma.

Observa atentamente la distribución de índices en el ejemplo:

| | 0 | 1 | 2 |
|---|---|---|---|
| 0 | t<br>0 | l<br>1 | l<br>2 |
| 1 | e<br>3 | u<br>4 | e<br>5 |
| 2 | n<br>6 | c<br>7 | x<br>8 |
| 3 | g<br>9 | i<br>10 | a<br>11 |
| 4 | o<br>12 | o<br>13 | m<br>14 |
| 5 | l<br>15 | n<br>16 | e<br>17 |
| 6 | a<br>18 | e<br>19 | n<br>20 |
| 7 | s<br>21 | s<br>22 | |
| 8 | s<br>23 | d<br>24 | |
| 9 | o<br>25 | e<br>26 | |

Como ves en la tabla, las celdas sobrantes están en la última columna, es decir, en la que tiene como índice `num_col - 1` y filas `7`, `8` y `9`. Para que nuestra función sepa en qué celdas no debe añadir ningún carácter, usamos la expresión `fila >= num_filas - celdas_vacias` (`fila >= 7` en el ejemplo). Si esta expresión es `True` y `col == num_col - 1` (`col == 2` en el ejemplo), entonces debemos borrar el contenido de la variable `col` y añadir `1` a la variable `fila` para que apunte en la siguiente iteración a la primera columna de la siguiente fila (`col = 0`, `fila += 1`). Esto es precisamente lo que hace la estructura de selección **`if`** de las líneas 49 a 51.

```
52.     return ''.join(texto_plano)
```

Una vez que el bucle **`for`** de la línea 42 ha terminado de añadir todos los caracteres del criptograma a la lista de cadenas `texto_plano`, procedemos a unir todas ellas en una sola cadena mediante el método `join()`, que será el valor devuelto por la función `descifrar()`.

En nuestro ejemplo, `texto_plano` será `['TENGOLASSO', 'LUCIONESDE', 'LEXAMEN']`, así que `''.join(texto_plano)` se evaluará a `'TENGOLASSOLUCIONESDELEXAMEN'`. Tras devolver este valor a la línea 10, se imprime en pantalla en minúsculas en la línea 13 y se copia al portapapeles en la línea 15.

```
55. # Si se ejecuta el programa (en vez de importarse)
56. # llama a la función main()
57. if __name__ == '__main__':
58.     main()
```

La primera línea que nuestro programa ejecuta tras la importación de los dos módulos y la lectura de las definiciones de las funciones es la declaración **`if`** de la línea 57. Al igual que en el programa del capítulo anterior, esta comprueba mediante el valor de la variable `__name__` si el programa se ha ejecutado directamente –y se llama a la función `main()`– o se ha importado desde otro programa.

## 8.3 RESUMEN

En este capítulo has aprendido cómo trabaja el algoritmo de transposición columnar simple para descifrar un criptograma. Esto nos ha permitido conocer el funcionamiento de las funciones `math.ceil()`, `math.floor()` y `round()`para redondear números en coma flotante.

Asimismo, el capítulo nos ha permitido profundizar en el uso de los operadores lógicos **`and`**, **`or`**, **`not`** y **xor** (^) para tomar decisiones que determinen el flujo de control de un determinado algoritmo. La conjunción (**and**), la disyunción (**or**) y la disyunción excluyente (**xor**) son operaciones binarias, pues actúan sobre dos operandos, mientras que la negación (**not**) es una operación unaria. Por último, has estudiado sus **tablas de verdad** y el orden de **prelación** de los operadores lógicos cuando en una misma expresión aparece más de un operador.

## 8.4 EVALUACIÓN

1. Responde a las siguientes cuestiones:
   - ¿Cuántas columnas se necesitan para descifrar un criptograma de 53 letras que se ha obtenido mediante una cifra de transposición columnar simple con una clave 8? ¿Cuántas celdas quedarán vacías?
   - ¿Qué diferencias hay entre las funciones `math.ceil()`, `math.floor()` y `round()`?
   - ¿Qué es un operador lógico?
   - ¿Con qué elemento se define el comportamiento de un operador booleano?
   - Escribe las tablas de verdad de los operadores **`and`** y **`not`**.

## 8.5 EJERCICIOS PROPUESTOS

1. Descifra con lápiz y papel los siguientes criptogramas obtenidos por transposición columnar simple con la clave indicada. A continuación, comprueba el resultado haciendo uso del programa *transColumDescif.py*:
   - LLNAA IARVB CAIRA EDORL ASCAS EELIS LMNUP A (Clave 9).
   - TALAE RDOSN AUGTO BRRUA OASJY RU (Clave 6).
2. Indica cuál sería el resultado de escribir las siguientes instrucciones en el terminal interactivo de Python:

```
>>> round(-3.25)
>>> math.floor(3.1)
>>> math.ceil(12.8)
>>> math.ceil(3.1)
>>> math.ceil(3.0)
>>> round(2.5)
```

```
>>> math.floor(3.0)
>>> round(3.0)
>>> round(3.5)
```

3. Calcula a mano el valor de las siguientes expresiones y escribe su resultado teniendo en cuenta esta asignación `a, b, c, d = 4, 6, 8, 10`.

   - `(a > b) and (d < a)` ______________
   - `not (c > a + b)` ______________
   - `((a <= 3) or (b > c)) and (c != d)` ______________
   - `not (a + b) and (c > d)` ______________

4. Analiza el siguiente fragmento de código y escribe su resultado. A continuación, cópialo en el editor de Python y comprueba tu respuesta:

```
clave='XUD'
clave= list(clave)
clave_ord = sorted(clave)
transp = ['LULHAO', 'ARLAI', 'MAACD']
cripto = ''
for i in clave_ord:
    indice = clave.index(i)
    cripto += transp[indice]
print(cripto)
```

# 9

# ROMPIENDO LA TRANSPOSICIÓN COLUMNAR

En los dos capítulos previos has aprendido a cifrar y descifrar un texto mediante el algoritmo de transposición columnar simple. En este, y como ya hicimos antes para la cifra César, emplearemos la técnica de fuerza bruta para hallar la clave con la que se cifra un texto mediante el algoritmo de transposición. No obstante, existe una diferencia bastante importante entre ambos. Si en la cifra César solo existen 25 claves posibles, en la transposición columnar podemos tener tantas como letras del texto, y podrían ser miles. Si bien un ordenador puede probar cientos o miles de claves por segundo, solo una de ellas dará como resultado un mensaje con significado pleno. Por tanto, para cada criptograma, tendremos que leer cientos de mensajes descifrados para saber cuál da como resultado el texto buscado.

Cuando el ordenador descifra un mensaje con la clave incorrecta, el resultado es un mensaje formado por un galimatías de letras sin sentido. Por tanto, si no queremos ir leyendo mensajes de uno en uno, tenemos necesidad de programar el ordenador para que pueda reconocer si el texto descifrado es basura o se trata de un mensaje en español con pleno sentido.

En este capítulo, por tanto, desarrollaremos un programa que permita detectar nuestro idioma en un mensaje para, a continuación, implementar el ataque por fuerza bruta sobre la transposición columnar simple.

## 9.1 CÓMO DETECTAR UN IDIOMA

Los ordenadores no hablan ningún lenguaje natural. Así pues, no entienden ni español, ni inglés, ni ningún otro. Para un ordenador, por tanto, todos los textos descifrados con cualquier clave tienen el mismo sentido: ninguno. De ese modo, necesitamos alguna función, llamémosla `es_espanol()` que reciba una cadena de texto y nos devuelva **`True`** si la cadena está escrita en español y **`False`** si el texto no tiene sentido en nuestro idioma. Veamos un ejemplo con estas dos oraciones:

*En un lugar de la Mancha de cuyo nombre no quiero acordarme*

*Ed am erned br mu leroen ac ealm uncuay oo gnoqra cnudrhoia*

Lo primero que cualquier hispanohablante detecta es que el primer mensaje es el que tiene sentido en su lengua, pues está formado por palabras que pueden encontrarse en un diccionario y, además, presenta una estructura gramaticalmente correcta. La segunda frase, por el contrario, es un galimatías de letras sin ningún sentido, aunque es una permutación de la primera. De modo que el primer paso para construir nuestra función sería dividir el texto en palabras y buscar si se encuentran en el diccionario. Ambos pasos son sencillos de implementar, pero tenemos un problema. Los criptogramas no suelen presentar la misma división de palabras que el texto llano, por eso se agrupan en conjuntos del mismo número de letras, además de para facilitar la transmisión, para impedir reconocer palabras en su contenido. Así pues, nos encontraríamos con una cadena que ya no tendría la estructura del ejemplo anterior, sino algo así:

*Enunl ugard elaMa nchad ecuyo nombr enoqu ieroa corda rme*

Ahora, ya no puede separarse el texto en palabras y buscarlas en un diccionario. Por tanto, necesitamos un acercamiento diferente.

Un estudio de 2011 de Pascual Cantos y Aquilino Sánchez, de la Universidad de Murcia, muestra que en español la longitud media de las palabras en un texto se aproxima a casi cinco letras y que aquellas con una mayor frecuencia están formadas por tres caracteres. Así, si eliminamos del diccionario español todas las palabras de menos de cuatro letras y definimos el parámetro **riqueza léxica** ($R_{lex}$) como el cociente entre la longitud de las distintas palabras con significado que pueden encontrarse en el texto ($l$) y su longitud total ($L$):

$$R_{lex} = \frac{l}{L}$$

Se observa que, a medida que se reorganizan las letras en una permutación para formar una frase con sentido, aumenta el valor de $R_{lex}$. Para textos entre 10 y 150 palabras (50 y 800 letras) que forman mensajes con sentido en nuestra lengua, hemos calculado una riqueza léxica de $0{,}84 \pm 0{,}23$. Por tanto, podemos asegurar con bastante seguridad que si $R_{lex} < 0{,}5$ el texto no tendrá sentido en nuestra lengua. Además, dado un mismo criptograma, la riqueza léxica de los textos descifrados con distinta longitud de clave aumenta a medida que nos acercamos a la clave correcta. Este parámetro alcanza un máximo para dicho valor y vuelve a disminuir después (Figura 9.1).

Veamos cómo calcular este parámetro con nuestro conocido ejemplo: *EnunlugardelaManchadecuyonombrenoquieroacordarme*...

En primer lugar, tendríamos que encontrar en el diccionario todas las palabras de cuatro o más letras con significado en español, que son las siguientes en el ejemplo: *ancha*, *corda*, *mancha*, *acordar*, *nombre*, *lugar* y *quiero*. A continuación, sumamos la longitud de las palabras encontradas, que es 40 y hallamos la longitud del texto original, que es 48. Por último, calculamos su cociente:

$$R_{lex} = \frac{40}{48} = 0,83$$

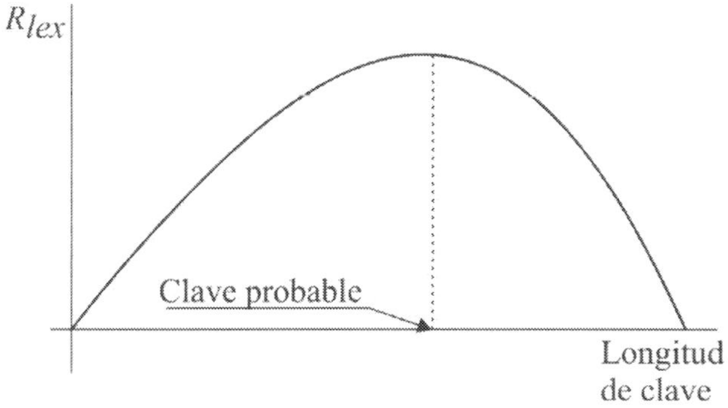


**Figura 9.1.** Comportamiento general de $R_{lex}$ en función de la clave

Si tomamos el segundo ejemplo, la única palabra que encontraríamos sería *mulero*, pura coincidencia, de modo que $R_{lex} = 0,12$.

Con esta nueva visión como perspectiva ya es mucho más sencillo implementar nuestra función `es_espanol()`. La función recibirá una cadena de texto formada exclusivamente por letras, sin espacios, y buscará una a una todas las palabras del diccionario español que se encuentran en el mensaje. Por último, hallará su riqueza léxica, de modo que, si esta es superior a 0,50, con bastante seguridad, el mensaje tendrá sentido en español. Y si es español y $R_{lex}$ es máxima, hay una gran probabilidad de que hayamos descifrado el texto con la clave correcta. Así es como un ordenador puede decirnos si una cadena de caracteres es española o simplemente un mensaje sin sentido.

## 9.2 MÓDULO EN PYTHON PARA DISTINGUIR EL ESPAÑOL

El módulo que vamos a escribir en la primera parte de este capítulo, *detectarEspanol.py*, no es un programa que se ejecute por sí mismo, sino que será importado por nuestro programa principal, *transColumHack.py*, para aprovechar las funciones que se recogen en el módulo. Este es el motivo por el que no observarás en él ninguna función `main()`.

### 9.2.1 El código fuente

Abre el entorno interactivo de Python y haz clic en el menú **File ▶ New File** para abrir una ventana del editor. Escribe el código fuente y pulsa **Ctrl + S** para guardarlo como *detectarEspanol.py*. Ten en cuenta que necesitas tener el fichero *diccionario.txt* en el mismo directorio que el módulo para que pueda funcionar.

```
# Módulo para detectar si una cadena está en español

# Para usarlo, escribe este código:
#   import detectarEspanol
#   detectarEspanol.es_espanol(cadena)  # devuelve True o False
# Debe haber un fichero diccionario.txt en el mismo directorio
# con todas las palabras del español, una por línea.
# Puedes descargarlo de www.davidarboledas.es/python/dicionario.txt

LETRAS_MAYUSCULAS = 'ABCDEFGHIJKLMNOPQRSTUVWXYZ'
LETRAS = LETRAS_MAYUSCULAS + LETRAS_MAYUSCULAS.lower()

def leer_diccionario():
    archivo = open('diccionario.txt')
    palabras_espanol = {}
    for palabra in archivo.read().split('\n'):
        palabras_espanol[palabra] = None
    archivo.close()
    return palabras_espanol


PALABRAS_ESPANOL = leer_diccionario()

def limpiar_texto(mensaje):
    letras =[]
```

```
    for simbolo in mensaje:
        if simbolo in LETRAS:
            letras.append(simbolo)
    return ''.join(letras)


def es_espanol(mensaje, r_lexica=0.50):
    # Por defecto, se considera que el mensaje tiene sentido
    # en castellano si Rlex >= 0,50
    mensaje = limpiar_texto(mensaje).upper()
    longitud = len(mensaje)
    texto = ''
    for palabra in PALABRAS_ESPANOL:
        if mensaje.find(palabra) != -1:
            texto += palabra
    coef = len(texto)/longitud
    if coef >= r_lexica:
        return True, coef
    else:
        return False, coef
```

## 9.2.2 Cómo funciona

```
# Módulo para detectar si una cadena está en español

# Para usarlo, escribe este código:
#   import detectarEspanol
#   detectarEspanol.es_espanol(cadena)  # devuelve True o False
# Debe haber un fichero diccionario.txt en el mismo directorio
# con todas las palabras del español, una por línea.
# Puedes descargarlo de www.davidarboledas.es/python/diccionario.txt

```

Estos comentarios en la parte inicial del módulo indican al programador cómo se usa el programa. Además, advierte de que debe existir un diccionario de la lengua española con el nombre *diccionario.txt* en el mismo directorio que el programa.

El diccionario de texto debe tener en letras mayúsculas una palabra por línea, como aquí se muestra:

```
ABABILLARSE
ABABOL
ABACA
ABACAL
ABACALERO
ABACERIA
ABACERO
```

Lógicamente, en el diccionario no existirán formas acentuadas ni palabras que contengan la letra ñ. Esta última letra se ha sustituido por la n.

```
10. LETRAS_MAYUSCULAS = 'ABCDEFGHIJKLMNOPQRSTUVWXYZ'
11. LETRAS = LETRAS_MAYUSCULAS + LETRAS_MAYUSCULAS.lower()
```

Las líneas 10 y 11 definen como constantes las letras que pueden hallarse en cualquier texto. `LETRAS_MAYUSCULAS` es la constante que contiene las 26 letras mayúsculas y `LETRAS` concatena estas a las letras minúsculas devueltas por `LETRAS_MAYUSCULAS.lower()`.

```
13. def leer_diccionario():
14.     archivo = open('diccionario.txt')
```

El archivo que contiene el diccionario se encuentra en el disco duro del ordenador del usuario, pero es necesario previamente cargarlo con la función `open()` para que nuestro programa pueda hacer uso de él. Antes de que podamos seguir con la función `leer_diccionario()`, aprendamos un poco sobre el tipo de dato **diccionario** en Python.

#### 9.2.2.1 LOS DICCIONARIOS EN PYTHON

Los **diccionarios** en Python son un tipo de estructuras de datos que permite guardar un conjunto **no ordenado** de pares clave: valor, de modo que para cada elemento en el diccionario existe una clave para recuperarlo. Así pues, la clave debe ser única dentro del mismo diccionario.

A diferencia de las listas y tuplas, que se indexan mediante un rango numérico, los diccionarios se indexan con claves, que pueden ser cualquier tipo inmutable, como cadenas y enteros.

Los diccionarios se crean con un par de llaves {}, mientras que los pares clave: valor se separan por comas entre las llaves. Las operaciones principales sobre un diccionario son el almacenamiento de un valor con una clave y la extracción de ese valor dada la clave, por ejemplo:

```
>>> diccionario = {'clave1': 514, 'clave2': 8567}
>>> diccionario['clave2']
8567
>>> diccionario['clave3'] = 5376
>>> diccionario
{'clave3': 5376, 'clave1': 514, 'clave2': 8567}
>>>
```

Al igual que las listas pueden contener otras listas, los diccionarios pueden incorporar otros diccionarios o listas. Intenta escribir las siguientes instrucciones en el terminal interactivo:

```
>>> dict1 = {'mascotas': {'nombre': 'Mizzy', 'edad': 3},
'dueños':['David', 'María']}
>>> dict1['mascotas']
{'nombre': 'Mizzy', 'edad': 3}
>>> dict1['mascotas']['nombre']
'Mizzy'
>>> dict1['dueños']
['David', 'María']
>>> dict1['dueños'][0]
'David'
>>>
```

Para obtener una lista con todas las claves del diccionario usamos el método `keys()`:

```
>>> list(diccionario.keys())
['clave1', 'clave3', 'clave2']
```

Si la clave no existe en un diccionario, Python devolverá un error. Para evitarlo, puede comprobarse previamente con el operador **`in`** si dicha clave existe o no:

```
>>> 'clave4' in diccionario
False
>>>'clave2' in diccionario
True
```

Se puede iterar sobre un diccionario con un bucle **`for`**, del mismo modo que hacíamos sobre los elementos de una lista. Además, en los diccionarios podemos obtener al mismo tiempo la clave y su valor mediante el método `items()`:

```
>>> diccionario = {'window': 'ventana', 'table': 'mesa',
'red': 'rojo'}
>>> for i, j in diccionario.items():
```

```
    print(i, j)

table mesa
window ventana
red rojo
```

Aunque son un conjunto de datos, es posible obtener de forma ordenada los elementos de un diccionario, bien por su clave, bien por su valor. Para ello puede emplearse el método `itemgetter()` del módulo *operator.py*.

Abre un terminal y teclea las siguientes instrucciones:

```
>>> from operator import itemgetter
>>> dict = {'z': 3, 'd': 5, 'a': 1}
>>> # Lista de tuplas ordenada por clave
>>> sorted(dict.items(), key = itemgetter(0))
[('a', 1), ('d', 5), ('z', 3)]
>>> # Lista de tuplas ordenada por valor
>>> sorted(dict.items(), key = itemgetter(1))
[('a', 1), ('z', 3), ('d', 5)]
>>> sorted(dict.items(), key = itemgetter(1), reverse = True)
[('d', 5), ('z', 3), ('a', 1)]
```

Sigamos, entonces, con el código fuente:

```
15.    palabras_espanol = {}
```

En la función `leer_diccionario()` vamos a cargar las más de 80.000 palabras del diccionario recogido en el fichero de texto y almacenarlas en la variable `palabras_espanol`, que es de tipo diccionario. Podríamos haber definido en la línea 15 una lista para almacenar en ella cada palabra del diccionario, pero el algoritmo que usa Python para buscar en diccionarios es mucho más rápido que para hacerlo en las listas. Para listas o diccionarios de pocos elementos, no se observará mucha diferencia, pero nuestro módulo deberá cargar en memoria más de 80.000 elementos y la expresión `palabra in PALABRAS_ESPANOL` de la línea 38 se deber evaluar muchísimas veces cuando se llama a la función `es_espanol()`. Aquí es donde la diferencia de tiempo entre listas y diccionarios se hace evidente.

**NOTA**

Para buscar en las listas, Python utiliza un algoritmo de comparación que tarda cada vez más a medida que la lista se hace más larga. En cambio, para buscar en diccionarios, utiliza un algoritmo tipo *hash* sobre la clave del elemento, de modo que sin importar cuántos elementos tenga el diccionario, el tiempo de búsqueda en memoria es el mismo.

#### 9.2.2.2 EL MÉTODO SPLIT()

El método `split()` aplicado sobre una cadena de texto devuelve una lista de cadenas formada por todos los elementos encontrados al dividir la cadena original por un separador. Por defecto, ese separador es el espacio. Observa cómo funciona:

```
>>> 'La seguridad resulta esencial'.split()
['La', 'seguridad', 'resulta', 'esencial']
>>>
```

El resultado es una lista de cuatro palabras. Python ha eliminado los espacios en blanco de la cadena original. No obstante, el método admite también argumentos adicionales para indicar cómo separar la cadena original, por ejemplo:

```
>>> 'http://www.davidarboledas.es'.split('www.')
['http://', 'davidarboledas.es']
>>> protocolo, dominio = _
>>> print ("Protocolo: {0}\nDominio: {1}".format(proto colo,
dominio))
Protocolo: http://
Dominio: davidarboledas.es
>>>
```

```
16.     for palabra in archivo.read().split('\n'):
```

La línea 16 es un bucle **`for`** para iniciar la variable `palabra` con cada valor de la lista `archivo.read().split('\n')`. El contenido de esta expresión es una lista formada por cada palabra del diccionario:

```
['ABABILLARSE', 'ABABOL', 'ABACA', 'ABACAL', 'ABACALERO',
'ABACERIA',
'ABACERO', 'ABACHAR', 'ABACIAL', 'ABACO', …]
```

Su funcionamiento es sencillo: `archivo` es la variable que almacena el objeto fichero utilizado en la línea 14, por tanto, la llamada al método `read()` leerá todo el contenido del fichero *diccionario.txt* y lo devolverá como una larguísima cadena de texto formada por todas las palabras del diccionario, una por línea. A continuación, se divide en palabras la cadena con el separador `'\n'` para obtener la lista dc palabras.

#### 9.2.2.3 EL VALOR NONE

Existe un valor especial que puede asignarse a una variable cuando sea necesario: **`None`**. Este valor representa la ausencia de un valor. Es muy útil cuando necesitamos un valor que no exista. Por ejemplo, si tenemos una variable de nombre respuesta que recogerá la respuesta de un usuario a una pregunta de tipo verdadero-falso, podríamos iniciar la variable a **None** si el usuario ha decidido no responder a la pregunta.

Asimismo, la llamada a una función que no regresa ningún valor se evalúa a **None**.

```
17.         palabras_espanol[palabra] = None
```

Nuestro programa solo usa un diccionario para la variable palabras_espanol con el objetivo de que el operador **in** pueda encontrar en él las claves, que serán las palabras. No nos preocupa qué valor tenga asociado cada una, de ahí que asignemos a todas ellas en la línea 17 el valor None:

```
{'ABACERO': None, 'ABABILLARSE': None, 'ABACALERO': None,
'ABACERIA':
None, 'ABACO': None, 'ABACA': None, 'ABACAL': None, 'AB
CHAR': None, 'AB
CIAL': None, 'ABABOL': None...}
```

El resultado, por tanto, es un diccionario que posee por claves todas y cada una de las palabras de nuestro diccionario y ningún valor, como muestra el cuadro anterior.

```
18.     archivo.close()
19.     return palabras_espanol
20.
21.
22. PALABRAS_ESPANOL = leer_diccionario()
```

Tras finalizar el bucle, nuestro diccionario palabras_espanol tendrá más de ochenta mil claves. En ese momento, cerramos el fichero y devolvemos al punto de llamada el diccionario palabras_espanol. La línea 22 de nuestro módulo llama a la función leer_diccionario() y almacena el valor devuelto en la variable PALABRAS_ESPANOL. Necesitamos llamar a la función leer_diccionario() antes de que se ejecute el resto del código del módulo, pero Python ha de ejecutar la declaración **def** de la función antes de que se pueda llamar a la misma. Este es el motivo por el que la asignación PALABRAS_ESPANOL se escribe después del código de la función leer_diccionario().

```
24. def limpiar_texto(mensaje):
25.     letras =[]
26.     for simbolo in mensaje:
```

La función `limpiar_texto()` tomará por argumento una cadena y devolverá la misma únicamente con las 52 letras mayúsculas y minúsculas del alfabeto.

El código comienza con la lista en blanco `letras` e itera sobre cada carácter del argumento `mensaje`. Si el carácter existe en la constante de texto `LETRAS`, entonces aquel se añadirá al final de la lista. Si el símbolo es un número o un signo de puntuación, se obviará.

### 9.2.2.4 EL MÉTODO DE LISTAS APPEND()

```
27.         if simbolo in LETRAS:
28.             letras.append(simbolo)
```

La línea 27 comprueba que el símbolo sobre el que el bucle **`for`** itera existe en la cadena `LETRAS`. Si es así, lo añade al final de la lista `letras` con el método `append()`.

Abre el terminal interactivo y teclea las siguientes instrucciones:

```
>>> lista = []
>>> lista.append('caballo')
>>> lista
['caballo']
>>> lista.append('vaca')
>>> lista
['caballo', 'vaca']
>>> lista.append(23)
>>> lista
['caballo', 'vaca', 23]
>>>
```

Aunque también podrían añadirse términos a una lista empleando el operador +, el método `append()` resulta muchísimo más rápido, por ello se usa en exclusividad.

```
29.     return ''.join(letras)
```

Después de que haya acabado el bucle, la lista `letras` solo contiene letras mayúsculas y minúsculas. A continuación, unimos con cadenas en blanco mediante el método `join()` las cadenas de la lista. Este literal será el valor que devuelva la función `limpiar_texto()`.

### 9.2.2.5 ARGUMENTOS POR DEFECTO

```
32. def es_espanol(mensaje, r_lexica=0.50):
33.     # Por defecto, se considera que el mensaje tiene sentido
34.     # en castellano si Rlex >= 0,50
```

La función `es_espanol()` acepta por argumento una cadena y devuelve dos valores: uno booleano, que indica si el texto puede ser español y un coeficiente, que muestra la riqueza léxica del mismo. La línea 32, sin embargo, define dos parámetros para la función. El segundo de ellos, `r_lexica`, es opcional, por eso lleva asociado el signo `=` y el valor de referencia. Estos parámetros por defecto se usan si la llamada a la función no pasa otro argumento para este parámetro.

> **NOTA**
> **PEP 8: funciones**
> Al asignar parámetros por omisión, no debe dejarse espacios en blanco ni antes ni después del signo =.

Si llamamos a la función `es_espanol()` solo con el mensaje como argumento, la función usará como valor predeterminado para la riqueza léxica el valor de 0,50.

La Tabla 9.1 muestra las posibles llamadas a la función `es_espanol()` y sus equivalencias:

| Llamada | Equivalente |
|---|---|
| es_espanol('CLAVE') | es_espanol('CLAVE', 0.5) |
| es_espanol('CLAVE', 0.35) | es_espanol('CLAVE', 0.35) |

**Tabla 9.1.** Posibles llamadas a la función es_espanol()

Cuando se llama a la función sin el segundo argumento, esta presupone que el texto puede estar en castellano si la riqueza léxica es al menos de 0,5. Esta razón funciona en la mayoría de los casos, pero si no es así, siempre puede pasarse un argumento más pequeño para `r_lexica` para probar con otras posibilidades.

```
35.     mensaje = limpiar_texto(mensaje).upper()
36.     longitud = len(mensaje)
37.     texto = ''
```

La línea 35 permite eliminar del mensaje que se le pasa por argumento todos los caracteres que no sean una letra y los convierte a mayúsculas. De este modo, facilitamos el cálculo de la riqueza léxica. Para ello, en la línea 36, hallamos la longitud del mensaje y definimos en la 37 una cadena auxiliar, `texto`, para recoger todas las palabras que se encuentre en `mensaje`.

```
38.     for palabra in PALABRAS_ESPANOL:
39.         if mensaje.find(palabra) != -1:
40.             texto += palabra
41.     coef = len(texto)/longitud
42.     if coef >= r_lexica:
43.         return True, coef
44.     else:
45.         return False, coef
```

En la línea 38 de nuestro módulo damos comienzo a un bucle **`for`** para recorrer una a una todas las palabras del diccionario de la lengua española. Si alguna de esas palabras se encuentra en el mensaje, entonces la evaluación de la expresión de la línea 39 da **`True`** como resultado y se añade dicha palabra a la cadena `texto`.

Una vez que se han evaluado las palabras recogidas en *diccionario.txt*, el bucle concluye y se halla la riqueza léxica del mensaje como el cociente `len(texto)/ longitud`. Si el coeficiente es superior o igual a la riqueza léxica establecida por defecto, 0.50, entonces es muy probable que el mensaje tenga sentido en castellano. En ese caso, la línea 43 devolverá **`True`**. En caso contrario, la función retornará **`False`** y se obviará ese mensaje.

Independientemente de la condición booleana devuelta por la función `es_espanol()`, esta también regresará un segundo valor, de nombre `coef`, que se corresponde con la riqueza léxica definida en la línea 41 para el mensaje. Este parámetro nos será muy útil en nuestra técnica de fuerza bruta contra la transposición simple a la hora de encontrar la clave probable.

## 9.3 CÓDIGO FUENTE DEL PROGRAMA PRINCIPAL

Para romper la cifra de transposición columnar simple solo podemos usar la fuerza bruta. Es cierto que el espacio de claves es muy superior al que emplea la cifra César; sin embargo, un ordenador no va a necesitar mucho tiempo para probar los miles de claves con los que ha podido cifrarse un texto. De todas esas claves, la más probable será aquella que genere el texto con mayor riqueza léxica en nuestro idioma. Aquí es donde la función que implementamos en el módulo *detectarEspanol.py*, `es_espanol()`, nos será de enorme utilidad.

Abre el entorno interactivo de Python y haz clic en el menú **File ▶ New File** para abrir una ventana del editor. Escribe el código fuente y pulsa **F5** para ejecutarlo. Ten en cuenta que necesitas tener todos los módulos y ficheros necesarios en el mismo directorio:

```
# Programa de fuerza bruta contra el algoritmo
# de transposición columnar simple

import pyperclip, detectarEspanol, transColumDescif

def main():
    print('Este programa realiza un ataque por fuerza bruta contra un criptograma \nobtenido por transposición columnar simple')
    criptograma = input('\nIntroduce el criptograma: ')
    criptograma = detectarEspanol.limpiar_texto(criptograma).upper()
    posible_mensaje = criptoanalisis(criptograma)

    if posible_mensaje == None:
        print('\nNo ha sido posible hallar un texto.')
    else:
        print('\nCopiando mensaje al portapapeles.')
        print(posible_mensaje)
        pyperclip.copy(posible_mensaje)


def  barra_progreso(limite):
    asteriscos = 0
    for numero in range(2, limite):
        if numero % (limite // 40) == 0:
            asteriscos += 1 # Longitud de la barra

    print ('      0%' + " " * asteriscos + '100%')
    print ('       |' + "-" * asteriscos + '|')
    print('Espere ', end = '')


def criptoanalisis(criptograma):

    # En windows los programas Python se interrumpen con Ctrl + C
    # En linux o Mac se abortan con Ctrl + D
    print('\nPulsa Ctrl-C para abandonar\n')
    print('Probando claves\n')
```

```

    limite = len(criptograma)
    barra_progreso(limite)
    razones = []
    textos = []
    claves = []

    # Fuerza bruta, se prueban todas las claves
    for clave in range(2, limite):
        texto_descifrado = transColumDescif.descifrar(criptograma, clave)
        espanol, coef = detectarEspanol.es_espanol(texto_descifrado)

        # Añadimos marcadores (*) a la barra
        if clave % (limite // 40) == 0:
            print('*', end='')

        # Si el texto devuelto es español almacenamos
        # r_lex, el texto descifrado y la clave en sendas listas
        if  espanol:
            r_lex = coef
            textos.append(texto_descifrado)
            razones.append(r_lex)
            claves.append(clave)

    if razones == []:
        return None

    # Se selecciona el máximo de r_lex (texto probable)
    maximo = razones.index(max(razones))
    solucion = textos[maximo]
    clave = claves[maximo]

    # Y permite comprobar la solución propuesta
    print()
    print('\nPosible clave: %s -> %s' % (clave, solucion[:100]))
    print('\nPulsa F para aceptar el resultado')
    respuesta = input('> ')
    if respuesta.strip().upper().startswith('F'):
        return solucion

    return None
```

```

if __name__ == '__main__':
    main()
```

Cuando ejecutes el programa, este te solicitará que introduzcas el criptograma que quieres descifrar. Cuando pulses la tecla Enter, verás cómo va creciendo la barra de progreso hasta alcanzar el 100 %. En ese momento, el programa responderá con la clave utilizada y el texto plano correspondiente, como puedes observar en la siguiente imagen:

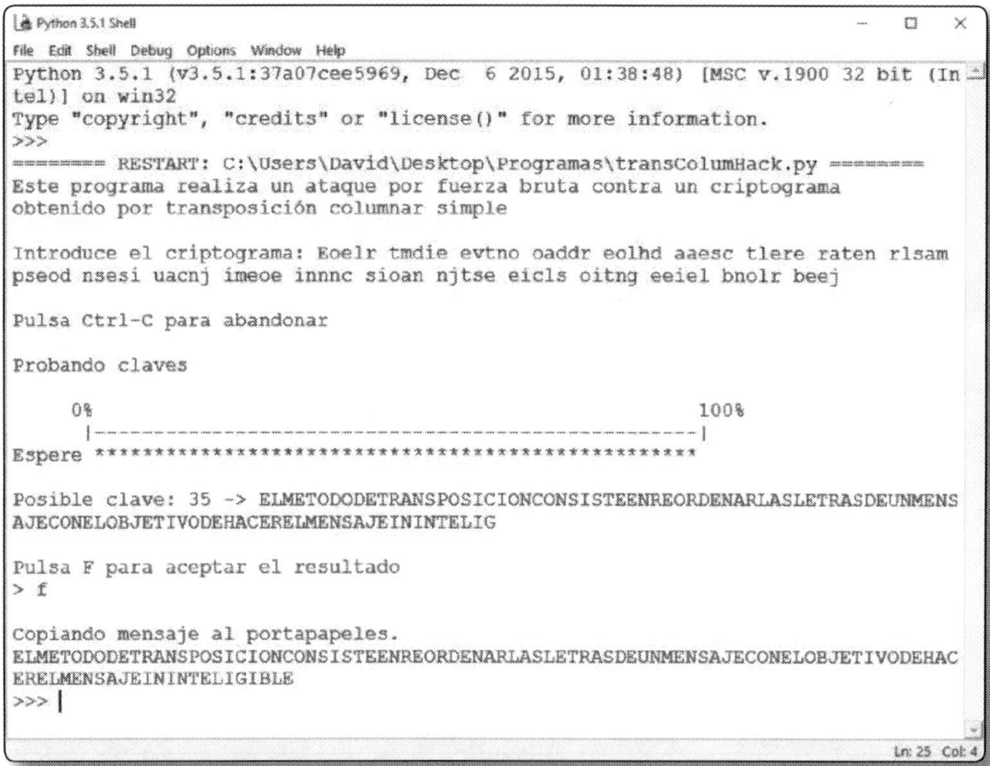

```
Python 3.5.1 Shell
File Edit Shell Debug Options Window Help
Python 3.5.1 (v3.5.1:37a07cee5969, Dec  6 2015, 01:38:48) [MSC v.1900 32 bit (In
tel)] on win32
Type "copyright", "credits" or "license()" for more information.
>>>
======== RESTART: C:\Users\David\Desktop\Programas\transColumHack.py ========
Este programa realiza un ataque por fuerza bruta contra un criptograma
obtenido por transposición columnar simple

Introduce el criptograma: Eoelr tmdie evtno oaddr eolhd aaesc tlere raten rlsam
pseod nsesi uacnj imeoe innnc sioan njtse eicls oitng eeiel bnolr beej

Pulsa Ctrl-C para abandonar

Probando claves

     0%                                                100%
      |--------------------------------------------------|
Espere ***************************************************

Posible clave: 35 -> ELMETODODETRANSPOSICIONCONSISTEENREORDENARLASLETRASDEUNMENS
AJECONELOBJETIVODEHACERELMENSAJEININTELIG

Pulsa F para aceptar el resultado
> f

Copiando mensaje al portapapeles.
ELMETODODETRANSPOSICIONCONSISTEENREORDENARLASLETRASDEUNMENSAJECONELOBJETIVODEHAC
ERELMENSAJEININTELIGIBLE
>>> |
Ln: 25 Col: 4
```

**Figura 9.2.** Resultado de la ejecución del programa

Cuando el programa ha revisado todas las claves posibles, lo que coincide con la longitud del criptograma, muestra una clave y el texto plano que se corresponde con esa clave. Si el usuario considera que el texto devuelto no es la solución, puede pulsar Enter para dar como concluido el programa. En caso contrario, basta con escribir la letra `F` para que el texto plano se copie al portapapeles. Si no pudiera hallarse una clave válida, el programa respondería con el literal "`No ha sido posible hallar un texto`".

## 9.3.1 Cómo funciona el programa

```
 1. # Programa de fuerza bruta contra el algoritmo
 2. # de transposición columnar simple
 3.
 4. import pyperclip, detectarEspanol, transColumDescif
```

El programa que hemos desarrollado no es excesivamente largo, pues hace uso de funciones definidas en otros módulos, como recoge la línea 4.

```
 6. def main():
 7.     print('Este programa realiza un ataque por fuerza
bruta contra un criptograma \nobtenido por transposición
columnar simple')
 8.     criptograma = input('\nIntroduce el criptograma: ')
 9.     criptograma = detectarEspanol.limpiar_texto
(criptagrama).upper()
10.     posible_mensaje = criptoanalisis(criptograma)
```

Tras introducir el criptograma por teclado, este se almacena en la variable `criptograma`. A continuación, la línea 9 llama a la función `limpiar_texto()` del módulo `detectarEspanol` para eliminar del criptograma todos los símbolos que no sean letras. Por último, se convierte la cadena a mayúsculas y se asigna su contenido a la misma variable. El código que verdaderamente busca la clave con la que se obtuvo el criptograma reside en la función `criptoanalisis()`, que toma por argumento la variable `criptograma`. Si es capaz de encontrar la clave, devolverá el texto plano, en caso contrario, hará lo propio con el valor **`None`**. El valor devuelto por la función se asigna a la variable `posible_mensaje`.

```
12.     if posible_mensaje == None:
13.         print('\nNo ha sido posible hallar un texto.')
```

Si el contenido de la variable `posible_mensaje` es **`None`**, el programa comunica que ha sido imposible encontrar un texto plano con sentido.

```
14.     else:
15.         print('\nCopiando mensaje al portapapeles.')
16.         print(posible_mensaje)
17.         pyperclip.copy(posible_mensaje)
```

En caso contrario, el texto plano se imprime por pantalla en la línea 16 y se copia al portapapeles en la línea 17.

```
20. def barra_progreso(limite):
21.     asteriscos = 0
22.     for numero in range(2, limite):
```

```
23.         if numero % (limite // 40) == 0:
24.             asteriscos += 1 # Longitud de la barra
```

Como pueden existir tantas claves como la longitud del criptograma, y pueden ser miles, hemos construido una pequeña barra de progreso con asteriscos (*) que le indicarán al usuario que el procesador está trabajando y qué porcentaje lleva analizado. El parámetro de trabajo es la variable `limite`, que se define más adelante y que coincide con el máximo número de claves con el que podría haberse cifrado el texto.

En la línea 22 comienza un bucle **`for`** para recorrer todas las claves. En el momento en que el número de clave sea un múltiplo del valor `limite // 40`, se añade un asterisco a la cadena. Este valor se ha tomado arbitrariamente para que la longitud de la barra sea siempre próxima a 40. Lógicamente, si el criptograma tiene una longitud inferior a 40 caracteres, la línea 23 mostrará un error de división por cero, pues `limite // 40 = 0`. ¿Se te ocurre algún modo de solucionarlo?

```
26.     print ('     0%' + " " * asteriscos + '100%')
27.     print ('      |' + "-" * asteriscos + '|')
28.     print('Espere ', end='')
```

Una vez que conocemos cuál es la longitud de la barra de desplazamiento, podemos dibujarla en pantalla con el operador * que, como vimos en el capítulo 4, permitía replicar una cadena. El resultado de la ejecución de las líneas 26 – 28 sería algo así:

```
0%                                                        100%
|-------------------------------------------------------------|
Espere
```

```
31. def criptoanalisis(criptograma):
32.
33.     # En windows los programas Python se interrumpen con
Ctrl + C
34.     # En linux o Mac se abortan con Ctrl + D
35.     print('\nPulsa Ctrl-C para abandonar\n')
```

Una vez que el criptograma tiene el formato adecuado para comenzar el ataque por fuerza bruta, la línea 10 del código llama a la función `criptoanalisis()`, que recibe por parámetro la cadena que forma el criptograma.

La llamada a la función `print()` de la línea 35 informa al usuario de que podrá abandonar en cualquier momento el ataque pulsando la combinación de teclas Ctrl–C en Windows o Ctrl–D en Linux u OS X.

```
38.     limite = len(criptograma)
39.     barra_progreso(limite)
40.     razones = []
41.     textos = []
42.     claves = []
```

La línea 38 delimita la longitud del criptograma y, por tanto, el máximo número de claves que deberán probarse. Este límite se pasa por parámetro en la línea siguiente a la función `barra_progreso()` para dibujar en pantalla la barra que indicará al usuario la evolución del ataque de fuerza bruta.

Las líneas 40, 41 y 42 definen las tres listas que empleará el programa para almacenar la riqueza léxica de los textos descifrados, los textos y la clave con la que se han obtenido estos. Como ya comentamos, la clave más probable es aquella con la que se obtiene la máxima riqueza léxica.

```
44.     # Fuerza bruta, se prueban todas las claves
45.     for clave in range(2, limite):
```

El bucle **`for`** de la línea 45 será el que ejecuta verdaderamente el ataque por fuerza bruta. Para ello, probará todas las posibles claves entre 2 y la longitud del mensaje.

```
46.         texto_descifrado = transColumDescif.descifrar
(criptograma, clave)
```

Al hacer uso de la función `descifrar()` escrita en el módulo *transColumDescif.py*, la línea 46 recupera y almacena en la variable `texto_descifrado` el texto plano obtenido al descifrar el criptograma con el valor actual de la clave.

```
47.         espanol, coef = detectarEspanol.es_espanol
(texto_descifrado)
```

El texto almacenado en la variable `texto_descifrado` solo podrá ser el buscado si se ha utilizado la clave correcta, en caso contrario producirá una secuencia de letras sin sentido. Este es el motivo por el que se pasa en la línea 47 como parámetro de la función `es_espanol()` que codificamos en el módulo *detectarEspanol.py*. La función devuelve dos parámetros: `espanol`, que indica si es o no probable que el texto tenga sentido en nuestra lengua, y `coef`, que es la riqueza léxica del texto obtenido. Que el primero de ellos sea **`True`** no implica necesariamente que ese sea el texto buscado, pues podría tratarse de un falso positivo. Recuerda que hemos asignado

**True** a aquellos textos cuya riqueza léxica es superior a 0,5. Para asegurarnos mejor, necesitamos escribir unas cuantas líneas más de código.

```
55.         if espanol:
56.             r_lex = coef
57.             textos.append(texto_descifrado)
58.             razones.append(r_lex)
59.             claves.append(clave)
```

Si `espanol` es **True**, entonces guardamos el texto descifrado, su riqueza léxica y la clave con la que se ha obtenido en las listas `textos`, `razones` y `claves`, respectivamente.

```
61.     if razones == []:
62.         return None
```

Una vez acabado el bucle de la línea 45 se comprueba si la lista `razones` está vacía –señal de que no se ha hallado ningún texto con significado–. Si es así, se devuelve el valor **None** a la línea 10 y se asigna ese valor a la variable `posible_mensaje` como indicador de que el ataque ha fallado.

```
65.     maximo = razones.index(max(razones))
66.     solucion = textos[maximo]
67.     clave = claves[maximo]
```

Si, por el contrario, la lista no está vacía, encontramos el valor máximo de la riqueza léxica y la posición que ocupa en aquella y se lo asignamos a la variable `maximo`. Con esa posición almacenamos en la línea 66 el texto plano que se corresponde con dicha riqueza léxica y en la línea 67 la clave con la que se ha obtenido.

```
71.     print('\nPosible clave: %s -> %s' % (clave, sol
cion[:100]))
72.     print('\nPulsa F para aceptar el resultado')
73.     respuesta = input('> ')
```

Para comprobar que la clave y el texto plano recuperados son los correctos y no un falso positivo, el programa imprime en pantalla los primeros cien caracteres del texto.

En la línea 73 el programa realiza una pausa para que el usuario pueda validar o no el texto obtenido. Si da por bueno el resultado, tan solo debe pulsar la tecla **F** y Enter.

#### 9.3.1.1 EL MÉTODO STRIP()

```
    if respuesta.strip().upper().startswith('F'):
        return solucion
```

El método `strip()` se utiliza con las cadenas de texto para eliminar los **espacios en blanco** que puedan encontrarse al principio o al final de aquellas. Python considera como caracteres en blanco los espacios, los saltos de línea y las tabulaciones.

Abre un terminal y ejecuta las siguientes instrucciones:

```
>>> '   Hola mundo'.strip()
'Hola mundo'
>>> 'Hola mundo   '.strip()
'Hola mundo'
>>> '    Hola \n'.strip()
'Hola'
>>> ' Hola    mundo'.strip()
'Hola    mundo'
>>>
```

Observa cómo `strip()` elimina tan solo los espacios iniciales o finales de la cadena. No obstante, también existen otros dos métodos relacionados con este que pueden utilizarse para quitar únicamente los espacios que existan al comienzo de una cadena, `lstrip()`; o al final, `rstrip()`:

```
>>> '  Hola mundo  '.rstrip()
'  Hola mundo'
>>> '  Hola mundo  '.lstrip()
'Hola mundo  '
>>>
```

Estos tres métodos también admiten parámetros para indicar qué otros caracteres desean eliminarse del comienzo o final de una cadena. Prueba a escribir lo siguiente en un terminal interactivo:

```
>>> 'Conseguidoxxx'.rstrip('x')
'Conseguido'
>>> 'xxx Fabuloso xxx'.strip('x ')
'Fabuloso'
>>> 'oXoXHOLA'.lstrip('oX')
'HOLA'
```

Volvamos entonces al código fuente. La expresión condicional de la línea 74 permite al usuario tener más flexibilidad en lo que tiene que teclear. Si la condición hubiera sido `respuesta == 'F'`, entonces el usuario tendría que escribir exactamente la letra **`F`** para aceptar el texto plano y finalizar el programa. Si, por el contrario, tecleara "`f`" o "`F`" o "`fin`" la condición sería falsa y el programa terminaría como si no hubiera encontrado la clave. Así pues, como eliminamos todos los posibles espacios en blanco del inicio y fin de cadena y lo convertimos a mayúsculas, entonces, aunque el usuario escriba "`f`" o "`F`" o incluso "`Fin`", la expresión concluyente será **`True`** y la función devolverá a la línea 10 la cadena que contiene el texto plano.

```
77.         return None
```

Si por el contrario el usuario no acepta el resultado, entonces el flujo de programa se deriva a la línea 77 y la función devolverá el valor **`None`** para indicar que el ataque por fuerza bruta falló.

```
79. if __name__ == '__main__':
80.     main()
```

Las líneas 79 y 80 llaman a la función `main()` en caso de que el programa se ejecute por sí mismo.

## 9.4 RESUMEN

En este capítulo hemos diseñado un módulo para poder detectar nuestro idioma en una cadena formada por una sucesión de letras sin separación. Para ello, nos hemos basado en un parámetro, definido como riqueza léxica, que adquiere un máximo para un texto dado en un lenguaje natural.

La implementación del módulo en Python ha permitido introducir el concepto de diccionario como un tipo de estructura de datos que permite almacenar un conjunto no ordenado de pares clave: valor. La búsqueda de datos en un diccionario es muchísimo más eficiente que en una lista y, además, es independiente del número de elementos que contenga.

Has aprendido también cómo funcionan los métodos de cadenas `split()`, para obtener una lista formada por todos los elementos encontrados al dividir la cadena por un separador, así como `lstrip()` y `rstrip()` y `strip()` para eliminar los caracteres que se deseen del comienzo de una cadena, del final o de ambos, respectivamente. Además, has seguido profundizando en el método de listas `append()` para anexar un elemento a una lista.

Además, has estudiado qué son y cómo trabajan los parámetros por defecto en una función. Recuerda que al asignar estos parámetros no debes dejar ningún espacio en blanco ni antes ni después del signo `=`. Asimismo, has visto cómo una función puede devolver más de un parámetro tras finalizar su ejecución y el significado del valor **`None`** para indicar que algo no existe.

Por último, te hemos enseñado a programar una sencilla barra de progreso para indicar al usuario que el programa está trabajando, muy útil en cálculos largos para no dar la sensación de que el programa se ha bloqueado.

## 9.5 EVALUACIÓN

1. Responde a las siguientes cuestiones:
   - ¿Qué es un diccionario en Python?
   - ¿Cómo se indexan los diccionarios? ¿Y las tuplas y listas?
   - ¿Cuál es la importancia de detectar un idioma para el criptoanálisis?
   - ¿Qué es para Python el valor **`None`**?
   - ¿Cuál sería la riqueza léxica de la siguiente frase en español?

     "*La libertad es uno de los más preciados dones que a los hombres dieran los cielos.*"
   - ¿En qué posición añade el método `append()` un elemento a una lista?
   - ¿Cómo obtendrías la lista de todas las palabras contenidas en una cadena?
   - ¿Existe alguna diferencia entre el operador + y el método `append()` para añadir elementos a una lista?
   - ¿Qué diferencia a los métodos de cadenas `lstrip()` y `rstrip()`?
   - ¿Qué son los parámetros por defecto en las funciones?

## 9.6 EJERCICIOS PROPUESTOS

1. Codifica una función `autenticacion()` que reciba como parámetro una dirección de correo electrónico y que haga uso del método `split()` para devolver por separado el usuario y el dominio.

2. Escribe una función que reciba una cadena de texto y devuelva un diccionario con la cantidad de apariciones de cada letra en la cadena.

3. Completa los huecos y explica el funcionamiento de la siguiente función, que involucra diccionarios, y comprueba su resultado con el objeto devuelto por la función codificada en el ejercicio anterior.

```
def funcion(diccionario):
    dic_aux = [      ]
    for letra, [        ] in diccionario.[        ]:
        if numero != 0: dic_aux[[        ]] = numero
    return [        ] (dic_aux.items(), key = operator.itemgetter(0))
```

4. En la transposición columnar simple siempre puede hallarse el texto plano por fuerza bruta. Para evitarlo, se definió un nuevo algoritmo que multiplicaba el número posible de claves utilizando una palabra que permitía ordenar las columnas de la matriz según el orden alfabético de la clave. ¿Cuántos criptogramas son posibles en una transposición controlada por una palabra clave de longitud *n*? ¿Qué dificultad presenta un ataque por fuerza bruta contra este nuevo algoritmo? Puedes estudiar los algoritmos en los programas *transClaveCif.py* y *transClaveDescif.py*.

# 10

# LA CIFRA AFÍN

En los capítulos anteriores hemos visto ya las dos operaciones básicas de cualquier técnica criptográfica: sustitución y transposición. Si bien hemos conseguido alcanzar un nivel de seguridad aceptable con la transposición columnar gestionada por una palabra clave, cuyos programas te hemos dejado como material descargable, no hemos hecho lo mismo con las técnicas de sustitución.

Estos próximos capítulos, por tanto, los dedicaremos a trabajar en técnicas de sustitución cada vez más complejas con el objetivo de combinar ambos métodos y conseguir algoritmos de "supercifrado" que nos garanticen la mayor seguridad matemática posible.

En este capítulo 10 nos centraremos específicamente en el cifrado afín y su relación con la aritmética modular, de la que ya hablamos anteriormente. Lamentablemente, no podemos comprender el funcionamiento del algoritmo sin introducir algunas nociones relativamente avanzadas de matemática, como congruencia y módulo, entre otras.

## 10.1 LA CIFRA AFÍN

Se trata de un tipo de cifrado por sustitución monoalfabética en el que cada símbolo del alfabeto en claro se sustituye por otro símbolo del alfabeto cifrado, de modo que el número de caracteres de ambos alfabetos sean iguales.

El nombre de este algoritmo se debe a que para encontrar qué símbolo del alfabeto cifrado sustituye a un determinado símbolo del alfabeto en claro, se usa una **función matemática afín** en **aritmética modular**.

La aritmética modular puede ser construida matemáticamente mediante la **relación de congruencia** entre números enteros. **Congruencia** es un término que se emplea en la teoría de números para designar que dos números enteros *a* y *b* tienen el mismo **resto** al dividirlos por un número natural $m \neq 0$, llamado **módulo**, y se denota como $a \equiv b \pmod{m}$.

> **NOTA**
> Se dice que dos números enteros *a* y *b* son congruentes módulo *m* si y solo si *m* divide a $a - b$. Esta relación se denota como $a \equiv b \pmod{m}$, donde *m* es el módulo de la congruencia.

Así se tiene, por ejemplo, que

$23 \equiv 2 \pmod{7}$

Ya que ambos, 23 y 2, dejan el mismo resto (2) al dividir entre 7. Equivalentemente, podemos decir que 23 y 2 son congruentes módulo 7 porque $23 - 2 = 21$ es múltiplo de 7.

### 10.1.1 Visualiza el módulo con relojes

Observa qué ocurre con el módulo cuando incrementamos números de uno en uno y luego los dividimos entre 3:

| **Número** | 0 | 1 | 2 | 3 | 4 | 5 | 6 |
|---|---|---|---|---|---|---|---|
| **Módulo** | 0 | 1 | 2 | 0 | 1 | 2 | 0 |

El resto de la división empieza en 0 y aumenta de uno en uno hasta que llega al número entre el cual estamos dividiendo, en el que vuelve a ser cero. Después de eso, la secuencia se repite de nuevo.

Podemos visualizar el operador módulo mediante el uso de relojes. Escribimos 0 en las doce en punto y continuamos en dirección de las manecillas del reloj escribiendo enteros empezando con el 1 hasta el valor $m$ - 1. Es por eso que, sugerentemente, se le denomina muchas veces como **aritmética del reloj** (Hoffstein, 2008), ya que los números "dan la vuelta" tras alcanzar cierto valor llamado módulo.

Para encontrar el resultado *a* mod *m*, puedes seguir estos pasos:

1. Dibuja un reloj de tamaño *m*.
2. Empieza en 0 y muévete en el sentido de las agujas del reloj *a* pasos. Donde caigas, ese es el resultado.

> **NOTA**
> Si el número es positivo, avanzamos en dirección de las manecillas del reloj; si es negativo, avanzamos en dirección antihoraria.

Por ejemplo, para hallar -5 mod 3 hacemos un reloj con los números 0, 1 y 2. A continuación, empezando en 0, nos movemos en una secuencia de cinco números en dirección contraria a las agujas del reloj: 2, 1, 0, 2, 1 (Figura 10.1).

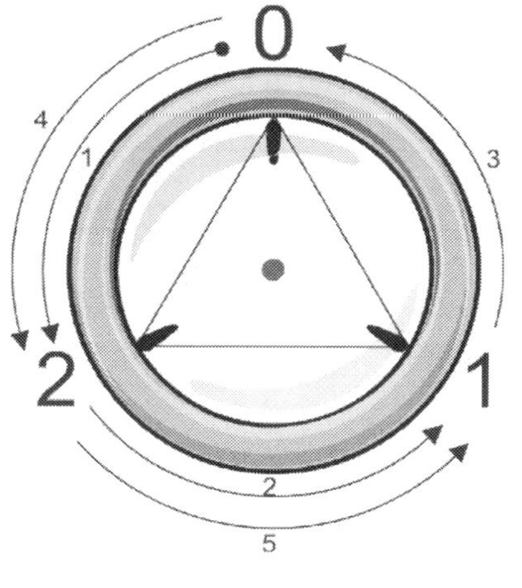


**Figura 10.1.** Uso de un reloj para hallar -5 mod 3 = 1

Prueba ahora a sumar un múltiplo de 3 al número -5, ¿qué resultado obtienes? Efectivamente, si tenemos *a* mod *m* e incrementamos *a* en un múltiplo de *m* terminaremos en el mismo lugar, es decir,

$$a \bmod m = (a + k \cdot m) \bmod m \ \forall k \in \mathbf{Z}$$

### 10.1.2 El operador módulo en Python

Como acabamos de ver, el fundamento de la aritmética modular es el concepto de módulo. Python, como otros lenguajes de programación, emplea el símbolo de porcentaje (`%`) para referirse al operador módulo. Abre el intérprete y teclea las siguientes operaciones:

```
>>> 5 % 3  # Se lee cinco módulo 3
2
>>> (5 + 3) % 3
2
>>> (5 + 2 * 3) % 3
2
>>>
```

Puedes pensar en el módulo como en el resto de la división. Así, 29 / 7 = 4 resto 1 y por eso 29 % 7 = 1. Sin embargo, lo que funciona para los números positivos no sirve siempre para los negativos. −29 / 7 = −4 resto −1, pero el resultado de una operación módulo no puede ser nunca negativo. Piensa que el resto −1 es lo mismo que 7 – 1, que es 6. Por ello −29 % 7 es 6:

```
>>> - 29 % 7
6
>>>
```

### 10.1.3 Operaciones en la cifra afín

Dijimos al comienzo del capítulo que para hallar el símbolo del alfabeto cifrado que sustituye a un determinado símbolo del alfabeto en claro con la cifra afín, se usa una función matemática en aritmética modular. Para poder aplicar esta función lo primero que hay que hacer es asignar un orden a cada símbolo de cada uno de los alfabetos. Si se emplea un alfabeto de 26 caracteres, entonces los símbolos abarcarán desde el 0 (A) hasta el 25 (Z). Una vez establecido el orden, la fórmula para cifrar cualquier símbolo del texto plano tendrá la siguiente forma:

$$c_i = (a \cdot m_i + b) \mod n$$

Donde:

$c_i$: identifica el símbolo $i$ del texto cifrado.

$a$: es la llamada **constante de decimación**.

$m_i$: identifica el símbolo *i* del texto en claro.

*b*: se denomina **constante de desplazamiento**.

*n*: es el número de símbolos del alfabeto de cifrado.

Los sistemas de cifrado afín se pueden clasificar según el valor de los valores *a* y *b*:

- Si $a = 1$ se dice que el sistema es un cifrado por desplazamiento puro.
- Si $b = 0$ se dice que el cifrado es por decimación pura.
- Si $a \neq 1$ y $b \neq 0$, se dice que el sistema es un cifrado por sustitución afín.

Para descifrar un símbolo $c_i$ habrá que realizar el proceso inverso, que se puede describir con la función matemática:

$$m_i = a^{-1}(c_i - b) \quad \text{mod } n$$

Donde $a^{-1}$ representa el inverso modular o multiplicativo, es decir, el menor número entero que cumpla que $a \cdot a^{-1}$ mod $n = 1$. Para que esto ocurra es necesario que *a* y *n* sean **primos** entre sí.

> **NOTA**
> Un sistema de cifrado afín es operativo si y solo si *a* y *n* son coprimos, es decir, verifican que el máximo común divisor de ambos es 1.

### 10.1.4 Máximo común divisor. Algoritmo de Euclides

Como acabamos de mostrar, implementar la cifra afín requiere encontrar un número *a* coprimo con la longitud del alfabeto utilizado. Necesitaremos, por tanto, una función que nos permita evaluar si dos números enteros son primos entre sí, lo que hará hallando el mcd de ambos.

En matemáticas, se define el **máximo común divisor** (mcd) de dos o más números enteros al mayor número entero que los divide sin dejar resto.

Observa esta multiplicación:

$$2 \times 6 = 12$$

En este producto, decimos que 2 y 6 son factores, o divisores, de 12. No obstante, este número tiene otros divisores adicionales:

$$12 \times 1 = 12$$

$$3 \times 4 = 12$$

$$2 \times 6 = 12$$

Por tanto, 12 y 1 también son factores, como lo son el 3 y el 4 o el 2 y el 6. Luego podemos decir que los divisores de 12 son: ±1, ±2, ±3, ±4, ±6 y ±12.

Echemos un vistazo a los factores de 20:

$$20 \times 1 = 20$$

$$10 \times 2 = 20$$

$$4 \times 5 = 20$$

Así pues, los divisores de 20 son: ±1, ±2, ±4, ±5, ±10 y ±20. Observa que cualquier número tendrá siempre por divisores él mismo y la unidad. Si nos fijamos en los divisores de los números 12 y 20, nos daremos cuenta de que tienen en común los divisores ±1, ±2 y ±4. El mayor de estos divisores comunes es 4, al que llamamos máximo común divisor (mcd) de los números 12 y 20.

> **NOTA**
> El **mcd** de dos enteros es el mayor de los divisores comunes de ambos números.

Un método muy eficiente para calcular el mcd de dos números es el algoritmo de Euclides, descrito hace 2000 años por el matemático y geómetra griego homónimo. El método emplea el algoritmo de la división junto al hecho de que el mcd también divide al resto obtenido de dividir el número mayor entre el más pequeño.

Por ejemplo, para encontrar el mcd(20,12) procederíamos así:

$$\begin{array}{l|l} 20 & \underline{12} \\ \underline{8} & 1 \end{array}$$

Como el resto no es cero, dividimos el divisor (12) por el cociente (8):

$$\begin{array}{l|l} 12 & \underline{8} \\ \underline{4} & 1 \end{array}$$

Y volvemos a dividir:

$$\begin{array}{l|l} 8 & \underline{4} \\ \underline{0} & 2 \end{array}$$

En este punto el algoritmo termina. De la secuencia de divisiones podemos escribir que mcd(20,12) = mcd(12,8) = mcd(8,4) = mcd(4,0). Dado que mcd(4,0) = 4, entonces se concluye que mcd(20,12) = 4.

Este algoritmo puede implementarse en Python de una forma realmente sencilla:

```
def mcd(a, b):
    while a != 0:
        a, b = b % a, a
    return b
```

El algoritmo utiliza en la línea 3 de la función una asignación múltiple y un intercambio de valores. Como vimos, Python permite asignar más de una variable en una única sentencia de asignación. Intenta escribir las siguientes instrucciones en la consola interactiva:

```
>>> a, b, c = 12, -3, 'David'
>>> a
12
>>> b
-3
>>> c
'David'
>>>
```

Los nombres de las variables de la izquierda del operador de asignación y los valores del lado derecho se separan por comas y se asignan en el mismo orden que las variables, como observas en el ejemplo anterior.

Asegúrate de tener el mismo número de elementos a ambos lados del operador, de otro modo, Python responderá con un error indicando que faltan o sobran valores:

```
>>> a, b, c = 1, 3
Traceback (most recent call last):
  File "<pyshell#31>", line 1, in <module>
    a, b, c = 1, 3
ValueError: not enough values to unpack (expected 3, got 2)
>>> a, b, c = 1, 2, 3, 4
Traceback (most recent call last):
  File "<pyshell#32>", line 1, in <module>
    a, b, c = 1, 2, 3, 4
ValueError: too many values to unpack (expected 3)
```

Uno de los usos principales de la asignación múltiple en Python es el intercambio de valores entre dos variables. Prueba a escribir lo siguiente en la consola interactiva:

```
>>> saludo = 'Hola'
>>> despedida = 'Adios'
>>> saludo, despedida = despedida, saludo
>>> despedida
'Hola'
>>> saludo
'Adios'
>>>
```

Observa cómo al realizar la asignación múltiple hemos conseguido intercambiar el contenido de ambas variables. Algo similar es lo que hemos hecho en la línea 3 de la implementación del algoritmo de Euclides. Fíjate en la tabla siguiente cuál es el contenido de ambas variables después de la ejecución de la línea 3 en el bucle `while` tras la llamada a `mcd(20, 12)`:

| Iteración | a | b |
|---|---|---|
| 1 | 12 | 20 |
| 2 | 8 | 12 |
| 3 | 4 | 8 |
| 4 | 0 | 4 |

En la primera iteración se intercambia el valor de las variables. En las siguientes, la variable `a` almacena los restos de las sucesivas divisiones y `b` los divisores. Cuando el resto de una división sea 0 el algoritmo termina (`a = 0`) y se devuelve el valor de la variable `b`, que es el máximo común divisor.

Volvamos de nuevo a la cifra afín. El proceso de cifrado o descifrado de un texto es semejante al que empleábamos en la cifra César, sin embargo, en vez de sumar o restar la clave, usamos la multiplicación. El primer paso, por tanto, es asignar a cada una de las letras del alfabeto un número con la posición de cada letra en el conjunto:

| A | B | C | D | E | F | G | H | I | J | K | L | M |
|---|---|---|---|---|---|---|---|---|---|---|---|---|
| 0 | 1 | 2 | 3 | 4 | 5 | 6 | 7 | 8 | 9 | 10 | 11 | 12 |

| N | O | P | Q | R | S | T | U | V | W | X | Y | Z |
|---|---|---|---|---|---|---|---|---|---|---|---|---|
| 13 | 14 | 15 | 16 | 17 | 18 | 19 | 20 | 21 | 22 | 23 | 24 | 25 |

Supongamos que elegimos como clave de cifrado la pareja de números (`a = 7, b = 5`). ¿Cómo sabemos entonces qué símbolo cifra a la letra H? La solución es mucho más sencilla de lo que podrías imaginarte después de lo que hemos estudiado en el capítulo. Como la letra H ocupa la posición $m_i = 7$ en el alfabeto y este tiene $n = 26$ símbolos, entonces:

$$c_i = (a \cdot m_i + b) \bmod n = (7 \cdot 7 + 5) \bmod 26 = 54 \bmod 26 = 2$$

Así que el símbolo que cifra a la letra H es el que ocupa la posición 2, que es la C. Este proceso habría que repetirlo para las 26 letras del alfabeto y, de este modo, tendrías ya construido el alfabeto de sustitución.

Hemos visto que, matemáticamente, para que pueda usarse el cifrado afín, los números `a` y `n` han de ser coprimos, es decir, han de verificar que mcd($a$, $n$) = 1. ¿Qué pasaría en la práctica si elegimos una clave `a` que no sea primo relativo de la longitud del alfabeto?

Antes de seguir leyendo observa en la tabla siguiente cómo obtenemos el alfabeto de sustitución de una cifra afín con una constante de decimación $a = 8$. Date cuenta de que si llamamos a nuestra función `mcd(26, 8)` el resultado que nos devuelve es 2, es decir, que ambos valores no son coprimos y por tanto no existe el inverso multiplicativo.

| Símbolo del texto claro | Posición | Cifrado con clave (8, 5) | Símbolo del texto cifrado |
|---|---|---|---|
| A | 0 | $(0 \cdot 8 + 5) \% 26 = 5$ | F |
| B | 1 | $(1 \cdot 8 + 5) \% 26 = 13$ | N |
| C | 2 | $(2 \cdot 8 + 5) \% 26 = 21$ | V |
| D | 3 | $(3 \cdot 8 + 5) \% 26 = 3$ | D |
| E | 4 | $(4 \cdot 8 + 5) \% 26 = 11$ | L |
| F | 5 | $(5 \cdot 8 + 5) \% 26 = 19$ | T |
| G | 6 | $(6 \cdot 8 + 5) \% 26 = 1$ | B |
| H | 7 | $(7 \cdot 8 + 5) \% 26 = 9$ | J |
| I | 8 | $(8 \cdot 8 + 5) \% 26 = 17$ | R |
| J | 9 | $(9 \cdot 8 + 5) \% 26 = 25$ | Z |
| K | 10 | $(10 \cdot 8 + 5) \% 26 = 7$ | H |
| L | 11 | $(11 \cdot 8 + 5) \% 26 = 15$ | P |
| M | 12 | $(12 \cdot 8 + 5) \% 26 = 23$ | X |
| N | 13 | $(13 \cdot 8 + 5) \% 26 = 5$ | F |
| O | 14 | $(14 \cdot 8 + 5) \% 26 = 13$ | N |
| P | 15 | $(15 \cdot 8 + 5) \% 26 = 21$ | V |
| Q | 16 | $(16 \cdot 8 + 5) \% 26 = 3$ | D |
| R | 17 | $(17 \cdot 8 + 5) \% 26 = 11$ | L |
| S | 18 | $(18 \cdot 8 + 5) \% 26 = 19$ | T |
| T | 19 | $(19 \cdot 8 + 5) \% 26 = 1$ | B |
| U | 20 | $(20 \cdot 8 + 5) \% 26 = 9$ | J |
| V | 21 | $(21 \cdot 8 + 5) \% 26 = 17$ | R |
| W | 22 | $(22 \cdot 8 + 5) \% 26 = 25$ | Z |
| X | 23 | $(23 \cdot 8 + 5) \% 26 = 7$ | H |
| Y | 24 | $(24 \cdot 8 + 5) \% 26 = 15$ | P |
| Z | 25 | $(25 \cdot 8 + 5) \% 26 = 23$ | X |

**Tabla 10.1.** Alfabeto de sustitución para la cifra afín con a = 8 y b = 5

Obtenido el alfabeto de sustitución, emparejamos ambos, de modo que para cifrar un mensaje reemplazamos la letra superior por su pareja inferior y al revés para descifrar:

| | | | | | | | | | | | | | | | | | | | | | | | | | |
|---|---|---|---|---|---|---|---|---|---|---|---|---|---|---|---|---|---|---|---|---|---|---|---|---|---|
| A | B | C | D | E | F | G | H | I | J | K | L | M | N | O | P | Q | R | S | T | U | V | W | X | Y | Z |
| ↕ | ↕ | ↕ | ↕ | ↕ | ↕ | ↕ | ↕ | ↕ | ↕ | ↕ | ↕ | ↕ | ↕ | ↕ | ↕ | ↕ | ↕ | ↕ | ↕ | ↕ | ↕ | ↕ | ↕ | ↕ | ↕ |
| F | N | V | D | L | T | B | J | R | Z | H | P | X | F | N | V | D | L | T | B | J | R | Z | H | P | X |

Desde el principio sabíamos que esta cifra no sería funcional, ahora vemos por qué. La segunda mitad del alfabeto de sustitución coincide con la primera, es decir, que la A y la N se cifran con la misma letra F, lo mismo ocurre con la E y la R y otras muchas más. Así pues, sería imposible saber si nos encontramos con un carácter del texto cifrado a qué letra representa de verdad en el texto plano. Este primer problema se resuelve empleando una constante de decimación que sea coprimo con la longitud del alfabeto. Te dejamos como ejercicio que encuentres cuál sería el alfabeto de sustitución con la clave (7, 5).

Parece, entonces, que todas las matemáticas que hemos aprendido en este tema eran realmente necesarias. Necesitamos comprender cómo trabaja el operador módulo porque forma parte del algoritmo del mcd y de la cifra afín. Asimismo, es importante saber cómo se halla el mcd de dos números porque él nos dice si esos dos números son coprimos. Y si la longitud del alfabeto empleado y la constante de decimación son coprimos, entonces sabremos que hemos elegido la clave correcta para nuestra cifra afín.

### 10.1.5 El proceso de descifrado

Como conoces desde el comienzo del libro, la cifra César utiliza la suma para cifrar y la resta para descifrar. En la cifra afín empleamos la multiplicación para cifrar el texto llano, luego podrías pensar que el proceso opuesto requeriría dividir. Sin embargo, no es cierto. Para encontrar el texto claro en una cifra afín se ha de multiplicar por el **inverso modular** de la clave.

Matemáticamente, el inverso multiplicativo o modular de un entero $a$ módulo $n$ es un entero $k$ tal que:

$$a^{-1} \equiv k (\bmod n)$$

Esto es equivalente a escribir:

$$ak \equiv 1 \ (\bmod n)$$

Cuando trabajamos con módulos pequeños es posible calcular inversos mediante el método de prueba y error haciendo toda la tabla de multiplicar y mirando simplemente cuál es el elemento que multiplicado por el nuestro nos da 1. Por ejemplo, el inverso modular de 3 mod 4 sería un número entero $k$ tal que $(3 \cdot k)$ mod $4 = 1$, es decir:

- 1 no es el inverso modular de 3 mod 4 porque (3 · 1) mod 4 = 3.
- 2 no es el inverso modular de 3 mod 4 porque (3 · 2) mod 4 = 2.
- 3 es el inverso modular de 3 mod 4 porque (3 · 3) mod 4 = 1.

La clave de cifrado y descifrado en este método de sustitución son diferentes. La clave puede ser cualquier número entero coprimo con la longitud del alfabeto. Por ejemplo, si hemos elegido la clave $a = 3$ para cifrar, la clave para descifrar será el inverso multiplicativo de 3 mod 26:

- 1 no es el inverso modular de 3 mod 26 porque (3 · 1) mod 26 = 3.
- 2 no es el inverso modular de 3 mod 26 porque (3 · 2) mod 26 = 6.
- 3 no es el inverso modular de 3 mod 26 porque (3 · 3) mod 26 = 9.
- 4 no es el inverso modular de 3 mod 26 porque (3 · 4) mod 26 = 12.
- 5 no es el inverso modular de 3 mod 26 porque (3 · 5) mod 26 = 15.
- 6 no es el inverso modular de 3 mod 26 porque (3 · 6) mod 26 = 18.
- 7 no es el inverso modular de 3 mod 26 porque (3 · 7) mod 26 = 21.
- 8 no es el inverso modular de 3 mod 26 porque (3 · 8) mod 26 = 24.
- 9 es el inverso modular de 3 mod 26 porque (3 · 9) mod 26 = 1.

Así pues, la clave de descifrado es 9, por lo que cualquier símbolo cifrado $c_i$ se convertiría en el texto plano en $m_i = 9\ (c_i - b)$ mod 26.

### 10.1.6 El algoritmo de Euclides extendido

El método de prueba y error es muy sencillo, pero cuando el módulo es grande, la técnica es muy costosa. En estos casos podemos utilizar el algoritmo de Euclides extendido para resolver el problema.

El algoritmo de Euclides no solo sirve para encontrar el máximo común divisor de dos números, sino que también nos indica que el mcd se puede expresar como combinación lineal de los mismos:

$$as + bt = mcd(a, b)$$

Cuando *a* y *b* son coprimos, entonces mcd(*a*, *b*) = 1 y la anterior ecuación se convierte en:

$$as + bt = 1$$

Mirando a esta ecuación (mod *b*) se tiene que $a \cdot s \equiv 1 (\text{mod } b)$, entonces, *s* es un inverso multiplicativo de *a*, módulo *b*. El algoritmo de Euclides extendido nos permite hallar este inverso modular de forma similar a como obteníamos el mcd de dos números:

```
def invMod(a, m):
    #Devuelve el inverso modular de a mod m, que es
    #el número x tal que  a * x mod m = 1

    if mcd(a, m) != 1:
        return None # a y m no son coprimos. No existe el inverso

    # Cálculo mediante el algoritmo extendido de Euclides:
    u1, u2, u3 = 1, 0, a
    v1, v2, v3 = 0, 1, m

    while v3 != 0:
        q = u3 // v3
        v1, v2, v3, u1, u2, u3 = (u1 - q * v1), (u2 - q * v2), (u3 - q * v3), v1, v2, v3
    return u1 % m
```

No es nuestro objetivo demostrar el algoritmo, ni tan siquiera es necesario que comprendas su funcionamiento. Tan solo deberás invocarlo en un programa cuando sea necesario.

## 10.2 EL CÓDIGO FUENTE DEL MÓDULO CRIPTOMAT

Las funciones `mcd()` e `invMod()` deberán utilizarse a menudo en distintos programas en el libro, por lo que las hemos implementado de forma separada en un módulo.

Abre un nuevo fichero en el editor y copia el siguiente código. Cuando acabes, guárdalo con el nombre *criptomat.py*:

```
# Módulo criptomat
# Dominio público

def mcd(a, b):
    # Devuelve el MCD de dos números a y b mediante
    # el algoritmo de Euclides
    while a != 0:
        a, b = b % a, a
    return b


def invMod(a, m):
    #Devuelve el inverso modular de a mod m, que es
    #el número x tal que  a * x mod m = 1

    if mcd(a, m) != 1:
        return None # a y m no son coprimos. No existe el inverso

    # Cálculo mediante el algoritmo extendido de Euclides:
    u1, u2, u3 = 1, 0, a
    v1, v2, v3 = 0, 1, m

    while v3 != 0:
        q = u3 // v3
        v1, v2, v3, u1, u2, u3 = (u1 - q * v1), (u2 - q * v2), (u3 - q * v3), v1, v2, v3
    return u1 % m
```

Una vez guardado, desde la consola interactiva, prueba estas funciones:

```
>>> import criptomat
>>> criptomat.mcd(235,97)
1
>>> criptomat.invMod(235,97)
71
>>>
```

## 10.3 EL CÓDIGO FUENTE DE LA CIFRA AFÍN

Ahora que ya sabemos cómo se realiza el proceso de cifrado y descifrado en la cifra afín, es el momento de implementar nuestro programa. Haz clic en el menú

**File ▶ New File** del entorno interactivo para abrir el editor. Escribe el siguiente código fuente, guárdalo como *cifraAfin.py* y pulsa **F5** para ejecutarlo:

```
# Cifra afín

import sys, pyperclip, criptomat, random

SIMBOLOS = """ !¡"#$%&'()*+,-./0123456789:;<=>¿?@
ABCDEFGHIJKLMNOPQRSTUVWXYZ
[\]^_`abcdefghijklmnopqrstuvwxyz{|}~"""

def main():
    print('\n¿Qué deseas hacer?')
    print('\n1- Cifrar')
    print('2- Descifrar')
    print('3- Generar clave')

    # Guarda la opción deseada
    modo = input('\nOpción (1, 2, 3) > ')

    if modo == '1': # Cifrar
        texto = input('\nMensaje: ')
        clave_A = int(input('Constante de decimación
(2-96): '))
        clave_B = int(input('Constante de desplazamiento
(0-96): '))
        mensaje = cifrar_mensaje(texto, clave_A, clave_B)
    elif modo == '2': # Descifrar
        texto = input('\nCriptograma: ')
        clave_A = int(input('Constante de decimación (2
96): '))
        clave_B = int(input('Constante de desplazamiento
(0-96): '))
        mensaje = descifrar_mensaje(texto, clave_A,
clave_B)
    elif modo == '3': # Clave aleatoria
        clave = generar_clave()
        print('\nClave: ', clave)
        sys.exit()
    else:
        print('Opción inválida.')
        sys.exit()

```

```
    print('\nMensaje:')
    print(mensaje)
    pyperclip.copy(mensaje)
    print('\nMensaje copiado al portapapeles.')


def generar_clave():
    while True:
        clave_A = random.randint(2, len(SIMBOLOS))
        clave_B = random.randint(2, len(SIMBOLOS))
        if criptomat.mcd(clave_A, len(SIMBOLOS)) == 1:
            return (clave_A, clave_B)


def revisar_clave(clave_A, clave_B):
    if clave_A not in range(2,97):
        print('La constante de decimación ha de estar en
el rango [2,96].')
        sys.exit()
    if clave_B not in range(0,97):
        print('La constante de desplazamiento debe estar
en el rango
[0,96].')
        sys.exit()
    if criptomat.mcd(clave_A, len(SIMBOLOS)) != 1:
        print('La clave A (%s) y la longitud del alfabeto
(%s) no son copr
mos.' % (clave_A, len(SIM BOLOS)))
        sys.exit()


def cifrar_mensaje(texto, clave_A, clave_B):
    revisar_clave(clave_A, clave_B)
    criptograma = ''
    for simbolo in texto:
        if simbolo in SIMBOLOS:
            # cifra el símbolo
            indice = SIMBOLOS.find(simbolo)
            criptograma += SIMBOLOS[(indice * clave_A +
clave_B) % len(SIMBOLOS)]
        else:
            criptograma += simbolo # se añade sin cifrar
    return criptograma
```

```


def descifrar_mensaje(texto, clave_A, clave_B):
    revisar_clave(clave_A, clave_B)
    texto_plano = ''
    inverso_A = criptomat.invMod(clave_A, len (SIMBOLOS))

    for simbolo in texto:
        if simbolo in SIMBOLOS:
            # descifra el símbolo
            indice = SIMBOLOS.find(simbolo)
            texto_plano += SIMBOLOS[(indice - clave_B) * inverso_A % len(SIMBOLOS)]
        else:
            texto_plano += simbolo # se añade sin descifrar
    return texto_plano


if __name__ == '__main__':
    main()
```

Cuando ejecutes el programa, verás un menú con tres opciones que te permitirá elegir qué operación deseas realizar sobre la cifra afín: cifrar un mensaje, descifrar un criptograma o generar una clave aleatoria perfectamente funcional.

```
¿Qué deseas hacer?

1- Cifrar
2- Descifrar
3- Generar clave

Opción (1, 2, 3) >
```

Las opciones 1 y 2 te solicitarán el mensaje o el criptograma, respectivamente, y el valor de las constantes de decimación, *a*, y de desplazamiento, *b*:

```
Opción (1, 2, 3) > 1

Mensaje: Hay dos cosas infinitas: el Universo y la estupidez
humana. Y del Universo no estoy seguro.
Constante de decimación (2-96): 23
Constante de desplazamiento (0-96): 54

Mensaje:
```

```
PI,T.hcTwhcIcT?Q[?Q?zIc{TD$TXQ?GDLchT,T$ITDcz1
?.DBT)1;IQI*TST
D$TXQ?GDLchTQhTDczh,TcDr1Lh*

Mensaje copiado al portapapeles.
>>>
```

## 10.3.1 Cómo funciona el programa

```
 1. # Cifra afín
 2.
 3. import sys, pyperclip, criptomat, random
 4.
 5. SIMBOLOS = """ !¡"#$%&'()*+,-./0123456789:;<=>¿?@ABCD
FGHIJKLMNOQRSTUVWXYZ[\]^_`abcdefghijklmnopqrstuvwxyz{|}~"""
```

La primera línea es un comentario que define el objetivo del programa. Asimismo, hemos introducido en la línea 3 una declaración de importación con los cuatro módulos que usa nuestro programa:

- `sys`, para poder emplear la función `exit()`.
- `pyperclip`, para usar función `copy()`.
- `criptomat`, para poder utilizar las funciones `invMod()` y `mcd()`.
- `random`, para generar números enteros aleatorios con la función `randint()`.

En el programa se ha definido también en la constante `SIMBOLOS` un "alfabeto" con los 97 símbolos más empleados en la escritura por ordenador. No están todos, pero se han elegido 97 porque con este valor se obtiene el mayor número de enteros coprimos entre los 100 primeros números naturales. Ya explicaremos más adelante qué ventaja tiene este hecho.

```
 7. def main():
 8.     print('\n¿Qué deseas hacer?')
 9.     print('\n1- Cifrar')
10.     print('2- Descifrar')
11.     print('3- Generar clave')
12.
13.     # Guarda la opción deseada
14.     modo = input('\nOpción (1, 2, 3) > ')
```

La función `main()` presenta un menú con las distintas opciones que proporciona el programa. La opción seleccionada por el usuario se almacena en la variable `modo` en la línea 14.

```
16.     if modo == '1': # Cifrar
17.         texto = input('\nMensaje: ')
18.         clave_A = int(input('Constante de decimación
(2-96): '))
19.         clave_B = int(input('Constante de desplazamiento
(0-96): '))
20.         mensaje = cifrar_mensaje(texto, clave_A, clave_B)
21.     elif modo == '2': # Descifrar
22.         texto = input('\nCriptograma: ')
23.         clave_A = int(input('Constante de decimación (2
96): '))
24.         clave_B = int(input('Constante de desplazamiento
(0-96): '))
25.         mensaje = descifrar_mensaje(texto, clave_A,
clave_B)
26.     elif modo == '3': # Clave aleatoria
27.         clave = generar_clave()
28.         print('\nClave: ', clave)
29.         sys.exit()
30.     else:
31.         print('Opción inválida.')
32.         sys.exit()
```

Si la variable modo almacena '`1`', entonces se solicita el mensaje, la constante de decimación y la constante de desplazamiento, que se almacenan, respectivamente, en las variables `texto`, `clave_A` y `clave_B` en las líneas 17, 18 y 19. A continuación, se ejecuta la línea 20 y se guarda el valor devuelto por la función `cifrar_mensaje()` en la variable `mensaje`. Por el contrario, si modo almacena el valor '`2`' se ejecutará la función `descifrar_mensaje()` en la línea 25 y el texto devuelto por esta se guardará en la variable `mensaje`.

Independientemente de la selección del usuario, cuando el programa haya pasado por la línea 25, la variable `mensaje` contendrá el texto plano o el criptograma.

Por último, si `modo` contiene '`3`', se invoca a la función `generar_clave()`. El valor que esta devuelve se almacena en la variable `clave` y, a continuación, se imprime su valor y se abandona el programa en la línea 29 con la instrucción `sys.exit()`.

Cualquier otra opción no está contemplada, lo que se le indica al usuario antes de salir del programa.

```
34.     print('\nMensaje:')
35.     print(mensaje)
36.     pyperclip.copy(mensaje)
37.     print('\nMensaje copiado al portapapeles.')
```

La cadena de texto que contiene la variable mensaje –que es el criptograma o texto plano buscado– se muestra en pantalla en la línea 35 y se copia al portapapeles en la 36.

#### 10.3.1.1 GENERACIÓN DE CLAVES ALEATORIAS

Para que una clave sea válida en la cifra afín debe cumplir que sea un número primo relativo con respecto a la longitud del alfabeto empleado. Es posible, por tanto, que la primera elección no resulte válida y tendrías que probar otra hasta acertar. Para automatizar el proceso hemos implementado una función que permite hallar de forma aleatoria claves completamente válidas. Para hacer uso de ella, tan solo ha de invocarse en la línea 27 la instrucción `generar_clave()`.

```
40. def generar_clave():
41.     while True:
42.         clave_A = random.randint(2, len(SIMBOLOS))
43.         clave_B = random.randint(2, len(SIMBOLOS))
44.         if criptomat.mcd(clave_A, len(SIMBOLOS)) == 1:
45.             return (clave_A, clave_B)
```

El código de la función consiste en un bucle **`while`** donde la condición es **`True`**. Este tipo de bucles los denominamos infinitos, pues la condición nunca será **`False`**. Su uso debe estar muy bien estudiado, pues si en ningún momento se cumple la condición deseada, el programa ejecutaría continuamente el bucle. Si ocurriese, pulsa Ctrl-C o Ctrl-D para abandonar.

En las líneas 42 y 43 se generan las dos claves como sendos números enteros pseudoaleatorios mediante la función `randint()` del módulo *random*. Abre un terminal interactivo y prueba las siguientes líneas:

```
>>> import random
>>> random.randint(1,26)
22
>>> random.randint(1,26)
10
>>> random.randint(1,26)
19
>>>
```

Observa cómo la función `randint()` genera un número entero entre los límites indicados, ambos inclusive.

> **NOTA**
> Aunque el módulo *random* en Python usa un buen generador de números, es completamente determinista, por lo que no es apto para aplicaciones criptográficas. Para estos casos es preferible emplear `SystemRandom()`.

Vamos a probar el uso de `SystemRandom()` para simular el resultado de tres tiradas con un dado. Ejecuta varias veces el programa y observa su comportamiento:

```
from random import SystemRandom
resultado = SystemRandom()
for d in range(0,3):
    print(resultado.randint(1,6))
```

Volvamos de nuevo a nuestra función `generar_clave()`. Una vez generadas las constantes de decimación y de desplazamiento, comprobamos en la línea 44 si `clave_A` y la longitud del alfabeto empleado son coprimos. Si es así, existirá el inverso modular de la constante de decimación y se devuelve a la línea 27 una tupla con los valores de ambas constantes.

Si la condición fuera falsa, se repetiría el cuerpo del bucle hasta tener dos claves aleatorias perfectamente válidas.

## 10.3.1.2 VALIDACIÓN DE LAS CLAVES

```
48. def revisar_clave(clave_A, clave_B):
49.     if clave_A not in range(2,97):
50.         print('La constante de decimación ha de estar en
el rango [2,96].')
51.         sys.exit()
52.     if clave_B not in range(0,97):
53.         print('La constante de desplazamiento debe estar
en el rango  [0,96].')
54.         sys.exit()
55.     if criptomat.mcd(clave_A, len(SIMBOLOS)) != 1:
56.         print('La clave A (%s) y la longitud del alfabeto
(%s) no son coprimos.' % (clave_A, len(SIM BOLOS)))
57.         sys.exit()
```

Las operaciones de cifrado y descifrado con la cifra afín requieren de dos contraseñas: la constante de decimación y la de desplazamiento. Como ya conoces, no todos los números elegidos son válidos en el algoritmo, unos por imposibilidad matemática y otros porque el criptograma obtenido sería fácilmente vulnerable. Supongamos que `clave_A` es 1, entonces, si `clave_B` es 0, el criptograma coincidiría con el texto plano; por el contrario, si `clave_B` es distinto de 0 se obtendría una cifra César.

La declaración **`if`** de la línea 49 tiene en cuenta este hecho y solo permitirá una constante de decimación superior a la unidad e inferior a la longitud del alfabeto. Asimismo, la declaración condicional de la línea 52 solo permite constantes de desplazamiento dentro del rango del alfabeto. En cualquier caso, si no se cumplen los requisitos, el programa terminará con `sys.exit()` tras mostrar un aviso al usuario.

```
55.     if criptomat.mcd(clave_A, len(SIMBOLOS)) != 1:
56.         print('La clave A (%s) y la longitud del alfabeto
(%s) no son coprimos.' % (clave_A, len(SIM BOLOS)))
57.         sys.exit()
```

Por último, la constante de decimación y la longitud del alfabeto empleado han de ser coprimos, condición que se comprueba con la función `mcd()` en la línea 55.

Si todas las condiciones de la función `revisar_clave()` fueran **`False`**, las claves serían válidas y el flujo del programa regresaría a la línea que invocó a la función.

Si bien es cierto que estas comprobaciones solo tienen sentido en el proceso de cifrado, también las hemos implementado en el de descifrado para evitar errores. Eres libre de modificarlo.

### 10.3.1.3 LA FUNCIÓN DE CIFRADO

```
60. def cifrar_mensaje(texto, clave_A, clave_B):
61.     revisar_clave(clave_A, clave_B)
```

En primer lugar, nuestra función `cifrar_mensaje()` valida si las claves elegidas son correctas. Para ello hace una llamada a la función `revisar_claves()` con los parámetros `clave_A` y `clave_B`. Si, como ya hemos explicado, ambos valores son correctos, se seguirá ejecutando el resto del código a partir de la línea 62.

```
62.     criptograma = ''
63.     for simbolo in texto:
```

En la línea 62 iniciamos la variable `criptograma` como una cadena de texto vacío. Cuando finalice la ejecución de la función contendrá el texto cifrado.

El bucle que comienza en la línea 63 iterará carácter a carácter sobre todos los símbolos del texto llano para cifrar todos los elementos de la variable `texto` que aparecen en el alfabeto `SIMBOLOS`.

```
64.         if simbolo in SIMBOLOS:
65.             # cifra el símbolo
66.             indice = SIMBOLOS.find(simbolo)
67.             criptograma += SIMBOLOS[(indice * clave_A +
clave_B) % len(SIMBOLOS)]
68.         else:
69.             criptograma += simbolo # se añade sin cifrar
```

En cada iteración, se asigna a la variable `simbolo` un único carácter del texto. Si este carácter se encuentra en el alfabeto definido, se recupera su índice y se asigna este valor a la variable `indice`. Este número es la posición que ocupa en `SIMBOLOS`.

Para cifrar el carácter se multiplica su índice por el valor de `clave_A` y se suma después el valor de `clave_B` antes de hallar el módulo. De este modo nos aseguramos de que el índice del carácter cifrado se encuentra ente 0 y la longitud del alfabeto. El carácter que ocupa este índice es el que se concatena al final de la cadena de texto criptograma. Si el carácter no se encuentra en el alfabeto, se añadirá a la cadena cifrada como texto llano.

```
70.     return criptograma
```

Una vez que haya finalizado de ejecutarse el bucle, la variable `criptograma` contendrá todo el mensaje cifrado con las claves elegidas. Este será el valor que se devolverá como resultado de la ejecución de la función `cifrar_mensaje()`.

### 10.3.1.4 LA FUNCIÓN DE DESCIFRADO

```
73. def descifrar_mensaje(texto, clave_A, clave_B):
74.     revisar_clave(clave_A, clave_B)
75.     texto_plano = ''
76.     inverso_A = criptomat.invMod(clave_A, len (SIMBOLOS))
```

La función `descifrar_mensaje()` es casi idéntica a la función `cifrar_mensaje()`. Las líneas 74 y 75 son idénticas, salvo que hemos cambiado el nombre de la variable `criptograma` por el de `texto_plano`.

A diferencia del proceso de cifrado, el de descifrado necesita hallar el inverso modular de la variable `clave_A`. Este inverso puede hallarse invocando a la función `criptomat.invMod()`, que ya estudiamos en el punto 10.2.

```
78.     for simbolo in texto:
79.         if simbolo in SIMBOLOS:
80.             # descifra el símbolo
81.             indice = SIMBOLOS.find(simbolo)
82.             texto_plano += SIMBOLOS[(indice - clave_B) *
inverso_A % len(SIMBOLOS)]
83.         else:
84.             texto_plano += simbolo # se añade sin
descifrar
85.     return texto_plano
```

Las líneas 78 a 85 son prácticamente idénticas a las líneas 63 a 70 de la función `cifrar_mensaje()`. La única diferencia se encuentra en la línea 82. En la función `cifrar_mensaje()` el índice del símbolo se multiplica por la `clave_A` y después se le suma el valor de `clave_B`. En esta función, al índice se le resta el de `clave_B` y después se multiplica el valor obtenido por el inverso multiplicativo hallado en la línea 76 antes de calcular su módulo. Así es como se consigue descifrar uno a uno los caracteres del criptograma.

## 10.4 RESUMEN

En este capítulo has estudiado la **cifra afín**, una técnica de cifrado por sustitución monoalfabética que utiliza una función matemática afín en aritmética modular. Tanto el alfabeto llano como el de sustitución tienen el mismo número de elementos.

La **aritmética modular** se construye matemáticamente mediante la relación de congruencia entre números enteros. Se fundamenta en el concepto de **módulo**. Python, como otros lenguajes de programación, emplea el símbolo de porcentaje (`%`) para referirse al operador módulo.

Como ya conoces, la cifra César utiliza la suma para cifrar y la resta para descifrar. En la cifra afín empleamos la multiplicación para cifrar o descifrar un mensaje. Operativamente, solo es posible si la clave de decimación y la longitud del alfabeto utilizados son **primos relativos**, es decir, si su **máximo común divisor** es la unidad. En caso contrario, el alfabeto de sustitución obtenido no sería unívoco y no podría ni cifrarse ni descifrarse un mensaje.

A lo largo del capítulo se han implementado los programas necesarios para utilizar este sistema de cifra en un ordenador. En su desarrollo, has aprendido nuevas instrucciones en Python, como el funcionamiento de la función `sys.exit()` para abandonar un programa en cualquier momento y el uso del módulo *random* para generar números **pseudoaletorios**. Incluso has aprendido un truco muy eficaz para intercambiar valores entre dos variables mediante la asignación múltiple.

A pesar de la belleza de esta técnica, el método tiene un espacio de claves lo suficientemente reducido como para asegurar el éxito, en un tiempo razonable, de un ataque por fuerza bruta.

## 10.5 EVALUACIÓN

1. Estudia si son ciertas las siguientes congruencias:

   a) $2 \equiv 4 \pmod 2$, b) $13 \equiv -2 \pmod 5$, c) $20 \equiv 4 \pmod 7$

2. Halla, mediante el algoritmo de Euclides, el mcd(57, 6).

3. Di si son coprimos las siguientes parejas de números:

   a) 23, 5; b) 4531,353; c) 8735, 3421

4. Si utilizamos un alfabeto tradicional de 26 símbolos, ¿qué letra sustituye al carácter D en una cifra afín por decimación pura con una constante de valor 15?

5. Empleando el método de prueba y error, halla el inverso modular de los siguientes enteros y comprueba tu resultado con la función `invMod()`:

   a) 3 mod 7, b) 2 mod 6, c) 13 mod 9

## 10.6 EJERCICIOS PROPUESTOS

1. Implementa una función que reciba las constantes de decimación y de desplazamiento y devuelva una cadena de texto con el alfabeto de sustitución correspondiente. A continuación, usa la función con $a = 5$ y $b = 4$ para completar el alfabeto de sustitución:

| A | B | C | D | E | F | G | H | I | J | K | L | M | N | O | P | Q | R | S | T | U | V | W | X | Y | Z |
|---|---|---|---|---|---|---|---|---|---|---|---|---|---|---|---|---|---|---|---|---|---|---|---|---|---|
| ↕ | ↕ | ↕ | ↕ | ↕ | ↕ | ↕ | ↕ | ↕ | ↕ | ↕ | ↕ | ↕ | ↕ | ↕ | ↕ | ↕ | ↕ | ↕ | ↕ | ↕ | ↕ | ↕ | ↕ | ↕ | ↕ |
| E | | | | | | | | | | | | | | | | | | | | | | | | | P |

2. Emplea la clase `SystemRandom` del módulo *random* para implementar una función que simule el resultado de lanzar `n` veces una moneda al aire. Emplea `C` para referirte al resultado cara y `+` para el resultado cruz.

3. La función φ de Euler es una función importante en teoría de números. Si $n$ es un número entero positivo, entonces $\varphi(n)$ se define como el número de enteros positivos menores o iguales a $n$ y coprimos con $n$. Emplea la función `mcd()` del módulo *criptomat* para escribir una función `phi(n)` que devuelva una tupla con la lista de los números coprimos con $n$ y cuántos son.

# 11

# ATAQUE A LA CIFRA AFÍN

En el capítulo anterior estudiamos la cifra afín, una técnica de sustitución monoalfabética mucho más segura que la cifra César. No obstante, ambos métodos sufren el mismo problema: el reducido espacio de claves. Si bien es cierto que el número de claves posibles en una cifra afín es bastante mayor que en la cifra César, sigue siendo lo bastante reducido como para poder efectuar un ataque por fuerza bruta por ordenador.

El objetivo de este capítulo no es otro, por tanto, que codificar un programa que permita a un ordenador hallar, mediante un ataque por fuerza bruta, las claves de decimación y de desplazamiento con las que se ha cifrado un mensaje.

## 11.1 EL ESPACIO DE CLAVES EN LA CIFRA AFÍN

Ya vimos que el principal problema de la cifra César es que la clave de cifrado solo puede adoptar los valores 1 a 25 en un alfabeto tradicional de 26 caracteres. Esto se debe al carácter modular de la operación, de modo que el criptograma obtenido con una clave 27 es el mismo que con una clave 1, pues ambas cifras son congruentes módulo 26. Este espacio de claves es tan reducido que incluso a mano se tarda muy poco en romper una cifra César.

Con la cifra afín se aumenta muchísimo el espacio de claves, pues ahora hay dos operaciones para hallar el símbolo cifrado: un producto y una suma, de modo que el número de claves posibles será el producto de las constantes de decimación y de desplazamiento. Esto implica que para el alfabeto de 97 símbolos que hemos empleado habrá un número máximo de $K = 97 \cdot 97 = 9409$. claves. Sin embargo, el número real es menor, pues solo son posibles claves de decimación que sean coprimos con la longitud del alfabeto.

En el último ejercicio del capítulo anterior programaste la función `phi(n)`, que devolvía el número de coprimos enteros con $n$ y menores que $n$. Como $\varphi(97) = 96$, entonces $K = 96 \cdot 97 = 9312$. Si, además, quitamos la clave $a = 1$ y $b = 0$ (que no cifra) y las que forman criptogramas por desplazamiento puro (que son cifras César), entonces $K = 95 \cdot 97 = 9215$.

Probar a mano una a una todas las claves posibles de una cifra afín es un arduo trabajo, pero para un ordenador solo supone una breve espera.

## 11.2 EL CÓDIGO FUENTE

Dado el pequeño espacio de claves de la cifra afín, es hora de implementar el código de un programa que permita llevar a cabo con éxito un ataque por fuerza bruta.

Abre el entorno interactivo de Python, haz clic en el menú **File ▶ New File**, escribe el código fuente, guárdalo como *afinHack.py* y pulsa **F5** para ejecutarlo:

```
# Fuerza bruta contra la cifra Afín

import pyperclip, cifraAfin, detectarEspanol, criptomat

MODO_SILENCIO = False

def main():
    print('Este programa realiza un ataque por fuerza bruta contra la cifra Afín')
    criptograma = input('\nIntroduce el criptograma: ')
    texto = criptoanalisis(criptograma)

    if texto != None:
        print('\nCopiando mensaje al portapapeles:')
        print(texto)
        pyperclip.copy(texto)
    else:
        print('No fue posible hallar la clave.')


def criptoanalisis(mensaje):
    print('Buscando...')
```

```
    print('(Pulsa Ctrl-C or Ctrl-D para salir.)')

    # Comenzamos a recorrer todas las claves
    for clave_A in range(2,97):
        if criptomat.mcd(clave_A, len(cifraAfin.SIMBOLOS)) != 1:
            continue
        for clave_B in range(0,97):
            texto = cifraAfin.descifrar_mensaje(mensaje, clave_A,clave_B)
            if not MODO_SILENCIO:
                print('Probando clave (%s, %s)... (%s)' % (clave_A, clave_B, teXto[:40]))

            if detectarEspanol.es_espanol(texto,0.25 [0]:
                # Le permite al usuario comprobar la solución
                print('\nPosible hallazgo:')
                print('\tClave: (%s, %s)' % (cla ve_A, clave_B))
                print('\tTexto plano: ' + tex to[:100])
                print('\nPulsa F para finalizar o Enter para continuar:')
                response = input('> ')
                if response.strip().upper().startswith('F'):
                    return texto
    return None


if __name__ == '__main__':
    main()
```

Cuando ejecutes el programa, este te pedirá que introduzcas el criptograma. Una vez hecho, pulsa la tecla Enter y déjale trabajar. Obtendrás algo similar a esto:

```
Este programa realiza un ataque por fuerza bruta contra la
cifra Afín

Introduce el criptograma: ^TXmT$¡\}@X}T$mH\@Xm@$9m$HDT-q-9
ymy$y}$L\}$
TX}$=mX}P-m9$)mlm$X}@-yD$\@$H}TD$-=HDPXm@X}$}@$9m$muX\mu
D@$y-P-%-ym$HDP$}9$1\}p$y}$9m$N\y}@u-m$"mu-D@m9_
Buscando...
```

```
(Pulsa Ctrl-C or Ctrl-D para salir.)
Probando clave (2, 0)... (¿:<v:Q!>~0<~:Qv4>0<v0Q,vQ42:&x&,&|
|Q|~Q)
Probando clave (2, 1)... (nikEi¡OmM_kMi¡Ecm
kE_¡[E¡caiUGU[UKEK¡KM¡)
Probando clave (2, 2)... (>9;u9P =}/;}9Pu3=/;u
P+uP319%w%+%{u{P{}P)
...
Probando clave (4, 3)... (vCD2CO7E6¿D6CO2@E¿D2¿O=2O@?C:3:=:5
5O56O)
Probando clave (4, 4)... (.[\I[gN]MV\M[gIX]V
IVgTIgXW[QJQTQLILgLMg)
Probando clave (4, 5)... (Estas fuentes apuntan la
posibilidad de )

Posible hallazgo:
   Clave: (4, 5)
   Texto plano: Estas fuentes apuntan la posibilidad de que
este material haya tenido un peso importante en la actua

Pulsa F para finalizar o Enter para continuar:
> f

Copiando mensaje al portapapeles:
Estas fuentes apuntan la posibilidad de que este material
haya tenido un peso
importante en la actuacion dirigida por el juez de la Aude
cia Nacional.
```

### 11.2.1 Cómo funciona el programa

```
1. # Fuerza bruta contra la cifra Afín
2.
3. import pyperclip, cifraAfin, detectarEspanol, criptomat
4.
5. MODO_SILENCIO = False
```

Lo primero que te habrá llamado la atención es el poco número de líneas que ocupa el programa. Son 46 líneas, aunque en realidad hace uso de más líneas que ya las hemos escrito en otros módulos y que importamos en la declaración de la línea 3.

Cuando ejecutaste el programa habrás visto cómo se muestran en pantalla todos los mensajes descifrados con cada una de las claves posibles. Evidentemente, al mostrar estas líneas, se ralentiza su funcionamiento, lo que puede evitarse cambiando la asignación de la variable de la línea 6 `MODO_SILENCIO` a **`True`**.

```
 7. def main():
 8.     print('Este programa realiza un ataque por fuerza
bruta contra la cifra Afín')
 9.     criptograma = input('\nIntroduce el criptograma: ')
10.     texto = criptoanalisis(criptograma)
11.
12.     if texto != None:
13.         print('\nCopiando mensaje al portapapeles:')
14.         print(texto)
15.         pyperclip.copy(texto)
16.     else:
17.         print('No fue posible hallar la clave.')
```

El criptograma introducido por el usuario se almacena en la variable homónima, en la línea 9, como una cadena de texto, variable que se pasa como parámetro a la función `criptoanalisis()`. El valor que devuelve esta es también una cadena de texto que contiene el mensaje original, si se ha encontrado, o **`None`** si el proceso falla.

El código de las líneas 12 a 17 es quien comprueba el contenido de la variable `texto`. Si no es **`None`**, entonces la línea 14 muestra el mensaje descifrado y se copia al portapapeles en la 15. En caso contrario, el programa nos indicará que no ha podido hallar la clave.

### 11.2.1.1 LA BÚSQUEDA EXHAUSTIVA DE CLAVES

```
20. def criptoanalisis(mensaje):
21.     print('Buscando...')
22.     print('(Pulsa Ctrl-C or Ctrl-D para salir.)')
```

La función `criptoanalisis()` es la principal del programa, pues es ella quien será la responsable de probar una a una todas las posibles claves del algoritmo. Como puede llevar bastante tiempo, es posible salir en cualquier momento pulsando las teclas Ctrl-C (Windows) o Ctrl-D (OS X y Linux).

```
25.     for clave_A in range(2,97):
26.         if criptomat.mcd(clave_A, len(cifraAfin.SIMBLOS))
!= 1:
27.             continue
```

Como ya hemos visto, el espacio de claves está formado por 9215 valores. Este número lo recorreremos en dos bucles `for` anidados. En el primero, que comienza en la línea 25, se analizarán los posibles valores para la constante de decimación. Como todos ellos pueden no ser matemáticamente posibles, comprobamos en la línea 26 si la clave y la longitud del alfabeto son coprimos. Si no lo son, la línea 26 se evaluará a `True` y se ejecutará la instrucción `continue` de la línea 27.

En Python, como en otros lenguajes, existen instrucciones que permiten alterar la normal ejecución de un bucle: `break` y `continue`. Cuando el programa se encuentra con una sentencia `continue`, ignora todas las instrucciones que quedan en la iteración actual, regresa al comienzo del bucle e inicia la siguiente iteración.

Abre el entorno interactivo y escribe lo siguiente:

```
>>> for letra in 'Python':
    print(letra, end='')

Python
>>>
```

Como ves, lo único que hemos hecho es imprimir el valor de la cadena de texto letra a letra. El bucle comienza con la letra `P` e iteración tras iteración acaba en la `n`, momento en el que sale del mismo. Veamos ahora cómo funciona una sentencia `continue`:

```
>>> for letra in 'Python':
    if letra == 't':
        continue
    print(letra, end='')

Pyhon
>>>
```

En este ejemplo el bucle comienza del mismo modo, pero iteración tras iteración comprueba si la letra es `t`. Cuando ocurre, la instrucción `continue` obliga a abandonar la iteración actual y seguir con la siguiente. Por eso, la letra `t` no se imprime.

Si regresamos a las líneas 26 y 27, ahora es mucho más fácil comprender su funcionamiento. En cada iteración el programa comprueba si la constante de decimación y la longitud del alfabeto son coprimos, si no es así, la sentencia `continue` hace que se abandone esta iteración y se siga con la siguiente. Cuando un valor de `clave_A` sea un primo relativo de la longitud del alfabeto, entonces el flujo de programa entra en el bucle anidado de la línea 28.

```
28.          for clave_B in range(0,97):
29.              texto = cifraAfin.descifrar_mensaje(menasaje,
clave_A,clave_B)
30.              if not MODO_SILENCIO:
31.                  print('Probando clave (%s, %s)... (%s)' %
(clave_A, clave_B, texto[:40]))
```

Para cada valor de `clave_A` que posee inverso modular el ordenador prueba todos los posibles valores que puede adoptar la constante de desplazamiento. Esto lo consigue con un bucle anidado cuyo cuerpo comienza en la línea 29. En ella se invoca a la función `descifrar_mensaje()` del módulo *cifraAfin*.

Si la bandera `MODO_SILENCIO` es **`False`** la línea 30 se evalúa a **`True`** y se ejecuta la línea 31, con lo que cada clave que se prueba se muestra por pantalla junto con los primeros 40 caracteres del mensaje obtenido. Si `MODO_SILENCIO` es **`True`**, la llamada a la función `print()` se obviará y el programa seguirá probando claves sin mostrar al usuario ninguna evidencia.

**NOTA**
En programación una **bandera** es una variable que durante la ejecución de un programa solamente toma uno de dos valores posibles. Su función es la de comunicar información de una parte a otra del programa para variar la secuencia de la ejecución. .

```
33.              if detectarEspanol.es_espanol(texto,0.25
[0]:
34.                  # Le permite al usuario comprobar la
solución
35.                  print('\nPosible hallazgo:')
36.                  print('\tClave: (%s, %s)' % (clave_A,
clave_B))
37.                  print('\tTexto plano: ' + tex to[:100])
```

A continuación, empleamos la función `es_espanol()` de nuestro módulo *detectarEspanol* para comprobar si el mensaje obtenido se reconoce como español. Para poder trabajar con textos más cortos le hemos pasado como riqueza léxica 0,25. Esto, no obstante, también tiene la desventaja de que puede mostrarnos algunos textos como falsos positivos, lo que hemos solucionado unas líneas más adelante.

La función `es_espanol()` devuelve una tupla con dos valores: si el texto es o no español y la riqueza léxica del mensaje. Solo nos interesa el primero, de ahí la llamada `es_espanol(texto,0.25)[0]`.

Si el programa prueba unas claves incorrectas el resultado será un galimatías de letras sin sentido alguno y la función regresará **False** como respuesta. Sin embargo, si la llamada a la función devuelve **True**, entonces mostramos el posible hallazgo en las líneas 35, 36 y 37.

```
38.                 print('\nPulsa F para finalizar o Enter para continuar:')
39.                 response = input('> ')
40.                 if response.strip().upper().startswith('F'):
41.                     return texto
```

Hace un rato dijimos que el programa podía descubrir textos que dieran falsos positivos. Esta posibilidad se ha gestionado mostrando en pantalla dichas propuestas para que sea el usuario final quien decida si es o no correcto. Si es correcto, basta con escribir `F` y pulsar Enter. Si es un falso positivo, pulsa Enter y el programa seguirá probando claves.

```
42.     return None
```

Una vez recorridas todas las claves sin que se haya encontrado ninguna solución, el bucle externo de la línea 25 se da por finalizado y la función devuelve el valor **None** a la línea 10, valor que se asigna a la variable `texto`. Como su contenido es nulo, el programa informa al usuario de que el proceso ha fallado.

## 11.3 MANEJO DE EXCEPCIONES

Una **excepción**, en un de lenguaje de programación, es la indicación de un problema inusual que ocurre durante la ejecución de un programa. El manejo de excepciones permite al usuario crear aplicaciones tolerantes a fallos y que puedan seguir ejecutándose sin verse afectadas por el problema.

Python usa objetos para representar condiciones excepcionales. Si no se manejan adecuadamente, el programa finalizará abruptamente con un mensaje de error. Abre el intérprete de comandos y escribe lo siguiente:

```
>>> 3/0
Traceback (most recent call last):
  File "<pyshell#0>", line 1, in <module>
```

```
    3/0
ZeroDivisionError: division by zero
```

Como no se puede dividir por 0, el programa lanza un error y finaliza. No obstante, cada excepción es una instancia de alguna clase (en este caso `ZeroDivisionError`). El objetivo es manejar la excepción e impedir el fallo del programa.

Para manejar las excepciones, Python emplea las instrucciones **`try`**/**`except`**. Modifica ahora el código anterior del siguiente modo:

```
try:
    3/0
except ZeroDivisionError:
    print('No es posible dividir por 0')
```

Cuando se ejecutan estas líneas, el programa intenta hacer la división indicada. Como ésta lanza una excepción de la clase `ZeroDivisionError`, entonces muestra en pantalla la información indicada en la función `print()`. La diferencia con el caso anterior es que ahora el programa no termina abruptamente.

Te estarás preguntando qué tiene que ver el manejo de excepciones con nuestro programa *afinHack.py*. La función `es_espanol()` del módulo *detectarEspanol*, del que hace uso nuestro programa, evalúa la expresión `len(texto)/longitud`, donde `longitud` mide la cantidad de letras que tiene el mensaje que se le pasa a la función como argumento después de haber eliminado números, signos de puntuación y caracteres especiales. Es posible, debido al modo de trabajar del algoritmo, que alguno de los galimatías de símbolos que se obtienen no contenga ninguna letra del alfabeto. En ese caso, `longitud = 0` y la función lanzaría una excepción con la que el programa finalizaría abruptamente sin haber sido capaz de completar el ataque por fuerza bruta. Por tanto, nos hemos visto obligado a modificar ligeramente el código fuente de la función `es_espanol()` para manejar esta excepcionalidad:

```
38. for palabra in PALABRAS_ESPANOL:
39.     if mensaje.find(palabra) != -1:
40.         texto += palabra
41. try:
42.     coef = len(texto)/longitud
43. except ZeroDivisionError:
44.     return (False, 0)
```

Al añadir en el módulo *detectarEspanol* el bloque **`try`**/**`except`**, gestionamos de manera adecuada la posibilidad de que la longitud del mensaje que se le pasa a la función sea cero. En este caso, como la riqueza léxica es cero, devolvemos en la línea 44 este valor al punto en el que se invocó la función en el programa principal.

## 11.4 RESUMEN

En el presente capítulo hemos estudiado el espacio de claves de la cifra afín con un alfabeto de 97 símbolos e implementado un programa en Python que permite realizar una búsqueda exhaustiva de la clave con la que se obtuvo un criptograma dado.

Asimismo, hemos aprendido a ignorar una iteración particular en el cuerpo de un bucle con la sentencia `continue`. Cuando un programa se encuentra con esta sentencia el flujo regresa al comienzo del bucle e ignora todas las instrucciones que quedan en la iteración actual para comenzar la siguiente.

Por último, hemos introducido el concepto de **excepción** en programación como la indicación de un problema excepcional que ocurre durante la ejecución de un programa. Mediante el bloque `try`/`except` podemos manejar las excepciones y garantizar que la ejecución del programa no se vea afectada por el problema. El capítulo te ha enseñado, de forma práctica, cómo manejar la excepción de la clase `ZeroDivisionError` y permitir que el programa siga ejecutándose hasta hallar la clave buscada.

## 11.5 EVALUACIÓN

1. Completa las siguientes frases con la palabra más adecuada:
   - Aunque el __________ de claves de la cifra _______ es bastante más amplio que en la cifra César, aún es muy _________ como para que un ataque por ________ bruta no obtenga éxito.
   - Para abandonar una ___________ en el cuerpo de un bucle y seguir con la siguiente se emplea la sentencia __________.
   - Una __________ que durante la ejecución de un programa admite uno de _____ valores posibles se denomina ___________ en programación.
   - La división por cero genera una ___________ de la clase __________________.

## 11.6 EJERCICIOS PROPUESTOS

1. ¿Cuál sería el espacio de claves de una cifra afín que emplee un alfabeto tradicional de 26 símbolos?

2. Utiliza una instrucción `continue` para definir una función que tome dos números naturales y muestre en pantalla todos los números impares que existen entre ellos.

3. Completa el siguiente código para manejar adecuadamente las excepciones:

```
def raiz2 (x):
    [        ]:
        assert(x >= 0)
        [        ] x **(1/2)
    [        ] AssertionError:
        print('El radicando debe ser >= 0')
    [        ] TypeError:
        print('Debes introducir un número')
```

# 12

# LA CIFRA DE SUSTITUCIÓN SIMPLE

La transposición columnar y la cifra afín poseen miles de claves posibles, pero como hemos visto, son vulnerables frente a un ataque por fuerza bruta. Así pues, necesitaríamos un algoritmo que fuera inmune a un ataque así, por lo menos, en un tiempo y con un coste perfectamente asumibles.

En este capítulo vamos a estudiar el cifrado de sustitución simple con **alfabeto mezclado**. Se denomina así porque emplea como clave un alfabeto aleatorio formado por el mismo número de símbolos y de la misma longitud que el alfabeto plano. Se trata de un algoritmo sencillo que garantiza la inviabilidad de efectuar un ataque por fuerza bruta. Es tal el tamaño del espacio de claves que, aunque tuviéramos la capacidad de probar un billón de claves por segundo, necesitaríamos casi 13 millones de años para recorrer el espacio de claves completo y, por tanto, tener la certeza de que el criptograma quedaría desvelado.

Cuando acabes el capítulo habrás comprendido las ideas básicas en las que se fundamenta esta cifra de sustitución y el funcionamiento del programa empleado para cifrar o descifrar mensajes con alfabetos mezclados.

## 12.1 LA CIFRA DE SUSTITUCIÓN SIMPLE

Para cifrar un mensaje mediante la cifra de sustitución simple se elige al azar una letra del alfabeto para cifrar la letra A, a continuación, se selecciona aleatoriamente de las otras 25 una nueva letra para la B, y así sucesivamente. El resultado final es un alfabeto aleatorio de 26 símbolos. El número total de claves en esta cifra resulta entonces tan astronómico como 26! = 403 291 461 126 605 635 584 000 000.

Veamos un ejemplo práctico de la forma de trabajar con lápiz y papel. Supongamos que deseamos cifrar el mensaje *Atacar a las seis en punto* con la clave SHCLAOKJIFRMDEVYTGUWQPZBNX. Lo primero es colocar el alfabeto llano y bajo él el de sustitución.

| | | | | | | | | | | | | | | | | | | | | | | | | | |
|---|---|---|---|---|---|---|---|---|---|---|---|---|---|---|---|---|---|---|---|---|---|---|---|---|---|
| A | B | C | D | E | F | G | H | I | J | K | L | M | N | O | P | Q | R | S | T | U | V | W | X | Y | Z |
| ↕ | ↕ | ↕ | ↕ | ↕ | ↕ | ↕ | ↕ | ↕ | ↕ | ↕ | ↕ | ↕ | ↕ | ↕ | ↕ | ↕ | ↕ | ↕ | ↕ | ↕ | ↕ | ↕ | ↕ | ↕ | ↕ |
| S | H | C | L | A | O | K | J | I | F | R | M | D | E | V | Y | T | G | U | W | Q | P | Z | B | N | X |

Ahora, para cifrar el texto plano, buscamos la letra *a* y la sustituimos por su pareja, que es la S; a continuación, la *t*, que se cifra con la W y así sucesivamente. El texto plano se convierte entonces en SWSCSG S MSU UAIU AE YQEWV. Su modo de trabajo es, por tanto, idéntico al de una cifra César, salvo que la clave no es un desplazamiento, sino un alfabeto de 26 letras aleatorias.

Esta ventaja del proceso con respecto a otras cifras de sustitución es también su peor desventaja, pues memorizar 26 letras sin sentido es bastante complicado. Por ello, si emisor y receptor acuerdan reducir la seguridad en aras de la simplicidad, es posible crear una clave y a partir de ella completar el alfabeto de sustitución. Por ejemplo, imagina que acuerdan usar la palabra clave GALEON. Entonces, el alfabeto de sustitución se convertiría en: **GALEON**BCDFHIJKMPQRSTUVWXYZ. Observa que comienza con la palabra clave y después se construye el alfabeto tradicional en su orden con las letras que faltan. Esta segunda versión de la cifra es mucho más funcional, pero también menos segura, como estudiaremos en el próximo capítulo.

## 12.2 EL CÓDIGO FUENTE

Abre el entorno interactivo de Python y haz clic en el menú **File ▶ New File** para abrir una ventana del editor. Escribe el código fuente y pulsa **F5** para ejecutarlo. Recuerda que debes tener el módulo *pyperclip* en el mismo directorio que el programa *sustitucionSimple.py*:

```
# Cifra de Sustitución Simple

import pyperclip, sys, random


LETRAS = 'ABCDEFGHIJKLMNOPQRSTUVWXYZ'

def main():
    print("""\nElije una opcion:
```

```
  1. Cifrar
  2. Descifrar
  3. Generar clave""")

    opcion = int(input('\nOpcion > '))

    # Menú de opciones
    if opcion == 1:
        modo = 'cifrado'
        mensaje = input('Mensaje > ')
        clave = input ('Clave > ')
        comprobarClave(clave)
        texto = cifrarMensaje(clave, mensaje)

    elif opcion == 2:
        modo = 'descifrado'
        mensaje = input('Mensaje > ')
        clave = input ('Clave > ')
        texto = descifrarMensaje(clave, mensaje)
        comprobarClave(clave)

    elif opcion == 3:
        clave = claveAleatoria()
        print('Clave: ', clave)
        sys.exit()

    # Impresión del texto llano o criptograma

    print('\nClave %s' % (clave))
    print('El mensaje %s es:' % (modo))
    print('  ',texto)
    pyperclip.copy(texto)
    print()
    print('El mensaje se ha copiado al portapapeles.')


def comprobarClave(clave):
    listaClave = list(clave)
    listaLetras = list(LETRAS)
    listaClave.sort()
    listaLetras.sort()
    if listaClave != listaLetras:
        print('Clave incorrecta.')
        sys.exit()

```

```

def cifrarMensaje(clave, mensaje):
    return mensajeCod(clave, mensaje, 'cifrar'). upper()


def descifrarMensaje(clave, mensaje):
    return mensajeCod(clave, mensaje, 'descifrar'). lower()


def mensajeCod(clave, mensaje, modo):
    texto = ''
    carsA = LETRAS
    carsB = clave
    if modo == 'descifrar':
        # Para descifrar es el mismo código que para cifrar.
        # Solo se intercambian clave y LETRAS.
        carsA, carsB = carsB, carsA

    # Se recorre uno a uno cada simbolo del mensaje
    for simbolo in mensaje:
        if simbolo.upper() in carsA:
            # cifra/descifra el simbolo
            Indice = carsA.find(simbolo.upper())
            if simbolo.isupper():
                texto += carsB[Indice].upper()
            else:
                texto += carsB[Indice].lower()
        else:
            # si el simbolo no está en LETRAS, se añade
            texto += simbolo

    return texto


def claveAleatoria():
    clave = list(LETRAS)
    random.shuffle(clave)
    return ''.join(clave)


if __name__ == '__main__':
    main()
```

Cuando ejecutes el programa, este te mostrará un menú con las tres opciones posibles: cifrar, descifrar o generar una clave aleatoria. Cuando elijas cifrar o descifrar, te solicitará, además del texto plano o del criptograma, el alfabeto mezclado que actuará como clave (Figura 12.1).

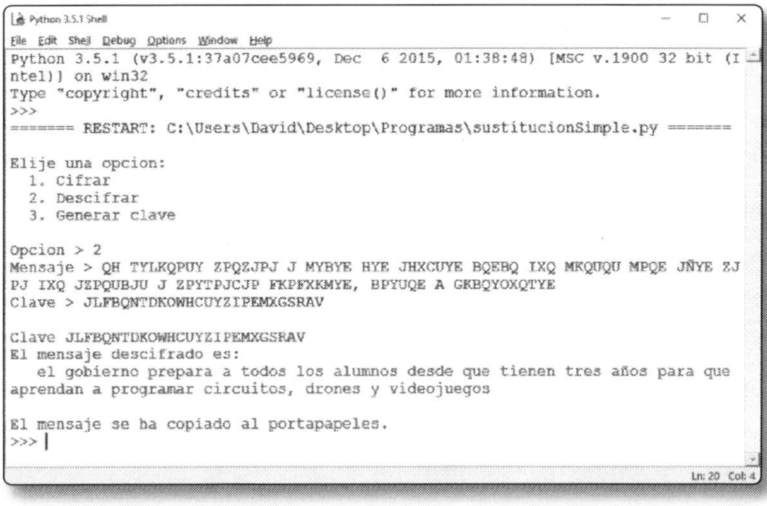


**Figura 12.1**. Funcionamiento del programa sustitucionSimple.py

## 12.2.1 Cómo funciona el programa

```
1. # Cifra de Sustitución Simple
2.
3. import pyperclip, sys, random
4.
5.
6. LETRAS = 'ABCDEFGHIJKLMNOPQRSTUVWXYZ'
```

La primera línea es un comentario con lo que hace el programa. La línea 3 importa los tres módulos de los que hará uso el programa. Por último, definimos como constante el alfabeto de símbolos que podrá cifrar o descifrar el programa.

```
 8. def main():
 9.     print("""\nElije una opcion:
10.   1. Cifrar
11.   2. Descifrar
12.   3. Generar clave""")
13.
14.     opcion = int(input('\nOpcion > '))
```

La función `main()` comienza generando un breve menú con las tres opciones que permite nuestro programa: 1, para cifrar un texto; 2, para descifrar un criptograma y 3, para generar un alfabeto mezclado que pueda servir como contraseña con cualquiera de las dos primeras opciones. Observa que el diseño del menú abarca cuatro líneas, de ahí que sea necesario emplear las triples comillas.

En la línea 14 recogemos en la variable `opcion`, como un número entero, la elección del usuario.

```
16.     # Menú de opciones
17.     if opcion == 1:
18.         modo = 'cifrado'
19.         mensaje = input('Mensaje > ')
20.         clave = input ('Clave > ')
21.         comprobarClave(clave)
22.         texto = cifrarMensaje(clave, mensaje)
23.
24.     elif opcion == 2:
25.         modo = 'descifrado'
26.         mensaje = input('Mensaje > ')
27.         clave = input ('Clave > ')
28.         comprobarClave(clave)
29.         texto = descifrarMensaje(clave, mensaje)
30.
31.     elif opcion == 3:
32.         clave = claveAleatoria()
33.         print('Clave: ', clave)
34.         sys.exit()
```

Las líneas 16-34 gestionan las distintas posibilidades contempladas en el menú. Las opciones 1 y 2 son muy similares, pues ambas solicitan un mensaje y una clave. Es la variable `modo` quien indica cómo está trabajando el código fuente (cifrado/descifrado).

Las líneas 21 y 28 comprueban la validez de la clave utilizada. Es muy fácil equivocarse al generar un alfabeto mezclado, bien porque le falte alguna letra del alfabeto, bien porque se repita alguna. Para evitarlo, la función `comprobarClave()` se asegurará de que el alfabeto mezclado es correcto y abandonará el programa con una advertencia en caso contrario.

Verificada la validez de la clave, el programa llamará a las funciones `cifrarMensaje()` o `descifrarMensaje()` según la opción elegida en el menú. El valor devuelto por ellas es una cadena de texto formada por el criptograma o el texto llano, respectivamente.

La opción 3 llama a la función `claveAleatoria()`, que devuelve un alfabeto mezclado que puede emplearse con cualquiera de las opciones anteriores.

```
36.     # Impresión del texto llano o criptograma
37.
38.     print('\nClave %s' % (clave))
39.     print('El mensaje %s es:' % (modo))
40.     print('   ',texto)
41.     pyperclip.copy(texto)
42.     print()
43.     print('El mensaje se ha copiado al portapapeles.')
```

En la línea 38 se muestra el valor de la clave utilizada en el proceso. A continuación, el mensaje cifrado, o descifrado, se imprime y se copia al portapapeles. La línea 43, por último, indica que el mensaje se ha copiado al portapapeles y el programa finaliza su ejecución.

### 12.2.2 El método de listas sort()

```
46. def comprobarClave(clave):
47.     listaClave = list(clave)
48.     listaLetras = list(LETRAS)
49.     listaClave.sort()
50.     listaLetras.sort()
```

En un algoritmo de sustitución por alfabetos mezclados la clave es válida solo si contiene todos y cada uno de los símbolos del alfabeto sin repeticiones. La forma más sencilla de comprobarlo es ordenándola alfabéticamente y verificando después que es idéntica al alfabeto utilizado.

En las líneas 47 y 48 la clave y el alfabeto se convierten en una lista por acción de `list()`. El método de listas `sort()` reagrupa los elementos en orden alfabético, por tanto, las listas que contienen las variables `listaLetras` y `listaClave` se ordenan después alfabéticamente invocando el método `sort()`. Date cuenta de que este método modifica la lista permanentemente, por ello no es necesario realizar ninguna asignación. Abre el entorno interactivo y prueba las siguientes líneas:

```
>>> clave = ['A', 'K', 'D', 'F', 'R']
>>> clave.sort()
>>> clave
['A', 'D', 'F', 'K', 'R']
>>>
```

Observa cómo una vez definida la lista, la utilización del método `sort()` destruye la lista original, que queda reemplazada por su variante ordenada.

```
51.     if listaClave != listaLetras:
52.         print('Clave incorrecta.')
53.         sys.exit()
```

Una vez ordenadas, los valores de `listaLetras` y `listaClave` deberían ser los mismos. Si es así, entonces tenemos una clave perfectamente válida. Si no son iguales, entonces la línea 51 se evalúa a **`True`** y el programa finaliza con una llamada a `sys.exit()` tras indicar que la clave es incorrecta.

## 12.2.3 Funciones envolventes

```
def cifrarMensaje(clave, mensaje):
    return mensajeCod(clave, mensaje, 'cifrar'). upper()


def descifrarMensaje(clave, mensaje):
    return mensajeCod(clave, mensaje, 'descifrar'). lower()


def mensajeCod(clave, mensaje, modo):
```

El código fuente empleado para cifrar y descifrar los mensajes en el programa son prácticamente idénticos. Es mejor, por tanto, crear una única función e invocarla dos veces que escribir el código fuente dos veces. En primer lugar, porque tenemos que escribir menos código; en segundo lugar, porque si descubrimos un error, solo deberemos corregirlo en un sitio en vez de en dos.

> **NOTA**
> Las **funciones envolventes** encapsulan el código de otras funciones y devuelven el valor que éstas regresan, a veces, con ligeras modificaciones.

En nuestro caso, las funciones `cifrarMensaje()` y `descifrarMensaje()` son las funciones envolventes que encapsulan a la función `mensajeCod()`, y por tanto, las que devolverán el valor regresado por esta última.

En la línea 64 la función `mensajeCod()` tiene los parámetros `clave`, `mensaje` y `modo`. Cuando se invoca la función desde `cifrarMensaje()` pasa la cadena `'cifrar'` como modo de operación y si se llama desde la función `descifrarMensaje()` se pasa el parámetro `'descifrar'`. Así es como sabe la función encapsulada cómo debe trabajar.

```
64. def mensajeCod(clave, mensaje, modo):
65.     texto = ''
66.     carsA = LETRAS
67.     carsB = clave
68.     if modo == 'descifrar':
69.         # Para descifrar es el mismo código que para
cifrar.
70.         # Solo se intercambian clave y LETRAS.
71.         carsA, carsB = carsB, carsA
```

La función `mensajeCod()` es quien verdaderamente cifra o descifra un mensaje en función del valor del parámetro `modo`. El proceso de cifrado en una cifra por sustitución, como ya conoces, es muy simple: para cada letra del mensaje original se halla su posición o índice en el alfabeto original, al que hemos llamado `LETRAS`, y se reemplaza con el símbolo que ocupa la misma posición en el alfabeto de sustitución, que es `clave`. Para descifrar se sigue el proceso opuesto: se encuentra el índice que ocupa el símbolo de la clave y se reemplaza con la letra que ocupa la misma posición en `LETRAS`.

Observa la tabla de la página siguiente. Para simplificar hemos reproducido solo la mitad del alfabeto. En la fila superior puedes ver las letras que formarían parte de la variable `carsA` –que se asigna a `LETRAS` en la línea 66–, en la fila intermedia los símbolos de `carsB` –que se asigna a `clave` en la línea 67– y, en la inferior, los índices o posiciones que ocupa cada letra en el conjunto:

| | | | | | | | | | | | | |
|---|---|---|---|---|---|---|---|---|---|---|---|---|
| A | B | C | D | E | F | G | H | I | J | K | L | M |
| ↕ | ↕ | ↕ | ↕ | ↕ | ↕ | ↕ | ↕ | ↕ | ↕ | ↕ | ↕ | ↕ |
| S | H | C | L | A | O | K | J | I | F | R | M | D |
| 0 | 1 | 2 | 3 | 4 | 5 | 6 | 7 | 8 | 9 | 10 | 11 | 12 |

El código de la función `mensajeCod()` buscará el índice que ocupa un símbolo del mensaje en `carsA` y lo reemplazará con el carácter que ocupa esa misma posición en `carsB`. Así cambiamos un símbolo de `LETRAS` con el correspondiente en `clave`.

Cuando se descifra, sin embargo, los valores de `carsA` y `carsB` (`LETRAS` y `clave`) han de intercambiarse, lo que hacemos en la línea 71, así que ahora nuestra tabla de sustitución sería así:

| | | | | | | | | | | | | |
|---|---|---|---|---|---|---|---|---|---|---|---|---|
| S | H | C | L | A | O | K | J | I | F | R | M | D |
| ↕ | ↕ | ↕ | ↕ | ↕ | ↕ | ↕ | ↕ | ↕ | ↕ | ↕ | ↕ | ↕ |
| A | B | C | D | E | F | G | H | I | J | K | L | M |
| 0 | 1 | 2 | 3 | 4 | 5 | 6 | 7 | 8 | 9 | 10 | 11 | 12 |

El código de la función definida en la línea 64 siempre reemplaza los caracteres de la fila superior por los de la fila intermedia, así que cuando se intercambian los valores de `carsA` y `carsB` la función descifra en vez de cifrar.

```
73.     # Se recorre uno a uno cada símbolo del mensaje
74.     for simbolo in mensaje:
75.         if simbolo.upper() in carsA:
76.             # cifra/descifra el símbolo
77.             Indice = carsA.find(simbolo.upper())
```

El bucle **`for`** de la línea 74 recorrerá uno a uno los símbolos del mensaje. Como `LETRAS` y `clave` se introducen en mayúsculas, la línea 75 comprueba si la forma mayúscula de cada letra del mensaje se encuentra en `carsA`. Si es así, se obtiene la posición que ocupa y se almacena en la variable `Indice` en la línea 77.

## 12.2.4 Los métodos de cadena isupper() e islower()

Los métodos `isupper()` e `islower()` permiten conocer si los caracteres que forman una determinada cadena están todos escritos en mayúsculas o minúsculas, respectivamente.

El método `isupper()` devolverá **`True`** cuando no haya ningún carácter en minúsculas en la cadena, mientras que `islower()` regresará **`True`** cuando la cadena no contenga ninguna mayúscula.

Abre el terminal interactivo de Python y escribe los siguientes ejemplos:

```
>>> 'Hola mundo'.isupper()
False
>>> 'Hola mundo'.islower()
False
>>> 'HOLA MUNDO'.isupper()
```

```
True
>>> 'hola mundo'.islower()
True
>>> 'DS 3'.isupper()
True
>>> '45@'.islower()
False
>>>
```

Observa cómo los caracteres que no son letras no afectan en absoluto a los valores devueltos por estos métodos.

```
78.             if simbolo.isupper():
79.                 texto += carsB[Indice].upper()
80.             else:
81.                 texto += carsB[Indice].lower()
```

Si `simbolo` es una letra mayúscula, entonces concatenamos el carácter en `carsB[Indice]` a `texto`.

Si `simbolo` es un número o un signo de puntuación, entonces la condición de la línea 78 sería **`False`** y se ejecutaría la línea 81. En este caso la llamada al método `lower()` no tendría resultado, puesto que ni un número ni otros caracteres no alfabéticos no tienen consideración de mayúscula ni de minúscula. Así pues, la línea 81 solo tendrá sentido cuando el mensaje tenga letras minúsculas y números o signos de puntuación.

```
82.         else:
83.             # si el simbolo no está en LETRAS, se añade
84.             texto += simbolo
```

El **`else`** de la línea 82 está emparejado con el **`if`** de la línea 75. El código de este bloque, la línea 84, solo se ejecuta si el símbolo del mensaje no se encuentra en el alfabeto original, es decir, en `LETRAS`. Esto significa que no se puede ni cifrar ni descifrar el carácter en `simbolo`, por tanto, lo añadimos al final de `texto` según está.

```
86.     return texto
```

Al final de la función `mensajeCod()` se devuelve el valor que contiene la variable `texto`, es decir, la forma cifrada o descifrada del mensaje.

### 12.2.5 Generar una clave pseudoaleatoria

```
89. def claveAleatoria():
90.     clave = list(LETRAS)
91.     random.shuffle(clave)
92.     return ''.join(clave)
```

Teclear una cadena aleatoria que contenga una y solo una letra del alfabeto puede resultar difícil, sobre todo si se define un conjunto de 97 símbolos, como haremos más adelante. Para facilitarnos esta labor podemos hacer uso de la función `claveAleatoria()`. Las líneas 90 a 92 mezclan de forma pseudoaleatoria los símbolos definidos en la constante `LETRAS`.

La función `random.shuffle()` acepta como argumento una lista y reorganiza sus elementos de forma pseudoaleatoria. Abre el terminal interactivo y teclea las siguientes instrucciones:

```
>>> import random
>>> numeros = [0, 1, 2, 3, 4, 5, 6, 7, 8, 9]
>>> random.shuffle(numeros)
>>> numeros
[8, 7, 5, 6, 1, 0, 2, 9, 4, 3]
>>>
```

Es importante que recuerdes que `shuffle()` no devuelve ningún valor, tan solo modifica *in situ* la lista que se le pasa por argumento.

Como `shuffle()` actúa sobre una lista, el primer paso es convertir en una lista en la línea 90 la cadena `LETRAS`; a continuación, se mezclan sus elementos con este método y se vuelven a transformar en una cadena de texto con el método `join()`. Observa el funcionamiento:

```
>>> import random
>>> vocales = 'aeiou'
>>> vocales = list(vocales) # Se convierte en lista
>>> random.shuffle(vocales)  # Se mezclan los elementos
>>> vocales = ''.join(vocales)  # y se rehace la cadena
>>> vocales
'ioeua'
```

Si deseas usar directamente una clave aleatoria en los procesos de cifrado o descifrado, puedes sustituir la línea 20 del programa por la siguiente asignación:

```
clave = claveAleatoria()
```

Recuerda que el programa siempre mostrará en pantalla la clave que se usa. Así es como el usuario puede saber en cualquier momento qué clave se ha empleando.

## 12.3 CÓMO CIFRAR OTROS SÍMBOLOS

La cifra de sustitución simple que hemos estudiado en el capítulo solo cifra las letras del alfabeto. Esta limitación artificial se debe a que la técnica que emplearemos en el próximo capítulo para romper la cifra solo funciona con las letras.

Es posible, sin embargo, definir un alfabeto de sustitución que contemple todos los símbolos de puntuación y caracteres especiales del teclado. Para ello, haz el siguiente cambio en la línea 6 del programa:

```
6. LETRAS = r"""!¡"#$%&'()*+,-./0123456789:;<=>¿?@ABCDEFGHIJK
LMNOPQRSTUVWXYZ[\]^_`abcdefghijklmnopqrstuvwxyz{|}~"""
```

Empleamos las triples comillas para evitar el uso de caracteres de control, lo cual facilita la escritura.

Además, al definir así nuestro alfabeto de sustitución, ya no tienen sentido las distinciones efectuadas entre formas mayúsculas y minúsculas. Ahora, cuando ejecutes el programa *sustitucion.py* cualquier criptograma tendrá una apariencia completamente embrollada:

```
Clave v3UQBpcXLEs=rH¿-"'hVC>¡x64YTu@(]8d&5F\[1IRm2$
z9a:#qykeW;)0<nP!
Klb%gMAi|+^`7O/~?}_NoZwj,GJ{*fDS
El mensaje cifrado es:
     &O /A~?o /AM^b M?gA~b MA %b~g?o ^~ZAN~bg^?~bOAo
AoZá~ bOANZb~M? b owo gO^A~ZAo MAO MAZAN^?N? _wA }wAMA
owiN^N Ob Ag?~?/íb Ao}bñ?Ob ZNbo Obo AOAgg^?~Ao |A~ANbOAo

El mensaje se ha copiado al portapapeles.
>>>
```

## 12.4 RESUMEN

En este nuevo capítulo hemos estudiado la técnica general de sustitución mediante alfabetos mezclados. Un alfabeto mezclado es aquel formado por todos y cada uno de los símbolos del alfabeto, seleccionados de forma aleatoria y sin repetirse ninguno. Una clave así garantiza una cierta inmunidad frente a los ataques por fuerza bruta, pues su espacio de claves es $26! = 4 \cdot 10^{26}$.

Si bien nos encontramos entonces con la cifra más robusta hasta ahora, su principal problema es la gestión de la clave. Memorizar y escribir una clave aleatoria de la longitud del alfabeto no es sencillo, por lo que solía ser habitual seleccionar una clave más sencilla y construir a partir de ella el alfabeto. Se reduce la seguridad, pero se gana en agilidad.

Las listas pueden ordenarse mediante el método de listas `sort()`, que reagrupa los elementos en orden alfabético. Este método modifica la lista permanentemente, por ello no es necesario realizar ninguna asignación.

Las funciones envolventes encapsulan el código de otras funciones y devuelven el valor que estas regresan, a veces, con ligeras modificaciones. Son útiles, por ejemplo, cuando una misma función puede efectuar dos procesos diferentes, de modo que se encapsulan con otras dos funciones que serán las responsables de indicarle su modo de funcionamiento.

Durante la codificación del programa *sustitucionSimple.py* has visto cómo trabajan los métodos `isupper()` e `islower()`, que permiten conocer si los caracteres que forman una determinada cadena de texto están todos escritos en mayúsculas o minúsculas, respectivamente.

Por último, has aprendido a mezclar de forma pseudoaleatoria los elementos de una lista con la función `random.shuffle()`. Es importante que recuerdes que la función no devuelve ningún valor, tan solo modifica *in situ* la lista que se le pasa por argumento.

## 12.5 EVALUACIÓN

1. Contesta a las cuestiones siguientes:
   - ¿Cuál es el espacio de claves de una cifra de sustitución simple que emplea un alfabeto de 96 símbolos?
   - ¿Qué alfabeto de sustitución definiría la clave CICERO?
   - ¿En qué situaciones resulta de utilidad emplear funciones envolventes?
   - ¿Cuál sería el resultado de la ejecución de las siguientes expresiones?

     a) `'3DF?X.'.isupper()` b) `'radius2'.islower()`
   - ¿Con qué método se reorganizan aleatoriamente los elementos de una lista?

## 12.6 EJERCICIOS PROPUESTOS

1. ¿Con cuál de estas tres claves se ha obtenido el criptograma OI GJMR OS IG IMLURG EO KUOSTRGS GIJGS?: ZEBRA, GALEON o SUBMARINO.

2. Implementa una función que reciba una cadena de texto y devuelva **`True`** si sus letras están ordenadas alfabéticamente y **`False`** en caso contrario.

3. Indica qué error hay en el siguiente código y resuélvelo para que funcione:

```
import random

LETRAS = 'ABCDEFGHIJKLMNOPQRSTUVWXYZ'

def claveAleatoria():
  clave = LETRAS
  random.shuffle(clave)
  return clave
```

# 13

# ATAQUE A LA CIFRA DE SUSTITUCIÓN SIMPLE

Hasta ahora hemos empleado ataques por fuerza bruta para romper todos los métodos de cifra estudiados. Con la cifra de sustitución simple, sin embargo, este método no es factible dado el enorme espacio de claves que posee. Por tanto, hemos de buscar una nueva alternativa.

Recordar claves aleatorias de 26 caracteres alfabéticos no es sencillo, así pues, era usual que emisor y receptor acordaran usar una palabra clave a partir de la cual se construyera el alfabeto de sustitución. Y es en esta situación donde tiene éxito nuestra siguiente ofensiva: un ataque de diccionario. Un **ataque de diccionario** es una técnica que consiste en intentar hallar una contraseña probando todas las palabras de un diccionario. A diferencia de un ataque por fuerza bruta, donde se busca sistemáticamente en la totalidad del espacio de claves, un ataque por diccionario solo prueba aquellas posibilidades que son más factibles de ocurrir. Esto se debe a la tendencia de la gente a usar palabras de su propia lengua o pequeñas variantes como contraseñas para que la clave sea fácil de recordar.

En este capítulo veremos cómo implementar con éxito en Python un ataque de diccionario contra una cifra de sustitución simple, siempre que la clave sea una palabra presente en nuestro diccionario de la lengua española.

## 13.1 IMPLEMENTACIÓN DEL ATAQUE

Como acabamos de decir, un ataque de diccionario consiste en probar todas y cada una de las palabras presentes en el mismo hasta dar con una que rompa el criptograma. En el peor de los casos tendremos que probar 82.000 palabras, las que contiene *diccionario.txt*. Lógicamente, si la contraseña es una palabra que no se encuentra en el diccionario, la ofensiva fallará.

La implementación del ataque requiere del uso de los módulos *pyperclip.py*, *sustitucionSimple.py* y *detectarEspanol.py*, módulo este último que deberemos modificar para poder emplearlo en el programa.

### 13.1.1 El código fuente

Abre una nueva ventana en el editor. Escribe el siguiente código fuente y guárdalo como *ataqueDiccionarioSustSimple.py*:

```
# Ataque de diccionario a la cifra de sustitución simple

import pyperclip, sustitucionSimple, detectarEspanol

MODO = False

def main():
    criptograma = input('Criptograma > ')
    textoLlano = ataque(criptograma)

    if textoLlano == None:
        # ataque() devuelve None si no ha encontrado la clave
        print('El ataque falló.')
    else:
        # El texto llano se muestra en la pantalla y se copia al portapapeles
        print('Mensaje copiado al portapapeles.')
        print(textoLlano)
        pyperclip.copy(textoLlano)


def alfabetoSustitucion(clave):
    # Crea un alfabeto de sustitución con la clave
    nuevaClave = ''
    clave = clave.upper()
    alfabeto = list(sustitucionSimple.LETRAS)
    for i in range(len(clave)):
        if clave[i] not in nuevaClave:
            nuevaClave += clave[i]
            alfabeto.remove(clave[i])
    clave = nuevaClave + ''.join(alfabeto)
```

```
    return clave


def ataque(mensaje):
    print('Probando con %s posibles palabras del diccinario...' % len(detectarEspanol.PALABRAS_ES PANOL))

    print('(Pulsa Ctrl-C o Ctrl-D para abandonar.)')

    intento = 1
    # Prueba cada una de las claves posibles
    for clave in detectarEspanol.PALABRAS_ESPANOL:
        if intento % 100 == 0 and not MODO:
            print('%s claves probadas. (%s)' % (intento, clave))
        clave = alfabetoSustitucion(clave)
        textoLlano = sustitucionSimple.descifrarMenasaje(clave, mensaje)
        if detectarEspanol.porcentaje_palabras(textoLlano) > 0.20:

            # Comprueba con el usuario si el texto tiene sentido
            print()
            print('Posible hallazgo:')
            print('clave: ' + str(clave))
            print('Texto llano: ' + textoLlano[:100])
            print()
            print('Pulsa S si es correcto, o Enter para seguir probando:')
            respuesta = input('> ')
            if respuesta.upper().startswith('S'):
                return textoLlano
        intento += 1
    return None

if __name__ == '__main__':
    main()
```

Cuando ejecutes el programa, te pedirá que introduzcas el criptograma. En el momento en el que pulses la tecla Enter el ordenador comenzará a generar una a una todas las claves posibles con todas las palabras del diccionario de la lengua española. En el momento en el que el texto descifrado con alguna de las claves contenga más de un 20 % de palabras en español, nos mostrará por pantalla la etiqueta "*Posible hallazgo:*" junto con el texto llano. Si el usuario valida el resultado, el mensaje se copiará al portapapeles y el programa se dará por finalizado (Figura 13.1).

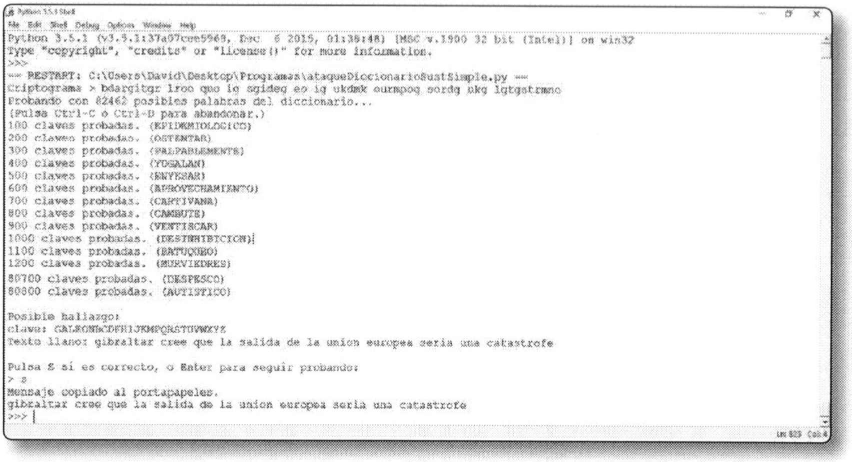


**Figura 13.1**. Ataque con éxito a una cifra por sustitución simple

## 13.1.2 Cómo funciona el programa

```
1. # Ataque de diccionario a la cifra de sustitución simple
2.
3. import pyperclip, sustitucionSimple, detectarEspanol
4.
```

Tras indicar un breve comentario sobre el objetivo del programa, importamos los tres módulos necesarios para su completa funcionalidad.

```
5. MODO = False
```

En la línea 5 definimos una bandera que indicará al programa si el usuario desea mostrar actividad por la pantalla, como muestra la figura anterior, o quiere utilizar el modo silencioso (`True`).

```
7. def main():
8.     criptograma = input('Criptograma > ')
9.     textoLlano = ataque(criptograma)
```

La función principal se define en la línea 7 del programa. Nada más ejecutarse pedirá que el usuario introduzca un criptograma, valor que asigna a la variable homónima. A continuación, su valor se pasa como parámetro a la función `ataque()`, de la que hablaremos más adelante, que devuelve una cadena de texto que se almacena en la variable `textoLlano`.

```
11.     if textoLlano == None:
12.         # ataque() devuelve None si no ha encontrado la
clave
13.         print('El ataque falló.')
14.     else:
15.         # El texto llano se muestra en la pantalla y se
copia al portapapeles
16.         print('Mensaje copiado al portapapeles.')
17.         print(textoLlano)
18.         pyperclip.copy(textoLlano)
```

Si la función `ataque()` no devuelve ningún valor es porque la ofensiva ha fallado. La expresión de la línea 11 se evalúa entonces a **`True`** y se imprime por pantalla la cadena de texto "*El ataque falló*". En caso contrario, se muestra el texto plano obtenido y se copia al portapapeles, con lo que el programa finaliza.

```
21. def alfabetoSustitucion(clave):
22.     # Crea un alfabeto de sustitución con la clave
23.     nuevaClave = ''
24.     clave = clave.upper()
25.     alfabeto = list(sustitucionSimple.LETRAS)
```

El principal problema con el que se enfrenta un criptoanalista es la clave que se empleó para obtener el criptograma. El algoritmo estudiado tiene un espacio de claves 26!, por lo que un ataque de fuerza bruta queda fuera de nuestras posibilidades. Así pues, hemos supuesto que emisor y receptor han acordado previamente una palabra clave a partir de la cual se compone el alfabeto de sustitución. De este modo reducimos un espacio de claves monstruoso a uno con solo 82.806 claves, tantas como palabras del diccionario.

La función que va a construir estos alfabetos de sustitución es `alfabetoSustitucion()` y recibe como parámetro cada una de las palabras que se extrae del diccionario.

En la línea 25 se define el alfabeto inicial como una lista de las 26 letras declaradas en la constante LETRAS del módulo *sustitucionSimple.py*:

```
alfabeto = ['A', 'B', 'C', 'D', 'E', 'F', 'G', 'H', 'I', 'J',
'K', 'L', 'M', 'N', 'O', 'P', 'Q', 'R', 'S',
'T', 'U', 'V', 'W', 'X', 'Y', 'Z']
```

A partir de este momento es cuando se inicia el bucle para generar el alfabeto de sustitución:

```
26.     for i in range(len(clave)):
27.         if clave[i] not in nuevaClave:
28.             nuevaClave += clave[i]
29.             alfabeto.remove(clave[i])
```

Para cada una de las letras de la palabra clave se comprueba si el carácter no está en la variable auxiliar `nuevaClave`, que comienza siendo una cadena vacía, como se ve en la línea 23. Si la evaluación es **`True`**, entonces se añade dicha letra a `nuevaClave`.

### 13.1.2.1 EL MÉTODO DE LISTAS REMOVE()

```
29.             alfabeto.remove(clave[i])
```

Una vez añadida la letra a `nuevaClave`, se elimina aquella del alfabeto mediante el método de listas `remove()`. Este método permite eliminar de las listas los elementos indicados.

Abre el intérprete de Python y prueba las siguientes instrucciones:

```
>>> vocales = ['a', 'e', 'i', 'o', 'u']
>>> vocales.remove('e')
>>> vocales
['a', 'i', 'o', 'u']
>>> vocales.remove(vocales[2])
>>> vocales
['a', 'i', 'u']
>>>
```

De modo que, si la clave inicial fuese la palabra ABANDERADO, una vez finalizado el bucle de la línea 26, el contenido de la variable `nuevaClave` sería `ABNDERO` y el de `alfabeto` `['C', 'F', 'G', 'H', 'I', 'J', 'K', 'L', 'M', 'P', 'Q', 'S', 'T', 'U', 'V', 'W', 'X', 'Y', 'Z']`.

```
30.     clave = nuevaClave + ''.join(alfabeto)
```

Una vez finalizado el bucle se concatena el valor de nueva clave al del alfabeto formando una cadena de texto que se asigna a la variable clave.

```
31.     return clave
```

Por último, en la línea 31, se devuelve como una cadena de texto el alfabeto de sustitución generado con la palabra clave.

```
34. def ataque(mensaje):
35.     print('Probando con %s posibles palabras del
diccionario...' % len(detectarEspanol.PALABRAS_ES PANOL))
36.
37.     print('(Pulsa Ctrl-C o Ctrl-D para abando nar.)')
```

La función de la que depende todo el ataque por diccionario es la que hemos definido como `ataque()`. Nada más introducir el criptograma, el programa invoca en la línea 9 a la función anterior, que encapsula los distintos subprocesos que constituyen el algoritmo diseñado.

La línea 35 muestra en pantalla el número de palabras que se probarán como posibles claves de cifrado, mientras que la 37 informa al usuario de que puede abandonar en cualquier momento el ataque pulsando la combinación de teclas adecuada.

```
39.     intento = 1
40.     # Prueba cada una de las claves posibles
41.     for clave in detectarEspanol.PALABRAS_ESPANOL:
42.         if intento % 100 == 0 and not MODO:
43.             print('%s claves probadas. (%s)' % (intento,
clave))
```

El verdadero ataque de diccionario se produce en el cuerpo del bucle de la línea 41, que recorrerá una a una todas las palabras del diccionario almacenado en el fichero *diccionario.txt*. Si la bandera `MODO` es **`False`** e `intento` es un múltiplo de 100, entonces la línea 42 se evalúa a **`True`** y se muestra en pantalla el número de claves ensayadas hasta ese momento y la última palabra que se ha probado. Si la bandera se selecciona como **`True`** en la línea 5, entonces la condición es falsa y se continúa con la línea 44. En esta situación el programa trabaja de forma silenciosa sin mostrar al usuario ninguna información por pantalla.

```
44.         clave = alfabetoSustitucion(clave)
45.         textoLlano = sustitucionSimple.descifrarMensaje
(clave, mensaje)
```

Independientemente de que la sentencia condicional sea verdadera o falsa, el programa invoca en cada iteración a la función `alfabetoSus titucion()` para generar con la palabra del diccionario leída el correspondiente alfabeto de sustitución.

Con el alfabeto y el criptograma se invoca en la línea 45 a la función `descifrarMensaje()` definida en el módulo `sustitucion Simple()`. El mensaje descifrado se guarda en la variable `textoLlano`.

```
46.         if detectarEspanol.porcentaje_palabras
(textoLlano) > 0.20:
```

El ordenador no sabe si el mensaje descifrado tiene o no algún significado en la lengua del usuario, así pues, hemos creado una función en el módulo *detertarEspanol.py* que nos comunicará como posible hallazgo cualquier mensaje con más de un 20 % de palabras con sentido propio en la lengua.

### 13.1.2.2 LA FUNCIÓN PORCENTAJE_PALABRAS()

El algoritmo utilizado para atacar la cifra de sustitución simple requiere modificar el código del módulo *detectarEspanol.py*. Abre este archivo en el editor de Python e introduce las siguientes líneas adicionales:

```
12. LETRAS_Y_ESPACIOS = LETRAS + ' \t\n'


25. def porcentaje_palabras(mensaje):
26.     mensaje = mensaje.upper()
27.     letras =[]
28.     for simbolo in mensaje:
29.         if simbolo in LETRAS_Y_ESPACIOS:
30.             letras.append(simbolo)
31.     mensaje= ''.join(letras)
32.
33.     posibles_palabras = mensaje.split()
34.
35.     if posibles_palabras == []:
36.         return 0.0 # No hay ninguna palabra
37.
38.     encontradas = 0
39.     for palabra in posibles_palabras:
40.         if palabra in PALABRAS_ESPANOL:
41.             encontradas += 1
42.     return float(encontradas) / len(posibles_palabras)
```

Esta función recibe una cadena de texto y calcula cuál es el porcentaje de palabras con significado que contiene. Entre las líneas 26 y 31 el código convierte el mensaje a mayúsculas y quita todos aquellos símbolos que no se encuentran en el alfabeto latino. De modo que, si a la función se le pasa el parámetro `'En 1547` `moria Enrique VIII de Inglaterra'`, la variable `mensaje` declarada en la línea 31 almacenaría `EN MORIA ENRIQUE VIII DE INGLATERRA`.

La línea 33 genera con el método `split()` una lista con las palabras que contiene `mensaje`. En el ejemplo, `['EN', 'MORIA', 'ENRIQUE', 'VIII', 'DE', 'INGLATERRA']`.

Si no hay palabras en la lista, la función finaliza en la línea 36 devolviendo el valor 0.0. Si hay palabras, entonces la función entra en el bucle **`for`** de la línea 39, con el que se va a comprobar si alguna de esas palabras está en el diccionario. Si es así, la evaluación de la línea 40 es **`True`** y se suma uno al contador `encontradas`.

En el ejemplo propuesto, solo hay dos palabras de la lista en el diccionario: ENRIQUE e INGLATERRA, luego el contador almacenará 2.

Una vez finalizado el bucle, la función regresa el cociente entre el número de palabras encontradas y el número total de palabras en la lista del mensaje depurado, en el ejemplo, 2/6 = 0,3333333.

```
50.             print('Posible hallazgo:')
51.             print('clave: ' + str(clave))
52.             print('Texto llano: ' + textoLlano[:100])
```

Como dijimos más arriba, cuando la función `porcentaje_palabras()` devuelva un valor superior a 0.2 -elegido de forma arbitraria-, el programa nos mostrará en pantalla la etiqueta "*Posible hallazgo:*" junto con la clave y las primeras 100 letras del texto llano obtenido.

```
54.             print('Pulsa S si es correcto, o Enter para
seguir probando:')
55.             respuesta = input('> ')
56.             if respuesta.upper().startswith('S'):
57.                 return textoLlano
58.         intento += 1
59.     return None
```

Si el usuario valida el resultado, la función devuelve, con el texto llano obtenido, el flujo de programa a la línea que invocó la función y finaliza con la línea 57. Si no se valida, entonces se suma uno al contador `intento` y vuelve a ejecutarse una iteración más con una nueva clave.

Si acabado el diccionario no se ha podido encontrar una clave que descifrase el criptograma, entonces la función finalizará con la línea 59 y devolverá el valor **`None`** como texto llano. En ese momento la ejecución de la línea 13 informará al usuario de que el ataque ha fallado y el programa se da por finalizado.

## 13.2 RESUMEN

En este capítulo has estudiado un nuevo tipo de ofensiva contra una cifra: el ataque de diccionario. Este ataque consiste en probar no todas las posibles claves del criptosistema, sino todas las palabras de un diccionario.

Debido al gran número de claves que posee una cifra de sustitución simple (26!), no es factible realizar un ataque por fuerza bruta. Por este motivo hemos implementado un ataque solo probando las palabras del diccionario español.

A pesar de lo que pudiera parecer, esta ofensiva tiene éxito bastantes veces, porque emisor y receptor tienen la tendencia de elegir contraseñas formadas por palabras fácilmente recordables o variantes de ellas. Hasta que los usuarios no se autoconvenzan de la importancia de elegir contraseñas formadas por caracteres alfanuméricos aleatorios, sin ningún significado, este ataque seguirá dando resultados positivos.

Si bien has visto cómo tiene éxito cualquier ataque frente a una cifra obtenida por sustitución mediante una clave presente en el diccionario, esto no debería llevarte a pensar que, si se emplea una clave aleatoria en una sustitución simple, entonces el criptosistema es seguro. Es verdad que la fuerza bruta es poco viable y que el ataque de diccionario fracasará, pero aún así, hay métodos que permitirían al criptoanalista obtener la suficiente información como para romper el criptograma. El mapeo de palabras y las propiedades estadísticas de todos los lenguajes naturales hacen inseguro cualquier método de sustitución monoalfabética.

## 13.3 EVALUACIÓN

1. Contesta a las cuestiones siguientes:

   - Si suponemos un alfabeto de sustitución formado por 26 letras y 10 números, ¿cuál es el espacio de claves de una cifra de sustitución simple con alfabetos mezclados?
   - Tras finalizar un ataque de diccionario a una cifra el programa nos indica que la ofensiva ha fallado, ¿significa eso siempre que la clave utilizada no está en el diccionario? ¿Cómo se te ocurriría afinar más la búsqueda en nuestro programa?

## 13.4 EJERCICIOS PROPUESTOS

1. Dados los siguientes criptogramas, encuentra las claves con los que se han obtenido:

   - AKODP FKNJPKJ OEJUJBDC C PUBEREO C BCIEOKJ BKIK LODIEO IDJDPQOK
   - MPUQLFEQ QL RHBFRHE KJP HJ QEHBRJHEP E LQKEÑE KJP LF OÉSRBRT
   - GS RPSJQNKPHSCBKJ IBTBRSG ROJIPS HSYKPOQ CKJQOCUOJCBSQ MUO GSQ MUO RUVK GS POVKGUCBKJ BJIUQRPBSG

# 14

# LA CIFRA BELLASO

Durante casi mil años las cifras de sustitución monoalfabéticas gobernaron el mundo de la escritura secreta. A pesar de saberse inseguras, se siguieron empleando junto con libros de códigos y homófonos por su facilidad para cifrar y descifrar mensajes.

En el siglo XVI la criptografía no podía sustentarse más en cifras de sustitución monoalfabéticas. La demanda de cifras más eficientes crecía a la par que el espionaje entre las cortes europeas. Sin embargo, a pesar del gran número de sistemas polialfabéticos que surgieron durante los siglos XV y XVI, embajadores y secretarios encontraron estas cifras de sustitución lo suficientemente complejas como para relegarlas al olvido y seguir confiando en nomencladores y homófonos (Kahn, 1996).

En este primer capítulo dedicado a las cifras de sustitución polialfabéticas estudiaremos a un personaje tan olvidado como grandioso en criptografía: Giovan Battista Bellaso.

## 14.1 GIOVAN BATTISTA BELLASO

La biografía de Bellaso es breve y no muy precisa. Bellaso nació en Brescia en el seno de una familia acomodada en 1505. En 1538 recibió un título en leyes en la universidad de Padua.

En 1552 entró en contacto con el renombrado escritor Girolamo Ruscelli, también experto en criptografía, quien le urgió a publicar sus conocimientos (Buonafalce, 2006).

El diplomático francés Blaise de Vigenère afirmó que Bellaso trabajaba como secretario del cardenal Rodolfo Pio di Capri y le atribuye la verdadera invención de la cifra polialfabética con clave.

Bellaso nunca menciona al cardenal Pio en su obra, pero sí explica que en 1550 estaba al servicio del cardenal Duranti en Camerino y que habitualmente usaba cifras en la correspondencia con el cardenal mientras este estaba en Roma en el cónclave del que salió elegido el papa Julio III. Nada más se sabe de este personaje, salvo que murió en Roma en una fecha indeterminada.

Giovan Battista Bellaso ha pasado a la historia por haber ideado una cifra que marcó una época y que fue considerada irrompible durante más de cuatro siglos.

Parafraseando a David Kahn, Bellaso creó el moderno concepto de sustitución polialfabética combinando su brillante idea de usar una clave literal, junto con los alfabetos mezclados de Alberti y el cifrado letra a letra de Tritemius.

## 14.2 LAS CIFRAS DE BELLASO

Ya en el capítulo 2 estudiamos la primera cifra de Belllaso, recogida en 1553 en la obra *La cifra del Sig. Giovan Battista Bellaso*. La cifra es una sustitución polialfabética y, a diferencia del sistema de discos de Alberti, es todavía periódica, pero el uso de contraseñas largas la hacían suficientemente segura, incluso aunque la tabla recíproca en la que se basaba fuera de dominio público, lo que está en concordancia con el principio de Kerckhoffs.

Aunque su primer libro contiene las bases de su sistema, es el tercero de ellos *Il vero modo di scrivere in cifra*, publicado en Brescia en 1564, el más conocido por los criptoanalistas.

Las tablas recíprocas que aparecen en su tercer libro se emplean con o sin contraseña y el proceso de cifrado se efectúa palabra a palabra o letra a letra a la vez. Como novedad, además, Bellaso describe cómo usar su sistema empleando como contraseña el propio texto llano.

### 14.2.1 Sustitución polialfabética con clave

Tal y como Bellaso describe en su obra de 1564, el mecanismo para cifrar un texto llano consiste en construir una tabla recíproca de cinco alfabetos mezclados. La tabla se genera a partir de una primera palabra que actúa como contraseña del siguiente modo (Tabla 14.1):

- Si el número de letras es par, se distribuye mitad a mitad entre las dos líneas del alfabeto.
- Si es impar, se sitúa en la línea de arriba hasta la letra que se encuentra en la mitad de la palabra y el resto en la de abajo.

| | |
|---|---|
| **I** D K N T Z | **i** **o** a b c d f g h j k l m |
| | **v** **e** n p q r s t u w x y z |
| **O** F L P U | **i** **o** a b c d f g h j k l m |
| | z **v** **e** n p q r s t u w x y |
| A G M Q W | **i** **o** a b c d f g h j k l m |
| | y z **v** **e** n p q r s t u w x |
| B H **V** R X | **i** **o** a b c d f g h j k l m |
| | x y z **v** **e** n p q r s t u w |
| C J **E** S Y | **i** **o** a b c d f g h j k l m |
| | w x y z **v** **e** n p q r s t u |

**Tabla 14.1.** Tabla recíproca de Bellaso construida con la contraseña IOVE

Observa detenidamente cómo se construye la tabla. La contraseña tiene cuatro letras, así pues, se distribuyen dos a dos entre las dos líneas del primer alfabeto. A continuación, se completa este en orden sin las letras presentes en la contraseña. A partir de aquí, el resto de alfabetos se generan fácilmente: la primera mitad de todos los alfabetos es la misma, la segunda parte se obtiene desplazando un carácter a la derecha la segunda línea del alfabeto anterior.

El alfabeto en mayúsculas de la primera columna también se construye a partir del primero. Toma la primera letra del primer alfabeto y sigue escribiendo en orden y hacia abajo todas las letras. Cada cinco caracteres debes cambiar de columna.

Una vez obtenida la tabla recíproca el mecanismo de cifrado es relativamente fácil, pues, en esencia, es idéntico al ya explicado en el capítulo 2, sin embargo, añade una importante mejora: el emisor emplea una contraseña distinta de la que ha empleado para construir la tabla recíproca. De esta contraseña sitúa su primera letra sobre la primera letra de la primera palabra, su segunda letra sobre el primer carácter de la segunda palabra, su tercera letra sobre el primer símbolo de la tercera palabra del texto llano, y así sucesivamente. A continuación, se cifra palabra por palabra, comenzando con el alfabeto indicado por la letra de la contraseña y cambiando cíclicamente con cada letra hasta llegar a la primera letra de la siguiente palabra, donde será necesario empezar por el alfabeto indicado por la letra de la contraseña.

Supongamos que se desea cifrar el texto llano *El Papa viajará a Roma pronto* con la contraseña AVE MARIA GRATIA PLENA. Procederíamos así:

| A | V | E | M | A | R |
|---|---|---|---|---|---|
| El | Papa | viajara | a | Roma | pronto |

Ahora buscamos en la primera columna de la tabla el alfabeto que contiene la A y anotamos con qué símbolo se empareja la letra *e* en ese alfabeto, que resulta ser la B. Para cifrar la letra *l* cambiamos al siguiente alfabeto y anotamos con qué letra está emparejada, que resulta ser la U.

Con la siguiente palabra, cambia también el alfabeto. Hemos de buscar cuál es la compañera de la *p* en el alfabeto que contiene la V, que es la F. Así ha de seguirse hasta finalizar el texto llano. El criptograma quedaría entonces de este modo: BU FYBE CVETZJN V GYUN FJEBJY.

Observa el carácter polialfabético de la cifra. La letra *a* en el texto llano, por ejemplo, se sustituye en el criptograma por cinco símbolos diferentes: F, E, Z, N, V. Este es el hecho más importante de las cifras de sustitución polialfabéticas. Un simple análisis estadístico de las frecuencias de cada carácter ya no aporta información alguna que permita recuperar ningún símbolo del texto llano.

Una vez comprendido cómo se cifra con lápiz y papel, es hora de implementar el código del programa para automatizar el proceso.

## 14.3 EL CÓDIGO FUENTE

Abre el entorno interactivo de Python y haz clic en el menú **File ▸ New File** para abrir el editor. Escribe el siguiente código fuente, guárdalo como *Bellaso.py* y pulsa **F5** para ejecutarlo:

```
# La cifra Bellaso
# David Arboledas Brihuega
# Dominio público


import pyperclip

#ALFABETO = 'ABCDEFGHILMNOPQRSTUX'
ALFABETO = 'ABCDEFGHIJKLMNOPQRSTUVWXYZ'
GIRO = len(ALFABETO) // 2 - 1
NUMERO = 5  # Número de alfabetos
```

```
global entrada
global alfabeto
alfabeto = [''] * NUMERO
entrada = [''] * NUMERO

def main():
    clave = input('Clave para los alfabetos: ').upper()
    clave = quitar_duplicados(clave)
    entrada, alfabeto = generar_alfabetos(clave)
    opc = input('¿Deseas cifrar o descifrar un texto? (c/d): ' )

    if opc.strip().upper().startswith('C'):
        mensaje = input('\nIntroduce el mensaje: ').upper()
        password = input ('Clave: ').upper()
        criptograma = cifrarMensaje(password, mensaje)
        print('\nEl criptograma es: ',criptograma)
        pyperclip.copy(criptograma)

    if opc.strip().upper().startswith('D'):
        criptograma = input('\nIntroduce el criptograma: ').upper()
        password = input ('Clave: ').upper()
        texto = descifrarMensaje(password, criptograma).lower()
        print('\nEl texto llano es: ',texto)
        pyperclip.copy(texto)


def quitar_duplicados(clave):
    nueva_clave = ''
    for letra in clave:
        if letra not in nueva_clave:
            nueva_clave += letra
    clave = nueva_clave
    return clave


def generar_alfabetos(clave):
    # Definimos cómo se coloca la clave en los
    # alfabetos
    clave1_1 = ''
    clave1_2 = ''
    longitud = len(clave)
```

```

    if longitud % 2 == 0:  # si clave es par
        for j in range(0,longitud // 2):
            clave1_1 += clave[j]
        for j in range(longitud // 2, longitud):
            clave1_2 += clave[j]

    else:  # clave es impar
        limite = (longitud + 1) // 2
        for j in range(0, limite):
            clave1_1 += clave[j]
        for j in range(limite, longitud):
            clave1_2 += clave[j]

    # Generamos el primer alfabeto
    alf1_1 = clave1_1
    alf1_2 = clave1_2
    s_alf = [''] * 2 * NUMERO

    for i in ALFABETO:
        if i not in clave and len(alf1_1) <= GIRO:
            alf1_1 += i
    for j in ALFABETO:
        if j not in clave and j not in alf1_1:
            alf1_2 +=  j

    s_alf[0], s_alf[1] = alf1_1, alf1_2
    alfabeto[0]= s_alf[0]+ s_alf[1]

    # Entradas de los alfabetos
    for k in range(0, NUMERO):
        for i in range(k, len(alfabeto[0]), NUMERO):
            entrada[k] += alfabeto[0][i]

    # Resto de alfabetos
    for k in range (2, 2 * NUMERO):
        if k % 2 == 0:
            s_alf[k] = s_alf[0]

        else:
            for i in range(0, len(s_alf[0])):
                pos = (i + GIRO) % len(s_alf[0])
                s_alf[k] += s_alf[k-2][pos]

            alfabeto[(k-1)//2] = s_alf[0] + s_alf [k]
```

```
    mostrar_tabla(entrada, s_alf)
    return(entrada, alfabeto)


def mostrar_tabla(entrada, s_alf):

    print('\n**** TABLA RECÍPROCA ****\n')

    for i in range(0, NUMERO):
        print(entrada[i], end = '')
        if len(entrada[i]) - len(entrada[0]) == 0:
            print(' ', s_alf[0].lower())
        else:
            print(' ' * 2, s_alf[0].lower())

        espacios = len(entrada[0]) + 2
        print(' ' * espacios, end = '')
        print(s_alf[2*i+1].lower())

    print('\n************************\n')


def busqueda(clave): # devuelve el número de alfabeto
    for i in range(0, len(entrada)):
        if clave[0] in entrada[i]:
            return i


def cifrarMensaje(clave, mensaje):
    return cifrar_descifrar(clave, mensaje, 'cifrar').upper()


def descifrarMensaje(clave, mensaje):
    return cifrar_descifrar(clave, mensaje, 'descifrar').lower()


def cifrar_descifrar(clave, mensaje, modo):
    clave = ''.join(clave.split())
    palabras = mensaje.split()
    salida = ''
    if modo == 'cifrar' or modo == 'descifrar':
        for i in range(0, len(palabras)):
            n = busqueda(clave[i % len(clave)])
```

```
            for j in range(0, len(palabras[i])):
                ind = (n + j) % len(entrada)
                pos = alfabeto[ind].find(palabras[i][j])
                if pos == -1: # No se encuentra el símbolo
                    salida += palabras[i][j]
                else:
                    pos = (pos + len(ALFABETO)//2) % len(ALFABETO)
                    salida += alfabeto[ind][pos]
            salida += ' '
        return salida


if __name__ == '__main__':
    main()
```

Cuando ejecutes el programa, lo primero que te preguntará es por una clave para generar los cinco alfabetos de la tabla recíproca de Bellaso. Una vez tenga este dato, calculará y mostrará en pantalla la tabla. Después, deberás indicarle si quieres cifrar o descifrar un mensaje. En función de la respuesta te solicitará el texto llano que deseas cifrar, o el criptograma que desees desvelar. Finalmente, deberás introducirle la contraseña de la que depende todo el proceso.

Una vez que el programa haya finalizado, mostrará en pantalla el texto llano o el criptograma deseados y copiará el resultado al portapapeles.

```
Introduce el mensaje: El informe oficial censura la entrada
en la guerra de Irak
Clave: OBST UTUM GERI
El criptograma es:  NW PAPFBBP EOQFWCX UOEYYSC XM PBIBZMC NF
WZ PZRSUR MO PSCW
```

## 14.3.1 Cómo funciona el programa

```
# La cifra Bellaso
# David Arboledas Brihuega
# Dominio público
```

Las primeras tres líneas del programa son un comentario con la funcionalidad del programa, el autor y la licencia del mismo.

Las líneas 5 a 11 constituyen también una indicación con información para el usuario del mismo. Observa que hemos optado por emplear las triples comillas al tratarse de un único comentario que ocupa varias líneas.

```
13. import pyperclip
```

En la línea 13 se importa el ya conocido módulo *pyerclip.py* para hacer uso de las funcionalidades cortar y pegar del portapapeles.

```
15. #ALFABETO = 'ABCDEFGHILMNOPQRSTUX'
16. ALFABETO = 'ABCDEFGHIJKLMNOPQRSTUVWXYZ'
17. GIRO = len(ALFABETO) // 2 - 1
18. NUMERO = 5  # Número de alfabetos
19. global entrada
20. global alfabeto
21. alfabeto = [''] * NUMERO
22. entrada = [''] * NUMERO
```

Las siguientes ocho líneas del programa declaran las constantes y variables globales que se van a emplear en el código. En las dos primeras líneas se definen las constantes `ALFABETO`, que contienen los distintos caracteres del alfabeto. Tal cual está escrito el código, hace uso de las 26 letras latinas de nuestro alfabeto. En la línea 15 se han recogido los 20 caracteres que empleaba Bellaso originariamente. Para poder usarlo, bastaría con descomentar –quitar la almohadilla– la línea 15 y comentar la 16, de este modo:

```
15. ALFABETO = 'ABCDEFGHILMNOPQRSTUX'
16. #ALFABETO = 'ABCDEFGHIJKLMNOPQRSTUVWXYZ'
```

La constante `GIRO` representa cuándo se ha de pasar a la segunda línea de cada alfabeto en la tabla recíproca. Lógicamente, si el alfabeto tiene 26 letras, en cada línea deberán situarse 13, es decir, que el último carácter de la primera línea es el que ocupa la posición 26 // 2 – 1 = 12.

Por último, `NUMERO` representa con cuántos alfabetos trabaja el programa. Por defecto se han definido cinco, pues son los que describía Bellaso, pero puedes cambiar este número por cualquier otro. Ten en cuenta que para 26 letras del alfabeto solo puedes emplear un máximo de 13 alfabetos.

```
19. global entrada
20. global alfabeto
21. alfabeto = [''] * NUMERO
22. entrada = [''] * NUMERO
```

Las variables globales `alfabeto` y `entrada` se definen como listas de cinco cadenas. La lista `alfabeto` contendrá los cinco alfabetos de la tabla recíproca, uno por cadena. La lista `entrada`, por el contrario, estará formada por las cinco cabeceras, también una por cadena. Las cabeceras son las filas que conforman la primera columna de la tabla recíproca que Bellaso escribía en mayúsculas.

```
24. def main():
25.     clave = input('Clave para los alfabetos: ').upper()
26.     clave = quitar_duplicados(clave)
27.     entrada, alfabeto = generar_alfabetos(clave)
28.     opc = input('¿Deseas cifrar o descifrar un texto?
(c/d): ')
```

En la línea 24 del código comienza la función `main()`, que es la responsable de solicitar los datos necesarios y de mostrar en pantalla el resultado de los procesos de cifrado o descifrado.

El primer dato que se necesita recoger es la clave para construir los cinco alfabetos de la tabla recíproca, clave que se almacena en la variable homónima. Debido a que en los alfabetos no puede repetirse ningún carácter, es necesario eliminar de la clave cualquier símbolo duplicado. Esta será la labor de la función que se invoca en la línea 26.

Con la clave perfectamente formada se llama a la función `generar_alfabetos()`, que devolverá dos listas con los cinco alfabetos generados por la clave y la cabecera o entradas de los mismos.

Una vez formada la tabla, el programa nos pedirá qué queremos hacer: cifrar un texto llano o descifrar un criptograma.

```
30.     if opc.strip().upper().startswith('C'):
31.         mensaje = input('\nIntroduce el mensaje: ').upper()
32.         password = input ('Clave: ').upper()
33.         criptograma = cifrarMensaje(password, mensaje)
34.         print('\nEl criptograma es: ',criptograma)
35.         pyperclip.copy(criptograma)
```

Si el usuario decide la opción de cifrar, el programa le solicitará el mensaje, texto llano que se almacenará en mayúsculas en la variable mensaje y la contraseña con la que desea obtener el criptograma.

Con estos dos datos, se invoca la función `cifrarMensaje()`, que devolverá tras su ejecución el criptograma deseado. Finalmente, el texto cifrado se muestra en pantalla y se copia al portapapeles.

```
    if opc.strip().upper().startswith('D'):
        criptograma = input('\nIntroduce el criptograma: ').upper()
        password = input ('Clave: ').upper()
        texto = descifrarMensaje(password, criptograma).lower()
        print('\nEl texto llano es: ',texto)
        pyperclip.copy(texto)
```

Por otro lado, si el usuario opta por descifrar un criptograma, el programa nos pedirá el texto cifrado y la contraseña para revertir el proceso. Con estos dos datos, almacenados en las variables `criptograma` y `password`, se llama a la función `descifrarMensaje()`, que tras su ejecución devolverá el texto llano obtenido. Este mensaje se muestra a continuación en pantalla –en minúsculas– y se copia al portapapeles.

```
45. def quitar_duplicados(clave):
46.     nueva_clave = ''
47.     for letra in clave:
48.         if letra not in nueva_clave:
49.             nueva_clave += letra
50.     clave = nueva_clave
51.     return clave
```

Como comentamos hace un momento, el primer paso es quitar los símbolos duplicados en la clave, para así poder construir adecuadamente los alfabetos.

En la línea 46 se define una cadena de texto auxiliar que comienza siendo una cadena sin contenido a la que iremos añadiendo las letras de la clave.

Con el bucle **for** de la línea 47 recorremos una a una todas las letras de la clave introducida por el usuario. Si la letra leída no se encuentra en la cadena auxiliar, se añade; en caso contrario, se obvia y se continúa con la siguiente iteración. Una vez finalizado el bucle, la función devuelve a la línea 26 el valor de la nueva clave.

```
54. def generar_alfabetos(clave):
55.     # Definimos cómo se coloca la clave en los
56.     # alfabetos
57.     clave1_1 = ''
58.     clave1_2 = ''
59.     longitud = len(clave)
```

En la línea 54 comienza la función clave y más compleja del programa: `generar_alfabetos()`. Esta función toma por parámetro la clave sin caracteres duplicados y devuelve dos listas con el contenido de los alfabetos y sus entradas o cabeceras.

Lo primero que debe hacerse es colocar adecuadamente las letras de la clave, según explicamos. Por ejemplo, si la contraseña fuera COME, se colocarían del siguiente modo:

```
co
me
```

A continuación, se escribiría el resto de letras que faltan en el alfabeto de forma ordenada:

```
coabdfghijkln
mepqrstuvwxyz
```

Si fuese una palabra con un número impar de letras entonces, en la fila superior, se situaría hasta el símbolo que ocupa la mitad de la palabra, por ejemplo, en la clave DAMISELA, quedaría así:

```
dami
sel
```

Y el alfabeto:

```
damibcfghjkno
selpqrtuvwxyz
```

```
57.     clave1_1 = ''
58.     clave1_2 = ''
59.     longitud = len(clave)
```

Las variables `clave1_1` y `clave1_2` definidas en las líneas 57 y 58 almacenarán estas dos partes en las que se divide la contraseña del usuario.

```
61.     if longitud % 2 == 0:  # si clave es par
62.         for j in range(0,longitud // 2):
63.             clave1_1 += clave[j]
64.         for j in range(longitud // 2, longitud):
65.             clave1_2 += clave[j]
```

Si la longitud de la clave es par, como en el ejemplo COME, entonces `clave1_1` contendría la primera mitad de las letras y `clave1_2` la segunda mitad. Es lo que hacen, respectivamente, sendos bucles **for** en las líneas 62 y 64. El primero recorre desde la letra en posición 0 hasta la anterior a `longitud // 2` y el segundo desde esta hasta el final.

```
67.     else: # clave es impar
68.         limite = (longitud + 1) // 2
69.         for j in range(0, limite):
70.             clave1_1 += clave[j]
71.         for j in range(limite, longitud):
72.             clave1_2 += clave[j]
```

Si la longitud de la clave es impar, como pasaba en el ejemplo con DAMISELA, con siete letras, entonces `clave1_1` tendría que almacenar los cuatro primeros caracteres. Este es el límite marcado en la línea 68, de modo que el primer bucle almacena hasta la letra intermedia en la variable `clave1_1` y el segundo el resto de caracteres en la variable `clave1_2`.

```
74.     # Generamos el primer alfabeto
75.     alf1_1 = clave1_1
76.     alf1_2 = clave1_2
77.     s_alf = [''] * 2 * NUMERO
```

Una vez que el programa ha llegado a la línea 72 ya se tiene el comienzo de las dos líneas en las que escribimos el alfabeto que actúa como semilla de los siguientes.

La primera parte de la clave se asocia, en la línea 75, a la variable `alf1_1`, que hará referencia a la línea superior del alfabeto, mientas que el resto de la clave se guarda en `alf1_2`, que será la línea inferior.

Para dibujar la tabla recíproca necesitamos dividir los alfabetos en dos mitades, de modo que hemos decidido definir una nueva variable, `s_alf`, como una lista de cadenas que contendrá todos los semialfabetos de la tabla. Como hay `NUMERO` alfabetos, entonces, tendremos `2 * NUMERO` semialfabetos.

```
79.     for i in ALFABETO:
80.         if i not in clave and len(alf1_1) <= GIRO:
81.             alf1_1 += i
82.     for j in ALFABETO:
83.         if j not in clave and j not in alf1_1:
84.             alf1_2 += j
```

El bucle **`for`** de la línea 79 forma el primer semialfabeto. Recorre letra a letra cada uno de los símbolos del alfabeto y comprueba en cada iteración si el carácter no está en la clave y la longitud del semialfabeto es menor o igual a GIRO. Si la prueba es **`True`**, entonces se añade el carácter a la variable `alf1_1`. El segundo bucle **for** genera el segundo semialfabeto de un modo similar. Si la letra del alfabeto no está ni en la clave ni en `alf1_1`, entonces debe añadirse al segundo semialfabeto.

```
86.         s_alf[0], s_alf[1] = alf1_1, alf1_2
87.         alfabeto[0]= s_alf[0]+ s_alf[1]
```

Finalizados los bucles, se asigna `alf1_1` a la variable `s_alf[0]` y `alf1_2` a `s_alf[1]`. Entonces el primer alfabeto, `alfabeto[0]`, será la suma de los dos semialfabetos anteriores.

```
89.         # Entradas de los alfabetos
90.         for k in range(0, NUMERO):
91.             for i in range(k, len(alfabeto[0]), NUMERO):
92.                 entrada[k] += alfabeto[0][i]
```

El primer alfabeto nos va a permitir obtener las entradas o cabeceras de la tabla de Bellaso y el resto de alfabetos de una forma muy sencilla.

La primera columna de la tabla recíproca es una matriz de `NUMERO` filas. Cada una de ellas comienza con la letra que se encuentra en la posición indicada por su fila. A partir de esa letra se escribe el resto de símbolos del alfabeto que están separados una distancia `NUMERO` del carácter anterior. Sigamos con el ejemplo de la clave DAMISELA. La variable `alfabeto[0]` contendrá la cadena `damibcfghjknoselpqrtuvwxyz`, así pues, la primera fila de la tabla, `entrada[0]`, comenzará en la letra que se halla en posición 0, la `D`. La segunda letra será aquella que está separada cinco lugares de esta, es decir, la `C`; la siguiente, la `K`, luego la `L`, la `U` y la `Z`. Para escribir la segunda fila de la matriz, `entrada[1]`, se toma la letra en posición 1, es decir, la `A` y, a continuación, se escriben las letras separadas cinco posiciones con respecto de la anterior: `FNPV`.

Para implementar este algoritmo en el programa se necesitan dos bucles anidados: el primero, en la línea 90, recorre todas las filas de la matriz; el interno, en la línea 91, itera `alfabeto[0]` desde la letra en posición *k* hasta acabar el alfabeto de `NUMERO` en `NUMERO` símbolos. Cada letra que se va seleccionando en la línea 92 se añade a la variable entrada en la posición indicada por la fila de la matriz.

En el ejemplo anterior, finalizados los bucles, la variable `entrada` contendría las siguientes cadenas:

['DCKLUZ', 'AFNPV', 'MGOQW', 'IHSRX', 'BJETY']

```
94.         # Resto de alfabetos
95.         for k in range (2, 2 * NUMERO):
96.             if k % 2 == 0: # Alfabeto par
97.                 s_alf[k] = s_alf[0]
```

Generado el primer alfabeto, el resto se obtiene de una forma obvia. Si observas la Tabla 14.1, los semialfabetos pares, con índices 0, 2, 4, … son idénticos.

Así pues, el bucle de la línea 95 recorre los `2 * NUMERO` semialfabetos y la expresión condicional de la línea siguiente selecciona aquellos que tienen índice par, a los que se asigna en la 97 el valor de `s_alf[0]`, que ya se obtuvo en la línea 86.

```
99.         else: # Alfabeto impar
100.            for i in range(0, len(s_alf[0])):
101.                pos = (i + GIRO) % len(s_alf[0])
102.                s_alf[k] += s_alf[k-2][pos]
```

Los semialfabetos que ocupan las posiciones impares se obtienen desplazándolos siempre un carácter a la derecha, es decir, siguen una aritmética módulo 13 para un alfabeto de 26 símbolos.

La primera iteración del bucle **for** de la línea 95 que entra en la línea 100 ocurre con $k = 3$. El símbolo *i* en el semialfabeto *k* es el que ocupaba en el anterior, $k - 2$, la posición (i + 12) % 13. De este modo, vamos generando todos los semialfabetos de la tabla recíproca.

```
104.            alfabeto[(k-1)//2] = s_alf[0] + s_alf [k]
```

Una vez formado el semialfabeto *k*, se van generando los siguientes alfabetos de la tabla sumando las cadenas `s_alf[0]` y `s_alf [k]`.

```
105.    mostrar_tabla(entrada, s_alf)
106.    return(entrada, alfabeto)
```

Por último, en la línea 105 se invoca la función `mostrar_tabla()` antes de devolver las listas de cadenas `entrada` y `alfabeto` a la línea 27 del programa.

```
109. def mostrar_tabla(entrada, s_alf):
110.    print('\n**** TABLA RECÍPROCA ****\n')
111.
112.    for i in range(0, NUMERO):
113.        print(entrada[i], end = '')
114.        if len(entrada[i]) - len(entrada[0]) == 0:
115.            print(' ', s_alf[0].lower())
116.        else:
117.            print(' ' * 2, s_alf[0].lower())
```

La función `mostrar_tabla()` recibe como parámetros dos listas de cadenas: `entrada` y `s_alf`. Su objetivo es imprimir en pantalla la tabla recíproca para el número de alfabetos y la clave elegidos. Para ello, recorremos con un bucle **for** todos los semialfabetos y entradas e imprimimos los valores necesarios de forma que queden como en la tabla 14.1.

Tras imprimir las entradas, el programa comprueba sus longitudes con respecto a la cabecera inicial, que es la que puede ser más larga. Si son idénticas, deja un espacio en blanco antes de imprimir en minúsculas el semialfabeto inicial, que permanece invariable. Si las longitudes son distintas, imprime un espacio adicional antes de mostrar el semialfabeto. Así nos aseguramos de que todo queda alineado.

```
119.            espacios = len(entrada[0]) + 2
120.            print(' ' * espacios, end = '')
121.            print(s_alf[2*i+1].lower())
122.
123.        print('\n************************\n')
```

El segundo semialfabeto se imprime bajo el primero, por lo que hemos de separar este proceso en dos: primero, espacios en blanco; después, los semialfabetos impares.

Tras mostrar en pantalla la tabla recíproca, el flujo del programa se devuelve a la función `generar_alfabetos()`.

```
126. def busqueda(clave): # devuelve el número de alfabeto
127.     for i in range(0, len(entrada)):
128.         if clave[0] in entrada[i]:
129.             return i
```

El proceso de cifrado o descifrado pasa por buscar en la lista de las entradas de los alfabetos una letra de la clave, por tanto, lo primero que se necesita es conocer en qué entrada de la tabla se encuentra dicho carácter. Ese será el trabajo de la función `busqueda()` definida en la línea 126.

Un bucle **`for`** recorre la lista de las entradas. Si la primera letra de la clave está en alguna de las cadenas, entonces devuelve su posición en la lista y, por tanto, el número de alfabeto que se ha de utilizar para cifrar o descifrar.

```
132. def cifrarMensaje(clave, mensaje):
133.     return cifrar_descifrar(clave, mensaje, 'cifrar
').upper()

136. def descifrarMensaje(clave, mensaje):
137.      return cifrar_descifrar(clave, mensaje,
'descifrar').lower()
```

Una vez que el programa ha volcado en pantalla la tabla recíproca, le solicita al usuario si desea cifrar o descifrar un mensaje. Independientemente de su elección, aquel deberá introducir el texto llano o el criptograma y la clave del proceso. Con estos parámetros, la función `main()` llamará a una de las dos funciones: `cifrarMensaje()` o `descifrarMensaje()`.

Estas dos son las funciones envolventes que encapsulan a la función `cifrar_descifrar()`, y por tanto, las que devolverán el valor regresado por esta última.

```
140. def cifrar_descifrar(clave, mensaje, modo):
```

En la línea 140 la función `cifrar_descifrar()` tiene los parámetros `clave`, `mensaje` y `modo`. Cuando se invoca la función desde `cifrarMensaje()` le pasa la cadena `'cifrar'` como modo de operación y si se llama desde la función `descifrarMensaje()` se le pasa el parámetro `'descifrar'`. Así es como sabe la función encapsulada cómo debe trabajar.

```
141.     clave = ''.join(clave.split())
142.     palabras = mensaje.split()
143.     salida = ''
```

Como la clave puede ser una palabra o varias, lo primero que hace la función en la línea 141 es eliminar los espacios entre esas palabras, si las hubiera.

A continuación, el mensaje recibido por la función se separa en palabras, almacenando estas en la lista homónima.

La variable `salida` definida en la línea 143 como una cadena vacía, será utilizada en el cuerpo de la función para ir guardando los caracteres cifrados o descifrados según se obtienen.

```
144.     if modo == 'cifrar' or modo == 'descifrar':
145.         for i in range(0, len(palabras)):
146.             n = busqueda(clave[i % len(clave)])
```

En la línea 144 comienza verdaderamente el cuerpo de la función. Independientemente de quién invoque a la función, el flujo de programa alcanza siempre el bucle de la línea 145.

Tanto el proceso de cifrado como de descifrado comienza poniendo las letras de la clave sobre la letra inicial de cada palabra. Con esta premisa, el bucle permitirá iterar sobre el número total de palabras del texto llano o del criptograma. Para cada palabra, el programa identifica en qué alfabeto de la tabla recíproca se encuentra la letra clave, lo que hace invocando a la función `busqueda()` definida en la línea 126.

```
147.             for j in range(0, len(palabras[i])):
148.                 ind = (n + j) % len(entrada)
149.                 pos = alfabeto[ind].find(palabras[i[j])
```

Si el bucle externo lo empleamos para recorrer la lista de palabras del mensaje, el bucle interno de la línea 147 lo emplearemos para recorrer cada una de esas palabras.

Identificado el alfabeto con el que comienza el proceso, el paso siguiente es hallar la posición de la letra del mensaje en dicho alfabeto. Recuerda que después se va avanzando cíclicamente en los alfabetos hasta finalizar la palabra. Este es el motivo por el que la línea 148 se ha escrito así. Si una palabra tiene siete letras y comenzamos en el alfabeto 2, los siguientes tendrían que ser: 3, 4, 0, 1, 2 y 3.

La variable `pos` de la línea 149 almacena la posición del carácter en el alfabeto `ind`.

```
150.            if pos == -1: # No se encuentra el símbolo
151.                salida += palabras[i][j]
152.            else:
153.                pos = (pos + len(ALFABETO)//2) % len(ALFABETO)
154.                salida += alfabeto[ind][pos]
155.        salida += ' '
```

Si no se halla el símbolo, `pos == -1`, es porque no está en ningún alfabeto, es decir, se trataría de un número o de un carácter no alfabético. En ese caso, el programa entra en la línea 151 y añade el símbolo a la cadena de texto `salida` sin cifrar ni descifrar.

Si, por el contrario, el carácter está en el alfabeto, el programa tiene que hallar con qué otra letra está enfrentada en la tabla recíproca. Esta es una operación tan sencilla como sumar la longitud del semialfabeto. Con este nuevo valor de `pos` se identifica la letra y se le añade en la línea 154 a la variable `salida`.

```
156.    return salida
```

Cuando se ha cifrado o descifrado todo el mensaje, la función devuelve la salida a la función que la invocó: `cifrarMensaje` o `descifrarMensaje`.

## 14.4 ESPACIO DE CLAVES Y ATAQUES A LA CIFRA

De todas las técnicas vistas hasta ahora, la descrita por Bellaso en 1564 es, sin lugar a dudas, la más compleja y poderosa. No es solo porque se trate de una cifra de sustitución polialfabética, sino por el hecho de que el usuario necesita generar dos claves con las que construir la tabla recíproca y cifrar el texto llano.

El espacio de claves de esta cifra es tan elevado que un ataque por **fuerza bruta** resulta inviable. Date cuenta de que el usuario tiene la posibilidad de generar hasta 13 alfabetos de 26 letras y que la clave para construir la tabla recíproca podría tener hasta 26 caracteres. Esto significa $13 \cdot 26! = 5{,}2 \cdot 10^{27}$ alfabetos posibles. Es más, el espacio de claves es aún superior, pues el proceso de cifrado posterior requiere una contraseña que puede ser completamente distinta a la usada para generar la tabla recíproca. Cada letra de esta contraseña permite cifrar una palabra en el texto llano, así pues, su longitud puede ser tan alta como el número de palabras del mensaje. Consideremos un mensaje de 10 palabras, unos 40 caracteres. ¿Cuántas contraseñas de 10 letras podríamos utilizar? La respuesta es una variación con repetición de 26 elementos tomados de 10 en 10, es decir, $26^{10}$.

Teniendo en cuenta estas premisas, necesitaríamos probar para estas 10 palabras $13 \cdot 26! \cdot 26^{10} = 7{,}4 \cdot 10^{41}$ claves para tener éxito en un ataque por fuerza bruta. Si ya era impensable hacerlo en la cifra de sustitución simple, más aún en la cifra Bellaso.

Así pues, nos queda la opción del **ataque de diccionario**. Ahora, las posibilidades se reducen muchísimo. Si suponemos que el emisor del criptograma ha empleado una palabra del diccionario para generar la tabla recíproca y otra palabra para cifrar el texto, el espacio de claves se reduce a $13 \cdot 80.383^2$, es decir, a poco más de 83.998 millones de claves. La cifra es alta, pero manejable para un ordenador.

La cifra Bellaso que hemos estudiado es tan fuerte que durante más de cuatro siglos resistió los distintos ataques del criptoanálisis. Es más, hoy existen aún retos dejados por Bellaso que siguen guardando sus secretos.

## 14.5 RESUMEN

Con este capítulo hemos abierto un nuevo campo en la ciencia de la criptografía, el de las cifras de sustitución polialfabética. Un sistema de cifrado de sustitución simple es polialfabético cuando cada carácter no se sustituye siempre por el mismo símbolo. Es decir, en el sistema hay implicados varios alfabetos y dependiendo de las circunstancias se aplicará uno u otro.

Giovan Battista Bellaso ha pasado a la historia por haber ideado una cifra que marcó una época y que fue considerada irrompible durante más de cuatro siglos. Fue él quien creó el moderno concepto de sustitución polialfabética combinando su brillante idea de usar una o varias claves literales, junto con los alfabetos mezclados de Alberti y el cifrado letra a letra de Tritemius.

A lo largo de tres libros y durante más de diez años, Bellaso contribuyó como nadie a la ciencia de la criptografía. Es precisamente una de las cifras de 1564 la que hemos estudiado en este capítulo e implementado en Python. Con ella has visto cómo los métodos de sustitución polialfabéticos introdujeron una gran seguridad en las comunicaciones.

## 14.6 EVALUACIÓN

1. Contesta a las cuestiones siguientes:
   - ¿Qué diferencia a una cifra de sustitución monoalfabética de una polialfabética?
   - ¿Qué método del criptoanálisis es inútil con las cifras de sustitución polialfabéticas?
   - ¿Qué personaje francés atribuye a Bellaso la invención de la cifra polialfabética con clave?
   - ¿Serviría de algo conocer la tabla recíproca para descifrar un criptograma? ¿En qué te basas para afirmarlo?

## 14.7 EJERCICIOS PROPUESTOS

1. Dadas las siguientes claves, escribe con lápiz y papel el primer alfabeto de la tabla recíproca de Bellaso: DALIA, XANON y PORSACE.
2. Genera una tabla recíproca de 10 alfabetos con la clave UNICORNIO.
3. Descifra con la tabla anterior y la contraseña POKEMON el criptograma ZP RKUWXJ VODZ JWCTI HWN Z YOH ZKUIQGCJ.

# 15

# LA CIFRA VIGENÈRE

El desarrollo del análisis de frecuencias, primero en el mundo árabe y después en Europa, destruyó la seguridad de las cifras monoalfabéticas. La ejecución en 1587 de María Estuardo, reina de Escocia, fue una dramática ilustración de las debilidades de la sustitución monoalfabética (Singh, 2000). En la batalla entre criptógrafos y criptoanalistas estos últimos llevaban las de ganar.

Obviamente, incumbía a los criptógrafos inventar cifras más sólidas. Como ya has visto, los primeros pasos recayeron sobre Trithemius y Alberti, aunque fue Battista Bellaso quien remató el proceso. De haber utilizado María Estuardo las cifras polialfabéticas de Bellaso, la historia podría haber sido diferente.

Tras Bellaso llegó Blas de Vigenère, quien conoció de primera mano los escritos de Alberti, Trithemius y del mismísimo Bellaso durante su estancia diplomática en Roma. Al principio, su interés por la criptografía era meramente práctico y se relacionaba con su trabajo diplomático. Después, abandonó su carrera y se dedicó al estudio de las cifras. La obra de Vigenère culminó con su *Traicté des Chiffres*, publicado en 1586.

Sin embargo, son muchas las dudas que suscita su obra. La cifra de Vigenère, tal y como él la empleó, no tiene nada que ver con la que hoy día lleva su nombre, aunque, por tradición, también la estudiaremos.

## 15.1 LA PRIMERA CIFRA DE VIGENÈRE

La primera cifra de Vigenère, tal y como la describe en su obra en 1586, presenta muchísimas reminiscencias con la cifra de Bellaso estudiada en el capítulo anterior. A diferencia de esta, emplea 10 alfabetos generados sin contraseña. La segunda mitad de cada alfabeto se desplaza una unidad hacia la derecha, como en la cifra Bellaso (Tabla 15.1).

El proceso de cifrado o descifrado se realiza mediante una palabra clave. Con esta contraseña sitúa su primera letra sobre la primera letra del mensaje, su segunda letra sobre la segunda letra y así sucesivamente. A continuación, se cifra letra a letra según la tabla recíproca de Vigenère.

Supongamos que se desea cifrar el texto *Au nom de l'éternel soit mon commencement* con la contraseña LA NUIT CLAIRE.

| | | | | | | | | | | |
|---|---|---|---|---|---|---|---|---|---|---|
| A | a | b | c | d | e | f | g | h | i | l |
| B | m | n | o | p | q | r | s | t | u | x |
| C | a | b | c | d | e | f | g | h | i | l |
| D | x | m | n | o | p | q | r | s | t | u |
| E | a | b | c | d | e | f | g | h | i | l |
| F | u | x | m | n | o | p | q | r | s | t |
| G | a | b | c | d | e | f | g | h | i | l |
| H | t | u | x | m | n | o | p | q | r | s |
| I | a | b | c | d | e | f | g | h | i | l |
| L | s | t | u | x | m | n | o | p | q | r |
| M | a | b | c | d | e | f | g | h | i | l |
| N | r | s | t | u | x | m | n | o | p | q |
| O | a | b | c | d | e | f | g | h | i | l |
| P | q | r | s | t | u | x | m | n | o | p |
| Q | a | b | c | d | e | f | g | h | i | l |
| R | p | q | r | s | t | u | x | m | n | o |
| S | a | b | c | d | e | f | g | h | i | l |
| T | o | p | q | r | s | t | u | x | m | n |
| V | a | b | c | d | e | f | g | h | i | l |
| X | n | o | p | q | r | s | t | u | x | m |

**Tabla 15.1.** Tabla recíproca de Vigenère

Procederíamos así:

| LA | NUI | TC | L AIRELAN | UITC | LAI | RELANUITCLAI |
|---|---|---|---|---|---|---|
| Au | nom | de | l'éternel | soit | mon | commencement |

Ahora se busca en la primera columna de la izquierda la letra de la clave y en el alfabeto la letra del texto claro. El carácter cifrado es aquél con el que se empareja en el alfabeto la letra del texto llano. Así pues, para la letra L en la clave y la *a* en el texto llano, resulta S. Para la letra A en la clave y la *u* en el texto plano, tenemos la I, y así sucesivamente.

Vigenère empleaba originalmente cuatro letras arbitrarias al principio del criptograma, digamos *fsbm*; así como las letras *Z* e *y* como nulas separando las palabras del texto. De este modo, el criptograma obtenido del mensaje anterior era escrito por Vigenère de la siguiente manera: *fsbmsiygbezrpzrqbthfqqzfgmizecfyreeaxausbmbb*.

Evidentemente, se trata de una cifra muchísimo más segura que cualquier otra monoalfabética, pero las similitudes con la ya estudiada de Bellaso son bastante significativas.

Debido a estas similitudes, no vamos a implementar en papel esta primera cifra de Vigenère, aunque sí tienes a tu disposición como material descargable el programa *Vigenere1586.py*, que sí recoge el código necesario.

## 15.2 LA CIFRA DE AUTOCLAVE

La cifra anterior presenta una elevada seguridad siempre que se emplee una clave suficientemente compleja. El problema es generar una clave distinta con cada interlocutor y lo suficientemente segura y fácil de recordar. Es aquí donde los métodos de autoclave resultan muy sencillos de manejar. Estos métodos trabajan con una clave inicial a la que se añade el texto claro o el criptograma. De este modo, se emplea una contraseña sencilla y lo suficientemente larga como para que la labor de descifrado sea enormemente compleja si no se conoce la clave o semilla inicial. Sin embargo, no es para el criptoanalista una labor imposible, ni muchísimo menos. Esto es así porque el texto llano está formado por palabras del lenguaje natural y, por tanto, predecibles.

Veamos cómo explicaba Vigenère su método de autoclave. Imagina que deseas transmitir el mensaje *Las últimas noticias confirman un atentado* empleando como contraseña LA LUNA NUEVA. Lo primero es anexar a la clave el texto llano, que quedaría así: LALUNANUEVALASULTIMAS NOTICIASCONFIRMANUNATENTADO. Ahora se cifraría del modo habitual con el método descrito anteriormente.

| LAL | UNANUEV | ALASULTI | MASNOTICI | AS | CONFIRMA |
|---|---|---|---|---|---|
| Las | ultimas | noticias | confirman | un | atentado |

Puedes emplear el programa *Vigenere1586.py* para comprobar que el criptograma obtenido sería este:

*rmazhqhplufybghmpqoaytclmodexfzilzxdxdbpuc*

El proceso opuesto es algo más complejo, pues el destinatario no conoce el texto plano y, por tanto, la totalidad de la clave. Sin embargo, sí sabe cuál es su comienzo: LA LUNA NUEVA. Así que su primer paso ha de ser descifrar el criptograma hasta donde conoce:

| LAL | UNANUEV | A | | | |
|---|---|---|---|---|---|
| rma | hqhpluf | bghmpqoa | tclmodexf | il | xdxdbpuc |

Si descifra estas primeras once letras obtiene: *Las últimas n*, que se añadirían a la clave:

| LAL | UNANUEV | **ALASULTI** | **MASN** | | |
|---|---|---|---|---|---|
| rma | hqhpluf | bghmpqoa | tclmodexf | il | xdxdbpuc |

Y así seguiría descifrando y añadiendo letras a la clave hasta finalizar el texto.

Estudiaremos el código fuente de la versión moderna de la cifra de autoclave cuando hayamos visto el siguiente punto.

## 15.3 LA CIFRA INDESCIFRABLE

Como ya vimos en el capítulo 2, fue finalmente Blaise de Vigenère, sin ser completamente original en sus ideas, quien desarrollara la teoría de la criptología polialfabética, Sin lugar a dudas, su cifra se ha convertido en el arquetipo de cifrado por sustitución polialfabética y es, probablemente, el algoritmo más famoso, reformulado y estudiado de todos los tiempos.

La cifra que universalmente se conoce hoy como de Vigenère, y que él no formuló como tal en su obra de 1586, emplea una matriz formada por 26 alfabetos, cada uno de los cuales está desplazado con respecto del anterior una letra hacia la izquierda (véase de nuevo la Tabla 2.2). Como describe Vigenère en su voluminoso *Traicté des Chiffres*, su técnica no es sino la cifra ya propuesta por Bellaso con una tabla similar a la de Trithemius, pero no necesariamente con las letras de los alfabetos dispuestas en el orden habitual, sino siguiendo otras configuraciones acordadas entre el emisor y el receptor. Incluso las entradas de la tabla podrían seguir otro orden distinto al alfabético (Tabla 15.2).

| ENTRADA CLAVE | ENTRADA TEXTO PLANO | | | | | | | | | | | | | | | | | | | | | | | | | |
|---|---|---|---|---|---|---|---|---|---|---|---|---|---|---|---|---|---|---|---|---|---|---|---|---|---|---|
| | a | b | c | d | e | f | g | h | i | j | k | l | m | n | o | p | q | r | s | t | u | v | w | x | y | z |
| A | P | Y | T | H | O | N | A | B | C | D | E | F | G | I | J | K | L | M | Q | R | S | U | V | W | X | Z |
| B | Y | T | H | O | N | A | B | C | D | E | F | G | I | J | K | L | M | Q | R | S | U | V | W | X | Z | P |
| C | T | H | O | N | A | B | C | D | E | F | G | I | J | K | L | M | Q | R | S | U | V | W | X | Z | P | Y |
| D | H | O | N | A | B | C | D | E | F | G | I | J | K | L | M | Q | R | S | U | V | W | X | Z | P | Y | T |
| E | O | N | A | B | C | D | E | F | G | I | J | K | L | M | Q | R | S | U | V | W | X | Z | P | Y | T | H |
| F | N | A | B | C | D | E | F | G | I | J | K | L | M | Q | R | S | U | V | W | X | Z | P | Y | T | H | O |
| G | A | B | C | D | E | F | G | I | J | K | L | M | Q | R | S | U | V | W | X | Z | P | Y | T | H | O | N |
| H | B | C | D | E | F | G | I | J | K | L | M | Q | R | S | U | V | W | X | Z | P | Y | T | H | O | N | A |
| I | C | D | E | F | G | I | J | K | L | M | Q | R | S | U | V | W | X | Z | P | Y | T | H | O | N | A | B |
| J | D | E | F | G | I | J | K | L | M | Q | R | S | U | V | W | X | Z | P | Y | T | H | O | N | A | B | C |
| K | E | F | G | I | J | K | L | M | Q | R | S | U | V | W | X | Z | P | Y | T | H | O | N | A | B | C | D |
| L | F | G | I | J | K | L | M | Q | R | S | U | V | W | X | Z | P | Y | T | H | O | N | A | B | C | D | E |
| M | G | I | J | K | L | M | Q | R | S | U | V | W | X | Z | P | Y | T | H | O | N | A | B | C | D | E | F |
| N | I | J | K | L | M | Q | R | S | U | V | W | X | Z | P | Y | T | H | O | N | A | B | C | D | E | F | G |
| O | J | K | L | M | Q | R | S | U | V | W | X | Z | P | Y | T | H | O | N | A | B | C | D | E | F | G | I |
| P | K | L | M | Q | R | S | U | V | W | X | Z | P | Y | T | H | O | N | A | B | C | D | E | F | G | I | J |
| Q | L | M | Q | R | S | U | V | W | X | Z | P | Y | T | H | O | N | A | B | C | D | E | F | G | I | J | K |
| R | M | Q | R | S | U | V | W | X | Z | P | Y | T | H | O | N | A | B | C | D | E | F | G | I | J | K | L |
| S | Q | R | S | U | V | W | X | Z | P | Y | T | H | O | N | A | B | C | D | E | F | G | I | J | K | L | M |
| T | R | S | U | V | W | X | Z | P | Y | T | H | O | N | A | B | C | D | E | F | G | I | J | K | L | M | Q |
| U | S | U | V | W | X | Z | P | Y | T | H | O | N | A | B | C | D | E | F | G | I | J | K | L | M | Q | R |
| V | U | V | W | X | Z | P | Y | T | H | O | N | A | B | C | D | E | F | G | I | J | K | L | M | Q | R | S |
| W | V | W | X | Z | P | Y | T | H | O | N | A | B | C | D | E | F | G | I | J | K | L | M | Q | R | S | U |
| X | W | X | Z | P | Y | T | H | O | N | A | B | C | D | E | F | G | I | J | K | L | M | Q | R | S | U | V |
| Y | X | Z | P | Y | T | H | O | N | A | B | C | D | E | F | G | I | J | K | L | M | Q | R | S | U | V | W |
| Z | Z | P | Y | T | H | O | N | A | B | C | D | E | F | G | I | J | K | L | M | Q | R | S | U | V | W | X |

**Tabla 15.2.** Tabla de Vigenère generada con la palabra PYTHON

La primera fila de letras minúsculas constituye el alfabeto en claro. Sus letras pueden ir en cualquier orden acordado por los interlocutores. Las letras mayúsculas de la primera columna identifican el alfabeto cifrado.

Para cifrar, las tablas de Vigenère se utilizan igual que la de Trithemius: fijada una clave, cada letra del texto plano se sustituye por la que está en su misma columna y en la fila determinada por la correspondiente letra de la clave.

Curiosamente, una tabla como la anterior es equivalente a un disco como el ideado por Alberti, así pues, las sustituciones proporcionadas por la tabla y el disco son las mismas.

La diferencia básica entre el cifrado de Alberti y el de Vigenère es el número de claves que maneja cada uno. En los discos de Alberti la clave se reduce a una letra elegida entre 24 posiciones, la que convienen emisor y receptor para posicionar los discos. En el de Vigenère hay una infinidad, incluso un grupo de palabras de cualquier longitud. De hecho, el propio Vigenère, al igual que Bellaso, recomendaba utilizar claves largas, como líneas de poesía o fechas que, además, convenía variar frecuentemente.

De todas las técnicas estudiadas, es esta última la que más seguridad aporta a un proceso comunicativo; de hecho, se la ha conocido desde siempre como *le chiffre indéchiffrable*. Durante casi 300 años fue inmune a cualquier ataque hasta que los estudios independientes de Charles Babbage, que no los publicó, y Friedrich Kasiski, consiguieron generalizar una ofensiva exitosa contra la cifra Vigenère, incluido el uso de autoclaves.

**NOTA**
Puede demostrarse que, si se utiliza una clave completamente aleatoria, de igual longitud que el texto llano y se emplea una única vez, la cifra Vigenère es matemáticamente indescifrable.

## 15.4 EL CÓDIGO FUENTE DE LA CIFRA VIGENÈRE

Prácticamente ya tenemos casi todo el código fuente escrito en otros programas, así que son pocas las líneas que hay que escribir desde cero.

Abre el editor de Python, copia el siguiente código fuente, guárdalo como *Vigenere.py* y pulsa **F5** para ejecutarlo:

```
# La cifra Vigenère
# David Arboledas Brihuega
# Dominio público

"""
Este programa cifra/descifra mensajes mediante una
cifra Vigenère, con clave para generar la tabla y
```

```
    contraseña para cifrar o descifrar, como describe
    en su obra de 1586. Usa una tabla recíproca de 26
    alfabetos que puede adaptarse a cualesquiera otros.
"""

import pyperclip

# ALFABETO = 'ABCDEFGHILMNOPQRSTUX'
ALFABETO = 'ABCDEFGHIJKLMNOPQRSTUVWXYZ'
NUMERO = len(ALFABETO)  # Número de alfabetos
COL_CLAVE = list(ALFABETO)  # Columna de la clave

global alfabeto
alfabeto = [''] * NUMERO

def main():
    print('''Elige una de estas opciones:
\t1) Generar una tabla con o sin clave.
\t2) Cifrar un mensaje.
\t3) Descifrar un criptograma.''')
    opc = int(input('Opción > ' ))
    if opc == 1:  # Generar tabla
        clave = input('\nClave para la tabla (Enter para omitir) > ').upper()
        inicio = verificar_clave(clave)
        alfabeto = generar_tabla(inicio, True)

    if opc == 2:  # Cifrar
        clave = input('\nClave para la tabla (Enter para omitir) > ').upper()
        inicio = verificar_clave(clave)
        alfabeto = generar_tabla(inicio)
        mensaje = input('\nMensaje > ').upper()
        password = input ('Clave > ').upper()
        criptograma = cifrarMensaje(password, mensaje)
        print('\n',criptograma)
        pyperclip.copy(criptograma)

    if opc == 3:  # Descifrar
        clave = input('\nClave para la tabla (Enter para omitir) > ').upper()
        inicio = verificar_clave(clave)
        alfabeto = generar_tabla(inicio)
        criptograma = input('\nCriptograma > ').upper()
        password = input ('Clave > ').upper()
```

```
        texto = descifrarMensaje(password, criptograma).lower()
        print('\n',texto)
        pyperclip.copy(texto)

def verificar_clave(clave):
    if clave != '':
        inicio = alfabeto_inicial(quitar_duplicados(clave))
    else:
        inicio = ALFABETO
    return inicio


def quitar_duplicados(clave):
    nueva_clave = ''
    for letra in clave:
        if letra not in nueva_clave:
            nueva_clave += letra
    clave = nueva_clave
    return clave


def alfabeto_inicial(clave):
# Crea el alfabeto inicial de la tabla a par tir de la clave
    nuevaClave = ''
    clave = clave.upper()
    alf_ini = list(ALFABETO)
    for i in range(len(clave)):
        if clave[i] not in nuevaClave:
            nuevaClave += clave[i]
            alf_ini.remove(clave[i])
    clave = nuevaClave + ''.join(alf_ini)
    return clave


def generar_tabla(clave, modo=False):
    alfabeto[0] = clave

    # Resto de alfabetos
    for i in range(1, NUMERO):
        cadena = ''
        for j in range (0, NUMERO):
            pos = (j + 1) % NUMERO
```

```
            cadena += alfabeto[i-1][pos]
        alfabeto[i] = cadena
    if modo:
        mostrar_tabla(alfabeto)
    return alfabeto


def mostrar_tabla(alfabeto):
    print(' ',' '.join(list(ALFABETO)).lower())
    for i in range(0, NUMERO):
        print(COL_CLAVE[i], end=' ')
        for j in range (0, NUMERO):
            print(alfabeto[i][j], end=' ')
            if j == NUMERO - 1:
                print()


def cifrarMensaje(clave, mensaje):
    return cifrar_descifrar(clave, mensaje, 'cifrar')
upper()


def descifrarMensaje(clave, mensaje):
    return cifrar_descifrar(clave, mensaje,
'descifrar').lower()


def cifrar_descifrar(clave, mensaje, modo):
    clave = ''.join(clave.split())
    salida = ''
    indice_clave = 0
    for simbolo in mensaje:
        pos = ALFABETO.find(simbolo)
        if pos != -1:  # Si está en ALFABETO
            n = ALFABETO.find(clave[indice_clave])
            if modo == 'cifrar':
                salida += alfabeto[n][pos]
            else:  # Descifrar
                pos = alfabeto[n].find(simbolo)
                salida += ALFABETO[pos]

            indice_clave += 1
            if indice_clave == len(clave):
                indice_clave = 0
```

```
        else: # Si simbolo no está, se añade
            salida += simbolo
    return salida


if __name__ == '__main__':
    main()
```

Una vez que se ejecute el programa, verás en pantalla un menú con las tres opciones programadas:

```
Elige una de estas opciones:
   1) Generar una tabla con o sin clave.
   2) Cifrar un mensaje.
   3) Descifrar un criptograma.
Opción >
```

El programa esperará a que el usuario introduzca un número según la opción deseada. La opción `1` permite generar y mostrar en pantalla una tabla de Vigenère construida o no a partir de una contraseña:

```
Clave para la tabla (Enter para omitir) >
```

Si el usuario no introduce ninguna palabra y pulsa Enter, el programa escribirá la clásica tabla de Vigenère. En caso de introducir una palabra, la tabla se genera a partir de la misma, como la mostrada en la tabla 15.2.

Las opciones `2` y `3` se emplean para cifrar o descifrar un mensaje. En cualquiera de los casos, el programa solicitará primero una palabra para generar la tabla –o ninguna, para trabajar con la original–. A continuación, utilizará la matriz generada para efectuar el proceso de cifrado o descifrado, como ves a continuación:

```
Opción > 2

Clave para la tabla (Enter para omitir) >

Mensaje > Golpe militar en Turquia
Clave > ASCITHWX
 GGNXX TEIILCZ XU PRRIWQT
```

## 15.4.1 Cómo funciona el programa

```
# La cifra Vigenère
# David Arboledas Brihuega
# Dominio público
```

Las primeras tres líneas constituyen un comentario al programa con el nombre del autor y la licencia.

Las siguientes cinco líneas son un comentario general con las características del programa. La principal novedad en esta implementación frente a otras que podrás encontrar en multitud de fuentes, es que puede trabajar con cualquier tabla: desde la tradicional, hasta aquella generada a partir de una palabra clave, lo que aporta más embrollo, en palabras del propio Vigenère y, por tanto, mayor seguridad.

```
13. import pyperclip
14.
15. # ALFABETO = 'ABCDEFGHILMNOPQRSTUX'
16. ALFABETO = 'ABCDEFGHIJKLMNOPQRSTUVWXYZ'
17. NUMERO = len(ALFABETO)  # Número de alfabetos
18. COL_CLAVE = list(ALFABETO)  # Columna de la clave
19.
20. global alfabeto
21. alfabeto = [''] * NUMERO
```

La línea 13 es la conocida sentencia de importación del módulo *pyperclip.py*, que permitirá copiar el mensaje o el criptograma al portapapeles.

La línea 15 contiene como comentario el alfabeto original latino de 20 letras tan empleado durante el Renacimiento. La siguiente línea, por el contrario, almacena el alfabeto de 26 caracteres usado en la actualidad. Para utilizar el original, solo has de comentar la línea 16 y descomentar la 15.

A continuación, hemos definido como constantes el número de alfabetos de la tabla (`NUMERO`), que lógicamente, coincide con el número de símbolos del alfabeto empleado y la primera columna de la tabla (`COL_CLAVE`), que la forman también los mismos símbolos.

Finalmente, se define y declara como global la variable alfabeto, que contendrá una lista de todos los alfabetos utilizados en la tabla, por defecto, 26.

```
23. def main():
24.     print('''Elige una de estas opciones:
25. \t1) Generar una tabla con o sin clave.
26. \t2) Cifrar un mensaje.
27. \t3) Descifrar un criptograma.''')
28.         opc = int(input('Opción > ' ))
```

En la línea 23 comienza la función `main()` del programa, que contiene el código necesario para manejar el menú de opciones.

```
29.     if opc == 1:  # Generar tabla
30.         clave = input('\nClave para la tabla (Enter
para omitir) > ').upper()
31.         inicio = verificar_clave(clave)
32.         alfabeto = generar_tabla(inicio, True)
```

Si el usuario selecciona la opción `1`, entonces el programa solo generará en pantalla una tabla de Vigenère según las condiciones iniciales seleccionadas. Si se desea emplear una palabra clave como semilla para generar los alfabetos de la tabla, entonces debe escribirla cuando el programa se lo pida. Esa clave se almacena en mayúsculas en la variable homónima en la línea 30. Es posible no introducir ninguna clave para mostrar la tabla tradicional, en ese caso, solo ha de pulsarse la tecla Enter cuando lo solicite.

En la línea 31 el flujo se deriva a la función `verficar_clave()`, cuya función, como veremos, es gestionar la palabra clave introducida, que se almacenará en la variable `inicio`.

En la siguiente línea, esa variable se emplea para invocar a la función `generar_tabla()`, que se encargará de generar los 26 alfabetos de la tabla y mostrarlos en pantalla en forma tabular.

```
34.     if opc == 2:  # Cifrar
35.         clave = input('\nClave para la tabla (Enter
para omitir) > ').upper()
36.         inicio = verificar_clave(clave)
37.         alfabeto = generar_tabla(inicio)
38.         mensaje = input('\nMensaje > ').upper()
39.         password = input ('Clave > ').upper()
40.         criptograma = cifrarMensaje(password, mensaje)
41.         print('\n',criptograma)
42.         pyperclip.copy(criptograma)
```

Si se desea cifrar un texto, el usuario ha de elegir la opción `2`. Las tres siguientes líneas son las mismas que en el caso anterior, pues el primer paso del algoritmo de cifrado es la generación de la tabla de Vigenère.

En la línea 38 se solicita el texto llano que se va a cifrar, que se almacenará en mayúsculas en la variable `mensaje` y, a continuación, se hace lo propio con la contraseña. Con estos dos datos, se llama a la función `crifrarMensaje()`, que devolverá el criptograma correspondiente. Por último, se imprime en pantalla y se copia al portapapeles.

```
44.     if opc == 3:  # Descifrar
45.         clave = input('\nClave para la tabla (Enter para
```

```
omitir) > ').upper()
 46.          inicio = verificar_clave(clave)
 47.          alfabeto = generar_tabla(inicio)
 48.          criptograma = input('\nCriptograma > ').upper()
 49.          password = input ('Clave > ').upper()
 50.          texto = descifrarMensaje(password,
criptograma).lower()
 51.          print('\n',texto)
 52.          pyperclip.copy(texto)
```

El código para descifrar un criptograma es prácticamente idéntico al anterior. La única diferencia es que con el criptograma y la contraseña se invoca a la función `descifrarMensaje()`, que será la encargada de revertir el proceso y devolver el texto llano correspondiente.

```
 54. def verificar_clave(clave):
 55.     if clave != '':
 56.          inicio = alfabeto_inicial(quitar_duplicados
(clave))
 57.     else:
 58.          inicio = ALFABETO
 59.     return inicio
```

La función definida en la línea 54 tiene por objetivo construir el alfabeto inicial que permitirá generar el resto de la tabla de Vigenère.

Si el usuario no introduce ninguna clave para generar la tabla, entonces el alfabeto inicial coincide con el definido en la constante `ALFABETO`. Por el contrario, si se ha tecleado alguna palabra, entonces la sentencia de la línea 55 se evalúa como cierta y la clave se pasa como parámetro a la función `quitar_duplicados()`, que devolverá la palabra sin duplicados, si los hubiese. Con la contraseña validada se invoca a la función `alfabeto_inicial()`, que generará el alfabeto inicial de esa tabla. Por ejemplo, si la palabra clave para generar la tabla fuese `CAMPANOLO`, la función `quitar_duplicados()` devolvería la cadena de texto `CAMPNOL` y `alfabeto_incicial()`, `CAMPNOLBDEFGHIJKQR STUVWXYZ`, que formaría la primera línea de la tabla de Vigenère.

```
 62. def quitar_duplicados(clave):
```

La función de la línea 62 presenta exactamente el mismo código que ya hemos utilizado otras veces en la obra, por lo que no explicaremos cómo elimina los caracteres repetidos del parámetro `clave`.

```
71. def alfabeto_inicial(clave):
```

Con la clave sin duplicados se invoca a la función definida en la línea 71, que devolverá el alfabeto con el que se inicia la tabla. Como con la función anterior, tampoco vamos a explicar su funcionamiento, pues ya lo está en el epígrafe 13.1.2, aunque con el nombre `alfabetoSustitucion()`.

```
 84. def generar_tabla(clave, modo=False):
 85.     alfabeto[0] = clave
```

Una vez que se ha generado el alfabeto inicial, ya estamos en disposición de construir el resto de la tabla de Vigenère como paso previo a los procedimientos de cifrar o descifrar un texto. La función acepta dos parámetros: el alfabeto inicial y el modo. Este segundo parámetro posee el valor **`False`** por defecto, lo que impide mostrar en pantalla la tabla generada.

```
 87.     # Resto de alfabetos
 88.     for i in range(1, NUMERO):
 89.         cadena = ''
 90.         for j in range (0, NUMERO):
 91.             pos = (j + 1) % NUMERO
 92.             cadena += alfabeto[i-1][pos]
 93.         alfabeto[i] = cadena
```

Construir los siguientes 25 alfabetos es sencillo, pues ya sabemos que cada uno se desplaza con respecto del anterior un carácter a la izquierda. Para ello hemos codificado dos bucles anidados. El primero, que empieza en la línea 88, recorrerá los alfabetos, mientras que el interior, que comienza en la línea 90, iterará letra a letra en cada alfabeto para colocarlos en el nuevo orden. Observa que como ya tenemos el alfabeto inicial, la variable `i` debe comenzar en 1.

Cada vez que acaba una iteración en el bucle interior se construye el nuevo alfabeto `alfabeto[i]`, lo que implica comenzar con una nueva iteración del bucle exterior. El resultado final es una lista de cadenas con los 26 alfabetos (o los indicados en `NUMERO`).

```
 94.     if modo:
 95.         mostrar_tabla(alfabeto)
 96.     return alfabeto
```

Una vez construida la lista, la línea 94 comprueba el valor de la bandera `modo`. Si es **`True`**, la línea 95 llamará a la función `mostrar_alfabeto()`; en caso contrario, saltará a la línea 96 y devolverá la lista de alfabetos al punto del programa que invocó a la función.

```
 99. def mostrar_tabla(alfabeto):
100.     print(' ',' '.join(list(ALFABETO)).lower())
```

```
101.        for i in range(0, NUMERO):
102.            print(COL_CLAVE[i], end=' ')
103.            for j in range (0, NUMERO):
104.                print(alfabeto[i][j], end=' ')
105.                if j == NUMERO - 1:
106.                    print()
```

La función `mostrar_tabla()` se utiliza para dibujar en pantalla la tabla de Vigenère generada anteriormente. La función se invoca en la línea 95 cuando la bandera modo es **`True`**.

La primera línea de la función muestra en pantalla y en minúsculas la primera fila de la tabla de Vigenère. Hace referencia a las letras del texto plano. A continuación, se emplea un nuevo bucle anidado: el exterior para recorrer uno a uno los alfabetos, mientras que el interior se utiliza para iterar sobre cada una de las letras de cada alfabeto. Antes de escribir el alfabeto, se imprime en pantalla la letra que hace referencia a la clave, es decir, la letra correspondiente a la primera columna de la tabla. Tras ella, se escribe una a una las letras del alfabeto correspondiente dejando un espacio entre ellas. En el momento en que se alcance la última letra de un alfabeto, la sentencia de la línea 105 es **`True`** y se imprime una nueva línea.

```
109. def cifrarMensaje(clave, mensaje):
110.        return cifrar_descifrar(clave, mensaje, 'cifrar')
upper()


113. def descifrarMensaje(clave, mensaje):
114.        return cifrar_descifrar(clave, mensaje,
'descifrar').lower()
```

Una vez que el programa ha generado la tabla de Vigenère, el usuario la empleará para cifrar o descifrar un mensaje. Independientemente de su elección, aquel deberá introducir el texto llano o el criptograma y la clave del proceso. Con estos parámetros, la función `main()` llamará a una de las dos funciones: `cifrarMensaje()` o `descifrarMensaje()`.

Estas dos son las funciones envolventes que encapsulan a la función `cifrar_descifrar()`, y por tanto, las que devolverán el valor regresado por esta última.

```
117. def cifrar_descifrar(clave, mensaje, modo):
118.        clave = ''.join(clave.split())
119.        salida = ''
120.        indice_clave = 0
```

La función `cifrar_desifrar()` es la auténtica responsable de llevar a cabo ambos procesos. Como parámetros toma la clave acordada por emisor y receptor, el mensaje (texto plano o criptograma) y el modo, es decir, los literales `cifrar` o `descifrar`.

Como la contraseña puede ser una palabra o una frase, el primer paso es quitar los posibles espacios, lo que se hace en la línea 118. En la siguiente línea de código se define la variable que irá almacenando el mensaje según se vaya cifrando o descifrando. El contenido de esta variable es el que se devolverá como resultado al finalizar la ejecución de la función.

La línea 120 define el contador que se empleará para saber cuándo se ha acabado la clave y se debe empezar de nuevo con su letra inicial.

```
121.     for simbolo in mensaje:
122.         pos = ALFABETO.find(simbolo)
```

Del bucle **for** dependerá todo el proceso de cifrado o descifrado símbolo a símbolo. Lo primero que realiza con cada carácter es calcular qué posición ocupa en ALFABETO. Es una manera de saber si dicho símbolo existe o no en el alfabeto utilizado.

```
123.         if pos != -1: # Si está en ALFABETO
124.             n = ALFABETO.find(clave[indice_clave])
```

Si el carácter leído está en el alfabeto empleado, es decir, el método `find()` devuelve un valor distinto de `-1`, entonces la sentencia de la línea 123 se evalúa como cierta y se ejecuta la línea siguiente.

Ya sabes que el proceso para cifrar o descifrar un mensaje mediante la cifra Vigenère pasa por localizar en la primera columna de la tabla homónima la letra de la clave y en la primera fila la letra del texto llano (o la del criptograma en la fila correspondiente). Así pues, en la línea 124 comenzamos hallando cuál es la posición de la primera letra de la clave en el alfabeto. Recuerda que en la línea 120 se ha definido `indice_clave` como 0 en la primera iteración.

```
125.             if modo == 'cifrar':
126.                 salida += alfabeto[n][pos]
```

Si la función se ha invocado en el proceso de cifrado, entonces el carácter cifrado del símbolo que ocupa la posición `pos` en `ALFABETO` es el que tiene el mismo índice en el alfabeto encabezado por la letra de la clave. Veamos un ejemplo. Imagina que has generado una tabla como la siguiente:

| | a | b | c | d | e | f | g | h | i | j | k | l | m | n | o | p | q | r | s | t | u | v | w | x | y | z |
|---|---|---|---|---|---|---|---|---|---|---|---|---|---|---|---|---|---|---|---|---|---|---|---|---|---|---|
| A | P | Y | T | H | O | N | A | B | C | D | E | F | G | I | J | K | L | M | Q | R | S | U | V | W | X | Z |
| B | Y | T | H | O | N | A | B | C | D | E | F | G | I | J | K | L | M | Q | R | S | U | V | W | X | Z | P |

Si la letra de la clave es la `B` y la del texto llano la `c`, entonces la variable `pos` en la línea 120 guardaría el valor `2`, pues ese es el índice de la letra `c` en `ALFABETO`. Del mismo modo, la variable `n` de la línea 124 almacenaría el valor `1`, pues es su posición en al alfabeto. Si observas la tabla, el símbolo cifrado que se corresponde con la `B` y la `c` es `H`; es decir, precisamente el valor de `alfabeto[1][2]` indicado en la línea 126.

```
127.            else: # Descifrar
128.                pos = alfabeto[n].find(simbolo)
129.                salida += ALFABETO[pos]
```

Si, por el contrario, estamos descifrando un criptograma, entonces el proceso es algo diferente. Tras localizar el índice de la letra de la clave, `n`, debemos movernos por su alfabeto para localizar dónde está el símbolo cifrado. Con esa posición se sube por la tabla hasta la fila primera y se lee cuál es el símbolo en el texto llano.

Siguiendo con el ejemplo anterior. Si la letra de la clave es `B` y la del criptograma la `H`, entonces, el índice de esta última en `alfabeto[1]` es `2`, valor almacenado en la variable `pos` de la línea 128. El símbolo en el texto plano es entonces `ALFABETO[2]`, es decir, la `c`.

```
131.            indice_clave += 1
132.            if indice_clave == len(clave):
133.                indice_clave = 0
```

Tras cifrar o descifrar el símbolo, se suma 1 al índice de la clave para pasar en la siguiente iteración a la próxima letra. Ahora bien, si hemos llegado a la última letra de la contraseña, (`indice_clave == len(clave)`), debemos comenzar de nuevo con la primera letra, por lo que se ha de reiniciar el contador.

```
134.        else: # Si símbolo no está, se añade
135.            salida += simbolo
136.    return salida
```

Si en alguna iteración nos encontramos con un símbolo que no pertenece al alfabeto, como un número, entonces el flujo de programa salta a la línea 135 y se añade a la cadena de `salida` tal cual, sin cifrar ni descifrar.

Una vez que el bucle `for` de la línea 121 haya concluido, la función devuelve el contenido de la cadena, que contiene el criptograma o el texto llano, al punto del programa que invocó la función. Finalmente se muestra por pantalla y se copia su contenido al portapapeles, con lo que se da por finalizado el programa.

## 15.5 CÓDIGO FUENTE DE LA CIFRA DE AUTOCLAVE

La cifra de **autoclave**, también conocida como **segunda cifra de Vigenère**, utiliza como contraseña una clave primaria a la que une el texto llano. De este modo, se consigue disminuir la repetitividad de N-gramas que facilita un ataque a la cifra, aunque no sea esta la razón por la que Vigenère la inventó.

A continuación, te presentamos el código fuente del programa *AutoclaveVigenere.py*, que implementa la cifra de autoclave con la tabla tradicional de Vigenère:

```
# Cifra de autoclave de Vigenère
# David Arboledas Brihuega
# Dominio público

import pyperclip


LETRAS = 'ABCDEFGHIJKLMNOPQRSTUVWXYZ'

def main():
    mensaje = """En un hermoso camino bordeando el alto tajo, una enjuta figura, delgada como un junco, arrastraba sus pies."""
    clave = 'En un lugar de la Mancha'

    modo = 'cifrado' # poner 'cifrado' o 'descifrado'

    if modo == 'cifrado':
        salida = cifrarMensaje(clave, mensaje)
    elif modo == 'descifrado':
        salida = descifrarMensaje(clave, mensaje)

    print('Mensaje %s: ' % (modo.title()))
    print(salida)
    pyperclip.copy(salida)
    print()
    print('El mensaje se ha copiado al portapapeles.')
```

```


def limpiar (texto): # Deja solo letras y espacios
    cadena = ''
    for simbolo in texto.upper():
        if simbolo in LETRAS or simbolo == ' ':
            cadena += simbolo
    return cadena


def cifrarMensaje(clave, mensaje):
    return cifrar_descifrar(clave, mensaje, 'cifrado')


def descifrarMensaje(clave, mensaje):
    return cifrar_descifrar(clave, mensaje, 'descifrado').lower()


def cifrar_descifrar(clave, mensaje, modo):
    salida = []  # Almacena la cadena cifrada/des cifrada

    if modo == 'cifrado':
        clave += mensaje
        # Se quitan todos los símbolos no alfa béticos
        clave = ''.join(limpiar(clave).split())
        mensaje = limpiar(mensaje)
    elif modo == 'descifrado':
        clave = ''.join(limpiar(clave).split())

    indice_clave = 0
    clave = clave.upper()

    for simbolo in mensaje: # Recorre todos los símbolos
        pos = LETRAS.find(simbolo.upper())
        if pos != -1: # Si existe
            if modo == 'cifrado':
                pos += LETRAS.find(clave[indi ce_clave])
            elif modo == 'descifrado':
                pos -= LETRAS.find(clave[indi ce_clave])
                if len(clave) < len(''.join(mensaje.split())):
                    clave += LETRAS[pos]
            pos %= len(LETRAS) # Indica la posición del carácter
```

```

            salida.append(LETRAS[pos])
            indice_clave += 1 # Se desplaza a la siguiente letra de la clave

        else:  # Si simbolo NO está
            salida.append(simbolo)

    return ''.join(salida)


if __name__ == '__main__':
    main()
```

Cuando ejecutes el programa verás el criptograma correspondiente al cifrado de autoclave del texto llano introducido en el código:

```
Mensaje Cifrado:
IA OA SYXMFVS NAYIAQ IOVQYNUHF QZ SZVO FIWC VBR HRJHWO JTGFKO
WEUUUQA GBVI NN OCTWF AUVLYTUADO EIM CRYF

El mensaje se ha copiado al portapapeles.
```

## 15.5.1 Cómo funciona el programa

El funcionamiento del programa es bastante similar al implementado en el epígrafe anterior, por lo que se explicará de forma general. Solo aquellos puntos específicos de esta segunda cifra de Vigenère se detallarán de la forma habitual.

El programa comienza con las líneas usuales: los comentarios y las sentencias de importación.

```
def main():
    mensaje = """En un hermoso camino bordeando el alto tajo, una enjuta figura, delgada como un junco, arrastraba sus pies."""
    clave = 'En un lugar de la Mancha'

    modo = 'cifrado' # poner 'cifrado' o 'desci frado'

    if modo == 'cifrado':
        salida = cifrarMensaje(clave, mensaje)
    elif modo == 'descifrado':
        salida = descifrarMensaje(clave, mensaje)
```

```
20.
21.     print('Mensaje %s: ' % (modo.title()))
22.     print(salida)
23.     pyperclip.copy(salida)
24.     print()
25.     print('El mensaje se ha copiado al portapapeles.')
```

La función `main()` es semejante a la misma función en los otros programas del libro. En ella se han definido las variables `mensaje`, `clave` y `modo`. Sin embargo, en este programa es el usuario el que modifica sus valores en el interior del código fuente en las líneas 11, 12 y 14 antes de ejecutarlo. El mensaje cifrado o descifrado (en función del valor `modo`) se almacena en la variable salida, de modo que se pueda mostrar su contenido por pantalla en la línea 22 y copiar su contenido al portapapeles en la 23.

```
28. def limpiar (texto): # Deja solo letras y espacios
29.     cadena = ''
30.     for simbolo in texto.upper():
31.         if simbolo in LETRAS or simbolo == ' ':
32.             cadena += simbolo
33.     return cadena
```

Como el programa emplea solo las 26 letras del alfabeto latino tradicional, ha de eliminarse del texto y de la clave cualquier símbolo que no sea una letra o un espacio pues, de otro modo, al anexar el texto a la clave, podrían generarse importantes errores.

Este es el motivo por el que hemos definido una función de nombre `limpiar()` que toma por argumento una cadena de texto y devuelve otra en la que solo figuran letras y espacios de separación entre palabras.

```
36. def cifrarMensaje(clave, mensaje):
37.     return cifrar_descifrar(clave, mensaje, 'cifrado')
38.
39.
40. def descifrarMensaje(clave, mensaje):
41.     return cifrar_descifrar(clave, mensaje,
'descifrado').lower()
```

Como el algoritmo de cifrado y descifrado son prácticamente idénticos y comparten mucho código en común, hemos vuelto a emplear funciones envolventes.

```
44. def cifrar_descifrar(clave, mensaje, modo):
45.     salida = []  # Almacena la cadena cifrada/descifrada
46.
```

```
47.        if modo == 'cifrado':
48.            clave += mensaje
49.            # Se quitan todos los símbolos no alfabéticos
50.            clave = ''.join(limpiar(clave).split())
51.            mensaje = limpiar(mensaje)
```

En la función `cifrar_descifrar()` se construye carácter a carácter la cadena cifrada o descifrada. La lista `salida` almacenará esos caracteres para unirlos en una cadena cuando el proceso haya finalizado. El hecho de emplear una lista es que el microprocesador trabaja con ellas mucho más rápido que con cadenas, pero es indistinto como lo hagas.

Si el programa ha invocado la función durante el proceso de cifrado, entonces se añade el mensaje a la clave y, a continuación, en la línea 50, se eliminan de la misma todos los caracteres no alfabéticos. El resultado es una clave formada solo por letras. Por último, se limpia el mensaje de cualquier símbolo que no sea una letra o un espacio.

```
52.        elif modo == 'descifrado':
53.            clave = ''.join(limpiar(clave).split())
```

Durante el proceso de descifrado no es necesario limpiar el criptograma, solo la clave.

```
55.        indice_clave = 0
56.        clave = clave.upper()
```

Como ya sabes, la cifra Vigenère es como una cifra César, solo que emplea una clave diferente dependiendo de la posición de la letra en el mensaje. La variable `indice_clave` será la responsable de indicar en cada iteración que subclave utilizar. Comienza en `0`, pues la letra usada para cifrar o descifrar el primer símbolo del mensaje será la que se encuentre en `clave[0]`.

El código asume que la clave solo está formada por letras mayúsculas, de ahí que, para evitar errores, nos aseguramos de que sea así con la línea 56.

```
58.        for simbolo in mensaje:  # Recorre todos los símbolos
59.            pos = LETRAS.find(simbolo.upper())
60.            if pos != -1:  # Si existe
61.                if modo == 'cifrado':
62.                    pos += LETRAS.find(clave[indi ce_clave])
63.                elif modo == 'descifrado':
64.                    pos -= LETRAS.find(clave[indi ce_clave])
```

El resto del código es bastante sencillo. Primero se identifica la posición de cada una de las letras del mensaje. Si esa letra existe en el alfabeto definido en la línea 8, entonces se halla cuál sería la nueva posición en el proceso de cifrado o de descifrado.

```
65.                 if len(clave) < len(''.join(mensaje.
split())):
66.                     clave += LETRAS[pos]
```

Al añadir la clave al mensaje, aquella siempre va a tener una longitud mayor que este, así pues, durante el proceso de descifrado limitamos la longitud de la clave a la del mensaje. No es necesario más.

```
67.             pos %= len(LETRAS) # Indica la posición del
carácter
```

Al sumar o restar la posición que ocupa cada subclave en el alfabeto, pueden obtenerse números mayores que 26 o menores que 0, de ahí que el programa trabaje en una aritmética módulo `len(LETRAS)`.

```
69.             salida.append(LETRAS[pos])
70.             indice_clave += 1 # Se desplaza a la
siguiente letra de la clave
```

Con la nueva posición, ya puede obtenerse cuál es el carácter cifrado o descifrado, que se añade a la lista salida y se pasa a la siguiente subclave.

```
72.         else: # Si simbolo NO está
73.             salida.append(simbolo)
```

Si el símbolo no estuviera en el alfabeto, entonces se añade a la lista tal cual, sin cifrar ni descifrar.

```
75.     return ''.join(salida)
```

Finalmente, la función regresa el valor como una cadena que contendrá el criptograma o el texto llano buscados.

## 15.6 FORTALEZA DE LA CIFRA

En el capítulo hemos estudiado tres cifras distintas, si bien Vigenère solo explicó dos de ellas en su obra: la primera cifra, que hemos recogido en el programa *Vigenere1586.py* y la segunda cifra o cifra de autoclave, ambas con su tabla recíproca de 10 alfabetos.

El paso de la historia hizo reformular las cifras de Vigenère hasta quedar convertidas en lo que conocemos hoy, de modo que tanto la primera cifra como la segunda emplean una tabla de doble entrada de 26 alfabetos.

En cualquiera de los casos, la fortaleza de la cifra depende, en principio, de la longitud de la clave utilizada por emisor y receptor. Cuanto más larga, más resistente a un ataque por fuerza bruta. Con cada símbolo que se añade a la clave, el espacio de claves se multiplica por 26.

Con una clave de longitud 5 habrá que probar $26^5$ claves, poco más de diez millones. Cualquier ordenador personal podría romper en un tiempo razonable este espacio de claves. Sin embargo, si empleamos una palabra con 12 letras, el número de claves se eleva a $26^{12}$, lo que impide un ataque por fuerza bruta en un tiempo razonable. Sin embargo, aquí hay que ser cuidadoso. Si la palabra de 12 letras está en el diccionario, el espacio de claves se reduce hasta 24.014, incluyendo las distintas formas verbales, lo que hace que un ataque por diccionario tenga éxito en pocos minutos.

Es cierto que como el criptoanalista no sabe, en principio, cuántas letras tiene la clave, deberá probar todas las posibles contraseñas de una letra, de dos letras, de tres letras y así hasta encontrar la clave correcta.

La cifra de Vigenère permaneció irresoluble hasta mediados del siglo XIX, aunque no fue hasta comienzos del siglo XX cuando comenzó a extenderse y conocerse el ataque a la cifra, ataque que veremos en los siguientes dos capítulos.

## 15.7 RESUMEN

Las cifras de Bellaso y de Vigenère fueron las más fuertes con las que los sujetos participantes en una comunicación podían cifrar sus mensajes. Sin embargo, como otras antes, terminaron por caer.

Trabajando de forma independiente, Charles Babbage consiguió romper la cifra de autoclave y Friedich Kasiski encontró una solución general a la cifra de Vigenère. Sin embargo, no fue hasta bien entrado el siglo XX cuando se consiguió generalizar el ataque a la cifra de Vigenère.

A lo largo de los dos próximos capítulos aprenderemos nuevas técnicas para romper este método de cifrado.

## 15.8 EVALUACIÓN

1. Se realiza una comunicación con un criptosistema Vigenère para enviar el mensaje *Kasiski publico su método en 1863*. El texto cifrado es 9UAI4WM 2JV3IO0 W7 BYBOP0 I0 QSO3. Si el alfabeto utilizado posee 36 caracteres, ¿cuál es la clave empleada?

2. ¿Cómo queda cifrada con la contraseña LA NUIT la palabra *Montecarlo* con el método de Vigenère con una tabla obtenida con la clave ASDINLOUP?

3. ¿Podría haberse obtenido el criptograma GN MR IXGGC YG HT QQQBRQ con una cifra de sustitución monoalfabética? ¿Por qué?

## 15.9 EJERCICIOS PROPUESTOS

1. Se ha interceptado el texto cifrado KTSTI WKLSP OFOCW U en el que se presupone que la palabra *ataque* figura entre ellas. ¿Podrías descifrar el mensaje completo únicamente con este dato?

# 16

# ANÁLISIS ESTADÍSTICO

Hay 27 letras en el alfabeto castellano, pero no todas aparecen en los textos escritos igual cantidad de veces. Algunas letras se emplean más que otras. Por ejemplo, si contaras las letras de este libro, obviando el código fuente de los programas, verías que las vocales E, A y O son las letras más abundantes, y en ese orden. En otros idiomas, como el inglés, serían las letras E, T y A las más frecuentes. Otras, como Z, X, K y W son muy poco frecuentes en castellano (Muñoz Guerra, 1999). Podemos emplear estos hechos para romper mensajes cifrados. Esta es la técnica que se conoce como análisis de frecuencias.

## 16.1 ANÁLISIS DE FRECUENCIAS

Para el criptoanalista, la técnica de **análisis de frecuencias** consiste en el aprovechamiento de estudios sobre la frecuencia de las letras o grupos de letras en los idiomas para poder establecer hipótesis y aprovecharlas para descifrar un texto cifrado sin tener la clave (Bauer, 2000). Es un método típico para romper cifrados clásicos.

El análisis de frecuencias está basado en el hecho de que, dado un texto, ciertas letras o combinaciones de letras aparecen más a menudo que otras. Es más, existe una distribución característica de las letras que es prácticamente la misma para la mayoría de ejemplos de ese lenguaje (Joux, 2009). Por ejemplo, en inglés la letra E es la más común, mientras que la X es muy rara. Igualmente, las combinaciones ST, NG, TH y QU son pares de letras comunes, mientras que NZ y QJ son muy raros (Cantos, 2011). La frase mnemotécnica "ETAOIN SHRDLU" agrupa las doce letras más usuales en los textos ingleses. En español, las vocales son muy frecuentes, ocupan alrededor del 45 % del texto, con la E y la A con mayor asiduidad mientras que la frecuencia relativa acumulada de Z, J, X, W y K no alcanza el 2 % (Pratt, 1939). La regla mnemotécnica para el español sería "EAOSR NIDLC" o bien "EAOSN RILDUT" (Figura 16.1).

En algunas cifras, las propiedades naturales del texto plano se preservan en el texto cifrado, por lo que pueden ser potencialmente objeto de ataques de solo texto cifrado.

Piensa por un momento en una cifra por transposición. Cualquier mensaje obtenido por una transposición contiene exactamente las mismas letras que el mensaje original y en la misma frecuencia. Lo único que cambia es el orden de las mismas: E, A y O serán las mayoritarias y K y W las mínimas.

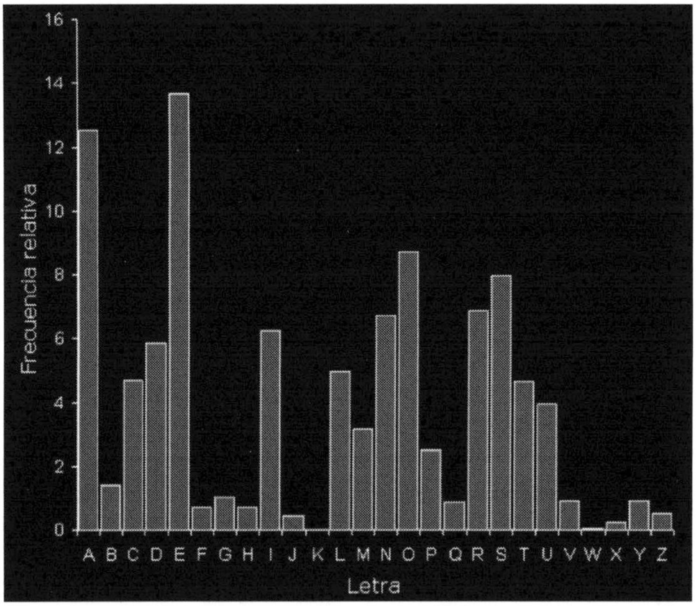


**Figura 16.1.** Frecuencia relativa de las letras en castellano

Las cifras de sustitución simple reemplazan las letras, pero siempre al mismo símbolo en el texto llano le corresponde idéntico carácter en el criptograma. Las letras son diferentes, sí, pero las frecuencias se mantienen. Aquellas que aparezcan con más frecuencia serán las candidatas perfectas para la E, la A y la O.

El estudio de estas frecuencias es lo que se denomina en criptoanálisis **análisis de frecuencias**.

Con las cifras de sustitución polialfabética el problema no es tan sencillo, pues el patrón de frecuencias se rompe y ya no puede obtenerse ninguna información de aquellas. No obstante, a veces podemos acelerar el ataque a una cifra. Veamos lo que ocurre con la cifra Vigenère. En esencia, el criptograma se ha obtenido mediante múltiples cifras César en el mismo texto, de modo que, sabiendo la longitud de la clave empleada, el criptograma puede descomponerse en tantos subcriptogramas como letras tenga la clave: uno por subclave. Así pues, puede emplearse el análisis de frecuencias para romper por separado cada subclave de la cifra, como haremos en el próximo capítulo.

## 16.2 ÍNDICE DE FRECUENCIAS

Por **índice de frecuencias** (IF) entendemos cuánto se aproximan las frecuencias de los símbolos del criptograma al lenguaje natural en un idioma dado.

El algoritmo es muy sencillo. Tras ordenar de mayor a menor frecuencia las letras del criptograma, se suma un punto cada vez que se encuentra una de las letras E, A, O, S, R, N entre las seis más frecuentes y otro punto cada vez que haya una de las letras F, Z, J, X, W, K entre las seis menos frecuentes en el texto.

El índice de frecuencias de una cadena de texto es, entonces, un número entero entre 0, lo que significa que es bastante improbable en castellano, a 12, que sería idéntica a la frecuencia de nuestro idioma.

Veamos un ejemplo. Observa el siguiente criptograma obtenido mediante una cifra de transposición:

EAREO IAILF IDEIU ONLRA ONSAD EEXAL BRYQA CTAOO ELENR TTESS DUSEC LICRO CUMUA OGLLP RCAEA LTEIL PLATD OIDOE ACRLO AAIRU SRRAA DETAP FAORO EMNSH ELNMG SACPI ROCER IDOES DOELP ODATA VIUOY HOOOL USOMU LRCEN LCRHE RIDET ADCIE RSLAP NARVE OLETA OAUAR ERAEE OLLDO ANRLS AOVNA LAFBB NDOLT DNTNL IEBHD EARSD UOT

El orden de las letras, de mayor a menor frecuencia, es: AEOLRDITNSCUPHBMFVYGXQKWJZ. Por tanto, las seis más abundantes son AEOLRD y las seis de menos frecuentes en el texto cifrado XQKWJZ.

Las cuatro letras E, A, O y R aparecen en la cadena EAOSRN y las cinco letras Z, J, X, W, K están en FZJXWK. Esto implica que el índice de frecuencias en el criptograma es 4 + 5 = 9.

Como el criptograma se ha obtenido por transposición de un texto claro, posee todas las características estadísticas del mismo (también es 9 el índice de frecuencias del texto plano).

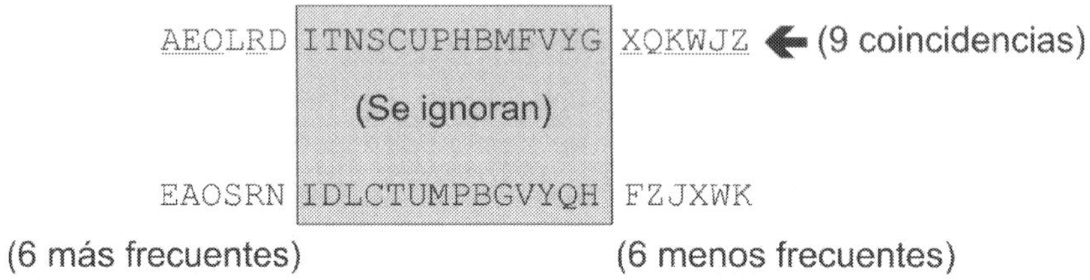


**Figura 16.2.** Cálculo del IF para AEOLRDITNSCUPHBMFVYGXQKWJZ

Observemos lo que ocurre cuando ciframos el mismo texto llano con una cifra de sustitución monoalfabética:

QZ BIFIYQZ KRFLI QZ PKFFI MQZ BKSQ E BIWNFIRI JCQ YI VKRLK WKT MQ CYK BCBVKFKMLPK FQPLFI ZK IZZK MQZ SIGIY XQFPLI ZK WLPKM MQZ KGCK QY QZ NLTI MQ PLQFFK E BIY CY BCBVLZZI FKTNI QZ LYPQFLIF MQZ PKFFI TIRFQ ZK IZZK VKTPK BCKYMI TQ MQTNFQYMLQFIY ZKT CZPLWKT FKTNKMCFKT MQZ NIZXI MQ BKSQ FQXCQZPKT BIY IULMI MQ ZKPK

Si se clasifican las letras por frecuencia, obtenemos el siguiente orden: KQIZFMLYPTBCNWVRXSGEJUHDOA. Las seis letras más frecuentes son ahora KQIZFM y las seis con menos repeticiones JUHDOA.

Ninguna de las seis primeras letras aparece en la cadena EAOSRN y solo la letra J está en FZJXWK. Esto implica que el índice de frecuencias en el criptograma es 1. Este índice tan bajo es consecuencia de la sustitución de las letras por el algoritmo de cifrado.

Para romper una cifra de sustitución polialfabética como la de Vigenère, tenemos que descifrar letra a letra cada una de las subclaves. Lógicamente, cada una de ellas será una de las 26 posibles letras del alfabeto. La candidata perfecta sería aquella que produjese un criptograma con un índice de frecuencias semejante al del castellano (recuerda que el máximo sería 12).

Obtenida la primera subclave, haríamos lo mismo para la segunda, tercera, etc. Como solo hemos de hacer 26 pruebas para cada subclave individualmente, nuestro ordenador solo tendría que intentar 26 + 26 + 26 + 26 + 26 = 130 descifrados para una clave de cinco letras. En cualquier caso, mejor que intentar $26^5$ = 11 881 376.

## 16.3 ÍNDICE DE COINCIDENCIA

El índice de coincidencia es un método desarrollado por William Friedman en 1920 para atacar los cifrados de sustitución polialfabética con claves periódicas. En él se analiza la variación de las frecuencias de cada letra, respecto a una distribución uniforme.

Matemáticamente, el IC coincide con la probabilidad de que, al tomar dos letras al azar, estas sean iguales, es decir:

$$IC = \frac{1}{N(N-1)} \sum_{k=A}^{Z} f_k (f_k - 1)$$

Donde $N$ es el número de letras totales en el criptograma y $f_k$ la frecuencia absoluta de cada símbolo.

Experimentalmente se observa que existe una relación entre el IC y la longitud de la clave utilizada en una cifra de sustitución polialfabética con claves periódicas (Muñoz Guerra, 1999) (Tabla 16.1).

| t | IC | $\sigma$ | [IC-$\sigma$ , IC+ $\sigma$] |
|---|---|---|---|
| 1 | 0.0747 | 0.0014 | [0.0733, 0.0761] |
| 2 | 0.0556 | 0.0050 | [0.0506, 0.0606] |
| 3 | 0.0494 | 0.0037 | [0.0457, 0.0531] |
| 4 | 0.0459 | 0.0028 | [0.0431, 0.0487] |
| 5 | 0.0440 | 0.0026 | [0.0414, 0.0466] |
| 6 | 0.0429 | 0.0027 | [0.0402, 0.0456] |
| 7 | 0.0420 | 0.0019 | [0.0401, 0.0439] |
| 8 | 0.0415 | 0.0018 | [0.0397, 0.0433] |
| 9 | 0.0411 | 0.0013 | [0.0398, 0.0424] |
| 10 | 0.0407 | 0.0014 | [0.0393, 0.0421] |
| mayor | 0.037 | — | — |

**Tabla 16.1.** Valores experimentales del IC en función de la longitud de la clave, t.

El índice de coincidencia de un idioma es algo específico del mismo. Para el castellano es 0,0775, en el inglés 0,0667 y para el francés 0,0778 (Kahn, 1996). En un texto suficientemente grande y completamente aleatorio, IC $\approx n^{-1}$, donde $n$ es el tamaño del alfabeto, es decir, IC $\approx 26^{-1} = 0{,}0384$.

A medida que el tamaño de clave aumenta, la información obtenida pierde significado. Esto se debe a que para un tamaño de llave grande ($t > 10$), la distribución de frecuencias tiende a ser uniforme, con un valor de IC = 0,037, que se corresponde con un texto aleatorio.

Aunque se use un tamaño de texto relativamente grande y una llave pequeña, existe una variación en los valores del IC, lo que se debe a la naturaleza estadística del mismo.

En textos pequeños el índice de coincidencia no es muy confiable. Por todo lo anterior, es necesario recurrir a otros métodos, o a combinaciones de ellos para atacar criptosistemas polialfabéticos.

## 16.4 ENTROPÍA

En el ámbito de la teoría de la información la **entropía** mide la incertidumbre de una fuente de información y coincide con la cantidad de información promedio que contienen los símbolos usados. Cuando todos los símbolos son igualmente probables, todos aportan información relevante y la entropía es máxima.

Consideremos un texto escrito en español. Ya que, estadísticamente, algunos caracteres no son muy comunes, mientras otros sí, la cadena de caracteres no será tan aleatoria como podría llegar a ser. Obviamente, no podemos predecir con exactitud cuál será el siguiente carácter en la cadena, y eso la haría aparentemente aleatoria. Pero es la entropía quien mide esa aleatoriedad. Fue presentada por Shannon en su artículo de 1948, *A Mathematical Theory of Communication*.

La entropía de un mensaje $M$, denotado por $H(M)$, es el valor medio ponderado de la cantidad de información de los diversos estados del mensaje:

$$H(M) = -\sum_{i} p(m_i)\log_2 p(m_i)$$

Como en el caso del IC, la entropía es una magnitud característica del idioma empleado. Para el español la entropía está en torno a 4,04.

La entropía máxima se dará cuando cualquier símbolo tenga la misma probabilidad de aparecer en un mensaje. Esto significa que, para un alfabeto de 26 símbolos, $p(m_i) = 1 / 26$ y, entonces, $H_{max} = 4,70$.

Como en el caso anterior, el cálculo de la entropía por sí misma no da demasiada información, pero sí combinada con otros métodos.

Volvamos a los ejemplos anteriores. El primer criptograma se obtuvo mediante una transposición, mientras que el segundo lo fue por una sustitución monoalfabética. Si hallamos en ambos el índice de coincidencia y la entropía obtenemos idénticos valores: *IC* = 0,074 y *H* = 3,95. Ambos valores son muy próximos a los que tiene el castellano, así que puede afirmarse que los dos criptogramas son una transposición o una sustitución monoalfabética de un texto castellano. Es más, decidir cuál es cuál es tan fácil como calcular el índice de frecuencias.

Ya estamos en condiciones de escribir un módulo con importantes funciones para efectuar un análisis estadístico de un texto:

- `contar_letras()`. Esta función toma como parámetro una cadena de texto y devuelve un diccionario con las letras y frecuencias de cada una de ellas.
- `ordenar_frecuencias()`. Esta función recibe una cadena de texto y devuelve otra con las 26 letras ordenadas de mayor a menor frecuencia.
- `indice_frec_esp()`. Esta función toma como parámetro una cadena de texto y devuelve un número entero entre 0 y 12, como explicamos.
- `IC()`. Esta función acepta como parámetro una cadena de texto y devuelve el valor del índice de coincidencia de la cadena.
- `entropia()`. Esta función toma como parámetro una cadena de texto y devuelve el valor de la entropía del mensaje.

## 16.5 EL CÓDIGO FUENTE DEL MÓDULO ANÁLISIS

Abre un nuevo fichero en el editor y copia el siguiente código. Cuando acabes, guárdalo con el nombre *analisis.py*:

```
# Análisis estadístico de criptogramas

from math import log10

# Fletcher Pratt, Secret and Urgent: the Story of Codes and Ciphers Blue Ribbon Books, 1939, pp. 254-255.
frec_esp = {'A': 12.53, 'B': 1.42, 'C': 4.68, 'D': 5.86,
'E': 13.68, 'F': 0.69, 'G': 1.01, 'H': 0.70, 'I': 6.25, 'J':
```

```
0.44, 'K': 0.01, 'L': 4.97, 'M': 3.15, 'N': 6.71, 'O': 8.68, 'P': 2.51, 'Q': 0.88, 'R': 6.87, 'S': 7.98, 'T': 4.63, 'U': 3.93, 'V': 0.90, 'W': 0.02, 'X': 0.22, 'Y': 0.90, 'Z': 0.52}
AEO = 'EAOSRNIDLCTUMPBGVYQHFZJXWK'
LETRAS = 'ABCDEFGHIJKLMNOPQRSTUVWXYZ'


def contar_letras(mensaje):
    # Devuelve un diccionario de claves letras y valores el número de veces que aparece cada una en el mensaje
    num_letras = {'A': 0, 'B': 0, 'C': 0, 'D': 0, 'E': 0, 'F': 0, 'G': 0, 'H': 0, 'I': 0, 'J': 0, 'K': 0, 'L': 0, 'M': 0, 'N': 0, 'O': 0, 'P': 0, 'Q': 0, 'R': 0, 'S': 0, 'T': 0, 'U': 0, 'V': 0, 'W': 0, 'X': 0, 'Y': 0, 'Z': 0}

    for letras in mensaje.upper():
        if letras in LETRAS:
            num_letras[letras] += 1

    return num_letras


def item_indice_0(x):
    return x[0]


def ordenar_frecuencias(mensaje):
    # Devuelve una cadena con las letras del alfabeto ordenadas de mayor a menor frecuencia en mensaje.
    # Primero, obtiene un diccionario con la frecuencia de cada letra
    frec_letras = contar_letras(mensaje)

    # Segundo, construye un diccionario agrupando
    # todas las letras con la misma frecuencia en una misma lista
    frec_a_letras = {}
    for letras in LETRAS:
        if frec_letras[letras] not in frec_a_letras:
            frec_a_letras[frec_letras[letras]] = [letras]
        else:
            frec_a_letras[frec_letras[letras]].append(letras)

    # Tercero, pone cada lista de LETRAS en orden
```

```
    # "AEO" inverso y las convierte en cadenas
    for freq in frec_a_letras:
        frec_a_letras[freq].sort(key=AEO.find, reverse=True)
        frec_a_letras[freq] = ''.join(frec_a_letras[freq])

    # Cuarto, convierte el diccionario frec_a_letras en una lista de pares de tuplas
    # (frecuencia, letra) y las ordena
    pares_frec = list(frec_a_letras.items())
    pares_frec.sort(key=item_indice_0, reverse= True)

    # Por último, extrae todas las LETRAS
    orden_frec = []
    for par in pares_frec:
        orden_frec.append(par[1])
    return ''.join(orden_frec)


def indice_frec_esp(mensaje):
    # Devuelve el número de coincidencias que posee el mensaje cuando se compara sus frecuencias con las del español.
    orden_frec = ordenar_frecuencias(mensaje)

    indice = 0
    # Halla cuántas letras, de las 6 más comunes, hay
    for mas_comun in AEO[:6]:
        if mas_comun in orden_frec[:6]:
            indice += 1
    # Halla cuántas letras, de las 6 menos frecuentes, hay
    for menos_comun in AEO[-6:]:
        if menos_comun in orden_frec[-6:]:
            indice += 1

    return indice


def letras_tot(mensaje):
    fk = contar_letras(mensaje).values()
    N = 0
    for num in fk:
        N += num
    return N, fk
```

```


def IC(mensaje):
    # Devuelve el índice de coincidencia de William Friendman
    # Para el castellano IC = 0,0775
    ind = 0
    N = letras_tot(mensaje)[0]
    fk = letras_tot(mensaje)[1]
    for num in fk:
        ind += num*(num-1)
    ind /= N * (N - 1)
    return  ind


def entropia(mensaje):
    # Devuelve la entropía de un mensaje
    # Para el castellano H = 4,04
    H = 0
    N = letras_tot(mensaje)[0]
    fk = letras_tot(mensaje)[1]
    for num in fk:
        if num != 0:
            H += num/N * (log10(num/N)/log10(2))
    return -H
```

## 16.5.1 Cómo funciona el programa

```
from math import log10

# Fletcher Pratt, Secret and Urgent: the Story of Codes and Ciphers Blue Ribbon Books, 1939, pp. 254-255.
frec_esp = {'A': 12.53, 'B': 1.42, 'C': 4.68, 'D': 5.86, 'E': 13.68, 'F': 0.69, 'G': 1.01, 'H': 0.70, 'I': 6.25, 'J': 0.44, 'K': 0.01, 'L': 4.97, 'M': 3.15, 'N': 6.71, 'O': 8.68, 'P': 2.51, 'Q': 0.88, 'R': 6.87, 'S': 7.98, 'T': 4.63, 'U': 3.93, 'V': 0.90, 'W': 0.02, 'X': 0.22, 'Y': 0.90, 'Z': 0.52}
```

El programa comienza con una sentencia de importación. Concretamente, importa la función `log10()` del módulo *math*, de la que haremos uso dentro de la función `entropia()`.

El diccionario `frec_esp` contiene como claves las letras del alfabeto castellano y como valores su frecuencia –en porcentaje–. Sus valores proceden de la obra *Secret and Urgent: the Story of Codes and Ciphers*, de Fletcher Pratt. Aunque no se utilizan en el módulo, se han escrito como futura referencia.

```
7. AEO = 'EAOSRNIDLCTUMPBGVYQHFZJXWK'
```

En la línea 7 hemos definido la constante `AEO`, que contiene las 26 letras del alfabeto ordenadas de mayor a menor frecuencia de aparición. Evidentemente, no siempre se seguirá este orden, pero en la mayoría de los casos será bastante acertada.

```
8. LETRAS = 'ABCDEFGHIJKLMNOPQRSTUVWXYZ'
```

Nuestro módulo también necesitará una cadena de texto con las 26 letras del alfabeto en mayúsculas, cadena que hemos definido en la constante `LETRAS`.

```
11. def contar_letras(mensaje):
12.     # Devuelve un diccionario de claves letras y valores
el número de veces que aparece cada una en el mensaje
14.     num_letras = {'A': 0, 'B': 0, 'C': 0, 'D': 0, 'E': 0,
'F': 0, 'G': 0, 'H': 0, 'I': 0, 'J': 0, 'K': 0, 'L': 0, 'M':
0, 'N': 0, 'O': 0, 'P': 0, 'Q': 0, 'R': 0, 'S': 0, 'T': 0,
'U': 0, 'V': 0, 'W': 0, 'X': 0, 'Y': 0, 'Z': 0}
```

La función `contar_letras()` devuelve un diccionario que posee como claves las letras del alfabeto y como valores el número de veces que aparece cada una en el parámetro `mensaje`. Por ejemplo, si se pasa como parámetro la cadena `'david'`, la función devolverá `{'A': 1, 'B': 0, 'C': 0, 'D': 2, 'E': 0, 'F': 0, 'G': 0, 'H': 0, 'I': 1, 'J': 0, 'K': 0, 'L': 0, 'M': 0, 'N': 0, 'O': 0, 'P': 0, 'Q': 0, 'R': 0, 'S': 0, 'T': 0, 'U': 0, 'V': 1, 'W': 0, 'X': 0, 'Y': 0, 'Z': 0}`.

La línea 14 inicia la variable `num_letras` con un diccionario en el que todas las claves poseen por valor `0`.

```
16.     for letras in mensaje.upper():
17.         if letras in LETRAS:
18.             num_letras[letras] += 1
```

El bucle **`for`** de la línea 16 itera sobre cada una de las letras en la versión en mayúsculas del mensaje. Si el carácter es una letra del alfabeto, entonces, la línea 18 incrementará en uno el valor de `num_letras[letras]`.

```
20.     return num_letras
```

Una vez que el bucle haya finalizado, el diccionario `num_letras` contendrá el número de veces que aparece cada letra en el mensaje, frecuencia que se devuelve en la línea 20 como resultado de la ejecución de la función `contar_letras()`.

```
23. def item_indice_0(x):
24.     return x[0]
```

La función `item_indice_0()` toma como argumento una tupla y devuelve el elemento que se encuentra en la primera posición. Veremos un poco más adelante para qué se emplea.

```
27. def ordenar_frecuencias(mensaje):
31.     frec_letras = contar_letras(mensaje)
```

La función `ordenar_frecuencias()` devuelve una cadena de texto con las 26 letras mayúsculas del alfabeto ordenadas por frecuencia de aparición en el parámetro `mensaje`. Si la cadena `mensaje` tiene sentido en español, el valor devuelto por la función tendrá cierto parecido con la constante `AEO`.

Por ejemplo, si se pasara como cadena a la función `ordenar_fre cuencias()` la primera frase de "*El ingenioso hidalgo don Quijote de la Mancha*", el resultado de su ejecución sería la cadena `'AOENRLUDCGIMH TQYVSZFBPKWXJ'`, porque la `A` es la letra más frecuente en la frase, seguida de la `O`, y así sucesivamente.

Observa el parecido de sus seis letras más frecuentes y sus seis menos abundantes con las correspondientes de la constante AEO.

La función es algo complicada, pero su funcionamiento puede separarse en cinco pasos más sencillos.

El primer paso consiste en obtener un diccionario con la frecuencia absoluta de las letras que aparecen en el parámetro mensaje, como ya explicamos en la función `contar_letras()`. En el ejemplo anterior de Cervantes el valor asignado en la línea 31 a la variable `frec_letras` sería, entonces: `{'U': 8, 'O': 16, 'S': 2, 'M': 5, 'L': 9, 'A': 19, 'P': 1, 'Z': 1, 'J': 0, 'H': 4, 'K': 0, 'R': 11, 'X': 0, 'Y': 2, 'F': 1, 'W': 0, 'C': 7, 'Q': 2, 'E': 13, 'G': 6, 'B': 1, 'N': 11, 'D': 8, 'I': 6, 'V': 2, 'T': 3}`.

```
35.     frec_a_letras = {}
36.     for letras in LETRAS:
37.         if frec_letras[letras] not in frec_a_letras:
38.             frec_a_letras[frec_letras[letras]] = [letras]
39.         else:
40.             frec_a_letras[frec_letras[letras]].
append(letras)
41.
```

Una vez que tenemos el diccionario con las frecuencias de las letras, necesitamos, en el segundo paso, obtener otro diccionario en el que las claves sean las frecuencias y los valores las listas con las letras del mensaje que poseen cada una de esas frecuencias. A este diccionario le hemos llamado `frec_a_letras`.

La línea 35 crea el diccionario vacío. El bucle de la línea 36 itera sobre todas las letras del alfabeto y se comprueba en la 37 si para cada letra del diccionario `frec_letras` existe su frecuencia como clave en el diccionario `frec_a_letras`. Si no es así, la línea 38 añade esta clave junto con la lista de letras como valor. Si la frecuencia ya existe, la sentencia **`else`** añade la letra al final de la lista que ya existe en `frec_a_letras [frec_letras[letras]]`.

Siguiendo con nuestro ejemplo de Cervantes, el valor de `frec_a_letras` sería:`{0: ['J', 'K', 'W', 'X'], 1: ['B', 'F', 'P', 'Z'], 2: ['Q', 'S', 'V', 'Y'], 3: ['T'], 4: ['H'], 5: ['M'], 6: ['G', 'I'], 7: ['C'], 8: ['D', 'U'], 9: ['L'], 11: ['N', 'R'], 13: ['E'], 16: ['O'], 19: ['A']}`

```
44.     for freq in frec_a_letras:
45.         frec_a_letras[freq].sort(key=AEO.find,
reverse=True)
46.         frec_a_letras[freq] = ''.join(frec_a_letras
[freq])
```

El tercer paso de la función `ordenar_frecuencias()` es ordenar las cadenas de letras de cada una de las listas de `frec_a_letras` en orden AEO inverso.

Como dos o más letras pueden tener la misma frecuencia, se ha procedido a juntarlas mediante una lista. Ahora, se procede a ordenarlas en orden inverso al que aparecen en la cadena AEO. De este modo, nos aseguramos de que mensajes con la misma distribución de frecuencias produzcan idénticas salidas.

Por ejemplo, si la A aparece 12 veces, D y S ocho veces cada una y la X dos veces, necesitamos que se ordenen como `'ADSX'` y no como `'ASDX'`. Esto es así porque la A es la letra más frecuente, D y S aparecen el mismo número de veces, pero D viene después que S en la cadena AEO.

La función `sort()` en Python es muy versátil y nos permite ordenar argumentos de diversas formas. Normalmente, el método `sort()` simplemente ordena la lista sobre la que actúa en orden alfabético o numérico. Sin embargo, podemos cambiar este modo de trabajo pasándole por argumento el método `find()` sobre la cadena `AEO` como clave, `sort(key=AEO.find)`. Esto ordenará los elementos de las listas presentes en `frec_a_letras[freq]` por los enteros devueltos por el método `AEO.find()`, es decir, en el orden en el que las letras aparecen en la constante `AEO`.

En general, el método `sort()` ordena los valores de una lista de forma ascendente (de la A a la Z). Si se pasa `reverse=True` como argumento, el método ordenará la lista de forma descendente.

Si continuamos con nuestro ejemplo, cuando el bucle de la línea 44 haya finalizado, el valor almacenado por `frec_a_letras` será: `{0: 'KWXJ', 1: 'ZFBP', 2: 'QYVS', 3: 'T', 4: 'H', 5: 'M', 6: 'GI', 7: 'C', 8: 'UD', 9: 'L', 11: 'NR', 13: 'E', 16: 'O', 19: 'A'}`.

Observa que las cadenas de las claves `0`, `1`, `2`, `6`, `8` y `11` están ordenadas en orden AEO inverso.

#### 16.5.1.1 CONVERTIR DICCIONARIOS EN LISTAS

Si se necesita obtener una lista de valores de todas las claves de un diccionario, es suficiente con emplear el método `keys()`, que devuelve un objeto `dict_keys` que puede pasarse a la función `list()` para obtener la lista de claves.

Existe un método de diccionarios similar llamado `values()` que devuelve el objeto `dict_values`.

Observa cómo funciona. Abre un terminal interactivo de Python y teclea las siguientes sentencias:

```
>>> agenda = {'Angel':632456098, 'Miguel': 721654988}
>>> agenda.keys()
dict_keys(['Angel', 'Miguel'])
>>> list(_)
['Angel', 'Miguel']
>>> list(agenda.values())
[632456098, 721654988]
>>>
```

Recuerda que los diccionarios no presentan ningún orden asociado a los pares clave-valor. Cuando obtengas una lista con las claves o los valores, sus elementos aparecerán en un orden aleatorio.

Si deseas obtener una lista de tuplas con las claves y valores a la vez, tendrás que emplear el método `items()`, que devuelve un objeto `dict_items`.

En el entorno interactivo anterior teclea la siguiente sentencia:

```
>>> list(agenda.items())
[('Angel', 632456098), ('Miguel', 721654988)]
>>>
```

> **NOTA**
> Para poder usar los métodos de diccionario `items()`, `keys()` y `values()`, se deben pasar como argumento de la función `list()`.

### 16.5.1.2 ORDENAR LOS ELEMENTOS DE UN DICCIONARIO

```
50.    pares_frec = list(frec_a_letras.items())
```

El cuarto paso que realiza la función es ordenar por frecuencias las cadenas del diccionario `frec_a_letras`. Recuerda que ese diccionario posee como claves las frecuencias de aparición de las letras y como valores listas con las diferentes letras. Como los diccionarios en Python no guardan ningún orden preestablecido, tenemos que invocar el método `items()` y la función `list()` para crear una lista de tuplas con todos los pares clave-valor. Esta lista de tuplas, almacenada como `pares_frec` en la línea 50, es la que ordenaremos en orden descendente de frecuencias.

```
51.    pares_frec.sort(key=item_indice_0, reverse= True)
```

La llamada al método `sort()` se pasa como valor a la función `item_indice_0`. Esto significa que los elementos de `pares_frec` se ordenarán por el orden numérico del valor que ocupa el índice 0 en la tupla, que es la frecuencia. Asimismo, se le pasa `reverse=True` como argumento para ordenar los elementos de mayor a menor ocurrencia.

Si continuamos con el ejemplo de la primera frase del libro de Cervantes, el valor almacenado en `pares_frec` será: `[(19, 'A'), (16, 'O'), (13, 'E'), (11, 'NR'), (9, 'L'), (8, 'UD'), (7, 'C'), (6, 'GI'), (5, 'M'), (4, 'H'), (3, 'T'), (2, 'QYVS'), (1, 'ZFBP'), (0, 'KWXJ')]`

```
53.    # Por último, extrae todas las LETRAS
54.    orden_frec = []
55.    for par in pares_frec:
56.        orden_frec.append(par[1])
```

El último paso es crear una lista de todas las cadenas que ocupan la posición 1 de cada tupla en la lista `pares_frec`. La variable `orden_frec` se inicia como una lista vacía en la línea 54.

El bucle **`for`** de la línea 55 recorre todas las tuplas de la lista `pares_frec` y selecciona el elemento en posición 1, es decir la cadena de letras, que se anexa a la lista `orden_frec`.

Si seguimos con el ejemplo, la lista `orden_frec` contendrá el valor `['A', 'O', 'E', 'NR', 'L', 'UD', 'C', 'GI', 'M', 'H', 'T', 'QYVS', 'ZFBP', 'KWXJ']`

```
57.     return ''.join(orden_frec)
```

La línea 57 crea una cadena con la lista de cadenas `orden_frec`, que es el valor que devolverá la función `ordenar_frecuencias()` cuando se le invoque, en nuestro ejemplo, `'AOENRLUDCGIMHTQYVS ZFBPKWXJ'`. De acuerdo a este resultado, A es la letra más frecuente en la frase, O la segunda más abundante, E la tercera, y así sucesivamente.

```
60. def indice_frec_esp(mensaje):
64.     orden_frec = ordenar_frecuencias(mensaje)
```

La función `indice_frec_esp()` toma por argumento una cadena de texto y devuelve un número entero entre 0 y 12, número con el que indica su índice de frecuencias. Cuanto más alto sea el índice, más se parece el mensaje a un texto en castellano.

El primer paso para hallar el indice de frecuencias es obtener la frecuencia de cada letra mediante una llamada a la función `ordenar_frecuencias()`.

```
66.     indice = 0
67.     # Halla cuántas letras, de las 6 más comunes, hay
68.     for mas_comun in AEO[:6]:
69.         if mas_comun in orden_frec[:6]:
70.             indice += 1
```

La variable `indice` se inicia en `0` en la línea 66. El bucle **`for`** de la línea 68 itera sobre cada una de las seis primeras letras de la constante `AEO`. Recuerda que `[:6]` es lo mismo que `[0:6]`. Si una de las letras E, A, O, S, R o N está entre las seis primeras de la cadena `orden_frec`, entonces la condición de la línea 69 es **`True`** y se incrementa el índice en una unidad en la línea 70.

```
71.     # Halla cuántas letras, de las 6 menos frecuentes, 
hay
72.     for menos_comun in AEO[-6:]:
73.         if menos_comun in orden_frec[-6:]:
74.             indice += 1
```

Las líneas 72 a 74 son casi idénticas a las líneas 68 a 70, excepto que las últimas seis letras en la constante `AEO` son F, Z, J, X, W y K. Si alguna de ellas está entre las últimas seis de la cadena `orden_frec`, entonces, se suma una unidad a `indice`.

```
76.     return indice
```

Por último, la función devuelve el valor de `indice` como un número entero entre 0 y 12. Las 14 letras intermedias se obvian en el cálculo para facilitar su ejecución, sin embargo, funciona muy bien para romper la cifra Vigenère, como veremos en el siguiente capítulo.

```
79. def letras_tot(mensaje):
80.     fk = contar_letras(mensaje).values()
81.     N = 0
82.     for num in fk:
83.         N += num
84.     return N, fk
```

La siguiente función del módulo *analisis.py* es `letras_tot()`. Esta toma una cadena de texto por argumento y devuelve una tupla con el número total de letras presentes en `mensaje` (`N`) y un objeto `dict_values` que contiene las frecuencias absolutas de cada una de las letras (`fk`).

Siguiendo con el ejemplo de Cervantes, la llamada a la función `letras_tot()` con el primer párrafo del libro, sería: `(138, dict_values([2, 9, 2, 5, 0, 4, 1, 7, 2, 8, 1, 11, 0, 8, 0, 1, 2, 1, 0, 11, 6, 6, 16, 13, 3, 19]))`

```
87. def IC(mensaje):
90.     ind = 0
91.     N = letras_tot(mensaje)[0]
92.     fk = letras_tot(mensaje)[1]
93.     for num in fk:
94.         ind += num * (num - 1)
95.     ind /= N * (N - 1)
96.     return  ind
```

La función `IC()` utiliza una llamada a `letras_tot()` para hallar el índice de coincidencia de Friendman de una cadena de texto.

En la línea 90 se inicia la variable ind, donde se almacenará el valor del IC. En la línea 91 se recupera el número de letras totales del mensaje y en la 92 el objeto `dict_values` con las frecuencias absolutas de aparición de cada letra del alfabeto.

El bucle de la línea 93 itera sobre cada una de las frecuencias para hallar el numerador de la expresión de Friedman. Una vez calculado, se divide por el denominador en la línea 95 y se devuelve su resultado en la línea 96.

En nuestro ejemplo, el valor devuelto por la función sería `0.0682`.

```
99. def entropia(mensaje):
102.    H = 0
103.    N = letras_tot(mensaje)[0]
104.    fk = letras_tot(mensaje)[1]
```

El cálculo de la entropía de un mensaje es casi tan inmediato como el del IC. Observa que las líneas 102 a 104 son idénticas a las líneas 90 a 92 de la función anterior.

```
105.    for num in fk:
106.        if num != 0:
107.            H += num/N * (log10(num/N) / log10(2))
```

Una vez recuperados el número total de símbolos y la frecuencia absoluta de cada uno de ellos, procedemos a hallar la entropía.

El bucle iteraciona sobre cada frecuencia del texto. Si es distinta de 0, entonces la condición de la línea 106 es **`True`** y se halla la entropía acumulada en la línea 107 por aplicación directa de la fórmula ya vista.

```
108.    return -H
```

Una vez calculada la entropía, la función devuelve su valor. Observa que devolvemos `-H` porque hemos hallado en la línea anterior la entropía sin el signo negativo.

En nuestro ejemplo, el valor obtenido sería `4.00`, prácticamente idéntico al que le corresponde a un texto en castellano.

## 16.6 RESUMEN

En este capítulo hemos aprendido diversas técnicas estadísticas que nos permitirán no solo diferenciar entre cifras por transposición o sustitución, monoalfabética o polialfabética, sino también llevar a cabo ataques a cifras tan complejas como la de Vigenère.

En lo que respecta a Python, hemos estudiado en profundidad el método `sort()`. `sort()` se emplea para ordenar los valores de una lista. Normalmente, ordena los elementos en orden alfabético o numérico ascendente, pero los argumentos `reverse` y `key` pueden usarse para obtener ordenaciones diferentes.

## 16.7 EVALUACIÓN

1. Realiza un análisis de frecuencias del siguiente texto: "*Una olla de algo más vaca que carnero, salpicón las más noches, duelos y quebrantos los sábados, lentejas los viernes, algún palomino de añadidura los domingos, consumían las tres partes de su hacienda*".
2. Halla el índice de frecuencias del texto anterior. A continuación, realiza una sustitución polialfabética mediante la cifra Vigenère con la clave KASUT y vuelve a calcular su IF. ¿Qué conclusión puedes extraer?
3. Calcula el índice de coincidencia y la entropía del texto plano de la primera actividad y del criptograma obtenido en el ejercicio anterior. ¿Puedes extraer alguna conclusión?

## 16.8 EJERCICIOS PROPUESTOS

1. Analiza, con los conocimientos adquiridos en el capítulo, si los siguientes criptogramas se han obtenido por transposición o sustitución (mono o polialfabética):
   - WBV SNBUF G GZUYWIBOMM EINJVYF XSMLCN MZ KWVEM QVJUYTSMW YY RIDKCB G RZAPRTOWIMR XCM MHGMBYMLYIG T LYFMBOZUAIFGMM RT GZVNVLC LCY AW GZ TI FIQVZU AQ ZVA YABSILCRZO ZT GVAAJ ILVAHJBYYMG NQ LRAIXQNNZO KILN ACGW YYTC
   - TEUAA LLEPN AMAAN AALPB PISSO OAOAA OSYED EBBVP LANAR ELRDS DIIAO EUENN ZCRCL ATAIA AOQEQ NSSUY UCACE UEOUU NNAMN AOMSO ARLOI TAELZ EOMNE ONMAT GDSAQ AAEIB UYBCL A
   - ARWUNVN ON BFNF FB ITBUDRC XWFNOLC HCI OCU HWIHTBIDN NICU BRN FB HCZPOBGWCI RBHWN UBHC FB HNRIBU BISTDC FB RCUDRC LRNI ZNFRTLNFCR M NZWLC FB ON HNJN

# 17

# ROMPIENDO LA CIFRA VIGENÈRE

Hay dos métodos para romper la cifra de Vigenère. Puesto que un ataque por fuerza bruta no tiene sentido, la primera ofensiva que estudiaremos es un ataque de diccionario. Este método, lógicamente, solo funcionará si se ha elegido como clave alguna palabra de aquel, como MONASTERIO. El segundo, bastante más complejo, funciona para cualquier llave, bien esté esta en el diccionario, bien sea aleatoria, como FBGRED. No obstante, tuvieron que pasar casi 300 años para que esta técnica criptoanalítica, estudiada de forma independiente por Charles Babbage y Friedrich Kasiski, viera la luz del día.

## 17.1 ATAQUE DE DICCIONARIO

Si la llave elegida para cifrar un texto es una palabra del propio idioma, entonces el criptograma resultante será vulnerable frente a un ataque de este tipo.

El diccionario que emplearemos es el fichero *diccionario.txt*, que contiene 82.000 palabras españolas y que tienes a tu disposición como material descargable de la obra.

Para que te hagas una idea de la vulnerabilidad de emplear palabras de diccionario, el ordenador que utilizamos tarda un poco más de dos minutos en romper un párrafo cifrado mediante Vigenère con una palabra clave existente en el diccionario de la lengua española.

### 17.1.1 El código fuente

Abre un nuevo fichero en el editor y copia el siguiente código. Cuando acabes, guárdalo con el nombre *vigenereDiccionario.py*:

```
# Ataque de diccionario frente a la cifra Vigenère.
# Solo funciona si la clave está en diccionario.txt
# y se ha usado la tabla tradicional de Vigenère.
# Dominio Público.

import detectarEspanol, Vigenere, pyperclip

def main():
    print('Este programa efectúa un ataque de diccionario a la cifra Vigenère')
    criptograma = input('\nCriptograma > ')
    texto = romper_vigenere(criptograma)

    if texto != None:
        print('Copiando texto al portapapeles: ')
        print(texto)
        pyperclip.copy(texto)
    else:
        print('Ataque fallido.')


def romper_vigenere(criptograma):
    fo = open('diccionario.txt')
    palabras = fo.readlines()
    fo.close()
    Vigenere.generar_tabla(Vigenere.ALFABETO)

    for palabra in palabras:
        # elimina el caracter nueva línea al final
        palabra = palabra.strip()
        if intento % 100 == 0: print(palabra)
        texto_llano = Vigenere.descifrarMensaje(palabra, criptograma)
        if detectarEspanol.es_espanol(texto_lla no)[0]:
            # Comprueba con el usuario si se ha encontrado la clave.
            print()
            print('Posible hallazgo:')
            print('Clave ' + str(palabra) + ': ' + texto_llano[:100])
```

```
            print()
            print('Escribe F para FINALIZAR o pulsa Enter para CONTINUAR:')
            respuesta = input('> ')

            if respuesta.upper().startswith('F'):
                return texto_llano
        intento += 1

if __name__ == '__main__':
    main()
```

Una vez que se ejecute el programa, verás en pantalla la siguiente información:

```
Este programa efectúa un ataque de diccionario a la cifra
Vigenère

Criptograma >
```

El programa esperará a que el usuario introduzca un criptograma y pulse Enter. En ese momento, comenzará el ataque. Una vez que se detecte una palabra que pudiera ser la clave empleada, la ofensiva se detendrá y esperará la confirmación del usuario (Figura 17.1):

```
*Python 3.5.1 Shell*
File Edit Shell Debug Options Window Help
Python 3.5.1 (v3.5.1:37a07cee5969, Dec  6 2015, 01:38:48) [MSC v.1900 32 bit (Intel)]
on win32
Type "copyright", "credits" or "license()" for more information.
>>>
====== RESTART: C:\Users\David\Desktop\Programas\vigenereDiccionario.py ======
Este programa efectúa un ataque de diccionario a la cifra Vigenère

Criptograma >  HCSGT ISOUO SG HN LCAUHGTQ QHX TL AWFAECVÓG MUEUQIFA CHZ WA WWETRN LWM
RH IN EURKXZ RLUIFO CHLTA USPTEFXVEAUGE ROE NVL SRZA HURKHL, LD TUGRMT LP GUOVGDNW W
AEVC DGL PNMCPR
ABARRADO
ABETAR
ABOGADO
ABRASIVO
ABSIDIAL
ABUSIONERO
ACANILLADO

Posible hallazgo:
Clave ACANTILADO:  hasta ahora se ha supuesto que la atracción ejercida por la tierra
sobre un cuerpo rigido podia rep

Escribe F para FINALIZAR o pulsa Enter para CONTINUAR:
>
```

**Figura 17.1.** Ataque con éxito a la cifra Vigenère

Si el usuario confirma la clave, el texto llano se copiará al portapapeles y se dará por acabado el ataque. En caso contrario, el programa seguirá buscando nuevas contraseñas hasta finalizar el diccionario.

### 17.1.2 Cómo funciona el programa

Las primeras líneas del programa son los habituales comentarios con información sobre el mismo.

```
6. import detectarEspanol, Vigenere, pyperclip
```

La línea 6 es una sentencia de importación con la que declaramos los módulos que deben importarse para que pueda funcionar el programa, a los que se hará referencia en líneas posteriores.

```
8. def main():
9.     print('Este programa efectúa un ataque de diccionario
a la cifra Vigenère')
10.    criptograma = input('\nCriptograma > ')
11.    texto = romper_vigenere(criptograma)
```

En la línea 8 comienza la función principal del programa, que se encarga de pedir el criptograma que se pretende criptoanalizar.

Una vez que el usuario introduce el criptograma, este se almacena en la variable homónima en la línea 10. A continuación, se pasa como parámetro a la función `romper_vigenere()`, que veremos más adelante, y que efectuará el criptoanálisis del mismo. El texto llano devuelto por ella se guarda en la línea 11 en la variable `texto`.

```
13.    if texto != None:
14.        print('Copiando texto al portapapeles: ')
15.        print(texto)
16.        pyperclip.copy(texto)
```

Si la función anterior devuelve algún mensaje con sentido en el idioma del diccionario, este se muestra en pantalla y se copia al portapapeles.

```
17.    else:
18.        print('Ataque fallido.')
```

En caso contrario, se imprime `'Ataque fallido'` y el programa se da por finalizado.

```
21. def romper_vigenere(criptograma):
```

```
22.        fo = open('diccionario.txt')
23.        palabras = fo.readlines()
24.        fo.close()
```

En la línea 21 comienza la función de la que depende todo el proceso de criptoanálisis del criptograma objeto de estudio.

En primer lugar, la función abre el fichero *diccionario.txt* en el que se encuentran las palabras de nuestro idioma. El proceso de apertura de un archivo con `open()` genera un objeto que tiene asociado el método `readlines()`. A diferencia del método `read()`, que devuelve el contenido completo del fichero como una única cadena, el método `readlines()` devuelve una lista de cadenas, donde cada cadena es una única línea del archivo.

Para el caso concreto de nuestro diccionario, el contenido de la variable `palabras` de la línea 23, sería: `['ABABILLARSE\n', 'ABABOL\n', 'ABACA\n', 'ABACAL\n', 'ABACALERO\n'...]`. Observa que cada una de las cadenas de texto de la lista terminan con el carácter especial fin de línea, `\n`, excepto la última palabra, que podría acabar sin él.

```
25.        Vigenere.generar_tabla(Vigenere.ALFABETO)
```

Tras cerrar el fichero, invocamos a la función `generar_tabla()` del modulo *Vigenere.py* para generar la tabla tradicional de Vigenère.

```
27.        for palabra in palabras:
28.            # elimina el caracter nueva línea al final
29.            palabra = palabra.strip()
30.            if intento % 100 == 0: print(palabra)
31.            texto_llano = Vigenere.descifrarMensaje(palabra,
criptograma)
```

En la línea 27 comienza el bucle que irá probando una a una todas las palabras del diccionario. Antes, sin embargo, es necesario eliminar el carácter fin de línea que acompaña a cada palabra. Esto es lo que hace el método `strip()` de la línea 29.

Para dar la sensación de que el programa está trabajando se van imprimiendo las palabras en pantalla en múltiplos de 100.

Con cada palabra leída se llama a la función `descifrarMen saje()` del módulo *Vigenere.py* para obtener el texto llano correspondiente.

```
32.            if detectarEspanol.es_espanol(texto_lla no)[0]:
33.                # Comprueba con el usuario si se ha
encontrado la clave.
34.                print()
```

```
35.                 print('Posible hallazgo:')
36.                 print('Clave ' + str(palabra) + ': ' +
texto_llano[:100])
```

Si el texto devuelto por la función se identifica como un mensaje con sentido en castellano –tal y como describimos cuando hablamos de la riqueza léxica–, se muestra en la pantalla el posible hallazgo de la clave y las cien primeras letras del mensaje.

```
37.                 print()
38.                 print('Escribe F para FINALIZAR o pulsa Enter
para CONTINUAR:')
39.                 respuesta = input('> ')
40.
41.                 if respuesta.upper().startswith('F'):
42.                     return texto_llano
```

Ahora el programa espera a que el usuario valide o no dicho hallazgo. Si pulsa la tecla **F** la ejecución de la función finaliza tras devolver dicho texto plano a la línea 11. En caso contrario, el bucle continúa con la siguiente palabra del diccionario.

## 17.2 MÉTODO DE KASISKI

El ataque de diccionario a la cifra Vigenère resulta muy sencillo, pero solo es válido con contraseñas que aparezcan en el diccionario de la lengua empleado. Si emisor y receptor emplean contraseñas aleatorias, entonces, el método fallará. En este caso es donde el método de Kasiski permite recuperar la clave utilizada por aleatoria que sea, siempre que su longitud sea despreciable frente al tamaño del texto.

Babbage y Kasiski consiguieron, de forma independiente, romper la cifra Vigenère hallando primero el tamaño de clave utilizado y después la contraseña misma.

El método descrito por Kasiski en su obra de 1863 **comienza** buscando **cadenas de texto** de tres o más letras **repetidas** en el criptograma. Entonces, las distancias entre cadenas idénticas consecutivas son probablemente múltiplos de la longitud de la clave utilizada. Cuantas más cadenas repetidas, más se acorta la posible longitud de la clave, pues matemáticamente aquella coincidiría con el máximo común divisor de todas las distancias.

La razón por la que el método funciona es que si una cadena se repite en el texto plano y la distancia entre los caracteres correspondientes es un múltiplo de la longitud de la clave, las letras de la contraseña se distribuyen de la misma manera. Por ejemplo, considera el siguiente texto plano:

*Estos criptoanalistas saben mucha criptografía*

La cadena más larga que aparece repetida es *cripto*. La primera lo hace en la posición 5 y la segunda en la posición 30, luego la distancia entre ellas es 25, que es un múltiplo de 5. Si alineamos el texto plano con una contraseña de cinco caracteres, por ejemplo, ABCDE, entonces:

```
ABCDE ABCDEABCDEABCDE ABCDE ABCDE ABCDEABCDEAB
estos criptoanalistas saben mucha criptografia
```

Ambas subcadenas se emparejan con ABCDEA, luego las dos se cifrarán de igual modo en el criptograma y el test de Kasiski tendrá éxito.

Veamos un ejemplo con el siguiente criptograma: PKSYLRP CKHRMPI KVMJPKOU Y WF GKNPSY P CY OYPUK MGR PDZFCS. GRQUZYYUY S QMY KBUZEUF, RUJPL EEYTE ZTEJYGTFX YL PLJ WCLED UO WYVMFX. FMW CZQIPID UO FY PLSYL ZEUF DCCVCR. Si quitamos los caracteres no alfabéticos, quedaría así:

PKSYLRPCKHRMPIKVMJPKOUYWFGKNPSYPCYOYPUKMGRPDZFCSGRQUZYYUYSQMYK
BUZEUFRUJPLEEYTEZTEJYGTFXYLPLJWCLEDUOWYVMFXFMWCZQIPIDUOFYPLSYL
ZEUFDCCVCR

En el mensaje aparecen cinco secuencias repetidas: DUO, SYL, ZEU, EUF y ZEUF:

PK**SYL**RPCKHRMPIKVMJPKOUYWFGKNPSYPCYOYPUKMGRPDZFCSGRQUZYYUYSQMY
KBU**ZEUF**RUJPLEEYTEZTEJYGTFXYLPLJWCLE**DUO**WYVMFXFMWCZQIPI**DUO**FYPL
**SYLZEUF**DCCVCR

Tras hallar las cadenas que se repiten, y que por tanto podrían haberse cifrado con las mismas letras de la clave, se ha de contar **cuántos espacios** existen entre secuencias idénticas:

| Secuencia | Pos1 | Pos2 | Distancia |
|---|---|---|---|
| DUO | 96 | 114 | 18 |
| SYL | 2 | 121 | 119 |
| ZEU | 64 | 124 | 60 |
| EUF | 65 | 125 | 60 |
| ZEUF | 64 | 124 | 60 |

Así que las distancias son 18, 60, 60, 60 y 119. Encontremos ahora los **divisores** de cada uno de estos números:

- Los divisores de 18 son: 2, 3, 6, 9 y 18.
- Los divisores de 60 son: 2, 3, 4, 5, 6, 10, 12, 15, 20, 30 y 60.
- Los divisores de 119 son: 7, 17 y 119.

Entonces, obtenemos una lista con los siguientes divisores: 2, 2, 3, 3, 4, 5, 6, 6, 7, 9, 10, 12, 15, 17, 18, 20, 30, 60 y 119. Con ella, es posible construir la siguiente tabla:

| Divisor | Veces |
|---|---|
| **2** | 2 |
| **3** | 2 |
| **4** | 1 |
| **5** | 1 |
| **6** | 2 |
| **7** | 1 |
| **9** | 1 |
| **10** | 1 |
| **12** | 1 |
| **15** | 1 |

Los **factores que más se repiten** son los que mayor probabilidad tienen de ser la **longitud de la clave** empleada en la cifra Vigenère. En nuestro ejemplo, entonces, la clave podría tener una longitud de 2, 3 o 6 caracteres.

Tras haber identificado las longitudes probables de la clave, el siguiente paso consiste en **dividir el criptograma** en tantos **subcriptogramas** como indica la dimensión de la clave. Supuesta que la longitud de clave en el ejemplo anterior es 6 (conclusión a la que se ha llegado tras calcular su índice de coincidencia), entonces dividiríamos el mensaje en seis subcriptogramas tomando las letras cada seis posiciones, del siguiente modo:

- El primer subcriptograma se forma con la primera letra y las siguientes que se encuentran separadas seis posiciones de la anterior:

  **P**KSYLR**P**CKHRM**P**IKVMJ**P**KOUYW**F**GKNPS**Y**PCYOY**P**UKMGR**P**DZ...

- El segundo subcriptograma comienza con la segunda letra y sigue el mismo patrón:
  P**K**SYLRP**C**KHRMP**I**KVMJP**K**OUYWF**G**KNPSY**P**CYOYP**U**KMGRP**D**Z...
- El tercero, con la tercera letra:
  PK**S**YLRPC**K**HRMPI**K**VMJPK**O**UYWFG**K**NPSYP**C**YOYPU**K**MGRPD**Z**...
- El cuarto subcriptograma quedaría:
  PKS**Y**LRPCK**H**RMPIK**V**MJPKO**U**YWFGK**N**PSYPC**Y**OYPUK**M**GRPDZ...
- El quinto:
  PKSY**L**RPCKH**R**MPIKV**M**JPKOU**Y**WFGKN**P**SYPCY**O**YPUKM**G**RPDZ...
- Y el último:
  PKSYL**R**PCKHR**M**PIKVM**J**PKOUY**W**FGKNP**S**YPCYO**Y**PUKMG**R**PDZ...

Si se juntan todas las letras seleccionadas, ya podemos escribir los seis subcriptogramas:

- $Sub_1$ = 'PPPPFYPPGYYULZTLDMCDLUC'
- $Sub_2$ = 'KCIKGPUDRUKFETFJUFZUSFR'
- $Sub_3$ = 'SKKOKCKZQYBREEXWOXQOYD'
- $Sub_4$ = 'YHVUNYMFUSUUYJYCWFIFLC'
- $Sub_5$ = 'LRMYPOGCZQZJTYLLYMPYZC'
- $Sub_6$ = 'RMJWSYRSYMEPEGPEVWIPEV'

Si se asume que el test de Kasiski ha sido correcto, entonces los caracteres del primer subcriptograma se han obtenido con la primera subclave de la llave Vigenère; los caracteres de $Sub_2$, con la segunda subclave, y así, sucesivamente.

Como la cifra de Vigenère es igual que la cifra César, salvo que usa múltiples subclaves, cada uno de los subcriptogramas hallado en el test de Kasiski se corresponde con una cifra César en la que se ha empleado una letra del alfabeto como clave. Ahora, un **análisis de frecuencias** nos permitirá deducir qué subclave se ha empleado en cada uno.

Sigamos con nuestro ejemplo tomando el primer subcriptograma: PPPPFYPPGYYULZTLDMCDLUC. Es posible descifrar esta cadena para cada una de las 26 letras del alfabeto y ver cuál es el índice de frecuencias que se obtiene con cada carácter. De este modo podemos construir una tabla como la de la siguiente página, donde la primera columna es la subclave utilizada para descifrar el subcriptograma; la segunda, la cadena que constituye el texto plano devuelto por el proceso de descifrado y la tercera el índice de frecuencia del texto descifrado.

| Subclave | Texto descifrado | IF |
|---|---|---|
| A | ppppfyppgyyulztldmcdluc | 0 |
| B | ooooexoofxxtkyskclbcktb | 1 |
| C | nnnndwnnewwsjxrjbkabjsa | 3 |
| D | mmmmcvmmdvvriwqiajzairz | 2 |
| E | llllbullcuuqhvphziyzhqy | 0 |
| F | kkkkatkkbttpguogyhxygpx | 0 |
| G | jjjjzsjjassoftnfxgwxfow | 2 |
| H | iiiiyriizrrnesmewfvwenv | 3 |
| I | hhhhxqhhyqqmdrldveuvdmu | 0 |
| J | ggggwpggxpplcqkcudtuclt | 0 |
| K | ffffvoffwookbpjbtcstbks | 2 |
| L | eeeeuneevnnjaoiasbrsajr | 5 |
| M | ddddtmddummiznhzraqrziq | 1 |
| N | ccccslcctllhymgyqzpqyhp | 0 |
| O | bbbbrkbbskkgxlfxpyopxgo | 1 |
| P | aaaaqjaarjjfwkewoxnowfn | 3 |
| Q | zzzzpizzqiievjdvnwmnvem | 2 |
| R | yyyyohyyphhduicumvlmudl | 0 |
| S | xxxxngxxoggcthbtlukltck | 0 |
| T | wwwwmfwwnffbsgasktjksbj | 1 |
| U | vvvvlevvmeearfzrjsijrai | 3 |
| V | uuuukduulddzqeyqirhiqzh | 0 |
| W | ttttjcttkccypdxphqghpyg | 0 |
| X | ssssibssjbbxocwogpfgoxf | 2 |
| Y | rrrrharriaawnbvnfoefnwe | 4 |
| Z | qqqqgzqqhzzvmaumendemvd | 1 |

Las subclaves que producen textos con índices de frecuencias más cercanos al castellano son los máximos candidatos a ser la subclave real de la contraseña. En nuestro ejemplo, 'L' e 'Y' son las que presentan mayor IF y, por tanto, mayor probabilidad de ser la primera subclave.

Lógicamente, este **proceso** ha de **repetirse** para las seis subclaves, hecho lo cual, obtenemos el siguiente resultado:

- Primera letra de la clave: L e I.
- Segunda letra de la clave: R, C, E y S.
- Tercera letra de la clave: K, G y H.
- Posibles letras para la subclave 4: U, H y Y.
- Quinta letra de la clave: Y, L, U y X.
- Posibles letras para la subclave 6: E, A, F y G.

Llegados a este punto ya nos encontramos mucho más cerca de la solución. Basta con realizar un **ataque por fuerza bruta** probando cada una de las combinaciones posibles de todas las letras que pueden formar parte de la clave. Como en nuestro ejemplo hay dos posibles letras para la primera subclave, cuatro para la segunda, tres para la tercera y cuarta, y cuatro para las siguientes, el número de claves posibles resulta ser $2 \times 4 \times 3 \times 3 \times 4 \times 4 = 1.152$, muchísimo mejor y más rápido que analizar los $26^6 = 308.915.776$ claves que habría que probar si no se hubiera acotado la lista de posibles subclaves.

Ahora solo hemos de descifrar nuestro criptograma con cada una de las 1.152 claves posibles y ver con cuál de ellas se obtiene un texto comprensible en español. Si hacemos esto, encontraremos que la clave con la que se obtuvo el criptograma del ejemplo es LRKUYE.

Una vez vistos los pasos necesarios para encontrar la clave de una cifra Vigenère, estamos ya en condiciones de implementar el programa en Python.

### 17.2.1 El código fuente

Abre un nuevo fichero en el editor y copia el siguiente código. Cuando acabes, guárdalo con el nombre *kasiski.py*, y pulsa **F5** para ejecutarlo:

```
# Rompe la cifra Vigenère con el test de Kasiski


import analisis, detectarEspanol, Vigenere, pyper clip
import re, itertools

LETRAS = 'ABCDEFGHIJKLMNOPQRSTUVWXYZ'
```

```
MODO = False  # Si es True, el programa no imprime los intentos
NUM_MAS_FREC_LETRAS = 4  # Número de letras probables por subclave
LONG_MAX_CLAVE = 16  # Tamaño máximo de clave
PATRON_LETRAS = re.compile('[^A-Z]')


def main():
    criptograma = input('Criptograma > ')
    textoPlano = romperVigenere(criptograma)

    if textoPlano != None:
        print('Copiando texto plano al portapa peles:')
        print(textoPlano)
        pyperclip.copy(textoPlano)
    else:
        print('Imposible romper el criptograma.')


def distanciasSecuenciasRep(mensaje):
    # Recorre el criptograma para hallar secuencias de 3 a 5 letras que
    # se repitan en el mensaje. Devuelve un diccionario en el que las claves son
    # las secuencias y los valores listas con las distancias entre secuencias

    # Usa una expresión interna para eliminar los caracteres no alfabéticos
    mensaje = PATRON_LETRAS.sub('', mensaje.up per())

    # Compila una lista con las secuencias del mensaje
    secEspacios = {}
    for longSec in range(3, 6):
        for secInicial in range(len(mensaje) - longSec + 1):
            # Halla qué secuencia es y la almacena en sec
            sec = mensaje[secInicial:secInicial + lon Sec]

            # Busca esta secuencia en el resto del mensaje
            for i in range(secInicial + longSec,
```

```
len(mensaje) - longSec + 1):
                if mensaje[i:i + longSec] == sec:
                    # Encuentra una secuencia repetida.
                    if sec not in secEspacios:
                        secEspacios[sec] = [] # Inicia
una lista en blanco

                    # Anexa la distancia entre las
secuencias repetidas
                    secEspacios[sec].append(i - secIn
cial)
    return secEspacios


def divisoresPosibles(num):
    # Devuelve una lista con los divisores menores que
LONG_MAX_CLAVE + 1
    # Por ejemplo, divisoresPosibles(104)
    # devuelve [8, 2, 4, 13]

    if num < 2:
        return [] # No interesan divisores menores que 2

    factores = []

    # Solo nos quedamos con los divisores <= LONG_MAX
CLAVE

    for i in range(2, LONG_MAX_CLAVE + 1):
        if num % i == 0:
            factores.append(i)
    return list(set(factores))


def factoresMasComunes(secFactores):
    # Primero contamos cuántas veces aparece un factor
en secFactores
    numFactores = {} # La clave es un divisor; el valor,
cuánto se repite

    # Las claves de secFactores son secuencias;
los valores listas de divisores
    # secFactores es un diccionario del tipo: {'SCG':
[2, 3, 4, 6, 9, 138, 207], 'HKX': [2, 3, 4, 6, ...], ...}
```

```
    for sec in secFactores:
        listaFactores = secFactores[sec]
        for factor in listaFactores:
            if factor not in numFactores:
                numFactores[factor] = 0
            numFactores[factor] += 1

    # Segundo, añadimos el divisor y las veces que aparece en una tupla y generamos
    # una lista con estas para poder ordenarlas
    divisoresYNum = []
    for factor in numFactores:
        # Formamos la lista de los factores
        if factor <= LONG_MAX_CLAVE:
            divisoresYNum.append((factor, numFactores[factor]))

    # Ordenamos la lista por la frecuencia de los factores
    divisoresYNum.sort(key=itemInicial, reverse=True)
    return divisoresYNum

def itemInicial(x):
    return x[1]

def testKasiski(criptograma):
    # Halla las secuencias de entre 3 y 5 letras que se repiten en  el criptograma. distSecRep tiene la
    # forma:
    # {'ENG': [155], 'GTK': [239, 472, 321],... }
    distSecRep = distanciasSecuenciasRep(cripto grama)

    secFactores = {}
    for sec in distSecRep:
        secFactores[sec] = []
        for espacios in distSecRep[sec]:
            secFactores[sec].extend(divisoresPosibles(espacios))

    divisoresYNum = factoresMasComunes(secFactores)

    # Extraemos los factores de divisoresYNum y
    # los ponemos en posibleLonClave para usarlos después

```

```
    posibleLonClave = []
    for j in divisoresYNum:
        posibleLonClave.append(j[0])
    return posibleLonClave


def subCriptograma(n, longClave, mensaje):
    # Devuelve el N-ésimo subcirptograma del mensaje para cada longitud posible de clave.
    # Ej. subCriptograma(1, 6, 'CAPITAN') devuelve 'CN'
    #     subCriptograma(2, 4, 'CAPITAN') devuelve 'AA'

    mensaje = PATRON_LETRAS.sub('', mensaje)

    i = n - 1
    letras = []
    while i < len(mensaje):
        letras.append(mensaje[i])
        i += longClave
    return ''.join(letras)


def probarConLongitudClave(criptograma, longMasProbable):
    # Halla las letras más probables en cada subclave
    criptograma = criptograma.upper()
    # IFSubclaves es una lista con las letras más probables para cada subclave
    # Tiene la forma [[(‘H’, 5), (‘L’, 5),... donde los números son los IF
    IFSubclaves = []
    for j in range(1, longMasProbable + 1):
        subcriptograma = subCriptograma(j, longMasProbable, criptograma)

        # frecuencias es una lista de tuplas de la foma:
        # [(<letra>, <IF>), ... ]
        # La lista se ordena por el IF. Cuanto mayor es IF, mejor coincidencia
        frecuencias = []
        Vigenere.generar_tabla(Vigenere.ALFABETO)
        for claveProbable in LETRAS:
```

```
            textoPlano = Vigenere.descifrarMensaje(claveProbable, subcriptograma)
            letra_e_IF = (claveProbable, analisis.indice_frec_esp(textoPlano))
            frecuencias.append(letra_e_IF)
        # Ordenar por IF
        frecuencias.sort(key=itemInicial, reverse=True)
        IFSubclaves.append(frecuencias[:NUM_MAS_FREC_LETRAS])
    if not MODO:
        for i in range(len(IFSubclaves)):
            # usamos i + 1 para que la primera letra no sea la de índice 0
            print('Posibles letras para la sub clave %s: ' % (i + 1), end='')
            for j in IFSubclaves[i]:
                print('%s ' % j[0], end='')
            print()


    # Prueba cada combinación posible para cada posición en la clave
    for indices in itertools.product(range(NUM_MAS_FREC_LETRAS), repeat=longMasProbable):
        # Crea una clave posible con las letras de ISubclaves
        claveProbable = ''
        for i in range(longMasProbable):
            claveProbable += IFSubclaves[i][indices[i]][0]

        if not MODO:
            print('Probando con la clave: %s' % (claveProbable))

        textoPlano = Vigenere.descifrarMensaje(claveProbable, criptograma)

        if detectarEspanol.es_espanol(textoPlano)[0]:
            textoPlano = textoPlano.lower()

            # Comprueba con el usuario si se ha encontrado la clave
            print('Posible clave %s:' % (claveProbable))
            print(textoPlano[:200])
```

```
            print()
            print('Escribe F para acabar o pulsa Enter para continuar probando:')
            respuesta = input('> ')

            if respuesta.strip().upper().startswith('F'):
                return textoPlano
            else: print('Probando claves...')
    # Si no se encuentra la clave
    return None


def romperVigenere(criptograma):
    # Primero, necesitamos realizar el test de Kasiski para
    # hallar la longitud probable de clave
    posibleLonClave = testKasiski(criptograma)
    if not MODO:
        longClaveStr = ''
        for longClave in posibleLonClave:
            longClaveStr += '%s ' % (longClave)
        print('Las longitudes probables de clave son: ' + longClaveStr + '\n')
    else:
        print('Probando claves...')

    for longClave in posibleLonClave:
        if not MODO:
            print('Probando con un tamaño de clave %s (%s posibles claves)...' % (longClave, NUM_MAS_FREC_LETRAS ** longClave))
        textoPlano = probarConLongitudClave(criptograma, longClave)

        if textoPlano != None:
            break

    # Si no funciona Kasiski, se realiza fuerza bruta
    # para todas las longitudes de clave
    if textoPlano == None:
        if not MODO:
            print('Imposible romper el criptograma por Kasiski. Probando por fuerza bruta...')
        for longClave in range(1, LONG_MAX_CLAVE + 1):
```

```
        # No volvemos a probar las longitudes usadas en Kasiski
        if longClave not in posibleLonClave:
            if not MODO:
                print('Probando con un tamaño de clave %s (%s posibles claves)...' % (longClave, NUM_MAS_FREC_LETRAS ** longClave))
            textoPlano = probarConLongitudClave(criptograma, longClave)
            if textoPlano != None:
                break
    return textoPlano


if __name__ == '__main__':
    main()
```

Una vez que se ejecute el programa *kasiski.py*, verás en pantalla la siguiente información:

```
Criptograma >
```

El programa esperará a que el usuario introduzca un criptograma a través de teclado o mediante el portapapeles y pulse Enter. En ese momento, comenzará el ataque. El ordenador comenzará probando con distintas longitudes de clave, obtenidas por el test de Kasiski, hasta hallar una palabra que pudiera ser la clave empleada. En ese momento, se detendrá a la espera de la confirmación por parte del usuario (Figura 17.2):

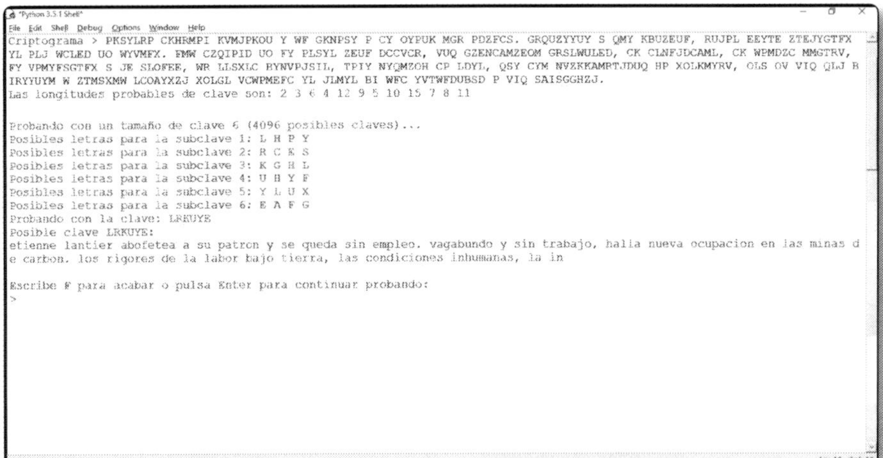


**Figura 17.2.** Ataque exitoso a la cifra Vigenère mediante Kasiski

Si el usuario acepta la respuesta, el programa copia el texto llano al portapapeles y finaliza su ejecución; en caso contrario, continúa probando claves hasta encontrar una nueva contraseña o terminar sin hallar ninguna solución.

### 17.2.2 Cómo funciona

```
# Rompe la cifra Vigenère con el test de Kasiski


import analisis, detectarEspanol, Vigenere, pyper clip
import re, itertools
```

El programa importa numerosos módulos, lo que incluye dos nuevos llamados `re` e `itertools`, de los que hablaremos más adelante.

```
 7. LETRAS = 'ABCDEFGHIJKLMNOPQRSTUVWXYZ'
 8. MODO = False  # Si es True, el programa no imprime los
intentos
 9. NUM_MAS_FREC_LETRAS = 4  # Número de letras probables
por subclave
10. LONG_MAX_CLAVE = 16  # Tamaño máximo de clave
11. PATRON_LETRAS = re.compile('[^A-Z]')
```

Entre las líneas 7 y 11 definimos en el código las constantes de las que haremos uso a lo largo del programa. Estas se explicarán en el momento en el que se usen.

```
def main():
    criptograma = input('Criptograma > ')
    textoPlano = romperVigenere(criptograma)

    if textoPlano != None:
        print('Copiando texto plano al portapapeles:')
        print(textoPlano)
        pyperclip.copy(textoPlano)
    else:
        print('Imposible romper el criptograma.')
```

La función `main()` es similar a las funciones homólogas que ya hemos usado en otros programas para romper algoritmos de cifrado. Primero solicita el criptograma, que se le pasa a la función `romperVigenere()`. Esta devolverá el texto llano, si el ataque tiene éxito, o **`None`** si falló. Si fue un éxito, el mensaje se copia al portapapeles y se muestra por pantalla.

#### 17.2.2.1 HALLAR SECUENCIAS REPETIDAS

```
26. def distanciasSecuenciasRep(mensaje):
31.     # Usa una expresión regular para eliminar los
caracteres no alfabéticos
32.     mensaje = PATRON_LETRAS.sub('', mensaje.upper())
33.
34.     # Compila una lista con las secuencias del mensaje
35.     secEspacios = {}
36.     for longSec in range(3, 6):
```

La función `distanciasSecuenciasRep()` localiza en el mensaje todas las secuencias repetidas de 3, 4 y 5 caracteres y cuenta cuántas letras intermedias hay entre ellas.

En primer lugar, la línea 32 convierte el mensaje a mayúsculas y elimina cualquier carácter no alfabético mediante el método nuevo `sub()`.

En la línea 11 hemos definido una constante de nombre `PATRON_LETRAS` mediante la función `re.compile()`. Esta función crea una **expresión regular** o *regex*, es decir, un patrón de búsqueda que se formaliza por medio de una sintaxis específica. Los patrones se interpretan como un conjunto de instrucciones que luego se ejecutan sobre un texto de entrada para producir un subconjunto o una versión modificada del texto original.

La cadena `'[^A-Za-z\s]'` presente en la línea 11 es una expresión regular que coincide con cualquier carácter que no sea una letra del alfabeto (mayúscula o minúscula) o un espacio en blanco. Este objeto tiene asociado un método `sub()` que funciona de modo similar al método de cadenas `replace()`. El primer argumento de `sub` es la cadena que reemplaza cualquier instancia del patrón de la cadena del segundo argumento. Observa cómo funciona. Abre el entorno interactivo de Python y teclea las siguientes instrucciones:

```
>>> import re
>>> patron = re.compile('[^A-Za-z\s]')
>>> patron.sub('xx','Hoy es dia 6 de septiembre.')
'Hoy es dia xx de septiembrexx'
>>> patron.sub('','Hoy es dia 6 de septiembre.')
'Hoy es dia  de septiembre'
>>>
```

Hemos conseguido quedarnos solo con las letras y los espacios presentes en la cadena que se ha pasado como segundo argumento, tal y como hace la línea 32.

Hay muchas posibilidades de manipulación con las expresiones regulares, pero solamente verás en el libro aquellas destinadas a trabajar solo con letras, bien en mayúsculas, bien en minúsculas.

El diccionario `secEspacios` definido en la línea 35 tiene como claves las secuencias que se repiten y por valores una lista con números enteros que indican la separación entre las cadenas de las claves. Para nuestro anterior ejemplo "PKSYLR...", si se pasase el criptograma como argumento de la función `distanciasSecuenciasRep()`, esta devolvería `{'DUO': [18], 'SYL': [119], 'ZEU': [60], 'EUF': [60], 'ZEUF': [60]}`.

El bucle que comienza en la línea 36 halla las secuencias repetidas de tres, cuatro y cinco caracteres y calcula las distancias entre ellas. En la primera iteración empieza encontrando las secuencias repetidas de tres letras. En la siguiente, las de cuatro caracteres y al final las de cinco símbolos. Lógicamente, el valor `(3, 6)` es completamente arbitrario y puedes cambiarlo cuando lo consideres necesario.

```
37.         for secInicial in range(len(mensaje) - longSec +
1):
38.             # Halla qué secuencia es y la almacena en sec
39.             sec = mensaje[secInicial:secInicial + lonSec]
```

El bucle **`for`** de la línea 37 se asegura de que itera sobre cada posible subcadena de longitud `longSec` en `mensaje`. La línea 39 asigna el valor de la secuencia buscada a la variable `sec`. Por ejemplo, si `longSec` fuese `3` y el mensaje es `'PKSYLR'`, tendríamos que buscar las siguientes secuencias:

| Iteración | secInicial | Mensaje | |
|---|---|---|---|
| 1 | 0 | PKSYLR | PKS empieza en 0 |
| 2 | 1 | PKSYLR | KSY empieza en 1 |
| 3 | 2 | PKSYLR | SYL empieza en 2 |
| 4 | 3 | PKSYLR | YLR empieza en 3 |

```
41.             # Busca esta secuencia en el resto del
mensaje
42.             for i in range(secInicial + longSec,
len(mensaje) - longSec + 1):
43.                 if mensaje[i:i + longSec] == sec:
```

El bucle **`for`** de la línea 41 está anidado con el bucle de la 37 y establece para `i` los índices de todas las secuencias posibles en el mensaje. Estos índices comienzan en `secInicial + longSec` y finalizan con `len(mensaje) - longSec + 1`, que es el último índice en el que puede hallarse una secuencia de longitud `longSec`.

La expresión `mensaje[i:i + longSec]` de la línea 43 evalúa las subcadenas que se van a validar como secuencias repetidas de `sec`. Si está repetida, entonces debemos calcular la distancia entre ellas y anexarla al diccionario `secEspacios`. Esto lo hacemos en las líneas 44 a 49.

```
44.                     # Encuentra una secuencia repetida.
45.                     if sec not in secEspacios:
46.                         secEspacios[sec] = [] # Inicia una lista en blanco
47.
48.                     # Anexa la distancia entre las secuencias repetidas
49.                     secEspacios[sec].append(i - secInicial)
```

La distancia entre la secuencia hallada en `mensaje[i:i + longSec]` y la original en `mensaje[secInicial:secInicial + longSec]` es, simplemente, `i - secInicial`. Observa que `i` y `secInicial` son los índices iniciales antes de los dos puntos; así que `i - secInicial` es la distancia entre ellas, que se adiciona a la lista `secEspacios[sec]`.

```
50.     return secEspacios
```

Una vez que ambos bucles hayan finalizado, la función devolverá en la línea 50 el diccionario `secEspacios`, que contiene todas las secuencias repetidas de entre tres y cinco caracteres y sus correspondientes distancias.

### 17.2.2.2 CÁLCULO DE DIVISORES

```
53. def divisoresPosibles(num):
57.
58.     if num < 2:
59.         return [] # No interesan divisores menores que 2
60.
61.     factores = []
```

De todos los divisores posibles solo nos interesan para el programa aquellos menores de `MAX_KEY_LENGTH`, sin incluir el `1`. La función `divisoresPosibles()` toma un número natural y devuelve una lista con los divisores factibles.

La línea 58 comprueba el caso especial en el que el parámetro sea `2`. En este caso, la línea siguiente devuelve una lista vacía, pues no existiría ningún factor útil.

```
65.     for i in range(2, LONG_MAX_CLAVE + 1):
66.         if num % i == 0:
67.             factores.append(i)
```

El bucle de la línea 65 recorre todos los números enteros entre `2` y `MAX_KEY_LENGTH`, ambos incluidos.

Si `num % i` es `0`, entonces el número es divisible por `i` y, por tanto, `i` es un divisor de `num`. En ese caso, la línea 67 anexa `i` a la lista factores.

```
68.     return list(set(factores))
```

Finalmente, la función devuelve la lista con los divisores de `num`.

```
71. def factoresMasComunes(secFactores):
73.     numFactores = {}
```

Una vez obtenidos los divisores de las distancias entre las secuencias repetidas del criptograma, necesitamos hallar cuáles son los factores más repetitivos, pues esos divisores son los que más probabilidad tienen de ser la longitud de la clave Vigenère.

El parámetro `secFactores` es un diccionario que se crea en la llamada a la función `testKasiski()` que estudiaremos más adelante. Este diccionario posee como claves las cadenas de las secuencias repetidas y por valores una lista con los divisores, hasta `MAX_KEY_LENGTH`, de las distancias entre las secuencias repetidas. En el caso del ejemplo estudiado anteriormente, el diccionario `secFactores` tendría el siguiente contenido: `{'ZEUF': [2, 3, 4, 5, 6, 10, 12, 15], 'EUF': [2, 3, 4, 5, 6, 10, 12, 15], 'SYL': [7], 'ZEU': [2, 3, 4, 5, 6, 10, 12, 15], 'DUO': [9, 2, 3, 6]}`.

La función `factoresMasComunes()` buscará entre los valores del diccionario cuáles son los factores más comunes y devolverá una lista de tuplas con dos números enteros: el primero indica cuál es el factor y el segundo, cuántas veces se repite ese divisor. En el caso del ejemplo, la función devolvería la siguiente lista: `[(2, 4), (3, 4), (6, 4), (4, 3), (5, 3), (10, 3), (12, 3), (15, 3), (7, 1), (9, 1)]`.

```
78.     for sec in secFactores:
79.         listaFactores = secFactores[sec]
80.         for factor in listaFactores:
81.             if factor not in numFactores:
82.                 numFactores[factor] = 0
83.             numFactores[factor] += 1
```

El bucle de la línea 78 recorre cada cadena de texto del diccionario `secFactores` y almacena en la línea siguiente la lista de divisores de la secuencia en la variable `listaFactores`.

El bucle anidado de la línea 80 se utiliza para recorrer cada divisor de la lista anterior. Si el divisor no existe como clave del diccionario `numFactores`, se añade al mismo con valor `0` en la línea 82. En la siguiente, el valor del divisor en `numFactores` se incrementa en una unidad.

En el ejemplo estudiado, el diccionario `numFactores` tendría un contenido similar a este: `{2: 4, 3: 4, 4: 3, 5: 3, 6: 4, 7: 1, …}`.

```
87.     divisoresYNum = []
88.     for factor in numFactores:
89.         # Formamos la lista de los factores
90.         if factor <= LONG_MAX_CLAVE:
91.             divisoresYNum.append((factor, numFactores
[factor]))
```

El siguiente paso de la función es ordenar de mayor a menor los valores del diccionario. Como los diccionarios no poseen un orden, le convertiremos en una lista de tuplas. Esta lista se almacenará en una variable llamada `divisoresYNum`, que se inicia como una lista vacía en la línea 87.

El ciclo `for` de la línea 88 recorre cada factor del diccionario para extraer en forma de tuplas `(factor, numFactores[factor])` aquellos divisores menores o iguales que `LONG_MAX_CLAVE`.

```
94.     divisoresYNum.sort(key=itemInicial, reverse= True)
95.     return divisoresYNum
```

Tras haber finalizado de añadir tuplas a la lista, el paso final de la función es ordenar aquella en la línea 94 en orden descendente de frecuencia de divisores. Por último, se devuelve la lista al punto en el que fue invocada la función.

En el ejemplo estudiado, la lista `divisoresYNum` tendría el siguiente contenido: `[(2, 4), (3, 4), (6, 4), (4, 3), (5, 3), (10, 3), (12, 3),…]`.

### 17.2.2.3 EL TEST DE KASISKI

```
100. def testKasiski(criptograma):
104.     distSecRep = distanciasSecuenciasRep(criptograma)
```

La función `testKasiski()` devuelve una lista ordenada con las longitudes probables de las claves utilizadas en la obtención de un criptograma dado. El primer número de la lista es la longitud más probable; el segundo entero, la segunda longitud más probable, y así sucesivamente.

El primer paso que realiza nuestra función es hallar las distancias entre las secuencias repetidas en el criptograma. Estas distancias se obtienen del diccionario devuelto por la función `distanciasSecuenciasRep()`.

```
106.     secFactores = {}
107.     for sec in distSecRep:
108.         secFactores[sec] = []
109.         for espacios in distSecRep[sec]:
110.             secFactores[sec].extend(divisoresPosibles
(espacios))
```

Puesto que `distSecRep` es un diccionario que relaciona las secuencias de texto con las distancias entre las mismas, necesitamos ahora convertir estas distancias en divisores. Es lo que hacen las líneas 106 a 110.

La línea 106 comienza creando el diccionario vacío `secFactores`. El ciclo **`for`** de la línea 107 itera sobre cada clave del diccionario `distSecRep`, que es la cadena repetida. Para cada clave, la línea 108 crea una lista en blanco.

El bucle **`for`** de la línea 109 recorre todos los números enteros que representan las distancias entre las secuencias repetidas. Estas longitudes se pasarán a la función `divisoresPosibles()` para obtener una lista con los factores de aquellas, como estudiamos.

Cuando todos los bucles hayan finalizado, el diccionario `secFactores` contiene como claves las secuencias de texto repetidas y como valores las listas con los divisores de las distancias hasta `LONG_MAX_CLAVE`. En nuestro ejemplo, el contenido del diccionario sería similar a esto: `{'ZEU': [2, 3, 4, 5, 6, 10, 12, 15], 'EUF': [2, 3, 4, 5, 6, 10, 12, 15], 'SYL': [7], 'DUO': [9, 2, 3, 6], 'ZEUF': [2, 3, 4, 5, 6, 10, 12, 15]}`.

Llegados a este punto, tenemos que hacer un alto para estudiar el método de listas `extend()`. El método `extend()` es muy similar al ya estudiado `append()`, aunque tiene una particularidad muy útil. Mientras que `append()` añade un único valor al final de una lista, el método `extend()` adiciona cada uno de los elementos de la lista que se le pasa por argumento al final de la nueva lista. Lo entenderás muy bien con un par de ejemplos. Abre un entorno de Python y prueba a escribir las siguientes instrucciones:

```
>>> lista = []
>>> nombres = ['Marta', 'Irene', 'David']
```

```
>>> lista.extend(nombres)
>>> lista
['Marta', 'Irene', 'David']
>>> lista.extend([1, 2, 3])
>>> lista
['Marta', 'Irene', 'David', 1, 2, 3]
>>>
```

Observa lo que habríamos obtenido si repetimos el ejemplo con el método `append()`:

```
>>> lista = []
>>> nombres = ['Marta', 'Irene', 'David']
>>> lista.append(nombres)
>>> lista
[['Marta', 'Irene', 'David']]
>>> lista.append([1, 2, 3])
>>> lista
[['Marta', 'Irene', 'David'], [1, 2, 3]]
>>>
```

Ahora ya entenderás perfectamente por qué hemos tenido que usar en la línea 110 el método de listas `extend()` para adicionar cada uno de los divisores a la lista.

```
112.        divisoresYNum = factoresMasComunes(secFactores)
```

A continuación, se pasa el diccionario `secFactores` como argumento de la función `factoresMasComunes()` para obtener, como ya estudiamos, una lista ordenada de tuplas con cada divisor y cuántas veces se repite. Esa lista, que en nuestro ejemplo tenía el contenido `[(2, 4), (3, 4), (6, 4), (4, 3), (5, 3), (10, 3), (12, 3), (15, 3), (7, 1), (9, 1)]`, se almacena en la variable `divisoresYNum`.

```
117.        posibleLonClave = []
118.        for j in divisoresYNum:
119.            posibleLonClave.append(j[0])
120.        return posibleLonClave
```

La función `testKasiski()` devuelve solo una lista con las longitudes de clave más probables. Estos números enteros son el primer elemento de los dos que posee cada tupla en la lista `divisoresYNum`, así pues, necesitamos separarlos en una lista independiente.

La lista independiente se genera en la línea 117 con el nombre `posibleLonClave`. El bucle **`for`** de la línea 118 recorre cada tupla de la lista `divisoresYNum` y anexa al final de la nueva lista el elemento inicial, `j[0]`. Cuando finaliza, la función devuelve la lista con las longitudes probables de la clave utilizada.

```
123. def subCriptograma(n, longClave, mensaje):
128.     mensaje = PATRON_LETRAS.sub('', mensaje)
```

Una vez seleccionada la posible longitud de la clave empleada, necesitamos una función que pueda dividir el criptograma en tantos subcriptogramas como indique la longitud de la clave. Para ello, el primer paso es eliminar del mensaje todos aquellos símbolos que no sean letras, lo que hacemos con una expresión regular y su método asociado `sub()`, como ya vimos.

Esta nueva cadena, formada solo por letras del alfabeto, se almacena en la variable `mensaje` en la línea 128.

```
130.     i = n - 1
131.     letras = []
132.     while i < len(mensaje):
133.         letras.append(mensaje[i])
134.         i += longClave
135.     return ''.join(letras)
```

A continuación, recorremos todo el criptograma extrayendo las letras que se han cifrado con la misma subclave.

La variable `i` de la línea 130 apunta al índice de la letra del mensaje que queremos extraer y adicionar a la nueva lista, `letras`, definida en la línea 131.

El bucle **`while`** de la línea 132 se ejecuta mientras que `i` sea menor que la longitud del criptograma. En cada iteración la letra `mensaje[i]` se anexa al final de la lista `letras`. Después, el valor de `i` se actualiza para recuperar las letras que se formaron con la siguiente subclave. Para ello se añade `longClave` a la variable `i` en la línea 134.

Una vez finalizado el ciclo, se unen todas las letras de la lista en una cadena para devolver el contenido del subcriptograma al punto en el que la función homónima fue invocada.

```
138. def probarConLongitudClave(criptograma, longMas
Probable):
140.     criptograma = criptograma.upper()
```

Como recordarás, nuestra función `testKasiski()` no garantiza que te devuelva un solo valor que coincida con la longitud de la clave Vigenère empleada, pero sí una lista de varios números enteros ordenados por probabilidad.

La única posibilidad que nos cabe ahora es probar con cada longitud de clave. Nuestra función `probarConLongitudClave()` recibirá por argumentos el criptograma y la longitud probable de la clave y resolverá el texto llano. Si tiene éxito, devolverá el mensaje descifrado, si no, regresará el valor **`None`**.

Como el código solo trabaja con letras mayúsculas, que son las esperables que se introduzcan, nos aseguramos primero guardando una copia en mayúsculas en la variable auxiliar `criptograma`.

```
143.        IFSubclaves = []
144.        for j in range(1, longMasProbable + 1):
145.            subcriptograma = subCriptograma(j, long
MasProbable, criptograma)
```

En primer lugar, generamos una lista vacía de nombre `IFSubclaves` en la línea 143. Esta recogerá cuatro tuplas formadas por las cuatro subclaves más probables por cada longitud de clave.

El ciclo de la línea 144 recorrerá todas las longitudes desde 1 hasta `longMasProbable` para recuperar los distintos subcriptogramas.

```
150.            frecuencias = []
151.            Vigenere.generar_tabla(Vigenere.ALFABETO)
152.            for claveProbable in LETRAS:
153.                textoPlano = Vigenere.descifrarMensaje
(claveProbable, subcriptograma)
154.                letra_e_IF = (claveProbable, analisis.
indice_frec_esp(textoPlano))
155.                frecuencias.append(letra_e_IF)
```

A continuación, creamos la lista `frecuencias` e iniciamos la tabla de Vigenère para poder descifrar los distintos subcriptogramas obtenidos en la línea 145.

El bucle **`for`** de la línea 152 itera sobre las 26 letras mayúsculas del alfabeto. El valor de `claveProbable` se emplea para descifrar el criptograma tras invocar a la función `Vigenere.descifrar Mensaje()` en la línea 153. La subclave `claveProbable` es solo una letra, pero la cadena que forma el subcriptograma está formada por las letras del criptograma que se habrían obtenido con dicha subclave si la longitud de la clave hubiera sido correctamente inferida.

El texto obtenido en el proceso de descifrado, `textoPlano`, se pasa como parámetro a la función `analisis.indice_frec_esp()` para obtener una medida de cuan cerca se encuentra el índice de frecuencias del texto con la que presenta el castellano. Recuerda que este valor es un número entero entre `0` y `12`. Este IF, junto con la subclave usada en el proceso, se almacena como una tupla en la variable `letra_e_IF` en la línea 154. Esta tupla se añade al final de la lista `frecuencias` en la siguiente sentencia.

```
156.        # Ordenar por IF
157.        frecuencias.sort(key=itemInicial, reverse=True)
```

Una vez que el bucle **`for`** de la línea 152 haya finalizado, la lista `frecuencias` contendrá 26 tuplas con las distintas subclaves y sus IF correspondientes. Ahora, se necesita ordenar las tuplas de modo que aquellas con el IF más elevado sean las primeras. Por tanto, necesitamos organizar la lista por el valor de IF en orden descendente con el método `sort()`.

```
158.        IFSubclaves.append(frecuencias[:NUM_MAS_
FREC_LETRAS])
```

En la línea 9 establecimos en 4 el valor de la constante `NUM_MAS_ FREC_ LETRAS`, de modo que una vez estructuradas las tuplas en la lista `frecuencias` se seleccionan las cuatro de mayor frecuencia en la lista `IFSubclaves`.

Una vez que el ciclo de la línea 144 haya concluido, la lista `IFSubclaves` contendrá el mismo número de listas de tuplas que el valor indicado por `longMasProbable`. Por ejemplo, si `longMasProbable` es `2`, `IFSubclaves` contendrá dos listas de tuplas con las cuatro subclaves más probables para cada longitud de contraseña. En nuestro ejemplo, para una longitud de clave `2`, `IFSubclaves` posee el siguiente valor: `[[('L', 8), ('Y', 7), ('K', 6), ('X', 5)], [('R', 6), ('E', 4), ('U', 4), ('C', 3)]]`, es decir, que la primera subclave puede ser la letra L, Y, K o X; mientras que la segunda subclave podría ser la R, E, U o C.

Date cuenta de que si quisiéramos atacar por fuerza bruta el algoritmo de Vigenère debiéramos probar $26^n$ número de claves, con $n$ igual al tamaño de llave. Por ejemplo, si la clave fuera DTJISX, habría $26^6$ = 308.915.776 posibles contraseñas. Con el test de Kasiski el número se reduce significativamente, pues ahora solo tenemos que probar $4^6$ = 4096 si `NUM_MAS_ FREC_LETRAS` es `4`.

```
159.    if not MODO:
160.        for i in range(len(IFSubclaves)):
161.            # usamos i + 1 para que la primera letra no
sea la de índice 0
162.            print('Posibles letras para la subclave
```

```
%s: ' % (i + 1), end='')
163.            for j in IFSubclaves[i]:
164.                print('%s ' % j[0], end='')
165.            print()
```

En este punto del programa entra en funcionamiento la bandera MODO definida en la línea 8. Si está definida como **False**, entonces el código comprendido entre las líneas 162 y 165 muestra en pantalla las cuatro letras más probables por cada subclave.

#### 17.2.2.4 EL PRODUCTO CARTESIANO

En matemáticas, el **producto cartesiano** de un número finito de conjuntos es el conjunto *n*-tuplas cuyo primer elemento está en el primer conjunto, cuyo segundo elemento está en el segundo conjunto y así sucesivamente. Por ejemplo, si *A* y *B* son las letras de un primer conjunto y *C* y *D* las de un segundo, el producto cartesiano de ambos es el conjunto: $\{(A, C), (A, D), (B, C), (B, D)\}$.

Por fortuna, Python incorpora la función `product()` del paquete *itertools* que devuelve el objeto producto cartesiano. Para obtener una lista basta con pasar este objeto a la función `list()`.

Abre un entorno interactivo y teclea las siguientes sentencias:

```
>>> import itertools
>>> itertools.product('AB','CD')
<itertools.product object at 0x0369E468>
>>> list(_)
[('A', 'C'), ('A', 'D'), ('B', 'C'), ('B', 'D')]
>>> # Segundo ejemplo:
>>> list(itertools.product(range(2), repeat=3))
[(0, 0, 0), (0, 0, 1), (0, 1, 0), (0, 1, 1), (1, 0, 0), (1,
0, 1), (1, 1, 0), (1, 1, 1)]
>>>
```

Como puedes ver, la función `itertools.product()` devuelve en el primer ejemplo un objeto que hemos convertido en una lista de tuplas con todas las combinaciones posibles de ambos conjuntos $\{A, B\} \times \{C, D\}$. En el segundo ejemplo, se genera una lista de tuplas de tres valores, cada uno de los cuales está en el rango `0`, `1`, como corresponde al objeto `range(2)`.

La función `itertools.product()` es una forma muy sencilla de construir una lista con todas las posibles combinaciones de un grupo de valores. Así es precisamente cómo nuestro programa generará los índices necesarios para probar cada posible combinación de las subclaves halladas con anterioridad.

```
169.        for indices in itertools.product(range
(NUM_ MAS_FREC_LETRAS), repeat=longMasProbable):
```

Como `NUM_MAS_FREC_LETRAS` es `4`, el bucle generará para la variable `indices` $4^{\texttt{longMasProbable}}$ tuplas de enteros comprendidos entre `0` y `3`. Por ejemplo, si `longMasProbable` fuera `4`, entonces `indices` tomaría los siguientes valores en cada iteración:

| Iteración | Valor de `indices` |
|---|---|
| 1 | (0, 0, 0, 0) |
| 2 | (0, 0, 0, 1) |
| 3 | (0, 0, 0, 2) |
| 4 | (0, 0, 0, 3) |
| 5 | (0, 0, 1, 0) |
| 6 | (0, 0, 1, 1) |
| ... | ... |
| 256 | (3, 3, 3, 3) |

```
171.            claveProbable = ''
172.            for i in range(longMasProbable):
173.                claveProbable += IFSubclaves[i][indices[i]]
[0]
```

La clave Vigenère se construye con las letras presentes en la lista `IFSubclaves` a partir de las posiciones indicadas en la variable `indices`. La clave se inicia como una cadena de texto en blanco en la línea 171. El bucle de la línea 172 recorre los números enteros desde `0` hasta `longMasProbable - 1`, ambos incluidos.

Como la variable `i` cambia de una en una unidad con cada iteración, el valor de `indices[i]` será la posición de la tupla que queremos usar en `IFSubclaves[i]`. Entonces, `IFSubclaves[i][indices[i]]` evalúa la tupla correcta y de ella extraemos la subclave que ocupa la posición `0`.

```
175.            if not MODO:
176.                print('Probando con la clave: %s' %
(claveProbable))
```

Si la bandera `MODO` es **`False`**, la llave generada en la línea 173 se muestra en pantalla.

```
178.            textoPlano = Vigenere.descifrarMensaje
(claveProbable, criptograma)
179.
180.            if detectarEspanol.es_espanol(textoPla no)[0]:
181.                textoPlano = textoPlano.lower()
182.
183.                # Comprueba con el usuario si se ha
encontrado la clave
184.                print('Posible clave %s:' % (clavePro
bable))
185.                print(textoPlano[:200])
186.                print()
187.                print('Escribe F para acabar o pulsa Enter
para continuar probando:')
```

Ahora que ya tenemos una clave Vigenère completa, las líneas 178 a 187 descifrarán el criptograma y comprobarán si el texto obtenido puede leerse en castellano. Si es así, se mostrará en pantalla para que el usuario confirme si puede ser la solución buscada o simplemente es un falso positivo de la función `es_espanol()`.

```
188.                respuesta = input('> ')
189.
190.                if respuesta.strip().upper().start
swith('F'):
191.                    return textoPlano
```

Si el usuario acepta la propuesta del ordenador pulsando la letra **`F`**, entonces la función devuelve el valor de la cadena `textoPlano`.

```
192.                else: print('Probando claves...')
193.        # Si no se encuentra la clave
194.        return None
```

Si no se valida, entonces el programa seguirá probando claves según las distintas combinaciones de subclaves calculadas. Si el ordenador llega al final del ciclo de la línea 169 sin haber encontrado una llave o sin que el usuario valide ninguna, entonces el ataque falló y la función devuelve el valor **`None`**.

```
197. def romperVigenere(criptograma):
200.        posibleLonClave = testKasiski(criptograma)
```

La última función que describimos es `romperVigenere()`, que será la responsable de realizar todas las llamadas a las distintas funciones ya comentadas. El primer paso será la obtención de las longitudes probables de claves mediante el test de Kasiski sobre el criptograma.

```
201.        if not MODO:
202.            longClaveStr = ''
203.            for longClave in posibleLonClave:
204.                longClaveStr += '%s ' % (longClave)
205.            print('Las longitudes probables de clave son:
' + longClaveStr + '\n')
206.        else:
207.            print('Probando claves...')
```

Si MODO se ha establecido en **False**, entonces se muestra en pantalla una cadena con las longitudes probables halladas en la llamada de la función `testKasiski()` de la línea 200.

```
209.        for longClave in posibleLonClave:
210.            if not MODO:
211.                print('Probando con un tamaño de clave
%s (%s posibles claves)...' % (longClave, NUM_MAS_FREC_LETRAS
**longClave))
212.            textoPlano = probarConLongitudClave
(criptograma, longClave)
213.
214.            if textoPlano != None:
215.                break
```

Para cada posible longitud de clave, la línea 212 invocará a la función `probarConLongitudClave()`. Si esta función devuelve un valor distinto de **None**, entonces el ataque habrá funcionado y se abandona el bucle **for** en la línea 215.

La sentencia **break** se emplea en el interior de un bucle para abandonarlo inmediatamente cuando se cumple una condición y devolver el flujo del programa a la primera línea tras el bucle, en nuestro caso, a la 219.

```
219.        if textoPlano == None:
220.            if not MODO:
221.                print('Imposible romper el criptograma por
Kasiski. Probando por fuerza bruta...')
222.            for longClave in range(1, LONG_MAX_CLAVE + 1):
223.                # No volvemos a probar las longitudes
usadas en Kasiski
224.                if longClave not in posibleLonClave:
225.                    if not MODO:
226.                        print('Probando con un tamaño de
clave %s (%s posibles claves)...' % (longClave,
NUM_MAS_FREC_LETRAS ** longClave))
227.                    textoPlano = probarConLongitudClave
```

```
(criptograma, longClave)
228.                if textoPlano != None:
229.                    break
```

Si el ataque resulta fallido para todas las posibles claves que devolvió la función `testKasiski()`, `textoPlano` tendrá asignado el valor **`None`** cuando se ejecute la sentencia condicional de la línea 219. En este caso, se tendrán que probar el resto de longitudes hasta `LONG_MAX_CLAVE`. Si el test de Kasiski erró al hallar la longitud correcta de llave, entonces podemos intentar un ataque por fuerza bruta con el resto de longitudes.

La línea 222 comienza el ataque con un ciclo **`for`** que llamará a la función `probarConLongitudClave()` con cada valor de longitud desde `1` hasta `LONG_MAX_CLAVE`, obviando las presentes en `posi bleLonClave`, porque ya se habrán probado antes en el fragmento de código comprendido entre las líneas 209 y 215.

```
230.     return textoPlano
```

Finalmente, el valor de `textoPlano` se devuelve en la línea 230.

## 17.3 RESUMEN

En este capítulo nos hemos enfrentado al programa más complejo y largo de los aparecidos a lo largo de la obra. De hecho, la cifra Vigenère era hasta este momento la más difícil con la que nos habíamos encontrado y, aun así, hemos conseguido romperla. No obstante, es un programa tan enrevesado que podría fallar en el criptoanálisis por diversos motivos: tal vez la clave empleada podría tener más de 16 caracteres, o quizá el índice de frecuencias del texto llano que se cifró no era coincidente con lo esperable en un texto en castellano porque la distribución de letras era diferente o es posible que el texto plano contuviese muchas palabras que no están en el diccionario de la lengua.

En cualquier caso, siempre podemos encontrar una solución a cada una de estas posibilidades y ajustar el código para manejar estos criptogramas. No obstante, el programa que hemos presentado aquí funciona bastante bien con criptogramas de 100 o más caracteres, pues reduce algunos billones de posibles claves a unas cuantas miles de ellas.

Sin embargo, como ya conoces, hay un pequeño truco para convertir la cifra de Vigenère en un algoritmo matemáticamente imposible de romper, sin importar ni cuántos ordenadores se empleen ni los programas que se escriban. Basta tomar una clave verdaderamente aleatoria, de igual longitud que el texto llano y emplearla solo una vez para conseguir el secreto perfecto.

## 17.4 EVALUACIÓN

1. Se ha hallado un texto cifrado con Vigenère en el que se conoce que el texto llano está en inglés y que trata de algoritmos criptográficos. Se descubre que la cadena TVAIVCXIERAA aparece dos veces en el criptograma en las posiciones 4 y 235 y se sospecha que puede corresponderse con la palabra *cryptography*. Si todo lo anterior fuese acertado, ¿cuál sería la clave?

   a) La clave es probablemente *correct.*
   b) La llave es *exact.*
   c) La contraseña es *dreadful.*
   d) Con esos datos es imposible conocerla.

2. Sea *C* un criptograma correspondiente al cifrado de un texto en castellano mediante Vigenère. En la siguiente tabla expresamos los n-gramas que aparecen repetidos a lo largo de *C* y la distancia a la que se encuentran las repeticiones.

| n-grama | Distancias |
|---|---|
| PQMI | 28, 329 |
| QAWA | 42 |
| ASJU | 98 |
| BLVE | 112 |
| QOSO | 154 |

   ¿Cuál sería la longitud más probable de clave?

   a) 7
   b) 14
   c) 28
   d) 42

3. Un texto cifrado mediante Vigenère contiene tres apariciones de la secuencia de letras CGDRTHGH en las posiciones 37, 1283 y 2291. ¿Cuál es la longitud más probable de llave?

   a) La clave es probablemente de longitud 8.
   b) La llave tiene probablemente 14 símbolos.
   c) Es de longitud 1, por lo que se trata de un simple desplazamiento.
   d) Es imposible. No puede tratarse de un texto cifrado con Vigenère.

## 17.5 EJERCICIOS PROPUESTOS

1. Utilizando como herramienta de apoyo el programa *kasiski.py*, analiza el siguiente criptograma obtenido mediante una cifra Vigenère y contesta a las cuestiones siguientes (tienes el criptograma en el material descargable):

   CYOVL TR CLDW VAH CV AWWOD RRGBF WXO GOTFJHY VZ AFHRB US TF YDXXFM VAH LICBFHD LRXW XA JKIUISZD ALWAT HDVSIKJGU KCUW ROHXKFIX YXC DOVTY LXKSVYGEKE HIUUQKI ZI MKUSUO XJXR KEHMX JH VFUZFXOY JIA TPRC JS IGXLOICV JDDQVFIIGPOEHM D YXC GWMWTDC JS LTHOKICV HUPY COA IK XXR AIWORXVHI IKVWRRMOGGK ZPI F VUYEIVHODB VZ VTSEBV RM XA DCVGQSU FERBLT KVDV ZM NTWBFRCOU XX KFIUU HX CO JTID NV FWIOOVRG ATHUO VZ KNKQY VB AZ VRCKFMW NDVZHW IK YSUO AMGQQ GSZHOESF ZI YOESVNI IK OK CZCAOD I VZ WQUU K KWMWXD WFXIIG TEV ZM MGESR OKTSSKEOLT JXBRBBJ ZRNR GC JDLCKSVHOD EE WVXZDXKS LJYSEVG KTT OK TOUNYD OEQPFXFKUO MS YDXXFM XK GOJDTTSR CFPZJ KO VFRIEGO OE ST VAH CV VIGOD NVXIIU HV RZUF

   a) Marca las secuencias repetidas de cuatro o más caracteres en el criptograma.
   b) Halla la longitud más probable de la llave utilizada.
   c) Extrae del mensaje las letras que se han cifrado con la primera subclave de la llave.
   d) ¿Cuáles son las tres letras más probables para la primera subclave?
   e) ¿Qué contraseña se empleó para obtener el criptograma?
   f) ¿El valor del índice de coincidencia del criptograma es coherente con la longitud de llave obtenida?

# 18

# LA CIFRA PLAYFAIR

Ya comentamos en el capítulo 2 cómo el invento de Marconi sedujo a los militares por sus ventajas tácticas (Singh, 2000). La radio permitía realizar comunicaciones entre dos puntos sin necesidad de un cable entre ambos emplazamientos. No obstante, la gran ventaja de este nuevo medio de comunicación conllevaba una enorme debilidad: sus ondas llegarían inevitablemente tanto al enemigo como al receptor a quien van dirigidos. Por tanto, la codificación fiable se convirtió en algo esencial. Si el enemigo iba a poder interceptar todos los mensajes de radio, los criptógrafos tendrían que encontrar una manera de impedir que se descifraran. Surgieron así métodos rápidos de sustitución poligrámica como el de Playfair.

## 18.1 LA CIFRA PLAYFAIR

Sir Charles Wheatstone fue un reputado científico e inventor británico de la época victoriana. A él le corresponde por derecho propio el algoritmo de la cifra Playfair.

Esta cifra es un buen ejemplo de cómo un sistema criptográfico no tiene que ser complicado para cumplir su función. Es uno de los múltiples "códigos de trinchera", diseñados para emplearse en el fragor del campo de batalla con poco más que lápiz, papel y poco tiempo.

Lyon Playfair, primer barón Playfair, era buen amigo de Wheatstone. Además de ello fue, entre otras cosas, viceorador en la Cámara de los Comunes, director general de correos y presidente de la British Association for the Advancement of Science.

Playfair, que dio nombre a la cifra de Wheatstone, aprendió el sistema de cifrado diseñado por su amigo y en una cena en enero de 1854 lo mostró como "cifra simétrica de Wheatstone" (Singh, 2000). Entre los asistentes se encontraban el entonces ministro de Interior lord Palmerston y el propio príncipe Alberto, marido de la reina Victoria, que fueron los primeros en aprender su funcionamiento y ponerlo en práctica.

Wheatstone y Playfair intentaron convencer al Foreign Office de las ventajas de su sistema. Pero la respuesta oficial es que resultaba demasiado complicado, por lo que Playfair intentó convencer al príncipe Alberto de la posibilidad de utilizarla en la ya casi inevitable entrada del Reino Unido en la guerra de Crimea.

Finalmente, la cifra fue adoptada por el ejército, que al parecer lo usó en la guerra de los Boers entre 1880 y 1902. Sin embargo, el altruista intento de Playfair por popularizar el método de cifra de su amigo hizo que a la postre fuese conocido como cifra Playfair.

La cifra Playfair sobrevivió a la llegada del siglo XX con buena salud. Fue usada por los británicos durante la Primera Guerra Mundial. Incluso más adelante, conforme avanzaban los sistemas criptográficos, la cifra continuó usándose ocasionalmente, no tanto por su seguridad, sino por su facilidad de uso.

La primera solución conocida a la cifra apareció publicada en el artículo de 1914 "An Advanced Problem in Cryptography and Its Solution", escrito por el teniente Joseph Mauborgne y que el lector puede encontrar entre el material descargable.

### 18.1.1 El algoritmo

En la sustitución digrámica de Playfair la clave viene dada por una matriz de cifrado de 5 × 5 caracteres (las letras I/J son intercambiables y no existe la Ñ).

Para empezar, colocamos en la primera fila de la matriz la palabra clave sin letras repetidas y eliminando caracteres duplicados. Se combinan las letras I y J en un solo elemento y se rellena a continuación la matriz con las letras del alfabeto que falten en su orden normal. Por ejemplo, supongamos que usamos como contraseña la propia palabra PLAYFAIR. Entonces, la matriz de cifrado/descifrado quedará así:

```
P L A Y F
I R B C D
E G H K M
N O Q S T
U V W X Z
```

Para cifrar un texto se debe separar en digramas, de modo que ambas letras sean diferentes. Si no ocurre esto, se inserta una letra X adicional entre las dos idénticas y se añade otra adicional al final para convertir en un dígrafo una letra final que quede aislada.

Para cifrar entonces el mensaje *La cifra es vulnerable*, la separación en dígrafos quedaría así: `la ci fr ae sv ul ne ra bl ex`

Todos los dígrafos poseen en la matriz una de estas tres posiciones: las dos letras caen en la misma línea, en la misma columna, o aparecen en distinta fila o columna:

- Si ambas letras están en la **misma fila**, se reemplazan por la letra que queda a la derecha de cada una de ellas. Si una de las letras está al final de la línea se reemplaza por la letra que haya al principio (Figura 18.1, izquierda).

- Si ambas letras están en la **misma columna**, son reemplazadas por la letra que hay debajo de cada una de ellas. Si una de las letras está en la parte inferior de la columna se cambia por la que está al principio de la columna (Figura 18.1, centro).

- Si las letras del dígrafo **no están alineadas**, la codificación se rige por una regla diferente. Si las letras no están en la misma fila o columna se reemplazan por aquellas que se encuentran en su misma fila, pero en el otro par de vértices del rectángulo que define el par original (Figura 18.1, derecha.).

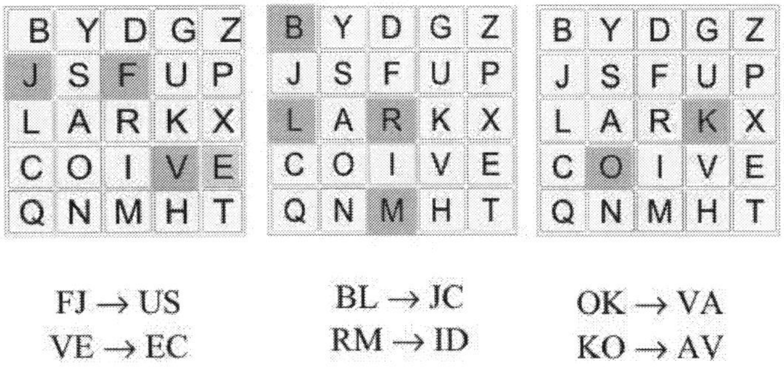


**Figura 18.1**. Posiciones relativas de los dígrafos en la matriz

Para descifrar, puesto que es una cifra simétrica, basta con seguir el proceso inverso de las tres reglas arriba mencionadas.

## 18.2 EL PROGRAMA

Abre un nuevo fichero en el editor de Python y copia el siguiente código fuente. Cuando acabes, guárdalo con el nombre *playfair.py* y pulsa **F5** para ejecutarlo.

```
# Cifra digrámica de Playfair
# David Arboledas Brihuega
# Dominio público

import re, pyperclip, sys
LETRAS = 'ABCDEFGHIKLMNOPQRSTUVWXYZ'  # I = J


def main():
    print("""\nCifra Playfair.\n
  1. Cifrar
  2. Descifrar""")

    opcion = int(input('\nOpcion > '))

    if opcion == 1:  # Cifrado
        mensaje, clave_a = datos()
        texto = cifrarMensaje(clave_a, mensaje)
        print('\n', texto)
        pyperclip.copy(texto)

    elif opcion == 2:  # Descifrado
        mensaje, clave_a = datos()
        texto = descifrarMensaje(clave_a, mensaje)
        print('\n', texto)
        pyperclip.copy(texto)


def datos():
    mensaje = input('\nMensaje > ')
    clave = input ('Clave > ')
    clave = re.sub('[^A-Z]','',clave.upper())  # solo A..Z
    clave = re.sub(r'[J]','I',clave)  # J == I
    clave_a = alfabetoSustitucion(clave)
```

```
    matriz = mostrar_matriz(clave_a)
    return (mensaje.upper(), clave_a)
def alfabetoSustitucion(clave):
    # Crea el alfabeto de sustitución con la clave
    nuevaClave = ''
    clave = clave.upper()
    alfabeto = list(LETRAS)
    for i in range(len(clave)):
        if clave[i] not in nuevaClave:
            nuevaClave += clave[i]
            alfabeto.remove(clave[i])
    clave = nuevaClave + ''.join(alfabeto)
    return clave
def mostrar_matriz(clave):
    print('\nMatriz de sustitución: ')
    for i in range(0,5):
        for j in range(5*i,5*(1+i)):
            print(clave[j],' ', end='')
        print()
def cifrarMensaje(clave_a, mensaje):
    return cifrar_descifrar(clave_a, mensaje, 'cifrar').upper()
def descifrarMensaje(clave_a, mensaje):
    return cifrar_descifrar(clave_a, mensaje, 'descifrar').lower()
def cifrar_digrama(a, b,clave_a):
    return digrama(a, b, clave_a, 'cifrar')
def descifrar_digrama(a, b, clave_a):
    return digrama(a, b, clave_a, 'descifrar')
def digrama(a,b,clave, modo):
    if modo == 'cifrar':
```

```
        if a == b: b = 'X'
    else:
        if a == b:
            print('Existen dos letras iguales en un digrama.')
            sys.exit()
    fila_a,col_a = clave.index(a)//5 , clave.index(a)%5  # Coordenadas de a
    fila_b,col_b = clave.index(b)//5 , clave.index(b)%5  # Coordenadas de b

    if modo == 'cifrar':
        pos = 1
    elif modo == 'descifrar':
        pos = -1

    if fila_a == fila_b:
        return (clave[fila_a*5+(col_a+pos)%5] + clave[fila_b*5+(col_b+pos)%5])
    elif col_a == col_b:
        return (clave[((fila_a+pos)%5)*5+col_a] + clave[((fila_b+pos)%5)*5+col_b])
    else:
        return (clave[fila_a*5 + col_b] + clave[fila_b*5 + col_a])


def cifrar_descifrar(clave, mensaje, modo):
    mensaje = re.sub('[^A-Z]','',mensaje.upper())
    mensaje = re.sub(r'[J]','I',mensaje)  # cambiamos J por I
    if len(mensaje) % 2 == 1: mensaje += 'X'
    salida = ''
    for c in range(0,len(mensaje),2):
        salida += digrama(mensaje[c],mensaje[c+1], clave,modo)
    return salida


if __name__ == "__main__":
    main()
```

Cuando ejecutes el programa, este te solicitará a través de un menú una de las dos opciones posibles: `1`, para cifrar y `2` para descifrar:

```
Cifra Playfair.

  1. Cifrar
  2. Descifrar

Opcion > 1
```

Tras elegir una de las dos opciones, el usuario necesita introducir el mensaje, bien sea este el texto plano, bien sea el criptograma; así como la palabra que actúa como clave.

Cuando se pulsa Enter, el programa muestra en pantalla la matriz de sustitución y el criptograma o texto llano obtenido, según la opción elegida en el menú anterior:

```
Matriz de sustitución:
C  A  S  I  O
P  E  B  D  F
G  H  K  L  M
N  Q  R  T  U
V  W  X  Y  Z

 HIAOBUEHCXTMQPQSDKBW
```

## 18.2.1 Cómo funciona

```
1. # Cifra digrámica de Playfair
2. # David Arboledas Brihuega
3. # Dominio público
```

Como siempre, comenzamos el programa con comentarios con información sobre el mismo: qué hace, el autor y la licencia, en su caso.

```
5. import re, pyperclip, sys
```

En la línea 5 se importan los tres módulos que se emplearán para la correcta ejecución del programa.

```
6. LETRAS = 'ABCDEFGHIKLMNOPQRSTUVWXYZ'  # I == J
```

En la línea 6 se declara como constante el alfabeto de 25 caracteres que maneja la cifra Playfair. Observa que se ha eliminado la letra `'J'`, pues en el algoritmo hemos supuesto que `'I'`y `'J'`son intercambiables.

```
9. def main():
```

```
10.     print("""\nCifra Playfair.\n
11.    1. Cifrar
12.    2. Descifrar""")
14.     opcion = int(input('\nOpcion > '))
```

La función `main()`, como siempre, contiene las líneas de código con las que se inicia el programa cuando se le invoca directamente. En nuestro caso hemos recogido en ellas las instrucciones necesarias para gestionar el menú de opciones.

Una vez mostrado el menú en pantalla, la línea 14 recoge en la variable `opcion` la elección numérica elegida por el usuario: `1`, para cifrar y `2` para descifrar.

```
16.     if opcion == 1:  # Cifrado
17.         mensaje, clave_a = datos()
18.         texto = cifrarMensaje(clave_a, mensaje)
19.         print('\n', texto)
20.         pyperclip.copy(texto)
```

Si se ha seleccionado la opción 1, se invoca a la función `datos()`, que devuelve los parámetros que se pasarán a la función `cifrar Mensaje()` en la línea 18 para obtener el criptograma que se guarda en la variable `texto`. Finalmente, se muestra en pantalla el contenido de la variable y se copia al portapapeles.

```
22.     elif opcion == 2:  # Descifrado
23.         mensaje, clave_a = datos()
24.         texto = descifrarMensaje(clave_a, mensaje)
25.         print('\n', texto)
26.         pyperclip.copy(texto)
```

Si, por el contrario, el usuario pretende descifrar un criptograma, tras invocar a la función `datos()`, se pasarán la clave y el criptograma a la función `descifrarMensaje()` en la línea 24 para obtener el texto llano. Finalmente, se muestra en pantalla el contenido de la variable `texto` y se copia al portapapeles.

```
29. def datos():
30.     mensaje = input('\nMensaje > ')
31.     clave = input ('Clave > ')
```

La función `datos()` es invocada tras la selección de cualquiera de las dos posibles opciones que permite el menú para permitir la entrada del mensaje (texto llano o criptograma) y de la palabra clave.

```
32.     clave = re.sub('[^A-Z]','',clave.upper())  # solo
A..Z
```

Si bien no hay ningún código que permita a la función validar el mensaje, sí existe para manejar la contraseña. En la línea 32 empleamos la expresión regular `'[^A-Z]'` con la función `re.sub()`, aunque de un modo algo diferente a como lo hicimos en el capítulo anterior. Esta función utiliza un patrón como primer argumento para buscar en una cadena y reemplazar las coincidencias que encuentre por el valor indicado como segundo argumento.

Abre el entorno interactivo de Python y teclea las siguientes instrucciones:

```
>>> import re
>>> clave = 'Df5jSIx8'
>>> clave = re.sub('[^A-Z]', '', clave.upper())
>>> print (clave)
DFJSIX
```

La función `re.sub()` ha buscado en la cadena `clave` (en mayúsculas) todo lo que no sean letras en dicho formato `'[^A-Z]'` y las ha sustituido por la cadena vacía `''`. El resultado es que la variable `clave` solo estaría formada por letras mayúsculas.

```
33.      clave = re.sub(r'[J]','I', clave)  # J == I
```

A continuación, en la línea 33, usamos otra expresión regular para reemplazar en la clave la letra `'J'` por la `'I'`. Recuerda que son intercambiables y que `'J'` no forma parte del alfabeto definido como constante en la línea 6. De modo que, tras la ejecución de la línea 33, el valor de `clave` en el ejemplo que acabamos de poner sería `'DFISIX'`, como puedes comprobar en el propio entorno interactivo.

```
34.      clave_a = alfabetoSustitucion(clave)
```

Con la clave validada, el programa llama a la función `alfabetoSustitucion()` para generar el alfabeto con el que después generaremos la matriz de sustitución.

En el ejemplo anterior, si la variable `clave` en la línea 33 tuviera el valor `'DFISIX'`, tras la llamada a la función `alfabetoSustitucion()` `clave_a` sería la cadena `'DFISXABCEGHKLMNOPQRTUVWYZ'`.

```
35.      matriz = mostrar_matriz(clave_a)
```

En la línea 35 llamamos a la función `mostrar_matriz()` con el valor de `clave_a` para mostrar en pantalla cuál es la matriz de sustitución que usa el programa en el proceso solicitado.

```
36.      return (mensaje.upper(), clave_a)
```

Finalmente, la función devuelve a las líneas 17 o 23 los datos necesarios para comenzar el proceso de cifrado o descifrado: mensaje y clave.

```
39. def alfabetoSustitucion(clave):
40.     # Crea el alfabeto de sustitución con la clave
41.     nuevaClave = ''
42.     clave = clave.upper()
43.     alfabeto = list(LETRAS)
44.     for i in range(len(clave)):
45.         if clave[i] not in nuevaClave:
46.             nuevaClave += clave[i]
47.             alfabeto.remove(clave[i])
48.     clave = nuevaClave + ''.join(alfabeto)
49.     return clave
```

La función `alfabetoSustitucion()` recibe la clave que ha validado la función `datos()` y devuelve el alfabeto de sustitución con el que se construye la matriz Playfair. Su funcionamiento se explicó en el capítulo 13, por lo que sugerimos al lector que acuda allí si aún necesita alguna explicación a parte de su código.

```
52. def mostrar_matriz(clave):
53.     print('\nMatriz de sustitución: ')
54.     for i in range(0,5):
55.         for j in range(5 * i, 5 * (1 + i)):
56.             print(clave[j],' ', end='')
57.         print()
```

La clave generada por la función anterior se emplea ahora para mostrar en pantalla la matriz que emplea el algoritmo para cifrar o descifrar un mensaje. Como veremos, su presencia en el programa no es necesaria, pero supone una importante ayuda visual al proceso.

El funcionamiento de mostrar_`matriz()` es muy sencillo. Hemos apostado por dos bucles **for** anidados para recorrer las cinco filas y cinco columnas de la matriz. En el ciclo externo `i` toma los valores desde `0` a `4`, que forman las filas de la matriz, mientras que en el bucle anidado `j` recorrerá cada uno de los cinco valores que se integrarán en cada columna. Cada vez que acaba una fila, que ocurre cuando `j = 5 * (1 + i)`, se añade un salto de línea con la instrucción `print()` de la línea 57.

En el ejemplo citado en páginas anteriores, la llamada a la función `mostrar_matriz()` con la clave `'DFISXABCEGHKLMNOPQRTUVWYZ'` mostrará en pantalla la matriz:

```
D F I S X
A B C E G
H K L M N
O P Q R T
U V W Y Z
```

```
60. def cifrarMensaje(clave_a, mensaje):
61.     return cifrar_descifrar(clave_a, mensaje,
'cifrar').upper()

64. def descifrarMensaje(clave_a, mensaje):
65.     return cifrar_descifrar(clave_a, mensaje,
'descifrar').lower()

68. def cifrar_digrama(a, b,clave_a):
69.     return digrama(a, b, clave_a, 'cifrar')

72. def descifrar_digrama(a, b, clave_a):
73.     return digrama(a, b, clave_a, 'descifrar')
```

El código fuente empleado en el programa para cifrar y descifrar los mensajes (y para cifrar y descifrar los dígrafos) son prácticamente idénticos. Es mejor, por tanto, como vimos en el capítulo 12, crear una única función e invocarla dos veces que escribir el código fuente dos veces.

En nuestro caso, las funciones `cifrarMensaje()` y `descifrarMensaje()` son las funciones envolventes que encapsulan a la función `cifrar_descifrar()`, y por tanto, las que devolverán el valor regresado por esta última. Asimismo, las funciones `cifrar_digrama()` y `descifrar_digrama()` encapsulan a la función `digrama()` y devolverán el digrama cifrado o descifrado codificado por esta última.

```
76. def digrama(a, b, clave, modo):
77.     if modo == 'cifrar':
78.         if a == b: b = 'X'
79.     else:
80.         if a == b:
81.             print('Existen dos letras iguales en un
digrama.')
82.             sys.exit()
```

En la línea 76 la función `digrama()` tiene los parámetros `a`, `b`, `clave` y `modo`. Cuando se invoca la función desde `cifrarMensajer()` pasa la cadena `'cifrar'` como modo de operación y si se llama desde la función `descifrarMensaje()` se pasa el parámetro `'descifrar'`. Así es como sabe la función `digrama()` cómo debe trabajar.

El primer paso que ejecuta la función es comprobar que los dos caracteres de un dígrafo son distintos. Si se cifra y los dígrafos `a` y `b` son iguales, entonces introduce una letra `'X'` para separarlos. Si, por el contrario, la función se invoca desde una operación de descifrado y encuentra dos dígrafos idénticos, entonces se trata de un error o es que el criptograma no se ha obtenido por una cifra Playfair. En cualquiera de los casos, el programa abandona su ejecución tras mostrar una señal de advertencia.

```
83.     fila_a,col_a = clave.index(a)//5 , clave.index
(a)%5  # Coordenadas de a
84.     fila_b,col_b = clave.index(b)//5 , clave.index
(b)%5  # Coordenadas de b
```

Las líneas 83 y 84 son las encargadas de hallar las coordenadas de los digramas `a` y `b` en la matriz. Por ejemplo, si se desea cifrar el digrama *ho* en la matriz que hemos generado con la clave `DFISXABCEGHKLMNOPQRTUVWYZ`, los valores de `fila_a`, `col_a` serían `2, 0` y los de `fila_b`, `col_b` `3, 0`. Estos números indican que la letra *h* se halla en la tercera fila y primera columna y la *o* en la cuarta fila y primera columna.

```
86.     if modo == 'cifrar':
87.         pos = 1
88.     elif modo == 'descifrar':
89.         pos = -1
```

Una vez conocidas las posiciones de ambos caracteres en la matriz la función necesita saber si tiene que cifrarlos o descifrarlos.

Si se ha invocado la función para cifrar un digrama, entonces definimos en la línea 87 una variable de nombre `pos` con el valor `1`, en caso contrario, la variable tomará en la línea 89 el valor `-1`.

```
91.     if fila_a == fila_b:
92.         return (clave[fila_a*5+(col_a+pos)%5] +
clave[fila_b*5+(col_b+pos)%5])
```

Como ya conoces, un dígrafo puede estar situado en tres posiciones relativas en la matriz: en la misma fila, en la misma columna, o en distinta fila y columna. Es necesario, por tanto, estudiar cada una de ellas para elegir el digrama adecuado en los procesos de cifrado y descifrado.

Imagina que en el ejemplo propuesto se ha de cifrar o descifrar el digrama *be*, entonces, estamos en la siguiente posición en la matriz:

```
D F I S X
A B C E G
H K L M N
O P Q R T
U V W Y Z
```

En cualquiera de los casos, estamos ante una sustitución simple: un lugar a la derecha, o uno a la izquierda. Así pues, el nuevo digrama serán las letras de la clave que ocupen las posiciones: `fila_a * 5 + (col_a + pos) % 5` y `fila_b * 5 + (col_b + pos) % 5]`, con `pos = 1` en el proceso de cifrado y `pos = -1` en el de descifrado.

```
 93.     elif col_a == col_b:
 94.         return (clave[((fila_a+pos)%5)*5+col_a] +
clave[((fila_b+pos)%5)*5+col_b])
```

Si las dos letras del digrama se encuentran en la misma columna, como el dígrafo *cq* en la matriz del ejemplo, la expresión para hallar el índice de las nuevas letras es diferente:

```
D F I S X
A B C E G
H K L M N
O P Q R T
U V W Y Z
```

En este caso, el nuevo digrama los formarán las letras de la clave que ocupen las posiciones: `((fila_a + pos) % 5) * 5 + col_a` y `((fila_b + pos) % 5) * 5 + col_b`.

```
 95.     else:
 96.         return (clave[fila_a*5 + col_b] + clave
[fila_b*5 + col_a])
```

Por último, si las letras originales se encuentran en filas y columnas diferentes, la línea 96 devuelve a la función que la invocó el digrama formado por las letras `clave[fila_a * 5 + col_b]` y `clave[fila_b * 5 + col_a]`.

```
 99. def cifrar_descifrar(clave, mensaje, modo):
100.     mensaje = re.sub('[^A-Z]','',mensaje.upper())
101.     mensaje = re.sub(r'[J]','I',mensaje)  # cambiamos
J por I
```

La función `cifrar_descifrar()` es la encargada de enviar a la función `digrama()` los dígrafos que forman el texto llano o el criptograma para proceder al cifrado o descifrado del mensaje.

La función debe recibir el alfabeto que constituye la `clave`, ya validada anteriormente, el `mensaje` y el `modo` de trabajo enviado por las dos funciones envolventes que la invocan desde las líneas 61 o 65.

El primer paso es validar el mensaje mediante expresiones regulares, lo que hacen las líneas 100 y 101. La primera deja el mensaje en mayúsculas sin caracteres no alfabéticos y la segunda sustituye la letra `'J'` por `'I'`.

```
102.        if len(mensaje) % 2 == 1: mensaje += 'X'
```

A continuación, si la longitud del mensaje es impar, anexionamos una letra `'X'` para poder realizar la separación en dígrafos.

```
103.        salida = ''
104.        for c in range(0, len(mensaje), 2):
105.            salida += digrama(mensaje[c],mensaje[c+1],
clave, modo)
```

En este momento, la función debe recorrer todo el mensaje por digramas para llamar con cada uno a la función `digrama()`, que es la encargada de cifrar o descifrar la pareja de caracteres según el valor de la variable `modo`.

```
106.        return salida
```

Una vez que el bucle **`for`** de la línea 104 haya finalizado de recorrer el mensaje, la función concluye y devuelve el contenido de la cadena `salida` para ser mostrado por pantalla.

## 18.3 RESUMEN

En el capítulo hemos estudiado en profundidad la cifra Playfair, un método de cifrado de sustitución digrámica en el que un par de letras de un texto llano se convierte en otro par distinto en el criptograma.

La cifra Playfair fue utilizada con propósitos bélicos por las fuerzas británicas involucradas en la Primera Guerra Mundial para cifrar información importante, pero no crítica, y también por los australianos durante la Segunda Guerra Mundial. La razón de su extendido uso es que se trataba de una cifra razonablemente rápida y su uso no requería equipos especiales.

El cifrado Playfair es significativamente más difícil de romper que una cifra de sustitución monoalfabética, ya que el análisis de frecuencias no funciona en este caso de la misma forma. Es cierto que todavía se puede hacer, pero habría que realizarlo sobre los 600 (25 · 24) posibles digramas del alfabeto.

Aunque resultó eficaz durante un tiempo, la cifra Playfair estaba muy lejos de ser inexpugnable. Su solución general apareció publicada en 1914 en el artículo "An Advanced Problem in Cryptography and Its Solution", escrito por el teniente Joseph Mauborgne y cuya lectura recomendamos.

## 18.4 EVALUACIÓN

1. El criptoanálisis de una cifra Playfair ha permitido resolver parte de la matriz de cifrado, que se recoge a continuación:

   ```
   * U R * *
   E * A G *
   B * F H K
   N P Q S T
   V W X Y Z
   ```

   ¿Cuál crees que sería la longitud de la clave empleada?

   a) 5
   b) 7
   c) 8
   d) 10

5. ¿Qué letras faltan en la clave de la matriz del ejercicio anterior?

   a) A, C, D, O
   b) C, F, J, D, Ñ, O
   c) C, I, L, M, O, D
   d) M, D, C, J, I, O

5. Con la información obtenida de las actividades anteriores, ¿cuál sería la clave más probable?

   a) NEURALGICO
   b) MURCIELAGO
   c) GUARECIDOS
   d) CANGREJUELO

## 18.5 EJERCICIOS PROPUESTOS

1. Desde el cuarte general de las tropas rebeldes se ha recibido la siguiente comunicación: `FBKLR LOSFN QTYKA KPBLS QIQIW HTHHB QEBSN EPUAQ PKPGQ OKEEF BFRLG KHN`. Hasta ahora se conocen las siguientes posiciones de la matriz de cifrado:

```
C * P S *
L * * E F
* H I * M
N * Q R T
V W * * Z
```

¿Puedes descifrar el mensaje?

# 19

# LA MÁQUINA ENIGMA

El 23 de febrero de 1918 **Arthur Scherbius** y **Richard Ritter** solicitaron la patente para una máquina electromecánica de cifrado por rotores bajo el nombre de **Enigma** (Winkel, 2005). Con ella, Scherbius consiguió poner en práctica una forma de cifrado que sacara partido a la nueva tecnología existente y que se convertiría, con la Segunda Guerra Mundial, en el más poderoso sistema de cifrado hasta entonces conocido (Copeland, 2006).

La parte más importante de la máquina era el modificador, formado por varios rotores interconectados. Como vimos, el **rotor** era un disco circular plano con 26 contactos eléctricos en cada cara, uno por cada letra del alfabeto, conectados por un cable. El cableado interno del rotor determinaba cómo se cifraban las letras del texto plano (Figura 19.1).

**Figura 19.1.** Rotores acoplados para su montaje

En el período de tiempo comprendido entre 1930 y 1942 la Wehrmacht, la Luftwaffe y la Kriegsmarine llegaron a disponer de hasta una decena de rotores (Welchman, 1997). El cableado de estos rotores de los distintos modelos de la máquina Enigma seguía la siguiente correspondencia:

```
Entrada = ABCDEFGHIJKLMNOPQRSTUVWXYZ
          ||||||||||||||||||||||||||
      I = EKMFLGDQVZNTOWYHXUSPAIBRCJ
     II = AJDKSIRUXBLHWTMCQGZNPYFVOE
    III = BDFHJLCPRTXVZNYEIWGAKMUSQO
     IV = ESOVPZJAYQUIRHXLNFTGKDCMWB
      V = VZBRGITYUPSDNHLXAWMJQOFECK
     VI = JPGVOUMFYQBENHZRDKASXLICTW
    VII = NZJHGRCXMYSWBOUFAIVLPEKQDT
   VIII = FKQHTLXOCBJSPDZRAMEWNIUYGV
   Beta = LEYJVCNIXWPBQMDRTAKZGFUHOS
  Gamma = FSOKANUERHMBTIYCWLQPZXVGJD
```

Cada rotor define 26 alfabetos de codificación, de modo que una máquina con tres rotores produciría $26^3$ = 17 576 alfabetos diferentes.

La versión básica de Enigma, conocida como Enigma I, estaba equipada con tres modificadores. En 1938 se añadieron dos nuevos rotores para el modelo Enigma M2, de los que usaba tres a la vez. Ya en 1941, con el modelo M4 para la Kriegsmarine, conocida como U-boot, aparecieron dos rotores adicionales llamados Beta y Gamma (Figura 19.2).

**Figura 19.2.** Vista lateral del rotor $\beta$ de una Enigma M4

Las máquinas, además, disponían de dos elementos adicionales que aumentaban la seguridad del cifrado añadiendo complejidad y versatilidad: el **reflector** y el **clavijero**.

El **reflector** (UKW), situado frente a los tres modificadores en el lado izquierdo de la máquina, es similar en diseño a estos, pero con una diferencia básica:

es fijo y dispone de trece cables internos para emparejar siempre del mismo modo las 26 letras:

```
   Contactos  =  ABCDEFGHIJKLMNOPQRSTUVWXYZ
                 ||||||||||||||||||||||||||
       UKW-A  =  EJMZALYXVBWFCRQUONTSPIKHGD
       UKW-B  =  YRUHQSLDPXNGOKMIEBFZCWVJAT
       UKW-C  =  FVPJIAOYEDRZXWGCTKUQSBNMHL
  (M4) UKW-b  =  ENKQAUYWJICOPBLMDXZVFTHRGS
  (M4) UKW-c  =  RDOBJNTKVEHMLFCWZAXGYIPSUQ
```

El reflector más usado durante la guerra fue el de tipo B, aunque el de tipo C se usó también con cierta temporalidad hacia finales de aquella (Sebag-Montefiore, 2000).

La función del reflector es hacer "rebotar" cada impulso eléctrico proveniente del contacto de salida del último rotor con otro contacto del mismo modificador para realizar el camino de vuelta por una ruta diferente. La función del reflector no parece relevante, pues por el hecho de ser fijo no contribuye a aumentar el número de alfabetos de sustitución, sin embargo, es una pieza fundamental, ya que gracias a él la misma máquina podía no solo cifrar, sino también descifrar los mensajes.

El último elemento introducido en 1930 en la primera versión de Enigma para la Wehrmacht fue el **clavijero**, consistente en un panel frontal con dos agujeros para cada letra del alfabeto. Su propósito era hacer un intercambio de letras por medio de cables antes de que la señal entrara a los modificadores.

La versión inicial de Enigma incluía seis cables que permitían intercambiar hasta seis pares de letras, dejando los restantes sin conexión. Lo habitual, como aparecía en los libros de códigos, era intercambiar 10 pares de letras.

Combinando los modificadores con el clavijero, se consiguió proteger a la máquina contra el análisis de frecuencias, y al mismo tiempo, dotarla de un enorme número de claves posibles.

Al estallar la Segunda Guerra Mundial, como vimos al comienzo del libro, las comunicaciones nazis estaban protegidas por un nivel de codificación sin precedentes en la historia.

## 19.1 PROCEDIMIENTOS DE ENIGMA

Ya comentamos en el segundo capítulo algunos procedimientos que empleaban los alemanes en el transcurso de la Segunda Guerra Mundial. Efectivamente, no había un único procedimiento, aunque sí puedes encontrar entre el material descargable el documento del procedimiento general aprobado en Berlín en 1940.

En 1942 la Armada (Kriegsmarine) comenzó a utilizar una versión propia de Enigma, la M4, con cuatro rotores, mientras que el ejército y la fuerza aérea empleaban la máquina de tres rotores. Esto significaba que las distintas unidades usaban diferentes claves y procedimientos, que incluso fueron cambiando con el transcurso de la guerra. El alto mando alemán trabajaba con claves distintas a las que empleaba el ejército regular, de ese modo se conseguía evitar que unas unidades pudieran tener conocimiento de la información que se transmitía a otras (Debrosse, 2004).

Para que el proceso de cifrado y descifrado fuera operativo, los encargados de las distintas unidades recibían mensualmente, bajo estrictas medidas de seguridad, los libros de códigos en los que se indicaban las configuraciones diarias de las máquinas, libros diferentes para unidades distintas.

Desde mayo de 1940, además de las claves diarias, los libros contenían una serie de trigramas, conocidos como *Kenngruppen*, o **grupos característicos**, que se usaban para identificar qué clave empleaba el operador (Figura 19.3).

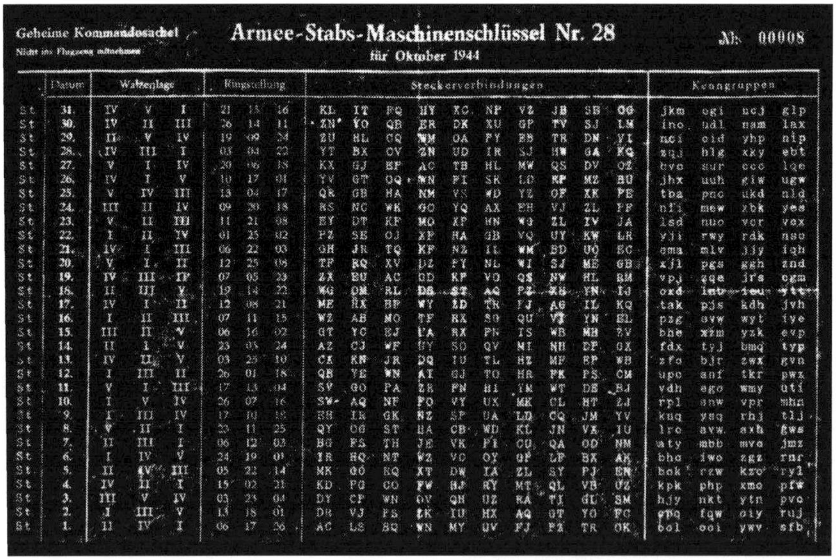

Geheime Kommandosache! Nicht ins Flugzeug mitnehmen

Armee-Stabs-Maschinenschlüssel Nr. 28 für Oktober 1944

Nr. 00008

| | Datum | Walzenlage | | | Ringstellung | | | Steckerverbindungen | | | | | | | | | | Kenngruppen | | | |
|---|---|---|---|---|---|---|---|---|---|---|---|---|---|---|---|---|---|---|---|---|---|
| St | 31. | IV | V | I | 21 | 15 | 16 | KL | IT | FQ | HY | XC | NP | VZ | JB | SB | OG | jkm | ogi | ncj | glp |
| St | 30. | IV | II | III | 26 | 14 | 11 | ZN | YO | QB | ER | DK | XU | GP | TV | SJ | LM | ino | udl | nam | lax |
| St | 29. | II | V | IV | 19 | 09 | 24 | ZU | HL | CQ | WM | OA | PY | EB | TR | DN | VI | ncl | oid | yhp | nip |
| St | 28. | IV | III | I | 03 | 04 | 22 | YT | BX | CV | ZN | UD | IR | SJ | HW | GA | KQ | zqj | hlg | xky | ebt |
| St | 27. | V | I | IV | 20 | 06 | 18 | KX | GJ | EF | AC | TB | HL | MW | QS | DV | OZ | bvo | sur | ooo | lqe |
| St | 26. | IV | I | V | 10 | 17 | 01 | YV | GT | OQ | WN | PI | SK | LD | RF | MZ | BU | jhx | uuh | giw | ugw |
| St | 25. | V | IV | III | 13 | 04 | 17 | QR | GB | HA | NM | YS | WD | YZ | OF | XK | PE | tba | pnc | ukd | nld |
| St | 24. | III | II | IV | 09 | 20 | 18 | RS | NC | WK | GO | YQ | AX | EH | VJ | ZL | FP | nfi | mew | xbk | yes |
| St | 23. | V | II | III | 11 | 21 | 08 | EY | DT | KF | MO | XP | HN | [illegible] | ZL | IV | JA | lsd | nuo | vcr | vox |
| St | 22. | I | II | IV | 01 | 25 | 02 | PZ | SE | OJ | XP | HA | GB | VQ | UY | KW | LR | yji | rwy | rdk | nso |
| St | 21. | IV | I | III | 06 | 22 | 03 | GH | JR | TQ | KF | NZ | IL | WM | BD | UQ | EC | ema | mlv | jjy | iqh |
| St | 20. | V | I | II | 12 | 25 | 05 | TF | RQ | XV | DZ | PY | NL | WI | SJ | ME | GB | xjl | pgs | ggh | znd |
| St | 19. | IV | III | IV | 07 | 05 | 23 | ZX | BU | AC | GD | KP | VO | QS | NW | HL | BM | vpj | gqe | jrs | cgm |
| St | 18. | II | III | V | 19 | 14 | 22 | WG | OM | RL | DS | ST | AQ | PZ | XB | YN | IJ | oxd | lmt | teu | ytt |
| St | 17. | IV | I | II | 12 | 08 | 21 | ME | RX | BP | WY | ZD | TR | FJ | AG | IL | KQ | tak | pjs | kdh | jvh |
| St | 16. | I | II | III | 07 | 11 | 15 | WZ | AB | MO | TF | RK | SO | QU | VJ | YN | EL | pzg | ovw | wyt | iye |
| St | 15. | III | II | V | 06 | 16 | 02 | GT | YC | BJ | LA | RX | PN | IS | WB | MH | ZV | bhe | xzm | yzk | evp |
| St | 14. | II | I | V | 23 | 05 | 24 | AZ | CJ | WF | HY | SO | QV | MI | NH | DF | GX | fdx | tyj | bmq | typ |
| St | 13. | IV | II | V | 03 | 25 | 10 | CX | KN | JR | DQ | IU | TL | HZ | MP | BP | WB | zfo | bjr | zwx | gvn |
| St | 12. | I | III | II | 26 | 01 | 18 | QB | YE | WN | AI | GJ | TO | HR | FK | PS | CM | upo | anf | tkr | pwx |
| St | 11. | V | I | III | 17 | 13 | 04 | SV | GO | PA | ZR | FN | HI | IM | WT | DE | BJ | vdh | ego | wmy | uti |
| St | 10. | I | V | IV | 26 | 07 | 16 | SW | AQ | NF | PO | VY | UX | MK | CL | HT | ZJ | rpl | anw | vpr | mhn |
| St | 9. | I | III | IV | 17 | 10 | 18 | EH | IR | GK | NZ | SP | UA | LD | CQ | JM | YV | kuq | ysq | rhj | tlj |
| St | 8. | V | II | I | 23 | 11 | 25 | QY | OG | ST | UA | CB | WD | KL | JN | VX | IU | lro | avw | axh | gws |
| St | 7. | II | III | I | 06 | 12 | 03 | BG | FS | TH | JE | VK | PI | CU | QA | OD | NM | aty | mbb | mvo | jmz |
| St | 6. | I | IV | V | 24 | 19 | 01 | IR | HQ | NT | WZ | VC | OY | GP | LP | BX | AK | bho | iwo | zgz | rnr |
| St | 5. | II | IV | III | 05 | 22 | 14 | MK | GO | RQ | XT | DW | IA | ZL | SY | PJ | EN | bok | rzw | kzo | ryl |
| St | 4. | IV | II | I | 15 | 02 | 21 | KD | PG | CO | FW | HJ | RY | MT | QL | VB | UZ | kpk | php | xmo | pfw |
| St | 3. | III | V | IV | 03 | 23 | 04 | DY | CF | WN | OV | QH | UZ | RA | TI | GL | SM | hjy | nkt | ytn | pvo |
| St | 2. | I | III | V | 13 | 18 | 01 | DR | VJ | FS | EK | IU | HX | AQ | GT | YO | FC | gpq | fqw | oiy | ruj |
| St | 1. | II | IV | I | 06 | 17 | 26 | AC | LS | BQ | WN | MY | UV | FJ | PZ | TR | OK | bol | ooi | ywv | sfb |

**Figura 19.3.** Hoja de códigos original para octubre de 1944

Para preparar Enigma, el operador acudía a la clave del día y configuraba la máquina para ser operativa.

Supongamos que nos encontramos a 30 de octubre de 1944 y se requiere enviar cifrado a otro operador de radio el mensaje siguiente:

*Morgen um 3 Uhr Nachmittags Truppen angreifen.*

Tras acudir a la configuración de la máquina para ese día se observa lo siguiente:

```
Walzenlage (orden de los rotores): IV - II - III
Ringstellung (posición de los anillos): Z, N, K (26 14 11)
Steckerverbindungen (clavijero): ZN YO QB ER DK XU GP TV SJ LM
```

La clave diaria proporciona parte de la información necesaria para operar con Enigma, pero aún faltan dos parámetros: el tipo de reflector (*Umkehrwalze*) y la posición inicial de cada rotor (*Grundstellung*) .

Asumamos que se emplea el habitual reflector tipo B. Para establecer la **posición inicial** de los rotores el operador elige una combinación aleatoria de tres letras, digamos KRH, y gira cada rotor para que estas letras sean visibles por él. A continuación, teclea tres letras al azar, por ejemplo, OYB, que son la **clave del mensaje**. En el tablero se iluminan entonces las lámparas correspondientes a EXC, que forman la clave cifrada.

Ahora ya se puede cifrar el texto llano deseado. El operador coloca de nuevo los rotores en posición OYB y teclea el mensaje para obtener el criptograma VUYSFLTOENSLANHCQPJPRDSZKRYQFIHWTIZZXBTUVQ.

Para comunicar al receptor el tipo de clave se identifica mediante cualquiera de los trigramas del *Kenngruppen* para ese día. En nuestro ejemplo, el grupo contiene cuatro trigramas: INO, UDL, NAM y LAX. Supongamos que elige UDL, entonces pone delante del él un bigrama aleatorio, digamos NH, con lo que resulta NHUDL. Este conjunto, conocido **como grupo identificador de letras**, *Buchstabenkenngruppe,* se antepone al resto del mensaje cifrado antes de enviarse por radio.

El operador que recibe el mensaje necesita aún como información adicional la posición inicial de los rotores, KRH, y el resultado de cifrar la clave del mensaje, EXC. Esta información se emitía sin cifrar como preámbulo del mensaje, así como la hora, el número de letras del mensaje y si era un texto completo o formaba parte de otro mayor (Figura 19.4).

Aunque no es relevante en nuestro ejemplo, si el mensaje excedía las 250 letras tenía que dividirse en distintos fragmentos y enviarse cada uno de ellos con distintas posiciones iniciales de los rotores y diferentes claves de mensaje (Winkel, 2005). Con ello se conseguía evitar que los aliados recuperasen suficiente información estadística como para lograr romper el código de la máquina.

```
0905 = 1tl = 1tl = 47 = KRH EXC

NHUDL VUYSF LTOEN SLANH CQPJP
RDSZK RYQFI HWTIZ ZXBTU VQ
```

**Figura 19.4.** Mensaje completo preparado para su transmisión

Cuando el operador receptor recibía las señales con el mensaje anterior lo primero que hacía era comprobar con el trigrama final del grupo identificador de letras, UDL, que el mensaje iba destinado a él y podía, asimismo, verificar con la hoja de códigos la fecha del envío.

A continuación, ajustaría la configuración de la máquina según el libro de códigos y pondría los rotores en la posición indicada en el preámbulo del mensaje, en nuestro caso, KRH. Después teclearía la clave cifrada, EXC y obtendría el trigrama OYB que es la clave con la que se cifró el mensaje. Finalmente, con los rotores en posición OYB, teclearía el criptograma, sin el grupo identificador de letras, para obtener el texto llano.

## 19.2 EL PROGRAMA

Abre un nuevo fichero en el editor de Python y copia el siguiente código fuente. Cuando acabes, guárdalo con el nombre *enigmaM3.py* y pulsa **F5** para ejecutarlo.

```
import re, pyperclip

LETRAS = 'ABCDEFGHIJKLMNOPQRSTUVWXYZ'

################################################
### Parámetros de configuración de Enigma M3 ###
################################################

# Grundstellung
inicio = ('O','Y','B')

# Walzenlage
```

```
rotores = (4,2,3)

# Umkehrwalze
reflector = 'B'

# Ringstellung
posicion_interna = ('Z','N','K')

# Steckerverbindungen
clavijero = [('Z','N'),('Y','O'),('Q','B'),('E', 'R'),
('D','K'),('X','U'),('G','P'),('T','V'),('S','J'),('L','M')]

cableado_rotor = ('EKMFLGDQVZNTOWYHXUSPAIBRCJ',
           'AJDKSIRUXBLHWTMCQGZNPYFVOE',
           'BDFHJLCPRTXVZNYEIWGAKMUSQO',
           'ESOVPZJAYQUIRHXLNFTGKDCMWB',
           'VZBRGITYUPSDNHLXAWMJQOFECK',
           'JPGVOUMFYQBENHZRDKASXLICTW',
           'NZJHGRCXMYSWBOUFAIVLPEKQDT',
           'FKQHTLXOCBJSPDZRAMEWNIUYGV')

cableado_reflector =
                    ('EJMZALYXVBWFCRQUONTSPIKHGD',
                     'YRUHQSLDPXNGOKMIEBFZCWVJAT',
                     'FVPJIAOYEDRZXWGCTKUQSBNMHL')


def main():
    print("""\n**** Enigma M3 ****\n
 1. Cifrar
 2. Descifrar""")

    opcion = int(input('\nOpcion (1, 2)> '))
    if opcion == 1:  # Cifrado
        mensaje = input('Mensaje > ')
        texto = cifrar(mensaje)
        print('\n',texto)
        pyperclip.copy(texto)

    elif opcion == 2:  # Descifrado
        mensaje = input('Mensaje > ')
        texto = descifrar(mensaje)
        print('\n', texto)
        pyperclip.copy(texto)

```

```

def vuelta(cableado):
    # Sigue, por rotor, el recorrido de vuelta
    # de la señal desde el reflector

    salida = ''
    for i in LETRAS:
        salida += LETRAS[cableado.find(i)]
    return salida


def cableado_inverso():
    # Devuelve una tupla con el recorrido
    # inverso de los 8 rotores

    inverso = []
    for i in range(len(cableado_rotor)):
        inverso.append(vuelta(cableado_rotor[i]))
    inverso = tuple(inverso)
    return inverso


inverso = cableado_inverso()
inicio = list(inicio) # inicio se actualiza con cada caracter
rotores = tuple([q-1 for q in rotores])

# Las muescan indican dónde se produce el giro del
# siguiente rotor en el momento en que el anterior
#pasa por la muesca. Los rotores 6, 7 y 8 tienen dos

muesca = (('Q',),('E',),('V',),('J',),('Z',), ('Z','M'),('Z','M'),('Z','M'))


def numero(car):
    # Devuelve el número correspondiente a cada carácter
    car = car.upper()
    arr = {'A':0,'B':1,'C':2, 'D':3,'E':4, 'F':5, 'G':6, 'H':7, 'I':8, 'J':9, 'K':10, 'L':11, 'M':12,
 'N':13, 'O':14, 'P':15, 'Q':16, 'R':17,'S':18,
'T':19, 'U':20, 'V':21, 'W':22,'X':23,'Y':24, 'Z':25}
    return arr[car]


```

```
reflector = numero(reflector)


def rotor(letra, veces, cableado_rotor):
    # letra - el carácter que se cifrará
    # veces - cuántas veces ha girado el rotor
    # cableado_rotor - cableado del rotor
    letra = sustituye(letra,cableado_rotor,veces)
    # Letra de salida por el rotor
    return sustituye(letra, veces=-veces)


def refleja(letra):
    # Realiza la sustitución del reflector.
    # El reflector se representa por un entero 0-2
    return sustituye(letra,cableado_reflector[reflector])


def sustituye(letra, alfabeto=LETRAS, veces=0):
    # sustituye una letra de acuerdo a la clave
    indice = (numero(letra) + veces) % 26
    return alfabeto[indice]


def aplicar_clavijero(letra):
    for i in clavijero:
        if letra == i[0]: return i[1]
        if letra == i[1]: return i[0]
    return letra


def rotor_avanza():
    # Los rotores mueven al siguiente rotor dependiendo de su posicion
    if inicio[1] in muesca[rotores[1]]:
        # Incrementa la posición 1 letra
        inicio[0] = sustituye(inicio[0], veces= 1)
        inicio[1] = sustituye(inicio[1], veces= 1)

    if inicio[2] in muesca[rotores[2]]:
        inicio[1] = sustituye(inicio[1],veces = 1)

    inicio[2] = sustituye(inicio[2], veces=1)

```

```

def cifrar_caracter(letra):
    # Con cada letra los rotores avanzan
    rotor_avanza()

    # Entrada al clavijero
    letra = aplicar_clavijero(letra)

    # Camino de ida de la señal
    for i in [2,1,0]:
        veces = ord(inicio[i]) - ord(posicion_interna [i])
        letra = rotor(letra, veces, cableado_rotor
[rotores[i]])

    # Entrada y salida por el refletor
    letra = refleja(letra)

    # Camino de vuelta
    for i in [0,1,2]:
        veces = ord(inicio[i]) - ord(posicion_ interna [i])
        letra = rotor(letra, veces, inverso
[rotores[i]])

    # Salida por el clavijero
    letra = aplicar_clavijero(letra)

    return letra


def descifrar(texto):
    # cifrar y descifrar son la misma operación
    return cifrar(texto)


def cifrar(texto):
    texto = eliminar_puntuacion(texto).upper()
    salida = ''
    for c in texto:
        if c.isalpha(): salida += cifrar_caracter(c)
        else: salida += c
    return salida


def eliminar_puntuacion(texto):
    return re.sub('[^A-Z]','',texto.upper())
```

```
184.
185.
186. if __name__ == "__main__":
187.     main()
```

Cuando se ejecute el programa, verás un menú con dos opciones que te permitirá elegir qué operación deseas realizar en la máquina: cifrar un mensaje o descifrar un criptograma.

```
**** Enigma M3 ****

 1. Cifrar
 2. Descifrar

Opcion (1, 2)>
```

Independientemente de la opción elegida por el usuario, el programa pedirá, a continuación, el mensaje (texto lleno o criptograma) para realizar la operación deseada.

Hay que destacar, como comentaremos más adelante, que la función para cifrar o descifrar es exactamente la misma, aunque se han separado para facilidad de comprensión por parte del lector.

```
Opcion (1, 2)> 1
Mensaje > Morgen um Drei Uhr Nachmittags Truppen angreifen

 VUYSFLTOENSLANHCQPJPRDSZKRYQFIHWTIZZXBTUVQ
```

## 19.3 CÓMO FUNCIONA EL PROGRAMA

```
1. import re, pyperclip
2.
3. LETRAS = 'ABCDEFGHIJKLMNOPQRSTUVWXYZ'
```

En la primera línea del programa se importan los dos módulos que se van a emplear durante su ejecución.

En la siguiente línea se ha declarado como constante el alfabeto con el que trabaja la máquina Enigma.

```
5. ##############################################
6. ###  Parámetros de configuración de Enigma M3 ###
7. ##############################################
```

```
 8.
 9. # Grundstellung
10. inicio = ('O','Y','B')
11.
12. # Walzenlage
13. rotores = (4,2,3)
14.
15. # Umkehrwalze
16. reflector = 'B'
17.
18. # Ringstellung
19. posicion_interna = ('Z','N','K')
20.
21. # Steckerverbindungen
22. clavijero = [('Z','N'),('Y','O'),('Q','B'),('E', 'R'),
('D','K'),('X','U'),('G','P'),('T','V'),('S','J'),('L','M')]
```

Las líneas 5 a 22 contienen todos los parámetros de configuración de la máquina Enigma M3 que deberán modificarse según las claves: la posición inicial de los rotores (*Grundstellung*), el tipo y orden de los mismos (*Walzenlage*), su posición interna (*Ringstellung*), el tipo de reflector (*UKW*) y la disposición del clavijero (*Steckerverbindungen*).

```
24. cableado_rotor = ('EKMFLGDQVZNTOWYHXUSPAIBRCJ',
25.                   'AJDKSIRUXBLHWTMCQGZNPYFVOE',
26.                   'BDFHJLCPRTXVZNYEIWGAKMUSQO',
27.                   'ESOVPZJAYQUIRHXLNFTGKDCMWB',
28.                   'VZBRGITYUPSDNHLXAWMJQOFECK',
29.                   'JPGVOUMFYQBENHZRDKASXLICTW',
30.                   'NZJHGRCXMYSWBOUFAIVLPEKQDT',
31.                   'FKQHTLXOCBJSPDZRAMEWNIUYGV')
32.
33. cableado_reflector =
                          ('EJMZALYXVBWFCRQUONTSPIKHGD',
34.                        'YRUHQSLDPXNGOKMIEBFZCWVJAT',
35.                        'FVPJIAOYEDRZXWGCTKUQSBNMHL')
```

Las líneas 24 a 31 recogen, en forma de tupla, la disposición del cableado de los ocho rotores que podía montar la máquina. Estos valores no son modificables.

Como la máquina podía montar tres reflectores, aunque el más usual fuera el B, es necesario introducir en el programa la disposición del cableado de cada uno, lo que hacemos en las líneas 33 a 35.

```
38. def main():
```

```
39.     print("""\n**** Enigma M3 ****\n
40.  1. Cifrar
41.  2. Descifrar""")
42.
43.     opcion = int(input('\nOpcion (1, 2)> '))
```

La función `main()` contiene las líneas de código con las que se inicia el programa cuando se le invoca directamente. En nuestro caso, hemos recogido en ellas las instrucciones necesarias para gestionar el menú de opciones.

Una vez mostrado el menú en pantalla, la línea 43 recoge en la variable `opcion` la elección numérica elegida por el usuario: `1`, para cifrar y `2` para descifrar (aunque son la misma).

```
44.     if opcion == 1:  # Cifrado
45.         mensaje = input('Mensaje > ')
46.         texto = cifrar(mensaje)
47.         print('\n',texto)
48.         pyperclip.copy(texto)
```

Si se ha seleccionado la opción `1`, se invoca a la función `cifrar()` con el mensaje, que devuelve el criptograma que se guarda en la variable `texto`. Finalmente, se muestra en pantalla su contenido y se copia al portapapeles.

```
50.     elif opcion == 2:  # Descifrado
51.         mensaje = input('Mensaje > ')
52.         texto = descifrar(mensaje)
53.         print('\n', texto)
54.         pyperclip.copy(texto)
```

Si, por el contrario, el usuario pretende descifrar un criptograma, se invoca a la función `descifrar()` y se obtiene en la línea 52 el texto llano, texto que se muestra en pantalla en la 53 y se copia al portapapeles en la línea siguiente.

```
57. def vuelta(cableado):
58.     # Sigue, por rotor, el recorrido de vuelta
59.     # de la señal desde el reflector
60.
61.     salida = ''
62.     for i in LETRAS:
63.         salida += LETRAS[cableado.find(i)]
64.     return salida
```

La función `vuelta()` define el alfabeto del rotor teniendo en cuenta el recorrido de la señal eléctrica en el camino de regreso. Por ejemplo, en el rotor I los contactos eléctricos seguían la siguiente correspondencia:

```
Entrada = ABCDEFGHIJKLMNOPQRSTUVWXYZ
          ||||||||||||||||||||||||||
          EKMFLGDQVZNTOWYHXUSPAIBRCJ
```

Lo que necesitamos en el programa es localizar rápidamente para el camino de vuelta qué ruta sigue cada señal, es decir, que si entra en el rotor por su cara izquierda una letra `A` saldría en la cara derecha por el contacto de la `U`.

Extendido a todo el alfabeto tendríamos esta representación:

```
          UWYGADFPVZBECKMTHXSLRINQOJ
          ||||||||||||||||||||||||||
Entrada = ABCDEFGHIJKLMNOPQRSTUVWXYZ
```

Este procedimiento es el que realiza la función `vuelta()`. Observa que recibe por argumento el cableado de un rotor tal cual se ha definido en las líneas 24 a 31 y devuelve la correspondencia eléctrica en la ruta de regreso de la señal. Su funcionamiento es muy sencillo. El bucle **`for`** de la línea 62 recorre una a una las letras del alfabeto y halla qué posición ocupa cada una en la variable `cableado`. Con este índice, regresa al alfabeto definido en la línea 3 y devuelve cuál sería la letra de salida, que se adjunta a la cadena homónima. Cuando el bucle finaliza, la función devuelve en la línea 64 el alfabeto de salida, como hemos hecho para mostrarte el ejemplo.

```
67. def cableado_inverso():
71.     inverso = []
```

El procedimiento anterior debe repetirse para cada uno de los ocho rotores de la máquina. Esta es la razón por la que hemos implementado una función que devolverá, para el camino de regreso, una tupla con las correspondencias para todos los rotores.

Lo primero que hemos hecho es declarar en la línea 71 una lista vacía con el nombre `inverso`.

```
72.     for i in range(len(cableado_rotor)):
73.         inverso.append(vuelta(cableado_rotor[i]))
74.     inverso = tuple(inverso)
```

A continuación, con un ciclo **`for`**, iteraremos sobre los ocho rotores. Como cuerpo del bucle solo existe una línea con dos instrucciones. Primero se llama a la función `vuelta()` con el cableado del rotor y, a continuación, se añade la cadena devuelta por aquella a la posición final de la lista `inverso`.

Como las tuplas son siempre más rápidas que las listas, hemos hecho una conversión de tipos en la línea 74 con la función `tuple()`.

```
75.      return inverso
```

Por último, la función devuelve la tupla con el cableado que sigue la señal en su camino de vuelta desde el reflector.

```
78. inverso = cableado_inverso()
79. inicio = list(inicio) # inicio se actualiza con cada
caracter
```

La tupla con el cableado "inverso" se asigna a la variable `inverso` en la línea 78 y, en la siguiente, actualizamos la posición de los rotores de la máquina. Recuerda que cada vez que se pulsa una letra en el teclado de la máquina, no solo se cifra el carácter, sino que también se modifica la posición de los rotores. Por ejemplo, si la posición inicial fuese `('A', 'A', 'A')`, tras la pulsación del primer carácter los rotores ocuparían la posición `['A', 'A', 'B']`, de ahí la necesidad de actualizar la variable tras cada pulsación.

```
86. muesca = (('Q',), ('E',), ('V',), ('J',), ('Z',),
('Z','M'), ('Z','M'), ('Z','M'))
```

En la línea 86 hemos definido las posiciones de las muescas de los anillos de los rotores. Recuerda que, cuando un rotor pasaba por la muesca, provocaba el giro del rotor de su izquierda. Por ejemplo, el rotor I tenía la muesca en la letra Q, entonces, cuando pasaba de la Q a la R, también avanzaba el siguiente rotor.

```
89. def numero(car):
90.     # Devuelve el número correspondiente a cada carácter
91.     car = car.upper()
92.     arr = {'A':0,'B':1,'C':2, 'D':3,'E':4, 'F':5, 'G':6,
'H':7, 'I':8, 'J':9, 'K':10, 'L':11, 'M':12,
93.   'N':13, 'O':14, 'P':15, 'Q':16, 'R':17,'S':18,
94. 'T':19, 'U':20, 'V':21, 'W':22,'X':23,'Y':24, 'Z':25}
95.     return arr[car]
```

La función `numero()` tiene una presencia meramente auxiliar en el programa. Su función es la de devolver la posición que le corresponde a una determinada letra. Para ello, se ha definido un diccionario que tiene por claves las letras del alfabeto y por valores sus posiciones.

```
98. reflector = numero(reflector)
```

Aprovechando la función anterior, utilizamos la línea 98 para almacenar como un número en la variable `reflector` el tipo de reflector empleado en la máquina: `0` para el tipo A, `1` para el tipo B y `2` para el reflector C.

```
101. def rotor(letra, veces, cableado_rotor):
102.
105.     letra = sustituye(letra, cableado_rotor,veces)
107.     return sustituye(letra, veces=-veces)
```

Una función básica del programa es `rotor()`. Como argumentos toma el carácter que se quiere cifrar o descifrar, cuántas veces ha girado ese rotor desde su posición inicial y la configuración de su cableado. Con estos tres parámetros podemos seguir el recorrido de la corriente eléctrica tanto en su camino de ida como de vuelta desde el reflector y, por tanto, conocer la letra final que resulta de la sustitución.

Debes tener presente que la función `rotor()` se invocará seis veces con cada carácter.

El funcionamiento de la función depende de otra que comentaremos algo más adelante, `sustituye()`. La función `rotor()` devuelve en la línea 117 el valor del carácter que sale por él en función de la letra que entró y la configuración inicial del mismo, lo que extendido a los tres rotores permite seguir el recorrido de la señal eléctrica de la máquina Enigma.

```
110. def refleja(letra):
113.     return sustituye(letra,cableado_reflector
[reflector])
```

Tras pasar la señal eléctrica por los tres rotores, esta es reflejada por el refletor para continuar su camino de vuelta hasta iluminar la lámpara correspondiente.

La función `refleja()` será la encargada de simular el paso de la señal por el reflector. Como ya conoces, este se representa por un número entero entre 0 y 2, ambos inclusive.

La línea 113 es la que realiza la sustitución según el cableado del receptor usado.

```
116. def sustituye(letra, alfabeto=LETRAS, veces=0):
117.     # sustituye una letra de acuerdo a la clave
118.     indice = (numero(letra) + veces) % 26
119.     return alfabeto[indice]
```

Como comentamos algo más atrás, otra de las funciones esenciales en el programa es `sustituye()`, que se encarga de realizar las sustituciones alfabéticas en los rotores y en el reflector.

La línea 118 emplea aritmética módulo 26 para hallar cuál es la posición de `letra` en el alfabeto empleado; por ejemplo, si la variable anterior es `'V'`, la llamada a `numero('V')` devuelve el número `21`. Si el rotor en cuestión ha girado `2` veces, entonces `indice` es (21 + 2) mod 26 = `23`.

La línea 119 devuelve el carácter que ocupa en `alfabeto` la posición almacenada, `23` en el ejemplo, en la variable definida en la línea anterior.

```
122. def aplicar_clavijero(letra):
123.     for i in clavijero:
```

Si el operador de Enigma empleaba el clavijero para intercambiar pares de letras, entonces la señal eléctrica correspondiente a la pulsación de una letra en el teclado pasaba por el clavijero dos veces en el proceso de cifrado o descifrado: la primera, antes de entrar al primer rotor, el situado más a la derecha; la segunda, tras salir de este mismo rotor en el camino de vuelta.

La función `aplicar_clavijero()` emula este comportamiento intercambiando pares de letras. Lógicamente, será invocada dos veces cada vez que se cifre o descifre un carácter.

El bucle **`for`** de la línea 123 recorre cada tupla presente en la lista `clavijero` declarada en la línea 22 para comparar las letras en cada pareja y saber si están unidas por el mismo cable.

```
124.         if letra == i[0]: return i[1]
125.         if letra == i[1]: return i[0]
```

En el cuerpo del ciclo se comprueba si la letra que llega al clavijero, en el camino de ida o de vuelta, está dentro de una tupla. Si es la primera letra, devuelve la segunda; si es la segunda, devuelve la primera. Por ejemplo, imagina que se invoca la función `aplicar_clavijero('G')`. El ciclo recorrerá una a una las tuplas de la lista definida en la línea 22 hasta llegar al elemento `('G', 'P')`. Como la letra es la primera de la tupla, entonces la función devuelve la segunda, `'P'`.

```
126.     return letra
```

Si el carácter no se encuentra en ninguna de las tuplas, entonces el flujo de programa termina en la línea 126 y devuelve la letra sin intercambiar.

```
129. def rotor_avanza():
```

La función `rotor_avanza()` simula el avance de los rotores de la máquina. Enigma estaba diseñada de modo que en el momento en que el operario levantaba el dedo de la tecla pulsada, el rotor derecho avanzaba una posición. Cuando este daba una vuelta completa, o cuando se pasaba sobre la muesca situada en el anillo exterior, se ocasionaba el avance del rotor adyacente.

```
131.     if inicio[1] in muesca[rotores[1]]:
133.         inicio[0] = sustituye(inicio[0], veces= 1)
134.         inicio[1] = sustituye(inicio[1], veces= 1)
```

La sentencia condicional de la línea 131 emula el paso del rotor intermedio por la muesca del *Ringstellung*. Lógicamente, si la condición es `True`, tanto el rotor izquierdo, `inicio[0]`, como el intermedio, `inicio[1]`, avanzarán una posición.

```
136.     if inicio[2] in muesca[rotores[2]]:
137.         inicio[1] = sustituye(inicio[1],veces = 1)
```

En la línea 136 simulamos el paso del rotor lento por su muesca. Cuando la condición es cierta, se ocasiona el avance del rotor intermedio.

```
139.     inicio[2] = sustituye(inicio[2], veces = 1)
```

Finalmente, en la línea 139, recogemos el avance del rotor derecho, que se producía cada vez que el operario levantaba el dedo de una tecla.

```
142. def cifrar_caracter(letra):
143.     # Con cada letra los rotores avanzan
144.     rotor_avanza()
```

Toda la lógica del programa se sustenta en la función `cifrar_caracter()`. En ella se invocan todas las funciones que emulan el comportamiento de la máquina y que ya hemos descrito.

Cada vez que se pulsa una tecla se produce el avance de los rotores, por lo que la primera función que debe invocarse es `rotor_avanza()`.

```
146.     # Entrada al clavijero
147.     letra = aplicar_clavijero(letra)
```

La corriente eléctrica que se genera en el avance de los rotores atraviesa primero el cableado del clavijero. Si un cable conecta el enchufe correspondiente a la tecla pulsada con otro, esta letra se transforma en la asociada al otro conector. Este es el objetivo de la llamada a la función `aplicar_clavijero()` en la línea 147.

```
149.     # Camino de ida de la señal
150.     for i in [2,1,0]:
```

```
151.            veces = ord(inicio[i]) - ord(posicion_ interna
[i])
152.            letra = rotor(letra, veces, cableado_rotor
[rotores[i]])
153.
```

Tras pasar por el clavijero, la señal atraviesa el banco de rotores intercambiando unas letras por otras. Este efecto lo hemos implementado en la función `rotor()` en la línea 101. Tan solo se requiere conocer cuál es la letra de entrada, almacenada en la línea 147, el cableado correspondiente al rotor que atraviesa la señal y cuántas veces ha girado desde su posición inicial.

Todo el proceso se simula mediante un bucle **`for`** que recorre el banco de rotores, comenzando en el derecho. Para cada rotor, se calcula en la línea 151 las veces que ha girado y se invoca en la siguiente la función `rotor()` para obtener la letra que sale por él.

```
154.        # Entrada y salida por el refletor
155.        letra = refleja(letra)
```

A continuación, la corriente entra en el reflector, que se encarga de hacer "rebotar" la señal para que de nuevo recorra los rotores en sentido inverso.

```
157.        # Camino de vuelta
158.        for i in [0,1,2]:
159.            veces = ord(inicio[i]) - ord(posicion_ interna [i])
160.            letra = rotor(letra, veces, inverso[rotores[i]])
```

El camino de la señal en su recorrido de vuelta se implementa con un nuevo bucle **`for`**, pero ahora itera sobre los rotores desde el más lento, el izquierdo, hasta el más rápido, el derecho.

Observa en la línea 160 cómo hemos utilizado la tupla `inverso` definida en la línea 78.

```
162.        # Salida por el clavijero
163.        letra = aplicar_clavijero(letra)
165.        return letra
```

Tras abandonar el banco de rotores, la corriente eléctrica pasa de nuevo por el clavijero antes de concluir su viaje en el panel de lámparas. Esta doble entrada del flujo eléctrico en el clavijero mantiene el carácter involutivo del cifrado de Enigma.

```
168. def descifrar(texto):
169.        # cifrar y descifrar son la misma operación
170.        return cifrar(texto)
```

El proceso de cifrado y descifrado en Enigma es completamente simétrico, por tanto, la función empleada para descifrar un mensaje es la misma que para cifrar.

```
173. def cifrar(texto):
174.     texto = eliminar_puntuacion(texto).upper()
175.     salida = ''
```

Como acabamos de comentar, el proceso para cifrar un mensaje o descifrar el contenido de un texto, es idéntico. La función, que recibe por argumento el mensaje, comienza haciendo una llamada en la línea 174 a otra que hemos llamado `eliminar_puntuacion()` para quitar del mensaje los símbolos no alfabéticos.

En la línea 175 se declara la variable `salida`, que será la que almacenará el mensaje cifrado o el texto plano que se devolverá a las líneas 46 o 52 antes de ser mostrado por pantalla.

### 19.3.1 El método isalpha()

```
176.     for c in texto:
177.         if c.isalpha(): salida += cifrar_caracter(c)
```

El proceso de cifrado o descifrado se extiende a todos los símbolos del mensaje mediante un bucle **`for`** que itera la variable `texto` carácter a carácter.

A continuación, se comprueba que el carácter con el que se ha de trabajar sea alfabético con el método `isalpha()`. Este método de cadenas de texto comprueba si el argumento que se le pasa está solo formado por letras del alfabeto. Si es así, devuelve **`True`**; en caso contrario, **`False`**.

Los caracteres alfabéticos son los definidos como letras en la base de datos de caracteres de Unicode.

Abre el entorno interactivo de Python y teclea las siguientes instrucciones para ver el funcionamiento del método:

```
>>> texto = 'EstoEsTRUE'
>>> texto.isalpha()
True
>>> texto = 'Esto Es FALSE'
>>> texto.isalpha()
False
>>> texto = 'EstoTambien.'
>>> texto.isalpha()
False
```

```
>>> texto = 'y2'
>>> texto.isalpha()
False
>>>
```

Observa que todas las cadenas que contienen algún símbolo que no sea una letra (un número, un espacio, un signo de puntuación, etc.), dan como resultado `False`. Este es el motivo por el que hemos tenido que llamar en la línea 174 a una función que elimine previamente todos aquellos símbolos del texto que no sean letras.

La línea 177, por tanto, permite que cada carácter tipo letra del texto pueda cifrarse o descifrarse.

```
178.            else: salida += c
```

Si hubiera algún símbolo que no fuese una letra, que no va a ocurrir, entonces se añadiría sin cifrar ni descifrar a la cadena `salida`.

```
179.        return salida
```

Finalmente, la función devuelve el mensaje cifrado o el texto llano.

```
182. def eliminar_puntuacion(texto):
183.     return re.sub('[^A-Z]','', texto.upper())
```

La última función de la que depende el programa es `eliminar_puntuación()`. Su papel es asegurar que los caracteres que se cifran o descifran sean solo las letras del alfabeto, para lo que usa la expresión regular ya vista anteriormente.

## 19.4 RESUMEN

En el capítulo hemos profundizado en el estudio de la máquina Enigma M3, utilizada por el ejército alemán durante la Segunda Guerra Mundial para cifrar sus comunicaciones. Su historia es fascinante. No fue hasta 1974 cuando se reveló que la máquina de cifrado alemana había sido vulnerable en muchísimas ocasiones a lo largo de la guerra.

Tras el final de la Primera Guerra Mundial fueron muchos los intentos por mecanizar las comunicaciones cifradas. Una de las soluciones la dio el ingeniero Arthur Scherbius en 1918. Inicialmente, la máquina no se creó pensando en la guerra, pero esta se aproximaba a pasos agigantados y el ejército alemán la adoptó rápidamente para aumentar más aún su seguridad.

El funcionamiento de Enigma es sencillo desde el punto de vista teórico, aunque una obra de ingeniería en la práctica. Cuando el operador pulsaba una letra en el teclado, se producía el avance del rotor situado más a la derecha. Ello aseguraba que el alfabeto cambiaba con cada posición. A la vez que se producía el giro, la corriente eléctrica suministrada por la batería pasaba desde la tecla hasta el clavijero, donde la letra podía sufrir una primera permutación. De allí, atravesaba todo el banco de rotores hasta el reflector, que devolvía la señal a través de otra letra y, de nuevo, volvía a recorrer los tres rotores en el sentido inverso. Con cada paso, el carácter sufría una nueva permutación. Finalmente, la corriente salía del estator hacia el clavijero, donde le esperaba un nuevo intercambio hasta llegar al panel de lámparas.

Con el programa *enigmaM3.py* hemos conseguido emular todo el comportamiento de la máquina hasta su más mínimo detalle para que cifrar y descifrar mensajes originales sea tan sencillo como un juego de niños.

## 19.5 EVALUACIÓN

1. Si se toman $n$ cables para unir $n$ pares de letras en el clavijero, el número de conexiones posibles está dado por la expresión:

$$\frac{1}{n!}\binom{26}{2}\cdot\binom{24}{2}\cdot\binom{22}{2}\cdot\ \cdots\ \cdot\binom{26-2(n-1)}{2}$$

   Calcula el número de combinaciones para los distintos valores de $n$ posibles. Recuerda que como cada cable une dos letras solo son posibles 13 cables. ¿Con cuántos cables se obtiene el mayor número de conexiones?

2. Poco antes de la Segunda Guerra Mundial la máquina Enigma solo disponía de tres rotores que se podían colocar en el tambor en cualquier orden. ¿Cuántas posibilidades existían?

   a) 3
   b) 6
   c) 9
   d) 60

3. Con la guerra en marcha, los alemanes introdujeron dos rotores más, de los que solo podían emplearse tres de ellos a la vez. ¿Cuántas combinaciones de rotores eran posibles ahora?

- 15
- 30
- 60
- 125

4. Cada rotor de la máquina poseía un anillo de 26 letras. El anillo podía moverse con relación al cableado interno del rotor mediante un enganche que fijaba el anillo en una determinada posición. En el momento en que el rotor pasaba por esta muesca, se producía el avance del disco adyacente, de modo que solo los dos primeros rotores influían en la seguridad final de Enigma. ¿Cuántas disposiciones posibles efectivas de lo que se conocía como *Ringstellung* podían darse?

## 19.6 EJERCICIOS PROPUESTOS

1. La policía ha interceptado un criptograma con la localización de un inminente ataque terrorista. Los posibles objetivos son: Madrid, Barcelona, Mallorca, Salamanca y Sevilla. Por una fuente de confianza, se sabe que se emplea una máquina Enigma y que la secuencia DAXBRIMMLRKS se corresponde con el objetivo, que consiste en su nombre más una serie de letras X hasta completar los doce caracteres de longitud. ¿Dónde se producirá el ataque? Justifica la respuesta.

2. Modifica el código del programa *enigmaM3.py* para que pueda funcionar como una máquina Enigma M4. A continuación, dados los siguientes datos de configuración y conocido que el reflector utilizado era el B estrecho y la clave de mensaje NAQL:

| Walzenlage | Ringstellung | Grundstellung | Stecker |
|---|---|---|---|
| Beta VI I III | Z Z D G | Z Z T G | BQ CR DI EJ KW MT OS PX UZ GH |

Descifra el siguiente mensaje real (traducido al castellano):

```
SGOAL ASJQB UVHYW EJBHI IMDBB QPTTG SEMBG WTFLX IJSZR PEJVH
MBPMO VTNGF LSPOX RIXNW FEFZE WCHLR LNPCA UDLAP PGQEI OUYMK
VSHMR KQJSV DYHRJ BKGCT THJFA AQECU LSZDK ZAQYO NDXSG TTIZU
DQFAU ZCISV UWJIZ SGVCO NQ
```

# SOLUCIONARIO A LOS EJERCICIOS PROPUESTOS

A continuación, presentamos las soluciones de todas las cuestiones de evaluación y de los ejercicios propuestos a lo largo de todo el libro. En algunas respuestas no cabrá lugar a diferencias de interpretación; en otras, como en la codificación de los programas, la discusión de los resultados, de si son verosímiles y correctos, recae en el propio programador.

## CAPÍTULO 1

### EVALUACIÓN

I

1. La criptografía es la especialidad que estudia la escritura oculta.
2. Un criptograma es un fragmento mensaje cifrado cuyo significado resulta ininteligible hasta que se descifre.
3. La estenografía es la disciplina que versa sobre el estudio y aplicación de las técnicas que permiten ocultar mensajes dentro de otro objeto.
4. Se llama así a cada una de las formas obtenidas por transposición de las letras de una palabra
5. Es la cifra que emplea un único alfabeto de sustitución a lo largo de todo el proceso de cifrado.

6. Un código es una sustitución a nivel de sílabas, palabras o frases.
7. Los homófonos es un tipo de sustitución en el que cada una de las letras del mensaje del texto plano se corresponde con un posible grupo de caracteres distintos.
8. Es un sistema de codificación que se basa en un alfabeto de sustitución, que se utiliza para cifrar la mayor parte del mensaje, y en una lista limitada de palabras codificadas.
9. Un cifrado simétrico es aquél en el que se emplea la misma contraseña para el proceso de cifrado y de descifrado, mientras que uno asimétrico emplea una contraseña para cifrar y otra diferente para descifrar.
10. Son aquellos que básicamente emplean operaciones de sustitución y transposición de caracteres unidas al empleo de una clave secreta.

## EJERCICIOS PROPUESTOS

**I**

Tomando como referencia el alfabeto pedido NOPQRSTUVWXYZAB CDEFGHIJKLM, la palabra *mensaje* se convierte en ZRAFNWR.

**II**

```
a b c d e f g h i j k l m n o p q r s t u v w x y z
Q P W O E I R U T Y A S D L K J H G F Z X C V B N M
```

FKSKE SEFZX OTKZE ZGQEG QESWK LKWTD TELZK

**III**

aglo, agol, **algo**, alog, aogl, aolg, **galo**, gaol, glao, gloa, goal, **gola**, **lago**, laog, lgao, lgoa, loag, loga, oagl, oalg, ogal, ogla, olag, **olga**

**IV**

*Criptograma*, 11!, No existe otro anagrama de 11 letras con sentido.

**V**

Eliminando los nulos, el mensaje es el siguiente: "*La muerte es el cénit de la vida*".

# CAPÍTULO 2

## EVALUACIÓN

### I

1. Las inscripciones talladas en piedra alrededor del año 1900 a. C. en la cámara principal de la tumba del noble Khnumhotep II.
2. Es la cifra tradicional hebrea, en la que la última letra del alfabeto hebreo reemplaza a la primera, la penúltima a la segunda, y así sucesivamente.
3. La escítala espartana, que se remonta al al siglo V a. C.
4. Julio César, como se recoge en "*La Guerra de las Galias*"
5. Empleaba un desplazamiento de tres letras en el alfabeto, de modo que su alfabeto de sustitución comenzaba en la letra D
6. Al erudito del siglo IX Abu Yusuf al-Kindi.
7. e,a,o,s y n
8. Según el principio de Kerckhoffs la seguridad de un sistema criptográfico no depende de que su diseño permanezca en secreto, sino tan solo de la seguridad de la clave.
9. Por crear la primera máquina de cifrar de la historia: los discos de Alberti.
10. Aquel en el que se emplea como clave el propio texto plano.

### II

1. El desarrollo del telégrafo.
2. Friedrich Kasiski.
3. 25 x 24 = 600.
4. Una primera sustitución según una matriz aleatoria y una transposición controlada por una clave.
5. La libreta de un solo uso.
6. Las partes esenciales de la máquina eran el teclado, los rotores, el tablero expositor y el clavijero.

7. 26 en cada cara conectados por cables a un contacto diferente de la cara opuesta.
8. El día del mes, el orden de los rotores, sus orientaciones iniciales y las posiciones del clavijero.
9. En el algoritmo Lucifer de IBM.
10. 1976.

## EJERCICIOS PROPUESTOS

**I**

"Este mensaje se ha cifrado con un desplazamiento seis"

**II**

El único camino a la libertad es la verdad

**III**

UTPPT LKCCR JPRVZK SZB RKJITZOZVHCKD

| | | | | | | | | | | | | | |
|---|---|---|---|---|---|---|---|---|---|---|---|---|---|
| A G M S Y | a | b | c | d | e | f | g | h | i | j | k | l | m |
| | n | o | p | q | r | s | t | u | v | w | x | y | z |
| B H N T Z | a | b | c | d | e | f | g | h | i | j | k | l | m |
| | p | q | r | s | t | u | v | w | x | y | z | n | o |
| C I O U | a | b | c | d | e | f | g | h | i | j | k | l | m |
| | r | s | t | u | v | w | x | y | z | n | o | p | q |
| D J P V | a | b | c | d | e | f | g | h | i | j | k | l | m |
| | t | u | v | w | x | y | z | n | o | p | q | r | s |
| E K Q W | a | b | c | d | e | f | g | h | i | j | k | l | m |
| | v | w | x | y | z | n | o | p | q | r | s | t | u |
| F L R X | a | b | c | d | e | f | g | h | i | j | k | l | m |
| | x | y | z | n | o | p | q | r | s | t | u | v | w |

**IV**

*Llegada a las seis*

**V**

LZVMARRGLOJYEWJ

**VI**

| **C** | **O** | **L** | **I** | **N** |
|---|---|---|---|---|
| **A** | B | D | E | F |
| G | H | K | M | P |
| Q | R | S | T | U |
| V | W | X | Y | Z |

*El ataque será mañana al amanecer*

**VII**

Sustitución: VG DD VA VG GV VA XF XA GV VA XF DD XG DD GV AA XD FA XF GV XA DX FA AA GV VA GV AA VA DD XA XF GV

Clave: 2-6-4-3-5-1 (AEGIMN)

*Concentren todo el material en el norte*

**VIII**

CDD

*Batallon cuadrante dos cinco x buena visibilidad x ataque inmediato*

**IX**

```
M1 = TODO SLOS  DIAS SONM  UYAR DUOS
S1 = TODO UNQU  DIAS UQPO  UYAR FWQU   Primera vuelta
P1 = TODO QNUU  DIAS PQUO  UYAR QWFU

M2 = QNUU TODO  PQUO DIAS  QWFU UYAR
S2 = QNUU VQFQ  PQUO FKCU  QWFU WACT   Segunda vuelta
P2 = QNUU FQVQ  PQUO CKFU  QWFU CAWT
```

QNUUF QVQ PQUO CKF UQW FUCAWT

## CAPÍTULO 4

### EVALUACIÓN

**I**

1. b) `a = 5`
2. %
3. b) `()`
4. //
5. 16
6. Un error de sintaxis

7. `\t` y `\n`, respectivamente
8. len()
9. `insert, remove`
10. F5

**II**

1. 'C'
2. 'ABCDE'
3. 'UVWXYZ'
4. 'Y'
5. 'G'

## EJERCICIOS PROPUESTOS

**I**

1. 8.8
2. 12
3. 1
4. 0
5. 6.5

# CAPÍTULO 5

## EVALUACIÓN

**I**

1. len()
2. **`import`**

3. pyperclip.copy(mensaje)
4. Estructuras selectivas o de selección
5. Dos: `True` o `False`
6. 6
7. `'python'`
8. Para hallar el índice en el que comienza una subcadena dentro de otra.
9. 2
10. (29 + 10) mod 36 = 3

## EJERCICIOS PROPUESTOS

**I**

```
int
numero
for
i
primo
```

# CAPÍTULO 6

## EVALUACIÓN

**I**

1. Es la técnica que permite encontrar una clave probando todas las combinaciones posibles de claves hasta encontrar aquella que permite recuperar el texto plano.
2. Es el número total de claves que pueden usarse en un criptosistema.
3. $10^4 = 1000$.
4. Se emplea fundamentalmente para iterar sobre una secuencia de números
5. El operador módulo, `%`.

## EJERCICIOS PROPUESTOS

**I**

1. 5
2. 20
3. 13

**II**

1. `Pyt`
2. `3.1416`
3. `2.47e+02`
4. `245 = F5`
5. `-123`

# CAPÍTULO 7

## EVALUACIÓN

**I**

1. Es una técnica que consiste en intercambiar la posición de las letras de un mensaje siguiendo un algoritmo conocido.
2. Es la técnica que distribuye ordenadamente por filas cada letra del texto claro en una matriz con el mismo número de columnas que la longitud de la clave. El criptograma se obtiene entonces escribiendo las letras por columnas.
3. 50.
4. 10! = 3 628 800

   Solo serían posible 4: MTDLE AAARY, MALYA DRTAE, MDEAA YTLAR, MAALT RAEDY
5. Con **`def`**.

6. Sí, sería posible siempre que estuvieran definidas en distintas funciones.
7. Con la palabra reservada **`global`**.
8. Ambas son estructuras de control repetitivas, no obstante, el uso de **`while`** se reserva casi siempre cuando no se conoce de antemano el número de iteraciones que será necesario repetir.
9. Con la palabra reservada **`return`**.
10. Permitir diferenciar si un programa se ejecuta independientemente o se importa como un módulo con una declaración de importación.

## EJERCICIOS PROPUESTOS

### I

1. EERNI RLSAA LLSAA ADPMU AALZR ZGUUR RAAYS EDNEL SAEGA URE
2. EDATL EGAUV URNEE LINRA CCROE AMREE ESDNE IUVON I
3. CSMEI OEORF MAERI BSSAC AILMI TMAAL IIGSR SUD

### II

```
def matriz(filas, columnas):
    for i in range(filas):
        j = 0
     while j < columnas:
         print(i + j, '\t', end='')
j += 1
          print('\n')

 def clave_ordenada(clave):
     aux=''
     for i in clave:
         if i not in aux:
aux += i
     clave = sorted(list(aux.upper()))
     return ''.join(clave)
```

# CAPÍTULO 8

## EVALUACIÓN

**I**

1. Se necesitan 7 columnas. Quedan vacías 3 posiciones.
2. La función `math.ceil()` redondea un número en coma flotante a su entero superior más próximo, mientras que `math.floor()` lo hace a su entero inferior. La función `round()`, por el contrario, simplemente redondea el número al entero que se encuentre más próximo.
3. Los operadores lógicos son aquellos que se emplean para tomar decisiones que determinen el flujo de control de un determinado algoritmo o programa.
4. El comportamiento de un operador lógico se define siempre mediante su correspondiente tabla de verdad.
5. Las tablas se recogen en el punto 8.2.1.2 del libro.

## EJERCICIOS PROPUESTOS

**I**

*La vida sin libros es una cárcel para el alma.*
*Trabaja duro y lograrás tu sueño.*

**II**

```
>>> round(-3.25)
-3
>>> math.floor(3.1)
3
>>> math.ceil(12.8)
13
>>> math.ceil(3.1)
4
>>> math.ceil(3.0)
3
>>> round(2.5)
2
>>> math.floor(3.0)
```

```
3
>>> round(3.0)
3
>>> round(3.5)
4
```

**III**

1. **`False`**
2. **`True`**
3. **`False`**
4. **`False`**

**IV**

Se trata de un fragmento de programa de una transposición columnar con clave. Primero realiza una transposición columnar simple con 3 columnas. Una vez obtenida la lista de cadenas, estas se ordenan según el orden alfabético de la clave. El resultado se imprime en la línea 9 y sería MAACDARLAILULHAO.

## CAPÍTULO 9

### EVALUACIÓN

**I**

1. Los diccionarios en Python son un tipo de estructuras de datos que permite guardar un conjunto no ordenado de pares clave: valor, de modo que para cada elemento en el diccionario existe una clave para recuperarlo.
2. Los diccionarios se indexan mediante claves, mientras que las listas y tuplas lo hacen a través de un rango numérico.
3. Porque de este modo el programa sabe si ha encontrado la contraseña correcta al descifrar un mensaje
4. Es un valor que se utiliza en Python para representar la ausencia de un valor
5. La riqueza léxica es 0,65. Las palabras del diccionario que aparecen en la frase son: CIELO, PRECIADO, BERTA, LIBER, HOMBRE, LIBERTAD y DESUNO.

6. En la última posición.
7. Con el método `split()`.
8. La diferencia básica es que el método `append` es muchísimo más rápido para añadir elementos a una lista que el operador +.
9. La diferencia es el que el método `lstrip()` elimina los espacios en blanco al comienzo de una cadena y el método `rstrip()` lo hace al final de la misma.
10. Son aquellos que una función utilizara en el código si no se le pasa un argumento con un valor distinto al definido.

## EJERCICIOS PROPUESTOS

**I**

```
def autenticacion(correo):
        usuario, dominio = correo.split('@')
        return usuario, dominio
```

**II**

```
def letras(cadena):
        alfabeto = 'ABCDEFGHIJKLMNOPQRSTUVWXYZ'
        frecuencia = {}
        for letra in alfabeto:
            total = 0
            for simbolo in cadena.upper():
                if simbolo == letra: total += 1
            frecuencia[letra] = total
        return frecuencia
```

**III**

```
{}
numero, items()
letra
sorted
```

**IV**

Hay *n*! posibles claves.
Presenta una doble dificultad. Por un lado, la dificultad de encontrar la longitud de la palabra clave empleada y, por otro, conocida esa longitud, saber qué permutación de letras da lugar al criptograma.

# CAPÍTULO 10

## EVALUACIÓN

**I**

a) Sí, b) Sí, c) No.

**II**

mcd(57,6) = mcd(6,3) = mcd(3,0) = 3

**III**

a) Sí; b) Sí; c) Sí.

**IV**

(3 · 15) % 26 = 19 (T)

**V**

a) 5, b) No existe, c) 7

## EJERCICIOS PROPUESTOS

**I**

```
def alfabeto(a,b):
        SIMBOLOS = 'ABCDEFGHIJKLMNOPQRSTUVWXYZ'
    long = len(SIMBOLOS)
         sust = ''
         for i in range(long):
              # índice del carácter de sustitución
              indice = (i * a + b) % long
              sust += SIMBOLOS[indice]
         return sust
```

ETIXMBQFUJYNCRGVKZODSHWLAP

**II**

```
def moneda(n):
        lanzamiento = random.SystemRandom()
          for d in range(n):
              result = lanzamiento.randint(1,2)
```

```
        if result == 1: print('C')
        else: print('+')
```

**III**

```
def phi(n):
        numeros = []
        cantidad = 0
        for numero in range(n):
            # son coprimos
            if criptomat.mcd(numero,n) == 1:
                numeros.append(numero)
                cantidad += 1
        return (numeros, cantidad)
```

## CAPÍTULO 11

### EVALUACIÓN

**I**

a) espacio, afín, reducido, fuerza.
b) iteración, `continue`.
c) variable, dos, bandera.
d) excepción, `ZeroDivisionError`.

### EJERCICIOS PROPUESTOS

**I**

$\varphi(26) = 12$, $K = 12 \cdot 26 - 1 = 311$.

**II**

```
def impares(a,b):
        for i in range(a, b+1):
            i % 2 == 0: continue
            print(i)
```

**III**

`try`, `return`, `except`, `except`.

# CAPÍTULO 12

## EVALUACIÓN

I

1. 96!
2. CIEROABDFGHJKLMNPQSTUVWXYZ
3. Son útiles cuando una misma función puede efectuar dos procesos diferentes, de modo que se encapsulan con otras dos funciones que serán las responsables de indicarle su modo de funcionamiento.
4. a) **`True`** b) **`True`**
5. Con el método `random.shuffle()`.

## EJERCICIOS PROPUESTOS

I

Se ha obtenido con la clave GALEON, que forma el alfabeto de sustitución: GALEONBCDFHIJKM PQRSTUVWXYZ. El texto plano que ha dado lugar al criptograma es *El amor es la locura de nuestras almas*.

II

```
def orden(cadena):
        lista1 = list(cadena)
        lista1.sort()
        if list(cadena) == lista1:
           return True
        return False
```

III

La función genera un error, pues el método `shuffle()` debe actuar sobre los ítems de una lista. En el código propuesto, en la línea 7, el método actúa sobre la variable `clave`, que es una cadena, lo que provoca un error. Debería corregirse del siguiente modo:

```
import random
LETRAS = 'ABCDEFGHIJKLMNOPQRSTUVWXYZ'
def claveAleatoria():
     clave = list(LETRAS)
     random.shuffle(clave)
     return ''.join(clave)
```

# CAPÍTULO 13

## EVALUACIÓN

I

1. 36!
2. Si el ataque falla no ha de significar obligatoriamente que la clave no está en el diccionario. Podría darse el caso de que el porcentaje de palabras que calcula la función `porcentaje_palabras()` se inferior a 0,20. En ese caso, aunque el texto llano obtenido tuviese sentido, pasaría inadvertido para el programa. Así pues, ante un ataque sin éxito, sería recomendable bajar el porcentaje de palabras para afinar la ofensiva.

## EJERCICIOS PROPUESTOS

I

a) CABRESTNDFGHIJKLMOPQUVWXYZ

b) EMBOLSIARCDFGHJKNPQTUVWXYZ

c) SECIONTABDFGHJKLMPQRUVWXYZ

# CAPÍTULO 14

## EVALUACIÓN

I

1. Una cifra de sustitución monoalfabética es aquella que cambia siempre una misma letra por el mismo símbolo, mientras que una cifra polialfabética sustituye las letras por distintos símbolos en función de los diferentes alfabetos empleados.
2. Resulta completamente inútil el análisis de frecuencias.
3. Blaise de Vigenère.
4. No serviría sin conocer la contraseña utilizada en el proceso de cifrado, en concordancia con el principio de Kerckhoffs.

# EJERCICIOS PROPUESTOS

**I**

**da**bcefghjkmno
**li**pqrstuvwxyz
**xa**bcdefghijkl
**no**mpqrstuvwyz
**pors**bdfghijkl
**ace**mnqtuvwxyz

**II**

| | |
|---|---|
| UJT | uniabdefghjkl |
| | cormpqstvwxyz |
| NKV | uniabdefghjkl |
| | zcormpqstvwxy |
| ILW | uniabdefghjkl |
| | yzcormpqstvwx |
| ACX | uniabdefghjkl |
| | xyzcormpqstvw |
| BOY | uniabdefghjkl |
| | wxyzcormpqstv |
| DRZ | uniabdefghjkl |
| | vwxyzcormpqst |
| EM | uniabdefghjkl |
| | tvwxyzcormpqs |
| FP | uniabdefghjkl |
| | stvwxyzcormpq |
| GQ | uniabdefghjkl |
| | qstvwxyzcormp |
| HS | uniabdefghjkl |
| | pqstvwxyzcorm |

**III**

*El Estado hará pagar más a las empresas.*

# CAPÍTULO 15

## EVALUACIÓN

**I**

ZUSAMMEN.

**II**

XHAGFVEMYP.

**III**

No, porque hay tres letras contiguas idénticas: QQQ. En castellano no existe ninguna palabra con tres letras idénticas seguidas.

## EJERCICIOS PROPUESTOS

**I**

Clave: KASDOS. Mensaje: "*Ataque al amanecer*".

# CAPÍTULO 16

## EVALUACIÓN

**I**

```
{'A': 24, 'B': 2, 'C': 6, 'D': 9, 'E': 15, 'F': 0, 'G': 3, 'H':
2, 'I': 7, 'J': 1, 'K': 0, 'L': 13, 'M': 5, 'N': 13, 'Ñ': 1,
'O': 16, 'P': 3, 'Q': 2, 'R': 7, 'S': 20, 'T': 4, 'U': 8, 'V':
2, 'W': 0, 'X': 0, 'Y': 1, 'Z': 0}
```

**II**

$IF_t = 10, IF_c = 5$

En el texto llano el IF es 10, lo cual es coherente con el valor esperado. Tras el proceso de cifrado el índice ha disminuido hasta un valor de 5, como era de esperar, pues la sustitución polialfabética ha modificado las frecuencias de los símbolos utilizados.

**III**

$IC_t = 0{,}075$; $H_t = 3{,}91$; $IC_c = 0{,}043$; $H_c = 4{,}48$

Para el texto llano el IC toma el valor esperado de un texto en castellano, lo mismo que se produce con la entropía, cercana a 4. El proceso de sustitución polialfabética ha modificado el IC, que ha disminuido hasta 0,043, pero aún alejado del valor correspondiente a una cifra aleatoria. Es más, como se ha empleado una contraseña de 5 caracteres, el IC hallado se encuentra en el intervalo esperado (0.041, 0.047).

En cuanto a la entropía, el valor obtenido en el criptograma supera al esperable en un texto en castellano, como consecuencia de la aleatoriedad introducida por la cifra, pero aún inferior a la máxima esperable: 4.70.

## EJERCICIOS PROPUESTOS

**I**

a) Sustitución polialfabética

b) Transposición

c) Sustitución monoalfabética
$IF_a = 3$, $IF_b = 9$, $IF_c = 3$
$IC_a = 0{,}0453$, $IC_b = 0{,}0796$, $IC_c = 0{,}0713$
$H_a = 4{,}45$, $H_b = 3{,}90$, $H_c = 3{,}93$

# CAPÍTULO 17

## EVALUACIÓN

**I**

Recordemos que el cifrado de Vigenère no resiste un ataque de texto en claro conocido, Por tanto, la última opción queda descartada. Sabemos por el test de Kasiski que la longitud de la clave más probable debe ser un divisor de la distancia a las que se encuentren las secuencias repetidas en el texto cifrado ($235 - 4 = 231 = 3 \cdot 7 \cdot 11$). De aquí se descartan las opciones dos y tres, por lo que la clave es probablemente *correct*.

**II**

Si se usa el test de Kasiski y calculamos MCD (28, 329, 42, 98, 112, 154) = 7.

**III**

Aplicando el test de Kasiski buscamos divisores comunes a la separación entre las repeticiones de n-gramas: MCD (2291 – 1283, 1283 – 37, 2291 – 37) = 14, por lo que 14 es la longitud más probable para la clave.

## EJERCICIOS PROPUESTOS

**I**

a) Marca las secuencias repetidas de 4 o más caracteres en el criptograma.

CYOVL TR CLDW **VAH CV** AWWOD RRGBF WXO GOTFJHY VZ AFHRB US TF **YDXXFM** VAH LICBFHD LRXW XA JKIUISZD ALWAT HDVSIKJGU KCUW ROH**XKFI**X YXC DOVTY LXKSVYGEKE HIUUQKI ZI MKUSUO XJXR KEHMX JH VFUZFXOY JIA TPRC JS IGXLOICV JDDQVFIIGPOEHM D YXC GWMWTDC JS LTHOKICV HUPY COA IK XXR AIWORXVHI IKVWRRMOGGK ZPI F VUYEI**VHOD**B VZ VTSEBV RM XA DCVGQSU FERBLT KVDV ZM NTWBFRCOU X**X KFI**UU HX CO JTID NV FWIOOVRG ATHUO VZ KNKQY VB AZ VRCKFMW NDVZHW IK YSUO AMGQQ GSZHOESF ZI YOESVNI IK OK CZCAOD I VZ WQUU K KWMWXD WFXIIG TEV ZM MGESR OKTSSKEOLT JXBRBBJ ZRNR GC JDLCKS**VHOD** EE WVXZDXKS LJYSEVG KTT OK TOUNYD OEQPFXFKUO MS **YDXXFM** XK GOJDTTSR CFPZJ KO VFRIEGO OE ST **VAH CV** VIGOD NVXIIU HV RZUF

b)

| n-grama | Distancias |
|---|---|
| VAHCV | 511 |
| YDXXFM | 441 |
| XKFI | 196 |
| VHOD | 196 |

MCD (511, 441, 196, 196) = 7, que es la longitud de clave más probable.

c) 'CCCROYBXLLKAVKXCXKKSKVYCOQOCCKYXXWKYBBCEDBXXNVOYCVSQSSKI KWESKBNCEXEKOKXOCVOCNV'

d) Posibles letras para la subclave 1: K, X, G

e) KROIFGD

f) *IC* = 0,0432. Está incluido en el intervalo (0,0420 ± 0,0019), luego es coherente.

## CAPÍTULO 18

### EVALUACIÓN

I

10.

II

C, I, L, M, O, D.

III

MURCIELAGO.

### EJERCICIOS PROPUESTOS

I

```
C A P S U
L B D E F
G H I K M
N O Q R T
V W X Y Z
```

El general Torres ha decidido bombardear las posiciones del enemigo.

## CAPÍTULO 19

### EVALUACIÓN

I

| Cables | Número de conexiones |
|---|---|
| **1** | 325 |
| **2** | 44 850 |
| **3** | 3 453 450 |
| **4** | 164 038 875 |
| **5** | 5 019 589 575 |
| **6** | 100 391 791 500 |
| **7** | 1 305 093 289 500 |
| **8** | 10 767 019 638 375 |
| **9** | 53 835 098 191 875 |
| **10** | 150 738 274 937 250 |
| **11** | 205 552 193 096 250 |
| **12** | 102 776 096 548 125 |
| **13** | 7 905 853 580 625 |

El máximo se obtiene para 11 cables, 22 letras.

**II**

$3 \cdot 2 = 6$

**III**

$5 \cdot 4 \cdot 3 = 60$

**IV**

El primer anillo podía fijarse en 26 posiciones, el intermedio, también; así pues, hablamos de $26^2 = 676$ maneras.

## EJERCICIOS PROPUESTOS

**I**

El ataque se producirá en Sevilla. Al tratarse de una máquina Enigma, una letra en el texto plano nunca puede cifrarse como ella misma en el criptograma; por tanto, como la segunda letra del criptograma es una A, el objetivo no puede tener la letra A en segunda posición.

**II**

Un posible programa puede ser el que se encuentra dentro del material descargable con el nombre *enigmaM4.py*.

El texto dice:

"TIEMPO DESPEJADO. 60 METROS CUBICOS DE FUEL. PROVISIONES SUFICIENTES HASTA 20 DICIEMBRE. SE NECESITAN PRISMATICOS. POSICION ACTUAL BB25. VIENTO NOROESTE FUERZA CINCO. BUENA VISIBILIDAD"

# ANEXO

A lo largo del libro hemos ido estudiando las diferentes técnicas criptográficas empleadas por el hombre en el transcurso de la historia. Básicamente, todos los algoritmos de cifrado descritos se centran en dos operaciones básicas: **sustitución** y **transposición**. Estas técnicas se siguen empleando hoy en día incluso en algoritmos de cifrado por bloques tan seguros como AES o Blowfish.

Es cierto que hemos conseguido romper todas las cifras analizadas, sin embargo, combinando las dos operaciones básicas, podemos implementar algoritmos que sean computacionalmente complejos de romper.

Este es el objetivo que nos hemos propuesto como colofón de la obra: diseñar un sencillo algoritmo con las técnicas de sustitución y transposición de modo que su ruptura no resulte trivial. Y para animar a los lectores a buscar sus debilidades (que las tiene) habrá premio. Aquellos lectores que contesten adecuadamente a las preguntas planteadas al final del anexo, entrarán en un sorteo de un lote de libros sobre *hacking*. Aquel o aquellos que consigan romper el algoritmo, serán obsequiados por la editorial, además de con el lote de libros, con un año de suscripción gratuita al fondo bibliográfico digital. Ver bases y condiciones específicas del concurso en: *www.ra-ma.com*

## A.1 DYNAMIC BOXES ENCRYPTION SYSTEM

A continuación, vamos a describir el algoritmo inventado específicamente para el concurso, al que hemos bautizado como **DBES** (*Dynamic Boxes Encryption System*) o Azrael, como le conoceremos de ahora en adelante.

**Azrael** es una unidad de **cifrado por bloques** de clave simétrica que opera en grupos de símbolos de longitud variable, llamados **bloques**, aplicándoles una transformación invariante. Cuando realiza el cifrado, toma un bloque de texto plano o claro como entrada y produce un bloque de igual tamaño de texto cifrado. La transformación exacta se controla mediante una segunda entrada, la clave secreta.

> **NOTA**
> Azrael es una unidad de cifrado por bloques de longitud variable y clave simétrica que trabaja a nivel de símbolos.

El moderno diseño de unidades de cifrado por bloques se basa en el concepto de cifrado de **producto iterativo** (Bard, 2009). En su publicación de 1949, *Communication Theory of Secrecy Systems*, Claude Shannon analizó los cifrados de producto y sugirió que la mejora de la seguridad pasaba por las operaciones de sustitución y transposición. Los cifradores de producto iterativo realizan el proceso de cifrado en múltiples etapas, conocidas como **rondas**, cada una de las cuales usa una subclave diferente derivada de la clave original.

Los algoritmos de cifrado de producto iterativo se apoyan en los conceptos de **confusión** (intentan ocultar la relación que existe entre el texto claro, el texto cifrado y la clave mediante sustituciones) y **difusión** (tratan de repartir entre el mensaje cifrado la influencia de cada símbolo del mensaje original mediante permutaciones), que se combinan para dar lugar a los denominados cifrados de producto (Biham, 2012).

Estas técnicas consisten básicamente en trocear el mensaje en bloques de cierto tamaño y aplicar la función de cifrado sobre cada uno de ellos.

Los cifrados de producto que emplean solo sustituciones y permutaciones se denominan **redes de sustitución-permutación**.

> **NOTA**
> Una red de sustitución-permutación (SP) toma un bloque de texto plano y una clave y aplica varias rondas de trasformaciones de sustitución seguidas de operaciones de transposición.

Los componentes básicos de estos algoritmos de clave simétrica son las cajas-S (**cajas de sustitución**) y las cajas-P (**cajas de transposición**). Una **caja-S** sustituye un pequeño bloque de texto por otro en una transformación uno a uno. Una caja-S segura debería garantizar que el cambio de un solo símbolo de la entrada modificara, al menos, la mitad de símbolos de la salida (Hoffstein, 2008). Una **caja-P** realiza una permutación o transposición de todos los símbolos y alimenta las cajas-S de la siguiente ronda. Una buena caja-P tendrá la propiedad de que los símbolos de salida de cualquier caja-S se distribuyen en la siguiente ronda entre el mayor número de cajas-S (Hoffstein, 2008).

El proceso de transformación en cada ronda se controla con una subclave derivada de la clave original (Figura A.1).

Para descifrar el criptograma tan solo se necesita invertir las cajas y aplicar las subclaves en orden inverso.

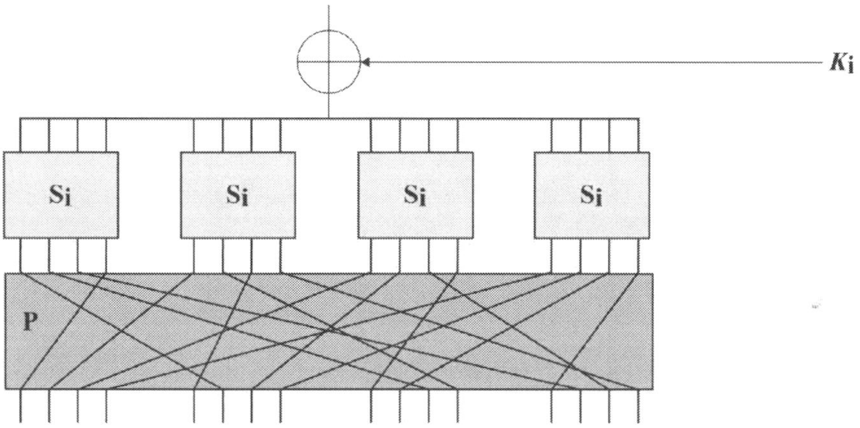


**Figura A.1.** Esquema general de una red SP

Con los conocimientos adquiridos estamos ya en disposición de desarrollar nuestro algoritmo de cifrado Azrael.

Azrael es un sistema de cifrado simétrico diseñado para utilizar cajas de sustitución y de permutación dinámicas. Esto significa que los bloques en los que divide el texto llano o el criptograma son variables en longitud.

El algoritmo toma como entrada un texto de longitud *n* y lo divide en bloques de igual tamaño que la clave empleada. A continuación, la llave se fragmenta en las semiclaves $K_1$ y $K_2$, de modo que estas se utilizan para dividir cada bloque en dos partes ($L_0$ y $R_0$) de idéntica longitud a las de aquellas.

A continuación, $L_0$ se somete a una permutación y $R_0$ a una sustitución de Vigenère, ambas controladas por la subclave $K_1$.

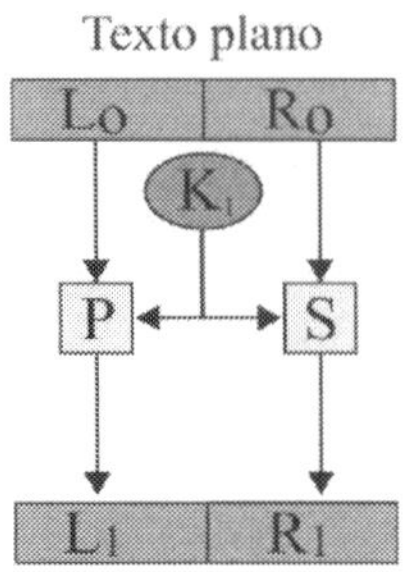


La segunda ronda somete a $L_1$ a una sustitución y a $R_1$ a una permutación, controladas las dos por la subclave $K_2$. Ahora, ambos fragmentos intercambian su posición antes de entrar en las siguientes cajas.

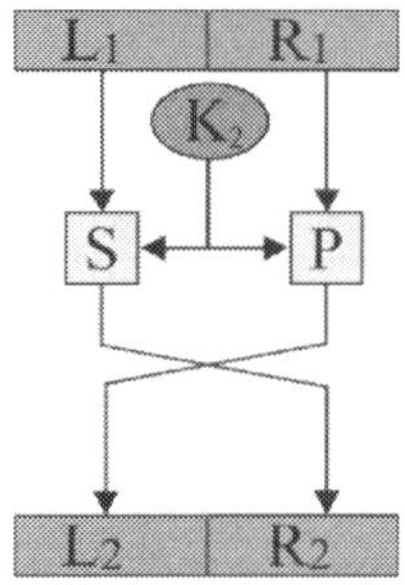


En la tercera ronda, el fragmento $L_2$ se somete a una transposición y el trozo $R_2$ a una sustitución de Vigenère, regidas las dos por la subclave $K_1$.

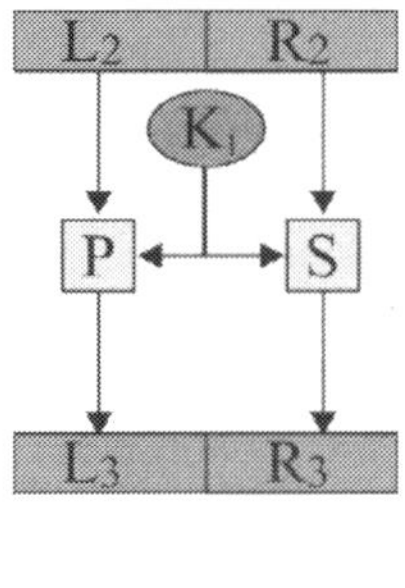


La cuarta ronda supone una sustitución del fragmento $L_3$ y una permutación del trozo $R_3$, gestionadas por la subclave $K_2$, antes de sufrir un nuevo intercambio de posiciones y regenerar de nuevo el bloque, que tendrá ya la misma longitud que la contraseña original utilizada.

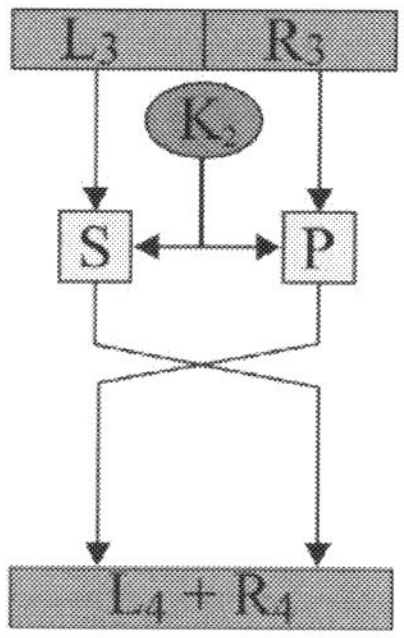


A continuación, el bloque regenerado se somete a una nueva sustitución, gestionada por la clave original, para introducir mayor confusión.

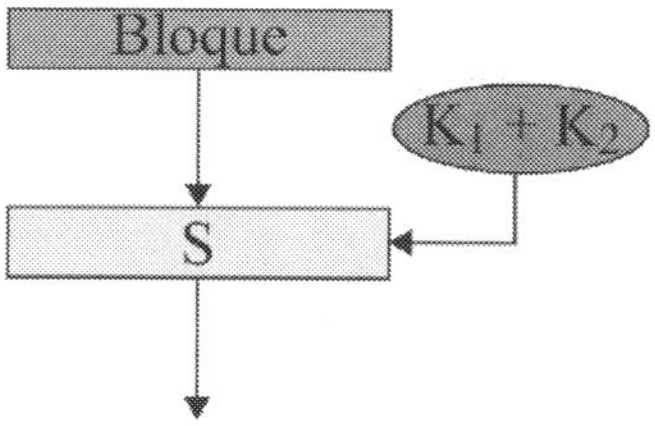


Finalmente, para evitar que dos bloques idénticos de texto plano se puedan cifrar de igual manera, se realiza una transposición, controlada por la clave original, sobre el criptograma completo, de este modo se alcanza la mayor difusión posible en el mensaje cifrado.

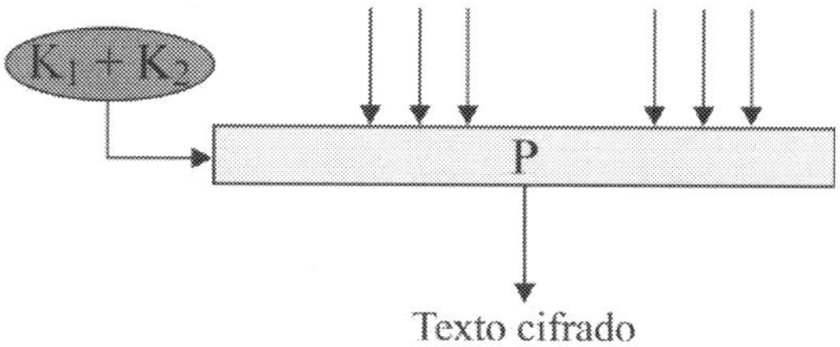


El resultado es un criptograma con la suficiente confusión y difusión como para que la obtención del texto llano sin la contraseña original no resulte trivial.

Observa que para su diseño solo hemos empleado transposiciones y sustituciones estudiadas en distintos capítulos de la obra. Esto demuestra que, aunque por separado las operaciones puedan ser sencillas de romper, su combinación como cifrado de producto genera suficiente complejidad como para asegurar bastante tiempo de estudio para hallar una solución.

Aunque a lo largo de la obra te hayas podido sentir defraudado en algún momento estudiando cifras que han sido resueltas por los criptoanalistas y los programas de ordenador, este algoritmo, diseñado específicamente para retarte a su ruptura, te llevará a hacerte una idea diferente de cuán poderosos pueden resultar los cifrados de producto iterativo.

En la figura siguiente tienes el diagrama del algoritmo que vamos a implementar en Python para cifrar un texto original, criptograma que será el objetivo del concurso para los lectores de la obra.

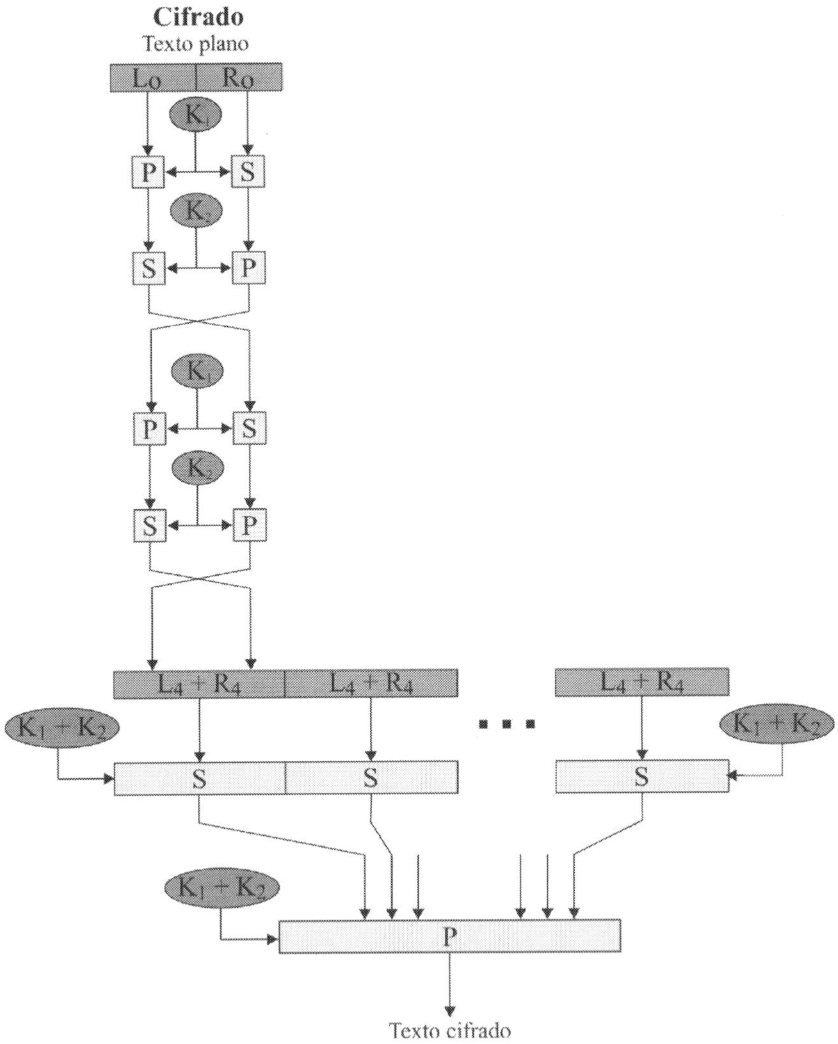


Figura A.2. Esquema de cifrado del algoritmo Azrael

## A.2 EL CÓDIGO FUENTE DE AZRAEL

A continuación, te presentamos el código fuente del programa *azrael.py*, que implementa en Python el algoritmo con el que obtendremos el criptograma:

```
# Implementation of Dynamic Boxes Encryption System (DBES) 'Azrael'
# David Arboledas Brihuega, 2016
# Feel free to use it and break it!

from math import ceil
import S_Box, P_Box


def main():
    global BLOCK
    global key1, key2

    message = ''  # Here, the plain text
    password = '' # and the password

    BLOCK = len(password)

    key1 = divideKey(password)[0]  # Key's first half
    key2 = divideKey(password)[1]  # Key's second half

    Boxes = generateBoxes(message)

    message = S_andP_Boxes(Boxes, len(Boxes))  # Rounds
    message = substitution(message, password)  # Last substitution
    message = permutation(message, password)  # Final permutation

    print('Ciphered text: ', '\n',message)


def fillBox(lastBox):  # Fill the last box with Ç if necessary
    gaps = BLOCK - len(lastBox)
    lastBox  += 'Ç' * gaps
return lastBox


```

```
def generateBoxes(message):
    Boxes = []
    numberOfBoxes = ceil(len(message) / BLOCK)

    for i in range(numberOfBoxes):
        inf = BLOCK * i
        sup = BLOCK * (i + 1)
        Boxes.append(message[inf:sup])

    Boxes[-1] = fillBox(Boxes[-1])
    return Boxes


def divideKey(key):
    key1 = key[0 : BLOCK//2]  # subkey K1
    key2 = key[BLOCK//2 : BLOCK] # subkeyK2
    return (key1, key2)


def S_andP_Boxes(Boxes, numberOfBoxes):
    # Round1
    messageRound1 = []

    for j in range (numberOfBoxes):
        first = Boxes[j][0:BLOCK//2]  # Boxes' first half
        second = Boxes[j][BLOCK//2:BLOCK]  # Boxes' second half
        messageRound1.append(permutation(first, key1))
        messageRound1.append(substitution(second, key1))

    # Round2
    messageRound2 = []

    for j in range (0, numberOfBoxes):
        first =  messageRound1[2 * j]
        second = messageRound1[2 * j + 1]
        messageRound2.append(substitution(first, key2))
        messageRound2.append(permutation(second, key2))

    message = swapp(messageRound2, Boxes)

    # Round3
    messageRound3 = []

```

```
    for i in range(numberOfBoxes):
    messageRound3.append(permutation(message[2 * i], key1))
    messageRound3.append(substitution(message[2 * i + 1], key1))

    # Round4
    messageRound4 = []

    for j in range (0, numberOfBoxes):
        messageRound4.append(substitution( messageRound3[2 * j], key2))
        messageRound4.append(permutation( messageRound3[2 * j + 1] , key2))

    message = swapp(messageRound4, Boxes)

    return ''.join(message)


def substitution(message, key):
    return S_Box.encrypt(key, message)


def swapp(message, Boxes):
    for i in range(len(Boxes)):
        message[2 * i], message[2 * i + 1] = message[2 * i + 1], message[2 * i]
    return message


def permutation(message, key):
    return P_Box.encrypt(message, key)


if __name__ == '__main__':
    main()
```

## A.2.1 El módulo S_Box.py

```
# This module encrypts substitution boxes
# using Vigenère algorithm.
# Usage: S_Box.encrypt(key, message)

```

```

LETTERS = r""" !¡"#$%&'()*+,-./0123456789:;<=>¿?@ABCDEFGHIJKLMNOPQRSTUVWXYZÇÑ[\]^_abcdefghijklmnopqrstuvwxyzçñ|}~"""


def encrypt(key, message):
    translated = [] # stores the encrypted S_Box string

    keyIndex = 0

    for symbol in message: # loop through each symbol in message
        num = LETTERS.find(symbol)

        if num != -1: # symbol found in LETTERS
            num += LETTERS.find(key[keyIndex])
            num %= len(LETTERS) # handle the potential wrap-around
            translated.append(LETTERS[num]) # add the encrypted symbol to the end of translated

            keyIndex += 1 # move to the next letter in the key

            if keyIndex == len(key):
                keyIndex = 0

    return ''.join(translated)
```

## A.2.2 El módulo P_Box.py

```
# This module jumbles up the symbols with a columnar transposition.
# The permutation is defined by the alphabetical order of the
# letters in the keyword.
# Usage: P_Box.encrypt(key, message)


from math import ceil

# Erases repeated symbols in the key
def repeated_symbol(key2):
```

```
    key = key2[0]
    for symbol in key2:
        if symbol not in key:
            key += symbol
    return key


def encrypt(message, key):
    key = repeated_symbol(key)
    limit = ceil(len(message)/len(key))

    # Each string in ciphertext represents a column
    ciphertext = [''] * len(key)

    # Loop through each column in ciphertext
    for col in range(len(key)):
        pointer = col

        # Keep looping until pointer goes past the length of the message
        while pointer < len(message):
            # Place the character at pointer in message at the end of the
            # current column in the ciphertext list.
            ciphertext[col] += message[pointer]

            # Move pointer over
            pointer += len(key)

    return order(ciphertext, key)


# Order columns in grid by ASCII
def order(ciphertext, key):
    translated = [] # stores the P_Box string
    order_key = sorted(key)

    for i in range(len(key)):
        symbol = order_key[i]
        translated.append(ciphertext[key.index(symbol)])

    # Convert the translated list into a single string value and return it.
    return ''.join(translated)
```

## A.3 EL RETO

A continuación, te presentamos un criptograma de 310 símbolos del que deberías recuperar el texto llano, que es el objetivo del concurso. En el archivo *reto.txt* presente en el material descargable tienes el texto cifrado para que puedas emplearlo como necesites sin necesidad de copiarlo manualmente:

```
^vÇ^ZgXÑÑ^eY^je^ÑZbÇ]XiXhXhÑ^bQf%1""%"@"/%0&"6"%.63&"@6.@02-
@"D<HHHH2>,,|.57¿,H2HHH|H;..H29.#E8V8J<8EV;<EEVL;EVV:EV<<;E8
881eewre0gri##yiir#ype|e#sigqpvex](')2%9&:6906()09'3%)%.-CC2-
+80~QQ?333F?3>6QQ4Q>QEC767@D6>67Q3,[VRpSb]e\pp|[\Vp+VSS]pTZeVpeRTK_
YNaQYÇlÇNR\TVRN^NVlVYZVRlRlP^GaONEGaPaGCFaaSKCaEWEKnSPPTaaNP=
```

## PREGUNTAS DEL CONCURSO

1. ¿Por qué Azrael es una unidad de cifrado por cajas dinámicas?
2. ¿En qué operaciones se basan los cifrados de producto iterativo?
3. ¿Con cuál de esas operaciones se intenta distribuir por el mensaje cifrado la influencia de cada símbolo en el mensaje? ¿Con qué concepto se conoce a este hecho?
4. ¿Usa Azrael cajas-S seguras? Pon un ejemplo que lo compruebe.
5. ¿Cuál de todas las operaciones de permutación del algoritmo sería la mejor según el criterio visto en este anexo? ¿Por qué?
6. ¿A qué es debido que cambie tanto el criptograma cuando se quita o añade un solo símbolo del texto llano?
7. Suponiendo que lo habitual es que la gente use contraseñas de entre cuatro y ocho símbolos, ¿cuál sería el espacio de claves posibles de Azrael en estas circunstancias?

# BIBLIOGRAFÍA


Bard, G. V., (2009): *Algebraic Cryptanalysis*. Springer.

Bauer, F. L., (2000): *Decrypted Secrets: Methods and Maxims of Cryptology*. Springer-Verlag Telos.

Biham, E.; Dunkelman, O., (2012): *Techniques for Cryptanalysis of Block Ciphers*. Springer.

Buonafalce, A., (2006): "Bellaso's Reciprocal Ciphers", *Cryptologia*, 30, pp. 39–51.

Cantos, P.; Sánchez, A., (2011): "El inglés y el español desde una perspectiva cuantitativa y distributiva: equivalencias y contrastes", *Estudios Ingleses de la Universidad Complutense*, 19, pp. 15-44.

Chazallet, S., (2015): *Python 3: Los fundamentos del lenguaje*. ENI.

Childs, J. R., (2000): *General Solution of the ADFGVX Cipher System*. Aegean Park Pr.

Copeland, B. C., (2006): *Colossus: The Secrets of Bletchley Park's Code-breaking Computers*. Oxford University Press.

Debrosse, J.; Burke, C., (2004): *The Secret in Building 26: The Untold Story of America's Ultra War Against the U-boat Enigma Codes*. New York: Random House.

Diffie, W.; Hellman, M., (1977): "Exhaustive Cryptanalysis of the NBS Data Encryption Standard". IEEE Computer, 10(6), pp. 74–84.

Electronic Frontier Foundation (1998): *Cracking DES: Secrets of Encryption Research, Wiretap Politics & Chip Design*. O'Reilly Media.

Fernández Montoro, A., (2014): *Python 3 al descubierto*. Madrid: RC Libros.

Friedman, W., (1987): *The Index of Coincidence and its Applications in Cryptography*. California (USA): Aegean Park Press.

Galende Díaz, J. C., (1995): *Criptografía. Historia de la escritura cifrada*. Madrid: Editorial Complutense.

Hinsley, F. H., Stripp, A., (1994): *Codebreakers: The Inside Story of Bletchley Park*. Oxford: Oxford University Press.

Hoffstein, J.; Pipher, J.; Silverman J. H., (2008): *An Introduction to Mathematical Cryptography*. Springer.

Joux, A., (2009): *Algorithmic Cryptanalysis*. Chapman and Hall/CRC.

Joye, M.; Neven, G., (2008): *Identity-Based Cryptography*. IOS Press.

Kahn, D., (1996): *The Codebreakers: The Comprehensive History of Secret Communication from Ancient Times to the Internet*. New York: Scribner Macmillan.

Kasiski, F., (1863): *Die Geheimschriften und die Dechiffrierkunst*. Berlín.

Koblitz, N., (1994): *A Course in Number Theory and Cryptography*. Springer.

Kozaczuk, W.; Kozaczuk, W.; Straszak, J., (2004): *Enigma: How the Poles Broke the Nazi Code*. Hippocrene Books.

Lie Hetland, M., (2005): *Beginning Python: From Novice to Professional*. Nueva York: Springer-Verlag.

López Guerrero, M. A.; García del Castillo, E.; Ortega Triguero, J., (2006): *Introducción a la Criptografía, Historia y Actualidad*. Universidad de Castilla La Mancha.

Mauborgne, J. O., (1914): *An advanced problem in cryptography and its solution*. Army Service Schools Press.

Menezes, A.; van Oorschot, P.; Vanstone, S., (1996),:*Handbook of Applied Cryptography*. CRC Press.

Muñoz Guerra, J. I.; Díaz Santiago, S.; Carillo Ugalde, J. A., (1999). "Criptoanálisis basado en el índice de coincidencia", *ContactoS*, 33, pp. 14-21.

Ortega Triguero, J. J.; López Guerrero, M. A.; García del Castillo Crespo, E., (2005): *Introducción a la criptografía. Historia y actualidad*. Cuenca: Ediciones de la Universidad de Castilla-La Mancha.

Paar, C.; Pelzl, J.; Preneel, B., (2010): *Understanding Cryptography: A Textbook for Students and Practitioners*. Springer.

Prados, J., (2001): *Combined Fleet Decoded: The Secret History of American Intelligence and the Japanese Navy in World War II*. US Naval Institute Press.

Pratt, F., (1939),:*Secret and Urgent: the Story of Codes and Ciphers*. New York, (USA): Blue Ribbon Books.

Rodriguez Prieto, A., (1986): *Protección de la información. Diseño de criptosistemas informáticos*. Paraninfo.

Sebag-Montefiore, H., (2000): *Enigma: The Battle for the Code*. UK. Wendenfeld & Nicholson.

Sgarro, A., (1990): *Códigos secretos*. Pirámide.

Shannon, C., (1948): "A Mathematical Theory of Communication", *The Bell System Technical Journal* 27, pp. 379–423, 623–656.

Shannon, C., (1949): "Communication Theory of Secrecy Systems", *The Bell System Technical Journal* 28, 4: 656-715.

Singh, S., (2000): *The Code Book: The Science of Secrecy from Ancient Egypt to Quantum Cryptography*. Anchor Books.

Sinkov. A., (2009): *Elementary Cryptanalysis*. Mathematical Association of America.

Stamp, M.; Low, R. M., (2007): *Applied Cryptanalysis: Breaking Ciphers in the Real World*. Wiley-IEEE Press.

Summerfield, M., (2009): *Python 3*. Madrid: Anaya Multimedia.

Tuchman, B. W., (1979): *El telegrama Zimmermann*. Barcelona: Argos Vergara.

Vigenère, B., (1586): *Traicté des chiffres, ou Secrètes manières d'escrire*. París.

Wagstaff, S. S., (2002): *Cryptanalysis of Number Theoretic Ciphers*. Chapman and Hall/CRC.

Welchman, G., (1997): *The Hut Six Story*. M&M Baldwin.

Winkel, B. J.; Deavors, C.; Kahn, D., (2005): *The German Enigma Cipher Machine: Beginnings, Success, and Ultimate Failure*. Artech House.

Zurdo, D.; Gutiérrez, A., (2009): *La guerra de los códigos secretos*. Scyla editores S. A.

# MATERIAL ADICIONAL

El material adicional de este libro puede descargarlo en nuestro portal web: *http://www.ra-ma.es*.

Debe dirigirse a la ficha correspondiente a esta obra, dentro de la ficha encontrará el enlace para poder realizar la descarga. Dicha descarga consiste en un fichero ZIP con una contraseña de este tipo: XXX-XX-XXXX-XXX-X la cual se corresponde con el ISBN de este libro.

Podrá localizar el número de ISBN en la página IV (página de créditos). Para su correcta descompresión deberá introducir los dígitos y los guiones.

Cuando descomprima el fichero obtendrá los archivos que complementan al libro para que pueda continuar con su aprendizaje.

## INFORMACIÓN ADICIONAL Y GARANTÍA

- RA-MA EDITORIAL garantiza que estos contenidos han sido sometidos a un riguroso control de calidad.
- Los archivos están libres de virus, para comprobarlo se han utilizado las últimas versiones de los antivirus líderes en el mercado.
- RA-MA EDITORIAL no se hace responsable de cualquier pérdida, daño o costes provocados por el uso incorrecto del contenido descargable.
- Este material es gratuito y se distribuye como contenido complementario al libro que ha adquirido, por lo que queda terminantemente prohibida su venta o distribución.

# ÍNDICE ALFABÉTICO

Made in the USA
Coppell, TX
05 November 2026

11307502R00247